“十二五”普通高等教育本科国家级规划教材

大学体育理论与实践教程

（第四版）

主　编　罗　林
副主编　饶永辉　刘江平
王晓明　刘志元

科学出版社
北　京

内 容 简 介

本书在借鉴国内外先进的专业理论和方法的基础上，吸取多年来教学改革的成功经验，构建了完整的教学体系，并且在内容的选取上注重将健身与文化性相结合。本书共20章，其中理论6章，主要包括体育的概述、功能与价值，学校体育的地位与作用，体育保健与营养的基本内容、方法，体育锻炼的原则与方法，体育测量评价的指标、标准与方法，体育竞赛的种类与方法；技术教学指导14章，主要简述田径、篮球、排球、足球、网球、羽毛球、乒乓球、健美操、健美、体育舞蹈、游泳、武术、跆拳道、休闲体育等项目的教学主要技术、竞赛规则与裁判知识。

本书适合作为高等学校“公共体育”课程教材，也可作为体育爱好者的参考书。

图书在版编目(CIP)数据

大学体育理论与实践教程/罗林主编. —4版. —北京: 科学出版社, 2018.9
“十二五”普通高等教育本科国家级规划教材
ISBN 978-7-03-058639-1
Ⅰ. ①大… Ⅱ. ①罗… Ⅲ. ①体育-高等学校-教材 Ⅳ. ①G807.4
中国版本图书馆CIP数据核字(2018)第199544号

责任编辑: 李淑丽 / 责任校对: 郭瑞芝
责任印制: 霍 兵 / 封面设计: 华路天然工作室

科学出版社 出版
北京东黄城根北街16号
邮政编码: 100717
http://www.sciencep.com
北京市密东印刷有限公司 印刷
科学出版社发行 各地新华书店经销
*
2012年8月第 一 版 开本: 787×1092 1/16
2018年9月第 四 版 印张: 23
2020年9月第八次印刷 字数: 620 000

定价:49.80元
(如有印装质量问题, 我社负责调换)

再版前言

青少年身心健康，是一个民族生命力旺盛的体现，是社会文明进步的标志，是体现国家综合实力的重要方面。因此，如何增强青少年体质、促进青少年健康成长，是关系国家和民族的大事。学校体育教育，特别是高等学校体育教育是关系青少年身心健康的关键环节。

但是，我们必须清醒地看到，近些年来，一方面由于唯分数论思想的影响，社会和学校存在重智育、轻体育的倾向；另一方面由于高校扩招，学校的体育设施和条件不足，学生体育课和体育活动难以保证。近些年的国家体质健康监测表明，青少年耐力、力量、速度等体能指标持续下降，视力不良率居高不下，城市超重和肥胖青少年的比例明显增加，部分农村青少年营养状况亟待改善。这些问题如不切实加以解决，将严重影响青少年的健康成长。

《中共中央国务院关于加强青少年体育增强青少年体质的意见》中明确指出："青少年时期是身心健康和各项身体素质发展的关键时期。青少年的体质健康水平不仅关系个人健康成长和幸福生活，而且关系整个民族健康素质，关系我国人才培养的质量，各地和各级各类学校必须全面贯彻党的教育方针，高度重视青少年体育工作，使广大青少年在增长知识、培养品德的同时，锻炼和发展身体的各项素质和能力，成长为中国特色社会主义事业的合格建设者和接班人。"

对于很多人来说，大学是走向社会的最后一个教育阶段。大学体育教育是培养符合社会发展需要且全面发展、人格完善的大学生的重要途径，而体育教材则是实现这一教育目的的重要载体与关键所在。本书在借鉴国内外先进的专业理论和方法的基础上，吸取多年以来教学改革的成功经验进行课程建设创新，力求以最新的理论知识、最科学的学习方法引导学生，构建教学指导的完整教材体系，并且在内容的选择上注重健身与文化性相结合，充分挖掘课程内容的文化内涵；科学性与可接受性相结合，充分尊重大学生的身心发展规律与兴趣爱好；民族性与世界性相结合，将世界优秀体育文化与我国民族传统体育项目有机结合；选择性与实效性相结合，课程内容丰富多彩，为学生提供了较大的选择空间，并注意与中学体育课程内容的衔接。

本书体现了"健康第一"和阳光体育运动的指导思想，体现了《全国普通高等学校体育课程教学指导纲要》中所提出的"运动参与""运动技能""身体健康""心理健康""社会适应"五个领域的目标，体现了新时期高等体育教育的新思维、新理念，体现了体育在学校教育中的地位与重要性，提升了体育教育的理论价值与品位，弘扬了中华民族的体育文化，有利于大学校园体育文化的建设及大学生的全面发展。

本书的整体构思由罗林、饶永辉负责。参加编写的成员有罗林、饶永辉、刘江平、王晓明、刘志元、喻爱玲、黄晓萍、徐坚、李舜蕙、孙燕、谢桂英、万美荣、罗国程、刘亚萍、潘伊荷、杨小艇、周萍、郎勇春、宋建华、邓丽娟、陈阳、邱月婷、徐海虹、万月红、卢英、黎霞芳、邹霖、杨宏、胡志刚、黄玲、钱国荣、何婷婷等。

由于编写人员的时间与能力有限，难免会有疏漏之处，请同人不吝赐教，并希望本书能成为我国高校体育教学改革的攻玉之石。

编　者

2018 年 5 月

目　录

第一章 高等学校体育

本章导读

高等学校肩负着培养高级专门人才和发展科学技术的重大任务。进入 21 世纪，我国的社会主义现代化建设、中华民族的伟大复兴、国家的繁荣昌盛，迫切需要一大批德、智、体等全面发展，有创新意识和拼搏精神的高素质建设者和接班人。大学生应了解体育在高等学校中的地位和作用，明确并实现高等学校体育的目标和任务。

第一节　我国高等学校体育发展概况

高校体育担负着培养身心健康的高级专门人才、发展我国体育事业、丰富课余文化生活、建设社会主义精神文明的重任。它不仅是国民体育的组成部分，也是社会体育、竞技体育和终身体育的基础，更是发展我国体育事业的战略重点。因此，高校体育是我国高等教育的重要组成部分，也是我国社会主义建设中的一项重要事业。

一、培养身心健康、全面发展的高级专门人才

学校的根本任务是培养身心全面发展的人才，以适应社会发展的需要。根据马克思主义有关教育学说，以及我国社会主义现代化建设的要求，高等学校应面向现代化、面向世界、面向未来，认真贯彻德、智、体全面发展的方针，使学生身心健康得到发展，成为社会主义现代化事业的建设者和接班人。《中共中央关于教育体制改革的决定》指出："高等学校担负着培养高级专门人才和发展科学技术文化的重大任务。"高级专门人才、科学技术文化的参加者必须具备健康的身心，必须是有理想、有道德、有文化、守纪律，愿为建设有中国特色社会主义事业而献身的合格人才，只有这样，才能担负起这一重大使命。因此，充分认识体育在高校教育中的地位，坚决纠正忽视体育的种种倾向，不仅要从理论上，更应从实践中准确地理解并认真处理好德、智、体三者的辩证关系，把高校体育与培养合格人才的目标紧紧相连，采取有力措施，全面完成高校体育的各项任务。

二、发展高校体育事业

学校体育是国民体育的基础，发展高校体育是学校教育的需要，也是我国体育事业发展的需要。新中国成立后，在党和政府的高度重视下，我国高校体育发生了深刻变化，并取得了长足的

发展。但我国大学生的体质和健康水平与世界上一些发达国家相比尚存在一些差距，如我国大学生各年龄组的身高、体重、胸围、肺活量等各项指标均低于日本。又如身体素质，我国大学生除男生立定跳远（爆发力）的水平略高外，其他所有的指标均低于日本和加拿大。对我国青少年体质的调研发现，近年来我国大学生肺活量呈下降趋势。此外，我国大学生中的常见病，如视力不良、神经衰弱症、心血管疾病等也占有相当的比例，有的已严重影响大学生的身心健康。因此，在加强中小学体育与健康的同时，也必须十分重视高校体育与健康，努力改善高校体育条件，进一步搞好高校体育工作，促使高校体育的各项任务全面完成。这是我国高校一项十分紧迫的任务。

高校体育是培养我国体育后备人才，提高竞技水平的重要源泉。随着当代竞技体育的发展，以科学的训练方法提高运动员竞技能力已成为必然。而大学生在体能与智能上具有较强的适应性和优势，有条件也有能力为我国竞技体育的发展做出贡献。《学校体育工作条例》规定："学校应当在体育课和课外活动的基础上，开展各种形式的课余体育训练，提高学生的运动技术水平。普通高等学校经教育部批准，可以开展培养优秀体育后备人才的训练。"

形成良好的体育习惯，掌握一定的知识与技能，同时提高运动能力，不仅是大学生自身完善和推动高校群众性体育活动的需要，也是大学生毕业走向社会后坚持终身体育、成为社会体育骨干的需要，这有利于推动我国体育事业的发展。

三、高校体育丰富大学生课余文化生活，推动校园精神文明建设

大学生在紧张的学习生活中，需要健康、文明、和谐的课余文化生活，以满足大学生身心全面发展的需要。体育活动能够使大学校园充满生机与活力，其丰富多彩、形式多样的内容可吸引广大学生参与和欣赏，因此，高校体育不仅丰富了大学的生课余文化生活，还促进了校园精神文明建设。体育作为精神文明建设的重要手段，也是文化建设的一项重要内容，也可以作为思想建设的重要手段。通过对体育活动的参与和欣赏，可以发展大学生体能，促进智能发展；可以培养大学生勇敢、顽强、拼搏等意志品质，以及团结互助的集体精神和进取精神；可以培养大学生爱国主义思想，树立正确的审美观。因此，大学校园中的体育活动，不仅是占领思想阵地，引导大学生健康、文明地生活，而且是防止和纠正不良生活习性的重要手段。

综上所述，体育在高等教育中具有至关重要的作用。高校体育关系到大学生的体能、智能发展和整体素质的提高，关系到大学生的大学阶段学习，以及大学毕业后的工作和生活，关系到我国全面健身计划的实施和全民族身体素质的提高，关系到我国社会主义物质文明与精神文明建设，因而发展体育是高校不容忽视的一项重要工作。

第二节　高等学校体育的目的

一、高校体育的目的

根据我国社会主义事业对当代大学生身心发展的要求，我国大学体育的培养目的是：使学生了解和掌握体育与健康的基本知识；培养学生终身体育意识和体育能力；养成体育锻炼的良好习惯，增进身心健康；形成体育生活方式和科学的体育素养，使之成为国家和社会所需要的全面发展的高级专门人才。

为了达到大学体育的目的，应努力完成以下基本任务。

（一）增强体质、提高学生身心健康水平

高等学校体育的首要任务，就是要增强学生体质、提高全体学生的身心健康水平。这是我国社会主义现代化建设事业对大学生身心发展的基本要求，也是时代所赋予学校体育的重要使命。中共中央国务院在《关于深化教育改革、全面推进素质教育的决定》中指出："健康体魄是青少年为祖国和人民服务的前提，是中华民族旺盛生命力的体现。学校教育要树立健康第一的指导思想，切实加强体育工作，使学生掌握基本的运动技能，养成锻炼身体的良好习惯。"这是党和政府在新的历史条件下对学校提出的极其重要的指导思想，对我国的教育改革具有重大的现实意义和深远的历史意义，其根本的目的在于提高全民族的综合素质，增强我国的综合国力和在国际上的竞争能力。

大学生是中华民族伟大复兴的希望，是 21 世纪国家建设的中坚力量。但是，1979 年、1985 年、1991 年和 1995 年国家有关部门组织对全国大、中、小学生进行体质健康调查的结果表明，我国学生在体质健康方面仍然存在不少问题，必须引起足够的重视。比如，与健康关系密切的反映心肺功能水平的耐力素质、呼吸功能（肺活量）普遍下降，以及营养不良、心理素质不强，特殊体形、抗挫折能力差、神经衰弱甚至心理障碍和心理疾病呈现增长趋势等。这与整个教育事业的发展，以及素质教育的要求有较大的差距。因此，千方百计地增强学生体质、努力提高全体学生的身心健康水平，是历史赋予高等学校体育的一项重要任务。

（二）培养终身体育意识和体育能力

高等学校体育要努力培养学生的体育意识，形成终身体育思想，增强学生的体育兴趣，提高学生的体育能力。联合国教科文组织在《体育运动国际宪章》中明确指出，"体育是全面教育体制内的一种必要的终身教育因素""必须有一项全球性的、民主化的终身教育制度来保证体育活动和运动实践得以贯彻每个人的一生"。法国著名教育家保罗·朗格朗在其《终身教育引论》一书中指出："如果将学校体育的作用看成是无足轻重的事，不重视学校体育，那么，学生进入成年后，体育活动就不存在了。如果把体育只看成是学校这一阶段的事，那么体育在教育中也就变成了'插曲'。"因此，大学体育不仅仅是在校期间的阶段性教育活动，而是要使学生在学校所受的体育教育受益终身，成为生活的一部分。然而，我国当前学校体育教育的效果不容乐观。有关调查资料表明，目前在校大学生的体育意识和健康意识总体比较淡薄，能自觉参加体育锻炼的人数比例很低，越是高年级的学生越不注意锻炼身体。体育与健康意识尚未形成，体育还未能成为其生活的一部分。因此，大学生毕业走上工作岗位后，大多数人都因工作、环境、生活等因素，逐渐与体育"绝缘"，由此导致了社会上知识分子的体质、健康水平下降，死亡的平均年龄大大降低，给国家、社会和家庭造成了无可弥补的损失。虽然造成这一现象的原因很多，但最主要还是知识分子的体育意识淡薄、健康与保健意识差。

因此，高校要重视学生的体育与健身意识的培养，提高他们的体育兴趣并养成健身习惯，并在体育教材的内容、形式、手段和要求上与体育教育的目标保持高度一致。同时，高校还要让学生掌握体育与健康的基本知识、技术和技能，掌握科学锻炼身体和保养身体的方法，学会开运动处方，科学地进行锻炼以提高体育能力，为终身体育奠定良好的基础。

（三）培养良好的思想道德和意志品质

大学的培养目标，归根结底就是培养和造就一大批政治素质过硬，品质优良，具有扎实的科学文化知识和能力，具备强健体魄的全面建设人才。因此，大学教育始终把育人放在首位。高等

学校体育通过体育课、课外活动、运动训练、竞赛交流等特殊的教育形式，在培养学生的健康意识、塑造学生的强健体魄的同时，对学生进行爱国主义、集体主义、社会主义理想信念教育，中华民族优秀文化传统教育，革命传统及遵纪守法、社会公德教育。在体育实践中培养学生吃苦耐劳、艰苦奋斗、拼搏进取、自强不息的精神，以及尊师爱友、团结协作、礼贤互让、豁达大度的道德品质。

在培养人的道德与意志品质方面，体育具有鲜明的特点和显著作用。体育主要是以自身练习为手段，通过身心的参与来实现的。在运动过程中，既能感受到大自然清新的空气、阳光和美景，同时也要经受风吹、日晒、雨淋等考验；从事各项运动，既能体验运动给身心带来的愉悦，也要承受一定的生理和心理负荷，出现肌肉酸痛、身心疲乏等反应；为了提高运动水平，要进行艰苦的体能与技术训练，并克服种种困难；参加比赛时，又要全力以赴，协同配合，最大限度地发挥自身的各种能力，使智、艺、技、勇在激烈的对抗中得到发挥和锻炼。因此，通过体育教育可以培养学生良好的思想道德作风和顽强的意志品质，在知、情、意、行诸方面都有更高层次的追求，从而自觉确立文明、科学、健康的生活方式，促使自己在德、智、体、美诸方面得到全面的发展。

（四）提高运动技术水平、培养高水平体育人才

高等学校是培养人才的基地，其中，也包括体育人才的培养。高等学校大力发展体育，反过来体育又促进学校的发展。高等学校是培养“智能型”体育尖子最肥沃的土壤。高校应该拥有自身的高水平运动队（员），并努力提高运动技术水平，为国家培养能参与世界竞技体育的高水平体育人才。

美国加州大学伯克利分校原校长田昌霖博士认为，对发展学校最有影响力的是学生运动队。大力发展和提高学生的运动水平乃是学校整体教育的一个重要组成部分。因此，我国高校在广泛开展群众性的体育活动的基础上，依靠高校特有的人才优势和科技优势建设好运动队，为国家培养高素质高水平的体育人才，是高校体育的任务之一。

二、实现高等学校体育目的的基本要求

我国高校体育在培养德、智、体、美等全面发展的社会主义现代化事业的建设者和接班人的工作中已做出了巨大贡献。在改革开放的新的历史时期，为了使高校体育更好地为经济建设服务，深化高校体育改革已势在必行。中共中央国务院《关于深化教育改革、全面推进素质教育的决定》中明确指出：“确保学生体育课程和课外体育活动时间，不准挤占体育活动时间和场所。举办各种各样的群众性体育活动，培养学生的竞争意识、合作精神和坚强毅力。”这标志着我国学校体育工作已经进入新的时期，并促使高校体育更加规范化、制度化，为了全面完成高校体育的各项任务，实现高校体育的目标，高校应该结合本校实际，认真贯彻，不断深化高校体育改革，努力达到以下几点基本要求。

（一）全面贯彻党的教育方针，摆正高校体育的位置

体育是党的教育方针的重要组成部分，也是高等教育的重要内容之一，必须给予足够的重视，摆正它应有的位置。实践证明：只要高校体育工作指导思想端正，位置摆对，体育活动就能广泛开展，校园就能生机勃勃，大学生就能身心健康地学习和生活。由于陈旧落后的传统观念等因素的影响，还存在忽视体育的种种倾向，致使目前有的高校还未把体育与健康摆在应有的位置，措

施不力，严重地影响了高校教育的质量。为此，必须转变观念，进一步端正办学思想，加强领导，采取得力的措施，保证全面贯彻党的教育方针，切实开展和做好高校体育与健康工作，促进大学生德、智、体、美等全面发展。

（二）面向全体大学生，全面开展高校体育工作

为了实现高校体育的目的，高校应面向全体大学生，动员和组织大学生自觉地参加体育课及各种体育活动，并建立相应的规章制度，借以提供各种保证。体育与健康课教学是基本组织形式，必须按规定开课，改革教材教法，努力提高教学质量。由于高校体育工作的复杂性，必须课内课外结合，普及与提高结合，训练与竞赛结合，开展多种多样的体育活动，以保证大学生每天一小时的体育活动时间。

影响学生身心健康发展的因素是多方面的，为此，高校体育与健康课要与大学生正常的社会活动、合理的作息制度、适宜的学习负担和营养、卫生条件等方面有机地结合，使高校体育与健康工作与其他工作协调地发展。

要加强体育与健康宣传，以及在体育实践中传播体育与保健知识，使大学生不断增强体育意识，把身体好与学习好、工作好统一起来，以自觉积极的态度参加体育活动。

（三）加强科学研究，不断改革高校体育

高校体育必须坚持改革，在改革中发展和提高质量。要重视体育科学研究，充分利用高校自身的优势与条件，有目的、有计划、有组织地开展体育科学研究。目前，高校要特别重视研究改革中的新动向、新问题，使科研的成果直接与改革中的问题相联系，并为深化改革高校体育服务。在内容上，要与高校教育改革挂钩，加强体育过程中教育思想、教育内容、教育方法的研究，不断探索我国高校体育与健康规律，按照我国社会主义特色来发展高校体育工作，使之为培养更多更好的高级专门人才服务。

（四）加强教师队伍建设，不断提高教师素质

体育教师是高校体育工作的组织者和执行者。体育教师队伍的整齐与否、教师素质的好坏，直接关系到高校体育工作的开展的顺利与否与质量的高低。为了适应高校教育改革的发展，高校体育与健康教师在充实数量的同时，必须着重提高质量，要在新形势下，对体育教师的师德、知识、能力等全面提高要求。有关部门应在政治上、业务上、工作上、生活上全面关心体育教师，帮助他们解决各种实际困难，为他们的政治思想和业务进修提高，以及开展工作创造条件。体育教师要热爱本职工作，教书育人，洁身自爱，艰苦奋斗，坚持改革，勇于创新，发扬献身精神，从而形成一个团结战斗、奋发向上、生机勃勃的体育教师集体，使高校体育与健康工作更上一层楼。

（五）加强领导，实施科学管理

高校体育是高校整体工作的一部分，必须健全组织领导机构，形成自上而下的组织管理指挥系统，实施科学管理。在校内，只有在主管体育校长的领导下，体育部（室）积极参与，各级行政部门、群众团体密切配合，统一认识，统一步调，才能做好高校体育工作。在具体管理工作中，要对高校体育加强计划，及时检查和总结，不断改进；要从实际出发，建立高校体育的规章制度和体育工作的评价标准，包括对大学生体质、健康测试和评估等规定；要统筹安排，创造条件。

第三节　高等学校体育的制度、法规

相关高校体育制度、法规是我国普通高等学校体育工作的纲领，也是各级教育行政机关和体育部门督促与检查学校体育工作的主要依据。高校体育行政法规充分体现出国家对学校的体育工作、对广大青少年身心健康全面发展的高度重视和关心，同时也对实现高校体育工作的法制化、科学化和规范化管理具有十分重要的作用。

一、《中华人民共和国体育法》

《中华人民共和国体育法》是我国的体育基本法，于 1995 年 8 月 29 日由第八届全国人民代表大会常务委员会第十五次会议通过，2009 年 8 月 27 日第十一届全国人民代表大会常务委员会第十次会议《关于修改部分法律的决定》第一次修正。2016 年 11 月 7 日第十二届全国人民代表大会常务委员会第二十四次会议《关于修改〈中华人民共和国对外贸易法〉等十二部法律的决定》第二次修正。《中华人民共和国体育法》的诞生，在新中国体育发展史上具有里程碑式的重要意义，它标志着我国体育事业的发展开始纳入法制化轨道，进入了依法治体的新阶段。作为新中国的第一部体育法律，《中华人民共和国体育法》以《中华人民共和国宪法》为依据，以发展体育事业、增强人民体质、提高体育运动水平、促进社会主义物质文明和精神文明建设为立法目的，坚持党的基本路线，适应建立社会主义市场经济体制的基本要求，在全面总结我国体育事业发展成功经验和存在问题的基础上，阐述了国家发展体育事业的基本态度；提出了体育工作的方针、任务、基本原则和重大措施；明确了各级人民政府、体育行政部门、各行业系统、企业事业组织、体育社会团体和公民个人在参与体育活动和发展体育事业中的责任、权利和义务，对我国体育事业发展有着重大的现实影响和深远的历史意义。

《中华人民共和国体育法》体现了国家和政府对学校体育的重视，规定："教育行政部门和学校应当将体育作为学校教育的组成部分，培养德、智、体等方面全面发展的人才。"（第十七条）"学校必须开设体育课，并将体育课列为考核学生学业成绩的科目。学校应当创造条件为病残学生组织适合其特点的体育活动。"（第十八条）"学校必须实施国家体育锻炼标准，对学生在校期间每天用于体育活动的时间给予保证。"（第十九条）"学校应当组织多种形式的课外体育活动，开展课外训练和体育竞赛，并根据条件每学年举行一次全校性的体育运动会。"（第二十条）"学校应当建立学生体格健康检查制度。教育、体育和卫生行政部门应当加强对学生体质的监测。"（第二十三条）

二、《国家体育锻炼标准》

《国家体育锻炼标准》是中华人民共和国体育运动委员会（简称国家体委，后改为国家体育总局）为发展体育运动，增强人民体质而制定的一项重要体育制度。1975 年由国务院颁布实施。根据不同性别和年龄分组，每组有不同的锻炼项目和标准。在规定时限内达到标准者，被授予国家统一颁发的证章、证书。

20 世纪 50 年代初期，北京市的部分学校自定并施行体育锻炼标准，效果很好。国家体委总结了经验，制定了适合中国青少年的统一锻炼标准，即《准备劳动与卫国体育制度》（简称《劳卫制》），于 1954 年公布试行，随后又多次修改。1964 年改称《青少年体育锻炼标准》，1966 年

“文化大革命”开始以后，中断了试行。1974 年，国家体委重新制定了锻炼标准的试行条例，在重点试行的基础上进行修改，1975 年改称《国家体育锻炼标准》，在全国普遍推行。1979 年又着手进行修改。

现行《锻炼标准》按男女性别和年龄不同分组，每组规定了不同的锻炼项目和测验标准。选定各组锻炼项目的要求是：能够促进身体全面发展和有效地增强体质；符合儿童和青少年的生理、心理特点；动作简单，易于开展；对场地设备与器材要求不高；能够较客观地评定成绩，测验方便。

参加者必须按所属组别，从每类项目中各选择一项参加测验。五类项目的测验必须在一年内完成。一年的起止期为学生自秋季开学日至第二年暑假结束日，其他人员自每年 1 月 1 日至 12 月 31 日。测验成绩采用百分制评分法。根据参加者完成五类项目测验后的总分确定其达标等级。测验成绩评分表由国家体育运动委员会制定公布。达标等级分及格、良好、优秀三级，及格级标准 250～345 分、良好级标准 350～415 分、优秀级标准 420～500 分。参加者有下列情况之一的不计其达标等级：①未能在一年内完成规定的五类项目测验；②有一类项目的测验成绩低于 30 分。

三、《学校体育工作条例》

《学校体育工作条例》于 1990 年 3 月 12 日经国务院批准，通过国家教育委员会令第 8 号、国家体委令第 11 号发布实施。其目的是保证学校体育工作的正常开展，促进学生的身心健康成长。

《学校体育工作条例》规定，学校体育工作的基本任务是：增进学生身心健康、增强学生体质；使学生掌握体育基本知识，培养学生体育运动能力和习惯；提高学生运动技术水平，为国家培养体育后备人才；对学生进行品德教育，增强组织纪律性，培养学生的勇敢、顽强、进取精神。学校体育工作应当坚持普及与提高相结合、体育锻炼与安全卫生相结合的原则，积极开展多种形式的强身健体活动，重视继承和发扬民族传统体育，注意吸取国外学校体育的有益经验，积极开展体育科学研究工作。

普通高等学校的一、二年级必须开设体育课，三年级以上学生开设体育选修课。体育课是学生毕业、升学考试科目。学生因病、残免修体育课或者免除体育课考试的，必须持医院证明，经学校体育教研室（组）审核同意，并报学校教务部门备案，记入学生健康档案。学校应当在体育课教学和课外体育活动的基础上，开展多种形式的课余体育训练，提高学生的运动技术水平。普通高等学校经国家教育委员会批准，可以开展培养优秀体育后备人才的训练。

四、《大学生体育合格标准》

为了贯彻德、智、体全面发展的教育方针，鼓励学生经常锻炼身体，不断增强体质，提高自我保健能力和健康水平，成为社会主义现代化建设需要的合格人才，根据《学校体育工作条例》，制定了《大学生体育合格标准》（以下简称《标准》），《标准》从身体形态、身体机能、身体素质、视力状况及体育课、课外体育锻炼等方面，综合评定学生的体育成绩，《标准》按百分制记分。《标准》成绩的评定每年进行一次。

体育工作部门每年 3 月将《大学生体育合格标准登记卡》交校医院，5 月校医院、学生处将登记好的形态、机能成绩和课外锻炼成绩交体育部，再由体育部汇总成绩分送各系教学办公室。学生毕业时的《标准》成绩按四年（专科三年）平均计算，平均成绩及格且毕业当年的《标准》成绩达 60 分者方可为《标准》成绩合格，允许毕业。《标准》成绩不及格者，给予两次补考机会（一次在不及格的下一学年 10 月，一次在毕业前），补考仍不及格，毕业时作结业处理，离校一

年之内可向学校申请补考，补考及格者，可换发毕业证书。

大学生体育标准合格率不是体育锻炼标准达标率，是指教育部体育卫生与艺术教育司 1992 年颁布的大学生体育合格标准的合格率。大学生体育标准合格率包含形态、技能、课外锻炼、体育课成绩和体育锻炼标准达标等五项成绩，按一定权重整合达到 60 分即为合格。

第四节　高等学校体育的组织形式

一、体育课教学

高等学校体育课是体育教育的基本组织形式，它是教师按照教学大纲和教学任务有目的、有计划、有组织的教学过程。体育教学必须遵循人体的全面发展规律去实行。现代体育教学指导思想是从增强学生体质出发，将传授体育知识、技术和技能与科学锻炼身体的方法、原则有机地结合起来，树立终身受益的体育观，培养终身锻炼身体的兴趣和能力，以培养适应现代社会和未来社会发展需要的新型人才为最终目的。

（一）体育课教学的特点

（1）体育课是教育部颁发的教学计划中所规定的各级类学校的必修课，具有一定的强制性。同时，体育课必须按照教学大纲中所规定的科学的教学任务和内容，在计划规定的时间内，按照体育教材和考核标准的要求进行教学。

（2）体育课有固定的班级、时间和课表。这就便于教师根据学生的特点和班级的具体情况，正确地确定教学的具体任务和要求，科学地安排教学内容，选择教学方法和组织整个教学过程。

（3）体育课要在教师的指导下进行。这有利于发挥教师的主导作用和学生的主体作用，调动学生的学习积极性和主动性，更好地完成体育课教学任务。

（4）体育课要有必要的场地、器材条件做保证，这是完成体育课教学任务必要的物质前提，便于教师合理地安排课程的密度和运动负荷。

（5）体育课教学除了在室内讲授体育理论知识外，更是以实践为主的课程，主要从事各种身体练习，并在反复练习过程中，通过身体活动和思维活动的密切结合，掌握体育知识、技术、技能，并收到锻炼身体、增强体质的实效。

（6）体育课上，学生身体要承受一定的运动负荷，因此，在体育课教学中要严格遵循人体生理机能活动能力变化的规律，并结合学生的具体情况，合理安排和调节课程的运动负荷，才能有效地锻炼身体，增强体质。

（7）体育课教学的组织工作较为复杂，体育课主要是在室外进行，场地大，学生活动的范围广，分组教学的形式多样，互相接触频繁，还受场地、器材的制约与外界环境的干扰，因此，课前需要周密地计划和准备。

（8）便于在活动中发现问题，有针对性地对学生进行思想品德教育。体育课是学生在不断活动中进行学习的，因而学生之间的联系、协作和对抗比较多，经常有个人与个人、个人与集体、集体与集体之间相互关系的问题，在这些活动中，便于发现问题，有针对性地对学生进行思想品德教育。

（二）体育课教学的类型

1. 理论课教学

理论教学的主要任务是：讲授体育理论知识，提高大学生对体育的认识，学习科学锻炼身体的知识，克服锻炼过程的盲目性，了解体育锻炼对人体生理和机能变化的作用，使学生知道每学期的教学内容和要求，以及考核标准，介绍体育运动常识和卫生保健知识，提高体育文化素养。

2. 实践课教学

实践课教学是指在运动场或体育馆内进行的身体练习课。实践课是根据教学大纲、教学计划、教学进度确定的内容来进行的。实践课又根据每一节课的具体任务分为四种。①新授课：以讲授新内容为主的体育课。②复习课：以复习学过内容为主的体育课。③综合课：新内容，又有复习学过内容的体育课。④考核课：以检查学生学习效果为主的体育课。

3. 电化教学课

电化教学课是指采用录像、录音、电影、幻灯、投影仪等现代化教学手段，使学生掌握体育知识、技术、技能的一种室内课。这种课既可列入教学计划中，又可机动地作为风雨教学课。它包括：①体育理论知识的录音讲座；②基本技术、基本动作的录像；③重大国内外比赛、运动会实况录像和影片。

（三）体育课教学的形式

2002 年教育部颁布的《全国普通高等学校体育课程教学指导纲要》提出："根据学校教育的总体要求和体育课程的自身规律，应面向全体学生开设多种类型的体育课程，可以打破原有系别、班级制，重新组合上课，以满足不同层次、不同水平、不同兴趣学生的需要。""要充分发挥学生的主体作用和教师的主导作用，努力倡导开放式、探究式教学，努力拓展体育课的时间和空间。"

1. 普通体育课

普通体育课是为了提高大学生的身体素质，并结合国家体育锻炼标准的项目而开设的一种体育课。教材内容主要有田径、体操、球类、武术、健美操、游泳等。

2. 专项体育课

专项体育课是根据大学生对某一项体育运动的兴趣，并结合个人的基础和身体训练所开设的一种以一个项目为主的体育课。教材内容主要有篮球、排球、足球、乒乓球、羽毛球、健美操、武术等。

3. 专项提高课

专项提高课是在专项课的基础上，在学生掌握一定项目的基本技术、技能条件下，为进一步提高该项目的技术、战术，结合"达标"项目和学校的专业特点而开设的体育课。教材内容与专项课教材内容相同。

4. 保健体育课

保健体育课是为某些有疾病、缺陷或体弱的学生开设的体育课，其目的是使他们得到相应的体育锻炼，掌握必要的卫生保健知识和康复锻炼的方法，以改善他们的健康状况。教材内容可根据他们每个人的实际情况而定。

（四）体育课的结构

体育课的结构是指构成一节课的几个部分、各部分的教材顺序、组织教法和时间分配等。根

据人认识事物的一般规律和人体生理机能活动变化的规律，体育课的结构大体分为三个部分，即准备部分、基本部分和结束部分。各部分都有各自的主要任务、内容和组织教法要求，但又是一个紧密相连的完整体系。

1. 准备部分

准备部分是迅速将学生组织起来，集中注意力，明确课程的内容和要求，做好准备活动，使身体各器官系统的机能进入工作状态，为基本内容的学习做好准备。在100分钟的课中，准备部分的时间一般为20～25分钟。

2. 基本部分

基本部分是学习新教材，复习已学过的教材，使学生掌握体育知识、技术、技能，发展身体，增强体质，同时对学生进行思想教育。基本部分的内容主要是由大纲和教学进度所规定的。在100分钟课中，基本部分的时间一般占65～70分钟。

3. 结束部分

结束部分是有组织地结束教学活动，选择一些逐渐降低运动负荷的练习，使学生逐步地恢复到相对安静状态，简要地进行课的总结、布置课外作业等。结束部分的时间，一般为3～5分钟。

二、课外体育锻炼

《学校体育工作条例》将课外体育活动和运动训练、竞赛定为高校体育工作的重要内容，对增强学生体质有着重要意义。它包括早操、课间操、课外活动、运动队训练和运动竞赛。

（一）早操

早操是在早晨进行体育锻炼的一种形式，对促进学生身心发展，增强机体对季节、气候变化的适应能力，养成良好的生活习惯都有一定的特殊作用。清晨起床后，可通过跑步和做广播操的形式来进行20～30分钟的早锻炼，运动量要适宜，以免影响学习。早操可培养良好的养生习惯，早晨到室外呼吸到新鲜空气，增加氧的摄取量，可提高神经系统的兴奋性，消除睡眠中引起的抑制状态和惰性，提高有机体各器官的工作能力，使学生精力充沛、振奋、头脑清醒地开始一天的学习生活。所以大学生应遵守学校的作息制度，积极参加，自觉地进行早锻炼。

（二）课间操

课间操是每天上完第二节课后20分钟休息时间内进行的一种身体锻炼活动。其内容主要为散步，做广播操、眼保健操和四肢活动的徒手操。课间操能调整身体姿势，调节精神，消除大脑疲劳。课间操的运动负荷不宜过大，要使学生既锻炼身体，又激发活泼愉快的情绪，得到积极的休息，从而以充沛的精力继续进行文化专业课的学习。

（三）课外活动

课外活动是指下午完成文化专业课后安排的一种课外体育锻炼，是提高教学质量的重要环节，体育课所布置的课外作业练习要在这个时间内完成，使课上所学到的体育知识、技术和技能得到复习、巩固和提高。课外活动可培养学生独立运用已掌握的运动技能进行身体锻炼，逐渐养成自觉锻炼身体的习惯。课外活动还可以推行国家体育锻炼标准，有计划、有组织地安排练习或测验达标项目。尤其对不开设体育课的大学高年级以上的学生，更要有组织、有计划地安排身体锻炼活动时间，保证每天有一小时的身体锻炼。课外活动既可以丰富学生的业余文化生活，又可以因势利导地进行组织纪律、团结友爱、关心集体和意志品质的教育。课外活动的组织形式可根据各院校的场地、器材、人数等具体情况而定，可以自然班为单位集体活动，或以锻炼小组的形式活动。

（四）运动队训练

高校运动队的训练是贯彻普及与提高相结合方针的一项重要措施，是在普及的基础上努力提高运动技术水平。高校要建立以传统项目为主的运动队，而且要制订训练计划，坚持业余训练，每周 3 次，每次 90 分钟为宜。院校领导对参加运动队的学生应予以支持，加强运动队的管理，切实做好思想教育工作，关心队员的学习和生活，使他们在德、智、体各个方面都得到发展。运动队要在开展学校群众体育活动中起骨干带头作用。运动队训练一般安排在早晨和下午课余时间，各高校也可以将专项提高课和运动队训练结合起来安排，进一步推动学校群众性体育活动的广泛开展，促进运动技术水平的提高。

（五）运动竞赛

运动竞赛有助于培养学生勇敢、顽强、进取和拼搏的精神，以及遵守纪律、服从裁判的优良品质和集体主义精神。要健全学校的体育竞赛制度。竞赛活动要注意群众性和经常性，坚持小型多样化，高校运动竞赛可分为校内、校外两大类。校内可组织班级之间、系级之间的单项比赛、对抗赛、友谊赛等；每年应举行校内田径运动会一次；校外竞赛有省市大学生的田径和单项比赛，以推动学校体育活动的开展。学校运动竞赛的安排要根据气候季节变化的特点，以及学校体育运动的传统性和群众基础，要使各项比赛较均衡地分布在两个学期中，并要把比赛和群众性课外体育活动结合起来，通过各种比赛，把学校的课外体育进一步开展起来。

第五节　高等学校体育的发展方向

随着“健康第一”和“终身体育”思想的提出，新的健康观念正在使高校体育的教学目标、教学方法，以及考核内容和方式发生变化。

近 30 年来的高校体育改革取得了很大的成绩，特别是《全国普通高等学校体育课程教学指导纲要》的颁布实施，有力地推动了高校体育教学改革的深入发展，尤其是选项课与选修课的开设，在一定程度上满足了学生的不同体育需求，培养了学生的体育兴趣，激发了学生的体育学习积极性，发展了学生的体育特长，从而也丰富了高校的课外体育活动。

然而，高校体育仍然面临着严峻的挑战。大学生的体育意识还很淡薄，锻炼习惯尚未养成，终身体育能力与体育文化素养较差，体质健康状况不佳。现在的情况是，越是高年级的学生越不爱锻炼。北京某大学对 1321 名学生参加体育锻炼情况进行了 5 年追踪调查：每周能坚持 3 次以上 1 小时锻炼者占被调查学生的比例，一年级时为 33.1%；二年级时为 28.1%；三年级时为 20.6%；四年级时为 13.2%；读研究生下降到 10.0%；毕业后只为 7.2%。这一调查结果是发人深省的，这种状况必须改变。但高校体育到底应当怎样改才能适应社会发展和学生主体发展的需要？从目前情况来看认识不尽一致，做法也各不相同。但从总体上看，其基本走向如下。

一、高校体育课程教学将逐步走向个性化

如前所述，素质教育是一种弘扬学生主体性的教育，它尊重学生人格，承认学生个体差异，重视学生个性发展，因此，素质教育又是一种个性化的教育。新修订的《全国普通高等学校体育

与健康课程教学指导纲要》比较鲜明地反映了这一趋势。

（一）课程目标

根据学生身体发展水平的差异，大学“体育与健康”课程的目标分为基本目标与发展目标两个层次。基本目标是根据大多数学生的基本要求而定的，发展目标是针对少数学有所长和有余力的学生而定的。发展目标也可以作为大多数学生的努力目标。

（二）课程实施

实行开放式教学，使学生有自主选择教师、自主选择上课内容、自主选择上课时间的自由度，以适应学生的不同情况与不同需要。

（三）教学评价

学生的学习评价应是对学习效果和过程的评价，主要包括体能与运动技能、认知、学习态度与行为、交往与合作精神、意志表现等，通过学生自评、互评和教师评定等方式进行。评价应淡化甄别、选拔功能，强化激励、发展功能，把学生的进步幅度纳入其中。

二、课内外体育将呈现一体化趋势

课程教学指导纲要强调要“拓展课堂的时间和空间”“把课外体育辅导、有组织的校外活动、训练等纳入体育与健康课程，形成课内、课外、校外有机联系的课程结构”。为此高校体育的重心，将逐渐由课内转移到课外。例如，充分利用各种媒体获取体育信息；充分利用课外时间和节假日，开展家庭体育、社区体育、体育夏（冬）令营、体育节、郊游等活动；充分利用日光、空气、水、江河、湖、海、沙滩、田野、森林、山地、草原、雪原、荒原等自然环境开展体育活动。高校体育必将冲破学校的樊篱，走向社会，走向自然，变得更加开放，更加丰富多彩，更加生动活泼，更能满足广大同学的不同体育需求。

三、高校体育的组织形式将更具群众性

由于大学生体育主体意识的不断加强，高校体育特别是高校课外体育的组织形式将更具群众性。

（一）体育俱乐部将成为高校体育的重要组织形式

为了适应大学生的不同体育需要，高校将根据自身的条件，组织多种多样的体育俱乐部。这些体育俱乐部大致可以分为两大类：一类是以发展学生体育特长、提高运动技术水平为目的的竞技体育俱乐部；另一类是以健身、健美、娱乐为目的的群众性的体育俱乐部，学生将自主选择参加。

（二）体育社团将在高校得到发展

高校的体育社团是由学生自己组织、自己管理、自由参加的群众性的体育团体。一般由学生会、团委出面发起组织，得到学校体育部（教研室）的支持和指导，大都以单项体育协会的形式出现，如篮球协会、游泳协会、网球协会、健美协会等。学生根据协会章程，自愿报名参加，交纳一定的会费，民主选举管理人员。这种形式已在一些高校出现，今后必将得到进一步发展。

（三）非正式体育群体的活动将越来越活跃

所谓非正式的体育群体，就是非行政的由学生自由组合而成的体育群体。这种群体的组成，除体育兴趣外，还受性别、性格、情感、体育基础等多种因素的影响，具有较强的凝聚力和主体

意识。这种群体主要活跃在课外体育、节假日体育、校外体育中。但是，它目前尚未引起人们的足够重视，一旦受到重视，必将为高校体育注入新的活力。

四、高校体育将呈现出多样化和小型化

随着高校体育重心的逐步转移，高校课外体育，将朝着自主确定锻炼目标、自主选择锻炼内容、自主组织锻炼的方向发展。因此，高校体育将呈现出多样化和小型化。同时，一些传统的学校体育组织与活动形式也将得到继承，如定期举办全校性的运动会，或以院系为单位组织的群体竞赛等。

五、生存训练与拓展训练将在高校逐步开展

生存训练和拓展训练起源于第二次世界大战期间。据说第二次世界大战时大西洋上很多军舰由于受到攻击而沉没，绝大多数的船员不幸牺牲，但仍有极少数的人历经磨难后得以生还。人们发现这些生还下来的人并不都是身强力壮的小伙子，而大多数是些年老体弱的人。这些人之所以能活下来，关键在于他们具有良好的心理素质。当时有个叫库尔特·汉恩的提议，利用一些自然条件和人工设施，让那些年轻的海员做一些具有心理挑战的训练，以提高他们的心理素质。后来他的好友劳伦斯于 1942 年成立了一所海上训练学校，这是拓展训练的最早雏形。

生存训练和拓展训练形式新颖，对提高人的心理素质、团队精神、生存能力和社会适应能力等具有良好的效果，因而很快就风靡整个欧洲，并在其后的半个世纪中发展到全世界。近年来生存训练和拓展训练在我国也得到了较快的发展，引起了我国学校体育行政管理部门的高度关注，并已着手创建训练基地，培训骨干。可以预见，这种形式的训练，必将受到广大高校学生的欢迎。

第二章 体育与健康

本章导读

健康是人生的第一财富，真正的健康不仅指生理功能无异常，还应该包括健康的心理状态和对社会环境良好的适应能力，即健康包括生理和心理两方面的内容。生理健康是心理健康的基础，心理健康是生理健康的必要条件，二者相互联系、相互影响，共同维持人体的正常功能。只有心理和生理同时健康才是真正的健康。体育是通过身体运动的方式进行的，它要求人体直接参与活动，这是体育最本质的特点之一，这个特点决定了体育具有健身功能。本章主要通过对体育的产生与概念，健康的概念与内涵的学习，使大学生认识到健康的重要性，理解体育对健康不同方面的促进作用，养成健康的生活方式，培养终身体育的意识。

第一节 体育与健康的概念

一、体育的起源

体育的历史与人类的历史一样源远流长。在人类文明的历史长河中，体育文化是一个逐渐发展的过程，人类是如何将动物运动的本能创造为一般认同的人类运动和竞争形式的体育活动的呢？这是一个十分复杂的过程，关于起源的说法归纳起来，不外乎劳动起源论、军事起源论、宗教起源论、游戏起源论等。

（1）劳动起源论。在人类社会最初，物质因素是人类的生存关键，一切活动也仅能伴随着物质生产的过程。在原始人类文化的积累过程中人们逐渐意识到：生存资料的获得很大程度上取决于自身同被猎对象之间的速度、耐力、力量等各种身体素质方面的竞争。于是他们有意识地提高身体素质，进行各种跑步、投掷及使用运动器械等形式的运动，形成原始的体育。

（2）军事起源论。战争是人类争夺物质资料而发生的武装冲突。原始社会末期，部落之间的冲突频繁，为了增强部落成员的作战能力，打败对手，部落对其内部成员进行军事训练，在军事训练过程中形成了各种各样以军事为目的的体育活动。

（3）宗教起源论。原始社会末期，生产力发展到一定的水平，人的思维能力不断提高，在对自然现象求解的过程中形成了自然崇拜、图腾崇拜、祖宗崇拜、巫术等，并发展成为原始的宗教。在这些宗教的祭礼竞赛、游戏活动中，形成了多种具有宗教文化内涵的体育活动形式。

（4）游戏起源论。作为社会余暇活动的游戏与生产活动、社会活动有着相当紧密的关系。

当社会生产活动形成物质积累之后，人们就产生了余暇。游戏是早期人类余暇生活的主要内容，人们在从事游戏的过程中发展了人的各种素质和技能，形成了娱乐性的体育活动。

二、体育的概念

体育是人们根据生产和生活的需要，遵循人体生长发育的规律、动作技能形成与机能提高的规律，以身体练习为基本手段，结合日光浴、冷水浴等自然因素和卫生措施，来发展身体、增强体质、提高运动技术水平、丰富社会文化生活的一种有意识、有目的、有组织的社会活动。体育是社会文化教育的组成部分，受一定社会的政治和经济制约，又为一定社会的政治和经济服务。

“体育”一词，据有关资料记载，最初是法国人于 1760 年在法国报刊上论述儿童身体教育问题时首先使用的，后来英语也广泛应用了卢梭所用的体育（physical education，PE）这个词。日本在 1863 年先从欧洲引进体操，并于 1873 年把体操列为学校体育课程。据日本的体育史书记载，日本是 1878 年把英语的 PE 译成“体育”的。在“体育”与“竞技运动”等名词出现之前就早已存在。竞技运动（也叫竞技体育）在国内外现代的体育运动中占有极为重要的地位，并产生越来越明显的社会影响和国际影响。竞技运动的内容历来被作为一种手段而广泛应用在体育教育中，目前，竞技运动同体育教育虽然有明显区别，但是很难把两者截然分开。在很多国家，仍把历史上已经形成的相互联系的这两个方面作为体育的重要组成部分。

近代体育从 18 世纪末 19 世纪初逐渐在欧美各国实施和发展起来，德国、瑞典、丹麦、英国、美国等是实施近代体育最早的国家，其中英国的竞技运动、德国体操和瑞典体操可以说是近代体育的三大基石。我国是四大文明古国之一，也是世界上古代体育的起源和发展最早的国家之一，项目繁多，内容丰富多彩。例如，在我国春秋战国时期各种导引术十分流行，用来锻炼身体、增进健康和防止疾病，以后又相继出现了五禽戏、易筋经、八段锦、太极拳等，都是广为流传的养生方法和手段，不过当时都还未启用“体育”一词。根据史料记载，“体育”这个词于 19 世纪末由日本传入我国。1891～1894 年，康有为在广州长兴里办“万木草堂”，课程中有体操内容；1897 年他编辑的《日本书目志》中，收录了《体育学》这本书目。1923 年当时政府公布的《中小学课程纲要草案》中正式将学校“体操科”改为“体育科”。此后，“体育”一词便逐渐代替了原来意义的“体操”。1931 年国际奥委会正式承认“中华全国体育协进会”为中国奥委会。1932 年，国民党政府教育部成立“体育委员会”，这是领导全国体育运动的官方组织。

新中国成立以后，于 1952 年成立了中华全国体育总会，1953 年成立了中央人民政府体育运动委员会，统管全国的体育工作。体育是人们用来培养、教育下一代的，与德育、智育等都是整个教育的组成部分；是人们用来锻炼身体、增强体质、防治疾病和延年益寿的重要方法；是进行竞技比赛、丰富人民文化生活内容、建设精神文明的内容与手段，也是加强与各国人民之间相互了解的纽带。

三、健康的概念

人类对健康的需要和认识是随着所处的时代、环境和条件不同而不断变化、不断更新的。以往，由于受传统观念和世俗文化的影响，人们往往将健康单纯理解为“无病、无残、无伤”。我国《辞海》中，将健康定义为“人体各器官系统发育良好，功能正常，体质健壮，精力充沛，并且具有劳动效能的状态。通常用人体测量、体格检查和各种生理指标来测量”。然而，随着社会的发展和科学技术的进步，人们完全突破了原先的思维模式，对健康的概念有了新的认识。1948

年，世界卫生组织在其宪章《阿拉木图宣言》中明确指出："健康是指在身体上、精神上和社会适应各方面都完美的状态，而不仅仅是没有疾病和虚弱。"从而使人们对健康的评价不仅限于医学、生物学的范畴，而且扩大到心理和社会学领域。由此可见，一个人只有在身体和心理上保持健康状态，并具有良好的社会适应能力，才算得上真正的健康。上述三个方面的有机结合，可以构成人的生命质量。在人的生命这个三维立方体中，身体、心理和社会三种属性的面积越大，则生命立方体的体积越大，在自然和社会中所占的地位也越高，与社会的接触面也越大，显示出该个体的生命质量也越高。反之，如果这三种属性的面积过小，则个体与社会的接触面也越小，生命质量就越低。许多健康者的经验告诉我们，生命体的质量越高，则健康长寿的可能性就越大；相反，个体如果心理压抑和自我封闭，则极易产生疾病，缩短寿命。1989 年，世界卫生组织根据现代社会的发展，又将"道德健康"纳入健康概念之中，即除了身体健康、心理健康和社会适应良好外，还应道德健康，只有同时具备这四个方面的健康才算是完全健康。由此表明，人类对自身健康和疾病的认识又深入了一步，即由单纯的生理、心理角度研究健康问题上升到了从社会学角度来探讨健康的定义，健康概念开始由生物健康的领域扩充到社会健康的领域。

2000 年，世界卫生组织根据健康的含义，提出了健康的 10 条标准：

（1）有充沛的精力，能从容不迫地担负日常生活和繁重的工作而不感到过分紧张；

（2）处事乐观，态度积极，勇于承担责任，事无巨细，不挑剔；

（3）应变能力强，能较快地适应外界环境和各种变化；

（4）善于休息，睡眠良好；

（5）能抵抗一般感冒和传染病；

（6）体重适当，身体匀称，站立时头、肩、臂位置协调；

（7）头发有光泽，头屑少；

（8）眼睛明亮，反应敏锐，眼睑不易发炎；

（9）牙齿清洁，无龋齿，无疼痛，牙龈无出血而颜色正常；

（10）肌肉丰富，皮肤富有弹性。

第二节　大学生生理及心理特点

大学生处于青春发育后期，以脑力劳动为主，在校期间其生理机能处于发育、定型的关键时期，也是个人智力发展的黄金时期。一个人一生的创造性成绩取得，往往是青春期打下的基础，也就是说青春期的身心健康为一生健康地工作和生活打下基础。因此，大学生的生理及心理健康是学校工作中非常重要的，要打好基础就要对大学生的生理及心理特点有所认识。

一、大学生生理发育特点

（一）形态发育特点

身体形态包括体格、体型和身体姿态等，体格包括人体身高、坐高、体质、胸围等，体型指标主要指人体的整体指数与比例，姿势主要指人的坐、立、行走的姿态。

大学生大多数处于 18～25 岁的年龄段，经历了两次发育高峰，处于青春发育末期，身体形态还在发育，身高、体重、胸围、肩宽、头围、骨盆等外部形态已逐渐转入缓慢发展阶段。男女生身体形态存在差异，我国大学男生平均身高为 173 厘米，体重为 68 千克；大学女生平均身高为 159 厘米，体重为 51 千克。这一阶段胸围、肩宽、骨盆宽等指标增长迅速，分别形成男子上体宽粗、骨盆窄、下肢较细，女生上体窄细、骨盆宽、下肢较粗的体型。

大学生的第二性征已经趋于成熟，男性表现为体型健壮，肩部增宽，喉结隆起，声音低沉，体毛增多，长胡须，肌肉变得结实有力；女生表现为身材窈窕，声音细高，肢体柔软丰满，骨盆增宽，臀部变大，皮下脂肪开始增多。

（二）身体机能特征

1. 神经系统

大学阶段神经系统兴奋与抑制过程趋于平衡，分析与综合能力提高，第二信号系统高度发展，第一和第二信号系统的联系完善起来，为思维发展创造了良好的物质条件；抽象思维能力提高、想象力及创造性思维能力处于人生中最活跃的阶段，因此是受教育的最佳年龄段，是人生非常重要的阶段，但是受甲状腺机能旺盛的影响，大学生的神经系统表现出不稳定性，易冲动，易疲劳。

2. 心血管系统

心血管系统是人体发育成熟最晚的系统，从形态和功能上看，大学生的心血管系统已经接近成人水平，心脏质量为 300～400 克，心脏容积达到 240～250 毫升，心跳频率每分钟 65～75 次，血液量占体重的 7%～8%，每搏输出血液量约为 60 毫升。心肌纤维增粗，收缩力量增大，每搏输出量增加，心率逐渐降低，这些指标的提高反映了大学生能够从事大强度、长时间的运动。个别人出现高血压现象，这是由于青年期之前,心脏发育速度加快，血管发育处于相对落后的状态，加上内分泌的影响，收缩压可能接近 20 千帕，舒张压则保持在正常范围，这种现象称为青春期高血压。出现青春期高血压的人，如果一向有体育锻炼的习惯，且运动后无不良反应，可以正常从事体育锻炼和体力劳动，但是要适当注意运动量和医务监督，随着年龄的增长和身体内环境的协调平衡，这种现象会自然消失。

3. 运动系统

大学阶段，肌肉迅速增长，运动能力明显增加；骨骼中水分开始减少，无机物增多，骨密度增大，骨骼健壮，能够承受较大力量练习。20～25 岁骨骼发育完成，30 岁左右肌肉发育完成。

4. 呼吸系统

随着身体的发育，大学生呼吸系统的功能也增强了，表现为胸廓增大，接近个体最大值，肺的结构和功能进一步完善，换气效率提高，肺活量增大，呼吸深度增大，呼吸频率降低。有资料表明，青年中期呼吸频率每分钟约 16 次左右，男女大学生平均肺活量分别是（4124±552）毫升和（2871±390）毫升。

二、大学生心理发展的主要特点

大学生正处于青少年的转型时期，在生理及心理上都有着与其他年龄不同的特点。与生理发展一样，大学生的心理状态也正处于从基本成熟到完全成熟的特殊阶段，这一阶段也是世界观形成的关键阶段。首先，我们看一看大学生时期的心理特点，然后再看看此时期的心理矛盾有哪些。

在心理发展中，作为青年时期的大学生，最为突出的是自我意识的发展。自我意识是对自我在环境中存在的一种领悟，是对自我价值、自我地位、自我能力的一种评价或判断，自我意识随着大学生的生理发育而逐渐发展起来，大学生比高中时期更具有独立感，对自己更有自信，对自己的未来也有了比较明确的目标。除了自我意识外，就是情感与性意识的发展最为突出了。大学生是思

维与情感最为活跃的群体，随着生活空间的扩大，知识水平的提高，思维能力也将大幅增强。大学生面对众多的迷惘与抉择，遇到的问题也更多。

三、大学生常见心理问题

心理问题指各种心理及行为异常的情形。一般心理问题有自我意识问题、与学习相关问题、不良情绪问题、人际关系问题、行为问题、适应与发展问题。常见心理问题有学习类障碍（注意力缺损障碍）、发展类障碍（孤独）、情绪类障碍（抑郁、社交恐惧症）、行为类障碍（品行障碍、神经性厌食）、性心理障碍（性偏好障碍、性身份障碍、性指向障碍）。

（一）嫉妒心理的危害及克服方法

常见这样的现象：一个班中几十个人平起平坐，气氛团结，其中某些同学在学习上冒尖了，在工作中受到老师表扬等，于是有的人就对进步者议论纷纷，对冒尖者冷嘲热讽，成功者可能会受到一些刁难，有成绩的反而感到被孤立了，这些都是嫉妒心理造成的危害。

嫉妒是一种病态心理，对人对己均无好处，它常见于有才能但又争胜好强而心胸狭窄的人，愿做工作但又极端自私的人，想干一番事业但又不愿多做工作的人。嫉妒对象多指向与自己不相上下或稍高于自己的熟悉的同学、朋友和周围的其他人，对于与自己毫不相干的人则不产生嫉妒。嫉妒心强的人一旦发现别人超过自己就会产生怨恨或愤怒情绪，这种情绪一旦成为行为，就会制造谣言、设置障碍、挑拨离间、寻机报复，以求从另一个角度上去击败对方，达到心理平衡，实际上他们心里也得不到安宁，自己的神经处于高度紧张状态，也就经常处于恐惧、愤怒、抑郁、焦虑、消沉、憎恨和敌意等不良情绪中。

克服方法：首先要认识嫉妒心理对人对己的危害，加强道德修养，树立远大理想，培养宽广的胸怀和气度，加强意志力的锻炼，提倡在平等的基础上竞争，互相帮助共同进步，提倡你追我赶争上游的拼搏精神，坚决改正阻碍别人前进的坏毛病；同时也要树立正确的目标，为实现这个目标而努力奋斗。这样就必须把全部精力投入学习和工作之中，因而就无空余时间嫉妒别人。当经过努力取得成绩时，进行换位思考，体会一下被嫉妒的感受，享受一下取得成绩的乐趣，对克服过去嫉妒心理非常有效。即使自己暂时取得不了突出成绩，也应认识到一个人不可能在任何方面都胜过别人，承认自己的不足，也看到别人的长处，学习别人的经验，发展自己，就有可能超过别人，同时可体会到经过努力取得成绩的愉快心理要比嫉妒别人的恐惧、焦虑、憎恨心理舒服得多。

（二）逆反心理的危害及克服方法

青年人有强烈的好奇心，当某事物被制止而又无法讲清道理时，最容易引起他们的求知欲，要想方设法探个究竟，有时猜疑、推测的好奇心使其不顾禁令的约束做出尝试。另外青年人总想利用自己的知识去表现自己，用标新立异引起别人的注意，想在否定权威的情况下寻找自我价值，进而得到满足感，因而有意采取与众不同的思维方式和表现行为，这是青年人容易产生逆反心理的基础。这样长此下去会使自己的思维方式走向单一的对抗思维，经常从对立的方面寻找依据，容易脱离常理，使自己形成孤陋寡闻、头脑简单的偏执性格。有时还会走极端，犯校规，因为“反其道而行之”的结果往往会使自己遗憾终生。

克服方法：通过学习提高文化素质和科学知识，认识到逆反心理的荒谬之处，从理论上找出其危害。当逆反心理出现时，首先通过比较，否定自己不正确的结论；回忆过去逆反心理造成的失误，通过挫折的教训会帮助自己慎重行事；结论产生在付诸行动前不妨听听朋友的意见，养成三思而后行的习惯。

（三）自卑心理的危害及克服方法

由于青年人的情感不稳定，他们在一帆风顺时自信心比较强甚至骄傲自满，但是一旦遇到挫折就会出现自卑心理，表现为悲观失望，对自己的智力、能力做出过低的评价，总觉得自己不如别人，这种心理不但对身心健康有害，而且在学习上也不易成功。自卑心理是实现自己远大理想的巨大心理障碍，它可以使你丧失自信，失去荣誉感。在遇到挫折，受到批评，受到旁人的讽刺或嘲笑时自卑心理会大大强化，进一步产生抑郁心理，逐渐丧失生活信心。

克服方法：正确认识自己，恰当评价自己，凡是有自卑感的人都过低估计了自己的能力和智力，所以要想消除自卑，首先要看到自己的长处，把别人看得十全十美，把自己看得一无是处是自卑心理的根源；面对现实，期望值不应太高，心理上不断得到满足，知足常乐，在满足中增强自信心，自卑感也就随之而去；正确对待挫折，挫折和失败几乎每个人都会遇到，关键是不应心灰意冷，更应奋发努力。功夫不负有心人，这个心就是指的自信心，多一分自信心就会少一分自卑感。要扬长避短，变短为长。寸有所长，尺有所短，一个人也有长短，长者不会样样都长，短者也不可能处处都短，长短是相对而言的。

（四）抑郁心理的危害及克服方法

抑郁心理应该说是一种情绪障碍，是在原有性格基础上遇到挫折后产生的一种较为长久的悲观心境。挫折大多来自学习和生活中，如果问题长期得不到解决，或者一波未平一波又起，压抑的情绪长期得不到消除，就可能出现心理障碍，表现为饮食无味、食欲不振、辗转反侧、夜不成眠、少言寡语、有气无力、近虑远忧、事事发愁、忧心忡忡、夸大困难、低估自己、缺乏信心、消极悲观。这种心理虽不会危及他人和社会，但会对学习产生不利影响，对身体有害。

克服方法：提高认识，用积极进取代替消极情绪，用拼搏精神努力争取。想让别人尊重自己，自己首先要看得起自己，要想取得一定成绩就必须付出一番代价。当然要多寻找自己的长处，增强战胜困难的勇气。

（五）从众心理的危害及克服方法

从众心理也称顺从心理，有人也称为遵从心理，是指一个人的行动、信仰和情绪会受到别人的影响。一个小群体的错误意见，往往可以迫使一个人做出与自己感知和判断不相符合的回答。

克服方法：主要从思想教育、纪律教育、心理教育、法制教育入手，增强约束力。学习科学知识，独立思考，敢于坚持正确意见。

（六）报复心理的危害及克服方法

报复心理是一种属于情感范畴的狭隘心理。有这种心理的人会寻找各种机会对同学、朋友等，采取不正常的手段甚至利用暴力进行攻击。在学校中，报复是一种极为有害的狭隘心理。它可以瓦解斗志，松懈纪律，破坏团结，是社会主义精神文明的腐蚀剂。

克服方法：要消除和克服报复心理，从集体上来说，要选择适应大学生气质、性格、脾气和心理特点的教育内容和形式，调动各方面的积极因素，扬其所长，补其所短，纠其所偏。从个人来讲，要切实加强道德品质修养，这是最关键性的，能从根本上起作用的。具体来说，一是要学会自我克制，二是要加强自我修养，三是要加强对性格的陶冶和改造。

第三节　体育锻炼与生理健康

“生命在于运动”，体育锻炼有益于健康。坚持参加体育锻炼可以增进健康，预防疾病，促进身体的正常生长发育，精力充沛地完成各项工作任务。经常参加体育锻炼能够起到下面几方面的作用。

一、改善呼吸系统的功能

人在体育锻炼过程中呼吸过程加深，会吸进更多的氧气，排出更多的二氧化碳，从而使得肺活量增大，残气量减少，肺功能增强。经常参加锻炼的人由于身体适应能力比较强，其呼吸显得平稳、深沉、匀和，频率也比较慢，平均每分钟呼吸5～8次，而不锻炼的人平均每分钟呼吸12～15次。

二、提高消化系统的功能

体育锻炼会增加体内营养物质的消耗，使整个机体的代谢增强，从而提高食欲。另外，体育锻炼还会促进胃肠蠕动和消化液分泌，改善肝脏、胰腺的功能，从而使整个消化系统的功能得到提高，为人的健康和长寿提供良好的物质保证。

三、改善神经系统的功能

人的活动是在神经系统支配下的协调活动，坚持锻炼的人特别是中老年人常表现为机体灵活、耳聪目明、精力充沛，这正是神经系统功能良好的表现。

四、减缓心理应激

体育锻炼有助于缓解人的心理应激。应激是对外部环境的一种身心反应，来自我们生活中的各个方面，如工作、学习、人际关系等。体育锻炼则能使人忘却烦恼，心理放松。

五、保持身体活动的能力

人类老化的主要特征之一是身体活动的能力逐步衰退，尤其是60岁以后能力的退步尤为明显。我国有句谚语：“老年勤锻炼，拐杖当宝剑。”事实证明体育锻炼能使老年人身体活动能力的退化减慢。

六、预防骨裂

骨质疏松会引起骨裂，骨裂在各个年龄层的人群中均会发生，在老年人（特别是老年女性）中比较普遍。多项研究表明，有规律的体育锻炼可以通过提高骨质密度和骨的强度，达到预防骨裂的目的。当然，体育锻炼对骨质疏松的病人也具有积极的治疗作用。

七、控制体重与改变体型

众所周知，过分肥胖会影响人的正常生理功能，尤其是容易造成心脏负担加重，寿命缩短。如果一个人的皮下脂肪超过正常标准的15%～25%，其死亡危险率会增至30%。由于体育锻炼能减少脂肪、增强肌肉力量，保持关节柔韧性，故可以控制体重，改变体型和外表。

八、降低糖尿病发生的危险性

糖尿病的特征之一是血糖水平很高，如果病人不加控制还会引起许多其他健康问题，如视力减弱和肾病等一系列的问题。有规律的体育锻炼由于能控制血糖水平的提高，从而使个体出现糖尿病的可能性大大降低。

九、预防心血管疾病

心血管病是当今世界上危及人类生命的头号杀手。据报道，在美国每死去的两个人当中就有一个是心血管疾病患者，在我国死于心血管疾病的人亦居首位。大量研究表明，参与有规律的体育锻炼可以显著降低心血管疾病的形成和发生的危险性。

十、延年益寿

大量的研究表明，有规律的体育运动可以延年益寿。运动使体内各种功能在新陈代谢增强的基础上得以加强，从而推迟衰老。“用进废退”是生命界的普遍规律，也是人体健康、长寿的规律。例如，家养的动物一般不及野生的寿命长，野象能活 200 年，而饲养的象只能活 80 年；牧羊犬能活 27 年，而家犬只能活 13 年。

第四节　体育锻炼与心理健康

对于心理健康的认识，学者有不同的观点，《简明不列颠百科全书》对心理健康的定义是：心理健康是指个体心理在本身及环境条件许可的范围内所能达到的最佳功能状态，而不是指绝对的十全十美的状态。第三届国际心理卫生大会曾为心理健康下过这样的定义：所谓心理健康，是指身体、智能及情感上与他人的心理健康不怕矛盾的范围内，将个人的心境发展到最佳状态。

综合各种认识，可以看出：心理健康者能始终保持一种良好的心理状态，并充分发挥自己身心的各种潜能，无论遇到什么样的困难和挫折，都能努力克服而不会心理失衡。

一、心理健康的标准

（一）能进行正常的学习和生活，并保持在一定的能力水平

智力正常是人正常生活最基本的必要条件，是心理健康的首要标准。因为人的智力高低不是先天决定的，是人在工作、学习和生活中逐渐积累得到提高的，同时还是人的观察力、注意力、想象力、思维能力和实践能力的综合。

（二）能协调与控制情绪，保持良好的心境

人们在日常生活和工作中，既有顺利时的欢乐，也有挫折时的痛苦。在遇到各种困难和障碍，甚至失败而无法实现既定目标时，往往会产生紧张情绪反应，心理健康的人能正确对待和处理挫折，使自己的心理状态免于失衡，避免陷于精神崩溃，保持与客观环境的统一。

（三）能保持正确的自我意识，接纳自我

自我意识是人格的核心，指人对自己及自己与周围世界关系的认识与体验。人贵有自知之明，

心理健康的人了解自己，接受自己，自我评价客观，既不妄自尊大而做力所不能及的工作，也不妄自菲薄而甘愿放弃可能的发展机会；自信乐观，生活目标与理想切合实际。

（四）能保持和谐的人际关系，乐于交往

人际关系的广泛性和复杂性对人的心理健康产生深刻而持久的影响。和谐的人际关系既是心理健康必不可少的条件，又是获得心理健康的重要途径。人际关系和谐的人乐于与他人交往，能用尊重、信任、友爱、宽容、理解的态度与人相处。和谐的人际关系有助于充实人的体力和精力，发挥人的潜在能力，有利于身体健康。若人际关系相互排斥，则人与人之间的心理距离拉大，彼此都会感到孤独、寂寞、心情抑郁，以致损害健康，甚至导致死亡。

（五）能保持完整和健康统一的人格品质

人格指人的整体精神面貌。人格完整指人格构成要素的气质、能力、性格和理想、信念、人生观等方面平衡发展。心理健康的人所思、所言、所做协调一致，有积极进取的人生观，并将其运用到生活的各个方面。

（六）能保持良好的适应和改造环境的能力

心理健康的人能正确认识环境及处理个人和环境的关系，持积极的处事态度，与社会广泛接触，对社会状态有较清晰正确的认识，其心理行为能适应社会文化的进步趋势。他们勇于改造现实环境，能使自己的思想、行为与社会协调一致，从而达到自我实现与奉献社会的协调统一。而经常不能有效处理与周围现实环境的关系，则是导致心理障碍乃至心理疾病的重要病因。

（七）符合生理发育阶段发展的心理特征

人在生命发展的不同年龄阶段，都具有相应的不同心理行为表现。心理健康的人认知、情感言行、举止都符合所处年龄段的心理行为特征。一个人的行为如果偏离自己的年龄特征，一般都是心理不健康的表现。

二、体育锻炼对心理健康的影响

体育运动是增强体质、促进身心健康的有效措施。保持乐观、进取的生活态度，正确对待生活中不可避免的困难和挫折，充分发挥自己的认知能力，对人的一生来说是非常重要的。但是如何保持良好的心理健康状态呢？积极主动参与体育活动、改善对环境的适应能力，控制情感情绪、协调人际关系，预防和治疗生理疾病，是促进心理健康的重要途径。

（一）体育锻炼有助于智力的发展

经常参加体育锻炼可以使人的记忆力、想象力、判断力、创造力等得到增强，能够区分必然和偶然现象，注意的目的性、稳定性有很大的增强，注意的范围也逐渐扩大，思维的独立性和批判性也有显著提高，从而促进人的智力功能。研究表明：体育锻炼能有效促进脑部血液循环并增强其他系统功能，给大脑提供必要的物质保障，有效提高大脑的记忆力和思维能力。同时，体育锻炼使神经系统的兴奋和抑制过程更为有效，使其对刺激的反应更加迅速、准确，为智力的发展奠定物质基础，并且促进神经系统功能的增强。而在长时间的学习过程中，大脑皮层的相关区域由高度兴奋状态转向疲劳，导致学习效率下降。参与体育锻炼，使大脑皮层的相关区域形成了兴奋与抑制合理交替机制，降低了疲劳感，提高了学习效率。

（二）体育锻炼有助于协调和控制情绪，消除心理疾病

生活在现实中的人，无时无刻不受到自然、社会和个人素质等条件的限制，使人们心中的奋斗目标难以实现，常常会产生紧张、压抑、忧虑等不良情绪反应，体育锻炼可以使其从烦恼和痛苦中摆脱出来，增强处理应激情绪的能力。实践证明，长期参加有氧身体锻炼后，紧张、压抑、焦虑和心理疾病等不良的心理变量水平有效降低，而心情愉快等积极因素的心理变量水平明显提高。

（三）体育锻炼使自我良好感更为清晰

心理自我良好感也称“感觉良好现象”，是心理健康的重要标志之一。它是指与积极参加身体锻炼有关的某种兴奋、自信和自尊的情绪和态度体验，并且没有消极情绪。研究表明心理自我良好感与运动成正相关，积极参加体育锻炼者比不参与者的自我感受和评价积极，其中女子较男子程度更高。产生这种正相关的原因是身体锻炼发自内心产生愉快和乐趣的结果，而女子较男子更富有感情色彩，更具有自我投入的倾向。一般来说体能强的人比体能弱的人倾向于具有更高水平的自我概念和更多的身体概念。

（四）体育锻炼有助于良好的意志品质的形成

意志品质是指一个人的自觉性、果断性、坚韧性和自制力，以及勇敢顽强和独立主动的精神，是个人行为特点的稳定因素的总和。体育锻炼的参与者通过积极投入激烈的对抗环境之中，不断克服气候条件的变化、动作的难度或外部障碍等因素和主观的畏惧心理、疲劳和运动损伤等困难，提高协调能力、应变能力、果断毅力等，保持在顺境中头脑清醒，逆境中奋发图强，不断进取。体育锻炼的任务越困难，对个体的意志锻炼的作用越大，心理承受能力越能得到加强，也就越能够适应复杂的社会环境。

（五）体育锻炼有助于形成和谐的人际关系

现代社会快节奏的生活方式，使人们越来越趋向封闭的状态，造成了人与人之间感情交流的缺乏，人际关系疏远。体育活动能使人与人之间产生亲近感，特别是在竞争中，不同职业、年龄、性别、文化素质的人们聚在运动场上，个人之间、集体之间的相互交流和协调更加频繁，这是对个人心理品质严峻的考验和磨炼。

体育运动具有凝聚力，可以加强集体之间的团结。研究表明，在体育运动中的参与者不论相识与否，都可以找到相互交流的方法，一个姿势、一套动作都可以使人们的团结、合作的欲望在运动中很快得到满足，通过体育活动能结识很多朋友，相互间和睦相处、友爱互助，使参与者心情舒畅、精神振奋。

总之，心理健康是一种持续且积极发展的心理状态，通过体育锻炼可以有效地增进参与者的心理健康，使个体表现出良好的社会适应性，并充分发挥其身心的各种潜能，在应付各种问题和环境时更多地表现出积极的倾向。体育活动对于增进个体的心理健康水平、调节情绪状态、消除心理障碍、提高社会适应性具有积极作用。

第五节　体育锻炼与社会适应

体育运动能增加人与人之间接触和交往的机会。通过与他人的交往，可以使个体忘却烦恼和痛苦，消除孤独感。通过参与在学校、家庭、社会中的各种群众性体育活动，可以得到社会强化和群体认同，从而在安全、友谊、爱情、亲情、支持、理解、尊重等方面得到应有的满足。

一、体育运动培养人正确的社会价值观

尽管因时代、制度不同，社会价值所包含内容的价值取向不统一，但都离不开对和平、自由、平等、自尊、幸福、才智、成就、友谊等具体价值内容所持的态度和行为。体育锻炼因其宗旨方式、结果都对价值观所涵盖的内容具有积极的影响作用，所以，它可以培养、塑造人们适应当今社会的正确价值观。

二、体育运动培养和谐的人际关系

在现实生活中，人们需要通过各种交往方式相互表达情感和传递信息。社会学的研究表明，影响人际关系的主要因素有沟通能力，对身体、语言的理解和使用能力，自我抑制水平和迁移能力等。根据体育锻炼活动性质的动态性、追求目标的共同性及表现方式的群聚性等特点，体育在把握好影响人际关系的因素、促成良好人际关系的形成等方面，都具有十分重要的价值。实践证明，体育运动的最佳方式是置个体于社会群体之中。这种由共同运动欲望和追求目标维系的交往方式，既有利于身体运动的非语言接触和语言激励间的互动，也完全符合现代交往的基本要求，使之成为改善人群相互关系的纽带。在人际交往方面，大多数的体育锻炼者都希望与志同道合的同伴一起合作，通过身体练习，或一起交流健身经验，或进行一场体育友谊赛，通过同伴之间或对手之间进行的这种感情沟通，达到相互了解和增进友谊的目的。在国际交往中，体育竞赛活动可以促进各地区、各国之间的友好往来，增进友谊，加深了解，加强团结，在某种意义上促进世界和平。20 世纪 70 年代初我国就曾利用体育交流的方式，展开全球性的“乒乓外交”，打开关闭近 1/4 世纪之久的中美之间的大门，促进中美两国人民的相互了解，加深了两国之间的互相信任，从而被众多媒体称为“小球（乒乓球）转动了大球（地球）”，在某种意义上，是体育运动为世界和平做的贡献。

三、体育运动培养自立和善于寻求社会支持的能力

确定体育目标并为实现这一目标而努力的过程，有助于培养运动者积极的人生态度，使他们具有更强的独立性和自立能力。在社会中，任何人都会遇到困难，是否具有为解决困难而寻求社会支持的能力，是社会适应性强弱的表现。体育锻炼作为一种个体行为，要想使它达到规范化要求，在寻找社会支持的努力中，除了需要加强与同伴之间的合作外，还必须提高主动获取体育与健康知识以及自我评价体育锻炼效果的能力。比如，在体育锻炼的实施过程中，我们不能事事依赖于课堂体育教育，要设法求助于报刊、书籍、电视或互联网等大众传媒，通过查阅与检索资料，或从多媒体虚拟技术中直接获取信息，同样能够从中受益。学会用科学的方法指导自己的体育实践，从而加强体育锻炼与社会生活之间的联系。这种社会求助能力一旦在体育锻炼中得到提高，还可以通过迁移作用，间接影响人们的其他日常生活与工作。这样不仅可以加强体育锻炼的社会适应性，还可加速个体的社会化进程。

四、体育运动培养良好的道德情操和规范行为

21 世纪进入人类精神发展的新纪元。为了适应拥有人文精神的大科学时代对人格教育的要求，体育锻炼不仅要重视知识获取与促进健康实效，还应关注人的个性发展与健康人格培养等非智力因素，并按照陶冶道德情操的要求，体验集体活动与个人活动的区别，强调、促进健康与品

德修养之间的关系，使体育锻炼既影响人的生长发育，又影响个性遵守社会行为规范和加强道德修养。体育运动中有各种明确而详细的行为规范，如奥林匹克精神和原则、体育道德规范、比赛规则、竞赛规程等。这些规范是体育运动得以开展的必要条件，而规范的培养是学生进入社会前必不可少的社会化进程。这一过程可以视为对社会法规和伦理道德的模拟学习过程，有助于他们理解遵守社会规范的意义和重要性。

五、体育运动培养适应社会的参与意识

体育锻炼具有强身健体、娱乐消遣的功能，并且形式多样，内容丰富多彩，又不受太多条件的限制，不仅是人类提高生活质量的需要，也完全符合现代社会的生活理念。于是，不分肤色、贫富、贵贱、种族、信仰、年龄和性别，几乎人人都乐于接受体育锻炼。这表明，体育锻炼以它鲜明的公众效益和自由运动原则，为每个人提供了平等参与的机会。

实践证明，经常积极地参与社区体育活动，使自己逐渐成为社会体育组织的一员，不仅可以义务为他人提供帮助，还可以通过相互间的经验交流接受公众的指导，乃至从精神上得到必要的鼓励，唯有培养这样的参与意识，才能使体育锻炼产生积极的社会效益，使参与者利用各种社会交往方式，扩大自己的生活领域，并达到促进个体社会化的目的。

六、体育运动培养适应不同社会角色的观念

不同的社会角色区分了社会行业和每个社会成员的职业，不同社会角色成员的组合，构成了五彩缤纷的社会。一个人要符合社会的要求，取得社会成员的资格，就必须学会接受适当的社会角色。而各种体育活动都要求参与者有一定的分工与协作，这就培养与提高了每位参与者适应社会需要的角色观念。运动场上有机会让学生体验不同的角色和“做什么、怎么做”的社会意义，为他们走向社会打下基础，从而体验出人的主观努力是可以改变社会地位的重要意义。体育运动本身蕴含的协作因素、团队精神和群体性，可以促使锻炼者按协调配合与角色互补原则，妥善处理同伴与同伴之间、同伴与对手之间的相互关系；通过培养适应社会需要的角色观念，潜移默化地去承担社会中自己相应的权利、义务与责任。

七、体育锻炼培养适应社会发展的生活方式

当前，由高科技开创的文明与繁荣，使人们的生活水平有了极大的提高。此时，尽管空闲时间不断增多，但由于劳动性质改变、生活节奏加快与人际关系复杂等因素，现代文明病多有发生。基于这种现状，为了防止体力衰退，学会生存，提高生活质量，人们亟待选择文明、和谐、健康、活泼的活动方式去善度余暇。人们在对各种活动方式进行认真比较之后，更寄希望于丰富多彩的体育锻炼，把它作为现代生活方式的一种重要内容和明智选择。体育锻炼的动态性、趣味性、娱乐性、保健性与休闲性，不仅可以通过人的肢体活动，使高度疲劳的神经系统得以休息，而且还有调节身心平衡、丰富生活内容、提高健康水平的功能。面对现代生活节奏的加快，为了解决身体对社会的不适应性，人们通过体育锻炼掌握运动技能，并以这种快速、敏捷的活动方式，提高人体对快节奏生产、生活的应变与耐受能力。为了消除精神对社会的不适应，人们通过户外运动拓宽生活领域，并以这种回归自然本原的活动方式，克服对快节奏生活的抵触、恐惧、烦怨和焦虑等心理障碍。正是由于体育锻炼的这种特性，它才在现代化生产劳动中，能够预防和消除许多精神和肉体的不适应症，构建适应生存竞争和享受生活乐趣的新的生活方式。

第三章

体育健身原则与方法

本章导读

体育健身是运用各种体育手段和方法，结合自然力与卫生及营养措施，以发展身体、增强体质、促进健康等为目的的身体活动过程。“生命在于运动”，在长期的生物进化过程中，用进废退规律同样适用于人类。在当代社会，体力活动大幅度减少，富贵病发病率逐年上升，且呈低龄化趋势，适宜的体育锻炼是增进健康、不断增强体质的最积极、最有效的手段和方法。体育锻炼必须讲究科学和遵循锻炼的规律，了解体育健身原理，遵循体育健身原则，选择适宜的健身内容与方法，才能取得最佳的健身效果。大学生应了解一定的体育健身原理，熟悉体育健身原则，掌握体育健身方法与手段。

第一节　体育健身原理

一、新陈代谢与超量恢复理论

新陈代谢是生命基本特征之一，是指有机体与外界环境之间不断进行的物质与能量交换过程，并伴有机体自我更新。新陈代谢包括同化与异化两种对立统一的过程。

同化是指有机体从外界摄取营养物质并转化为自身物质的过程，并获得一定能量储备；异化是指机体成分分解并排出体外的过程，并释放能量来满足各种生理需要。同化也就是合成过程，异化为分解过程，在这两种过程的作用下，机体不断与外界进行物质与能量交流，从而使有机体自我更新。

体育锻炼会改变新陈代谢的速度，运动时会加速物质代谢与能量代谢。运动时体内的糖、蛋白质和脂肪分解供能，运动时及运动后一段时间新陈代谢加快，能量消耗多。运动后恢复期内，机体需要补充消耗的能源物质，恢复消耗的物质与能量，这种补充不仅能够恢复到原有水平，而且在一段时间内还会超过原有水平，使机体的物质与能量储备得到发展。在一定范围内，运动量越大，消耗越多，恢复越多，即超量恢复理论。

二、有效运动负荷理论

体育锻炼要根据个体情况，必须要达到一定负荷才能取得健身效果。运动生理学的研究表明一般心率在 120～140 次/分钟时，每搏输出量较大，当运动强度达到 140～180 次/分钟时，心输出量最大。这种大强度运动，持续时间虽然不长，但是对提高人体高强度运动能力，即无氧运动能力有较好锻炼效果，前提是运动者机能良好。大多数健身者，适宜有氧代谢为主的运动，运动强度中等，心率保持在 120～140 次/分钟的时间占锻炼时间的 2/3 以上，锻炼效果最佳。如果运动强度对应的心率在 110 次/分钟以下，引起机体变化较小，基本没有健身价值。

尽管上述中等强度为最佳健身强度，但是在具体实践中，个体存在差异，因此要根据自我感觉，以健身后第二天能够恢复，不影响工作和学习为原则。

三、人体对环境的适应能力

适应环境的能力指人体在适应外界环境中所表现出来的机能能力，包括对客观环境的适应能力和对疾病的抵抗能力。体育锻炼是人体适应外界环境能力的重要手段，人是恒温动物，但是外界环境在不断变化中，人们为了适应自然环境变化，除了增减衣服等辅助措施，还应该加强自身的调节与适应能力，其重要手段就是体育锻炼。经常参加体育锻炼的人，对外界环境变化，特别是温度变化的适应能力较强，不易因环境变化引起异常反应或者出现疾病；而不经常参加体育锻炼的人则适应环境变化能力要差一些。总之，经常参加体育锻炼能够提高人体对环境的适应能力，从而保持机体与外界不断变化的环境之间的动态平衡。

第二节　体育健身原则

体育锻炼原则是人们长期从事体育锻炼实践经验的概括与总结，是身体锻炼规律的反映和进行体育锻炼的准则。

一、全面锻炼原则

全面锻炼原则，是指在体育锻炼的过程中应全面发展身心，使身体形态、机能、各种身体素质和基本活动技能，以及心理素质等都得到协调发展。人体是在中枢神经系统控制下的统一整体，人体的各个部位、各器官系统的机能、各种身体素质和基本活动技能之间都是互相联系、互相制约的。身体各个部位均遵循用进废退的规律，体育锻炼能调动各个组织、器官、系统，使身体全面协调发展。

贯彻全面锻炼原则要求我们在选择体育活动的内容和方法时，在根据自身的兴趣爱好、专业特点及客观条件的同时尽量多样选择，全面发展。在每次体育锻炼过程中，要尽量做到既能提高身体素质又能发展身体各个部位和各种基本活动能力。

二、适宜负荷原则

体育锻炼要有恰当的生理和心理负荷。运动负荷是指身体练习所给予人体的生理负荷，决定运动负荷效果的主要因素是量和强度。量包括练习的数量、次数、组数、时间、距离和重量等。强度包括动作的速度、练习的密度、练习的间歇时间、负重的多少等。合理的运动负荷，必须将量和强度以及锻炼者本身的健康状况综合起来加以研究。

运动负荷过低没有健身效果，运动负荷过大使机体的疲劳不能及时恢复，长期过度运动则加速体内消耗，还可能造成其他运动伤害，不利于身体健康。运动生理学研究证实：中等

强度的有氧运动才是健身的最佳途径，通过对应脉搏调节控制运动负荷，负荷强度为每分钟心率 =（200 – 年龄）×（60%～80%）次，针对中老年锻炼者也可用（170 – 年龄）/分钟作为合理运动心率。

坚持适宜负荷原则要正确处理量和强度的关系，运动强度大只能维持较短的运动时间；强度适当才能维持较长的运动时间，利用量和强度之间的关系把运动负荷控制在最佳有氧训练状态，切不可同时增大运动强度与运动量。初始体育健身时，运动负荷应由小到大，逐渐提高，强度宜小，时间宜短，密度要适当，随身体的适应而逐渐加大负荷。

三、自觉积极性原则

自觉积极性原则主要是指体育锻炼参加者相信“生命在于运动”的科学道理，有目的、有意识，自觉、积极地从事体育锻炼。体育锻炼是一个自我锻炼、自我完善，并总是克服自身的惰性，战胜各种困难的过程。

坚持自觉积极性原则就要求我们学习体育知识，增强自觉积极性，积极地参加体育锻炼，把体育锻炼作为日常生活的一个组成部分，激发体育锻炼的主动性和自觉性，从而调动自身体育锻炼的积极性。明确体育锻炼的目的才能有利于激发和发展自身对体育锻炼的兴趣。兴趣是认识某种事物、从事某种活动的倾向，兴趣得到满足，就会体验到自身内心的愉快，就会自觉地参与体育锻炼，因此，培养体育锻炼的兴趣也是贯彻自觉积极性原则的重要措施。

四、从实际出发原则

从实际出发原则是指体育锻炼的目的、内容的选择、运动负荷的安排，都要与自身的年龄、性别、生活习惯、体质状况、体育基础、学习的专业，以及体育锻炼的场地器材和当地的季节气候相结合，寻求符合自身体育锻炼的基本途径，以达到促进健康、增强体质的目的。

坚持从实际出发原则首先要学习有关的体育知识，明确锻炼目的，选择和安排体育锻炼的内容、体育锻炼的时间、体育锻炼的运动负荷等。其次要研究认识自身的健康状况，遵循人体的生理规律和生理特征，以及人体适应环境的基本规律，从不同的主客观条件实际出发，逐渐踏上健康的健身之路。

五、循序渐进原则

循序渐进原则是指体育锻炼的内容、方法和运动负荷等的安排选择都要按照人类认识事物的规律、动作技能形成规律及人体生理机能变化规律的科学顺序，由易到难，逐步提高。

根据循序渐进原则，锻炼者首先根据自身的健康状况制订合理的运动负荷，做到量力而行。运动负荷必须由小到大，逐渐提高。开始从事体育锻炼或中断体育锻炼后恢复体育锻炼者更要注重适应的过程，不要急于求成。要注意提高自身已适应的运动负荷，使体能保持在一定水平或不断增强的过程，此过程要加强自我监督，及时调节，预防损伤。具体到每一次锻炼时，也应该遵循循序渐进原则，开始锻炼时，要有一个准备过程，特别是在冬季、夏季，运动之前一定要身体“预热”，做些准备活动，然后逐渐加大运动负荷，体育锻炼结束之前应该做一些放松整理活动。

六、持之以恒锻炼原则

体育锻炼必须持之以恒，使之成为日常生活中的重要内容，就可以保持良好的身体状态。体育锻炼是对机体给予刺激，每一次的刺激都产生一定的痕迹。体质增强是一个连续不断的、不断提高的过程，不可能在短时间内取得明显成效，也不可能一劳永逸。每次锻炼的刺激作用，对机体的刺激痕迹不断积累，这种积累就会使机体的结构和机能产生新的适应，体质就会不断增强或保持在一定的水平。

要做到持之以恒首先要强化体育意识，结合自身学习生活习惯，安排体育锻炼的时间，把体育锻炼列为日常生活工作的一部分，养成自觉锻炼身体的习惯，达到终身体育的目标。开始参加体育锻炼，要树立明确目标，制订切实可行的锻炼计划，不断地根据体质变化修订锻炼计划。经常性的体育锻炼可以作为培养毅力、锻炼意志、陶冶情操的手段和过程，使参与锻炼者的信心和兴趣大大提高。

第三节　体育健身内容与方法

一、体育锻炼的内容

体育锻炼的内容很多，包括各项运动的基本练习和身体素质练习等。体育锻炼的内容丰富多彩，可根据自身的生活、学习条件及周围环境灵活地选用。

按照项目区分来说，体育锻炼主要有以下内容：

（1）田径，以走、跑、跳、投作为基本技术，一般包括快速跑、耐久跑、接力跑、障碍跑、跨栏跑、跳远、三级跳、掷垒球、推铅球等，这些项目是人体的基本活动，行之有效的锻炼身体的手段。

（2）体操，包括队列、队形、基本体操、技巧、支撑跳跃、单杠、双杠和高低杠等。

（3）球类，包括篮球、排球、足球、羽毛球、乒乓球、网球等。

（4）游泳，包括蛙泳、自由泳、仰泳、蝶泳等各种姿势的游泳。

（5）舞蹈和韵律操，包括舞蹈和韵律操的基本练习、组合练习、成套韵律操、集体舞，以及表现主题的集体活动等。

（6）民族传统体育，主要以武术为主，包括太极拳、长拳、刀、枪、剑、棒、五禽戏、八段锦、气功等。

按照发展不同身体素质的练习，体育健身内容分为灵敏、速度、协调、柔韧、平衡、耐力、力量等身体素质练习。

二、体育锻炼内容的选择依据

首先，根据自身具体条件选择锻炼内容，内在因素如性别、年龄、健康状况、体育锻炼基础、学习兴趣爱好及专业特点；外在条件如自然地理、气候条件、周围环境条件、场地器材及经济条件。

其次，按照体育锻炼的规律循序渐进。选择体育锻炼的内容要考虑技术动作的难易、比重、顺序和运动负荷，符合生理机能的适应提高，身体素质发展和运动技能形成的规律。

最后，锻炼要科学才能安全有效，注重体育、保健基础等知识的学习，利用科学知识指导体育锻炼，选择的锻炼内容对增进自身健康、增强体质有实效，能全面发展身体基本活动能力和提高身体素质，体育锻炼要做到理论与实践相结合。

三、体育锻炼的方法

体育锻炼的方法是根据人体机能发展规律运用各种身体练习和自然因素发展与提高身体机能的途径和方式。体育锻炼方法是贯彻体育锻炼原则、实现体育锻炼效果的途径，实际上体育锻炼的方法是以运动训练学的训练方法为基础的。

（一）体育锻炼的一般方法

（1）重复锻炼法，是指按动作结构顺序及相对固定条件多次反复进行的身体练习。重复练习法的特点是练习的条件固定和反复进行练习，有利于掌握和巩固动作技术，锻炼身体，发展体能，培养意志品质。运用重复锻炼法要制订好重复次数和间歇的时间，避免负荷过大，过早出现疲劳或不正常的生理反应。

（2）变换锻炼法，是指在体育锻炼的过程中，通过变换锻炼的环境、变换锻炼的内容、变换锻炼的条件、变换锻炼的节奏等，以提高锻炼效果的一种方法。变换练习法有两种形式：一种是连续变换；另一种是间歇变换。运用连续变换和间歇变换时，应选择安排好变换的条件和间歇后的运动负荷。

（3）循环锻炼法，是指选定若干个练习手段，按照一定的顺序、次数、节奏及要求进行循环练习的方法。循环锻炼法的特点是利用多种练习手段，练习过程连续循环，练习时花样翻新，交替进行可激发兴趣，减轻疲劳，提高练习密度，运动负荷较大，有显著的健身效果。

（4）间歇锻炼法，是指进行重复锻炼时两次之间有规定时间间隔的休息，是提高体育锻炼效果的一种常用方法。间歇时间的长短主要取决于运动负荷的大小，一般运动负荷大，间歇的时间长；运动负荷小，间歇的时间短。后一次锻炼应在前次锻炼未恢复到安静水平时进行，如果间歇时间过长，锻炼效果明显下降。

（5）比赛锻炼法，是指在参与比赛条件下进行体育锻炼的方法。比赛锻炼法的特点是：有一定的情节和思想性，能引人入胜，具有竞争性和娱乐性，能使参加者积极主动地进行练习，按照规则的要求，竞争激烈、运动负荷较大，能充分发挥个人与集体的才智和创造力。运用比赛锻炼法时特别要注意避免过度兴奋和过度疲劳以及不利于健康的因素，预防运动损伤。

（二）提高身体素质的方法

通常把人体在肌肉活动中所表现出来的力量、速度、耐力、灵敏和柔韧等机能能力统称为身体素质。身体素质是衡量一个人体质水平的重要标志，是掌握运动技能和提高运动成绩的基础。

1. 提高力量素质的方法

力量素质是指肌肉紧张或收缩时对抗阻力的能力。力量素质根据肌肉收缩形式一般可分为静力性力量和动力性力量。静力性力量是指肌肉作等长收缩时所产生的力量。人体维持或固定一定的位置或姿势，不产生明显的位移运动，如手倒立、直角支撑、燕式平衡等。动力性力量是肌肉在等张收缩时所产生的力量，产生明显的位移，使人体或器械产生加速运动，如跑、跳、投等。

提高力量素质的方法主要有以下三种。

第一种，发展绝对力量。发展绝对力量素质的方法主要是克服阻力，阻力大重复次数少的力量练习有利于力量的增长。以锻炼者某一种动作最大力量的90%左右作为阻力，连续完成此动作3～5次，重复3～5次，每组之间休息1～3分钟，每周练习三次，效果最好。

第二种，发展速度力量。发展速度力量要用中等的负荷强度，快速完成动作，负荷一般是最大力量的60%左右，每组5～10次，做4～6组，每组间歇2～5分钟效果较好。

第三种，发展力量耐力。一般采用最大力量的50%左右，每组练习20～30次，做5～8组，每组间歇1～2分钟，每次练习要到出现疲劳感觉为止。这种力量练习方法，肌肉力量和肌肉体积都不会增长，只会消耗能量，减少脂肪，增强肌肉的力量耐力。

2. 提高速度素质

速度素质是指人体进行快速运动的能力或用最短时间完成某种运动的能力。按其在运动中的表现可分为反应速度、动作速度和周期性运动的位移速度三种形式。

反应速度是指人体对各种刺激反应的快慢，如短跑运动员从听到枪响到起动的时间。反应速度的快慢取决于兴奋通过反射弧所需要的时间即反应时的长短。反应时与反应速度成反比，反应时短，则反应速度快；反应时长，则反应速度慢。

动作速度是指完成某一动作的时间长短，如投掷运动员器械出手的速度、跳跃运动员的踏跳速度等。动作速度主要受肌肉组织的兴奋性、肌纤维的结构类型及动作的熟练程度等因素的影响。

位移速度是指周期性运动中人体通过一定距离的最短时间，如跑速、游速、滑速等。位移速度受多种因素的影响，其中主要是神经过程的灵活性、有关的组织结构以及训练水平。

提高速度素质的方法很多。例如，通过各种信号训练反应速度；减轻器械重量可以提高投掷出手速度；改变作业条件，牵引跑，活动跑台上跑、下坡跑等可以发展位移速度；以最快的动作、最短的时间反复进行练习，都可以提高速度。

3. 提高耐力素质

耐力素质是指人体长时间进行肌肉活动的能力，也可以看作对抗疲劳的能力，是人体各器官系统机能和心理素质的综合体现，是衡量人体机能水平、体质强弱的重要标志。从生理学角度来看，耐力素质可分为有氧耐力和无氧耐力。

有氧耐力是指人体长时间进行有氧工作的能力。氧气供应充足是实现有氧工作的先决条件，也是制约有氧工作的关键因素。而运动中氧的供应受多种因素的影响制约。坚持长跑或游泳锻炼是提高有氧耐力的最好方法，一般利用脉搏的测定控制，以170减年龄的差作为有氧耐力训练的最高限度，这样能达到较好效果。

无氧耐力是指机体在氧供应不足的情况下较长时间进行肌肉活动的能力。在长时间缺氧情况下，体内主要依靠无氧呼吸提供能量，因此，无氧耐力水平，主要取决于肌肉内无氧呼吸的供能能力、缓冲乳酸的能力及脑细胞对血液pH变化的耐受力。提高无氧耐力的方法一般是利用间歇训练和缺氧训练，采用大强度、运动时间短的运动项目，如100米跑、200米跑、400米跑等。

4. 提高灵敏和柔韧素质

灵敏素质是指人体迅速改变体位、转换动作和随机应变的能力，是多种运动技能和身体素质在运动中的综合表现，是一种较为复杂的素质。通过各种信号刺激改变动作的训练，可以提高大脑皮层神经过程的灵活性，并通过各种手段（如利用声、光等信号刺激）提高各种感觉器官的机能和加强其他身体素质的训练，熟练掌握多方面的运动技能，以促进灵敏素质的发展。

柔韧素质是指用力做动作时扩大动作幅度的能力。关节运动幅度的增大，对于提高动作质量

十分重要，往往柔韧性越好，动作就越舒展、优美和协调，并且有预防运动损伤的作用。可以通过拉长肌肉和结缔组织的训练，以及肌肉放松能力的训练，提高柔韧素质。

第四节　运动处方（体育锻炼计划）的制订与实施

一、运动处方的概念和起源

运动处方是指针对个人的身体状况而采用一种科学的、定量化的体育锻炼方法。它是由体育指导者根据体育锻炼参加者身体的医学诊断结果、运动经历和健康状况，依照体育锻炼的目的，为个体体育锻炼参加者制订的以体育锻炼项目、运动负荷、时间及频率为内容的指导方案。

按体育运动目的的不同，运动处方又可分为健身运动处方，其对象是健康人和中老年人，以增强体质、提高健康水平为目的；临床运动处方，其对象是成人患者，以治疗疾病，提高康复医疗效果为目的；竞技训练运动处方，其对象是运动员，以提高身体素质和运动技术水平为目的。

运动处方源于20世纪50年代。随着社会的发展、科学技术的进步及物质水平的提高，人类的生产方式和生活方式发生了巨大的变化：一方面大大减轻了人们的劳动强度，另一方面舒适方便的生活使身体活动的时间减少，久而久之也带来新的问题，诸如肥胖症、高血压、糖尿病、心脏病等富贵病随之产生。这些运动不足产生的综合征单靠药物是无法解决的，于是人们开始在体育锻炼上寻找办法。运动生理学家开始研究根据不同情况来选择运动项目，制订运动负荷，来恢复健康，增强体质，现代社会的运动处方即源于此。美国生理学家库珀是最先研究运动处方的人。1953 年，联邦德国的黑廷格和缪拉发表文章，论述了运动强度、持续运动时间和频率不同对人体产生的不同影响，对运动处方的兴起有着积极的推动作用。20世纪60年代初，美国开始了运动处方的应用研究。1969 年，世界卫生组织正式采用了运动处方这一名词。此后，随着大众体育的不断开展、人们体育锻炼科学意识的增强，运动处方得到广泛的运用。

二、运动处方的分类

运动处方是锻炼中不可缺少的环节。正如医生在每个病人求诊时只有对症下药，才能治愈病人的某种疾病一样，对于每一个锻炼者来说，应根据个人需要制订相应的体育锻炼计划（或称为运动处方）。运动处方的种类繁多，对象广泛。通常按应用的目的和对象不同可分为三类。

（1）竞技训练运动处方。竞技训练运动处方对象是运动员，以达到提高身体素质和运动技术水平为目的。

（2）预防保健运动处方。预防保健运动处方对象是健康人和中老年人，以增强体质、提高健康水平为目的。

（3） 临床治疗运动处方。临床治疗运动处方对象是成人患者，以治疗疾病、提高康复医疗效果为目的。

三、 运动处方的制订

制订运动处方一般包括健康诊断、体能测定、制订运动处方和实施体育锻炼等步骤。

（一）健康诊断、体能测定和评价

在实施一项体育锻炼计划之前，有必要首先对自己进行系统的健康诊断，客观评价自己的体能和健康状况（目前多用库珀的 12 分钟跑方法，了解其体能水平，之后进一步作心肺功能测定）之后，最后根据各项检查结果，结合个人实际情况制订运动处方，可以促使自己更科学地锻炼。以最初的体能状况测试结果作基础值，并与以后的测试结果相比较，可清楚看到体育锻炼的益处，更加坚定锻炼的信心和决心。

（二）制订运动处方

一份运动处方的内容一般包括锻炼目标、准备活动、锻炼模式和整理活动等。

1. 明确锻炼目标

锻炼目标有长期目标和短期目标之分，可以根据需要为与健康有关的体能的各个成分设置锻炼目标。坚持锻炼目标很重要，只有有规律地锻炼，体能水平才能得到提高和维持。在设置锻炼目标时应注意：目标要现实，既要有长期目标，又要有短期目标，还要设置一个体能维持的目标，要克服各种障碍努力实现目标。

2. 重视准备活动和整理活动

准备活动是锻炼前进行的短暂练习活动（一般约占练习总时间的 1/4）。准备活动通常包括低强度的慢跑、小运动量的热身操或伸展性练习。准备活动的目的是提高肌肉的温度，增加工作肌肉的血流量，加强肌肉、韧带的柔韧性、弹性，扩大肌肉活动幅度。达到预先克服内脏机能的惰性，提高中枢神经系统的兴奋性，提高全身的物质代谢水平。这不仅能提高运动的能力，而且能预防运动损伤的发生。

整理活动是指在主要锻炼阶段结束后，应立即进行 5～15 分钟的低强度练习。例如，慢走就可以作为一次跑步锻炼后的整理活动。人在剧烈运动以后，身体的许多变化并不能随着运动停止而立即恢复正常，只有通过整理活动才能使心跳、呼吸逐渐平静下来。同时，整理活动还能使肌肉在逐渐放松的情况下继续推动血液向前流动，促使血液从肌肉返回心脏，防止血液在下肢肌肉淤积造成心输出量突然减少、血压下降，从而引起头晕、心慌、面色苍白、皮肤潮凉，脉搏细弱甚至休克。

3. 选择锻炼模式

锻炼模式一般又包括五项内容，其中后四项为四大要素。

1）运动目的

运动目的因个人性别、年龄、职业、爱好及身体情况等各不相同，具体有强身保健、防治疾病、健美减肥、消遣娱乐及提高运动成绩等目的。

2）运动种类

从运动生理学中氧的代谢过程来看，对健康有效的运动项目分为有氧运动、无氧运动和混合运动。在选择以增进健康为目的的运动项目时，应考虑三个条件：恒长运动、有一定节律（无呼吸紊乱和憋气现象）的持续运动、近于全身的非局部运动。

为锻炼者提供最适宜的运动项目是运动处方的最终目标。现代运动处方应包括三种运动种类，即有氧运动、伸展运动和力量性运动，以达到全面锻炼的最佳效果。

（1）有氧运动的耐力性运动项目，如步行、慢跑、走跑交替、游泳、自行车、滑冰、跳绳、上下楼梯及功率自行车等。

（2）伸展运动，如广播体操、太极拳、气功、健身操、医疗体操、跳舞等。

（3）力量性运动，如中等强度的足以发展和维持去脂体重的力量训练，这些力量训练要有

主要肌群参与，每次 8～10 组，每组重复 8～12 次，每周至少 2 次。

3）运动强度

运动强度是单位时间内的运动量，运动强度是运动处方定量化与科学性的核心。运动量也称运动负荷，它是取得锻炼效果与安全性的关键。运动负荷由强度、密度、时间、数量及运动项目特点等相互联系和制约的因素组成。这些因素的不同组合，便构成了具有不同锻炼效果的运动负荷。

运动强度 = 运动量/运动时间

表示运动强度的指标有功率、瓦、能量消耗量、摄氧量、心率、能量代谢率、代谢当量。运动项目不同，反映运动强度的指标也各异，如力量练习的负重量、跳高和跳远练习的高度和远度等都是反映运动强度的指标。周期性项目则是以速度（米/秒）来表示运动强度。

运动密度是指单位时间内重复练习的次数，或一次锻炼中实际练习的时间与锻炼的总时间的比率。单位时间内重复练习的次数越多，则运动密度越大。

运动时间是指完成一次练习或进行一次锻炼所占用的总时间。在运动强度、密度基本相同的情况下，运动持续时间越长，运动负荷则越大。

运动数量是指运动练习的次数、距离或重量。一次运动练习的次数是指实际练习动作的总数量或组数；距离是指周期性运动的距离累积数；重量指负重练习的总重量。

用心率作为评定运动强度的指标是通用的标准做法，也是最为简便有效的方法。此外，还可以通过控制运动中的心率来掌握运动负荷的强度，也常用心率恢复的情况来决定运动间歇的长短。

下面介绍几种按心率确定运动强度的方法。

（1）年龄减算法：运动适宜心率 = 180（170）– 年龄。此法适宜于健康人、体质较差的中老年人，年龄在 60 岁以上时，用 170 – 年龄。

（2）净增心率计算法：运动后心率 – 安静时心率。此法按体质强、中、弱三组分别控制运动强度，适宜心脏病、高血压、肺气肿等慢性病人。净增心率≤60 次/分为强组；≤40 次/分为中组；≤20 次/分为弱组。

（3）运动量百分比分级法：（运动后心率 – 运动前心率）/ 运动前心率 × 100%。此法在运动医疗中广泛运用，尤其适宜高血压、冠心病、老年体弱者。当净增心率>71%时为大运动强度；51%～70%时为中等运动强度；50%时为小运动强度。

（4）靶心率法或称运动适宜心率：能获得最佳效果并能确保安全的运动心率。通常我们取最大心率的 60%～85%为运动适宜心率，但这时最大心率的个人误差在±10 次左右。

一般人的最大心率 = 220 – 年龄（经常运动人的最大心率 = 210 – 0.8 × 年龄）

（5）按最大心率储备的 50%～85%确定运动心率：

运动心率 =（最大心率 – 安静心率）×（50%～85%）+ 安静心率

（6）心率百分比表示法：指表示其本人最大运动能力的百分数的适合强度的方法。

美国学者根据运动时心率和运动强度的关系提出的标准见表 3-1。

表 3-1 运动时心率和运动强度的关系

心率/（次/分钟）	160	140	120	110
锻炼强度	大约 80%	大约 70%	大约 60%	大约 50%

国外科研成果表明，最适宜的运动强度在 65%～75%，即心率在 130～150 次/分。一般有氧运动效果的范围，是最大运动强度的 50%～60%。表 3-2 介绍的是不同年龄、性别的运动最佳心

率范围（女子年龄 = 男子年龄–5 岁），供参考。

表 3-2　不同年龄、性别的运动最佳心率范围（女子年龄 = 男子年龄–5 岁）

年龄/岁					
年龄/岁	男	31～40	41～50	51～60	>60
	女	26～35	36～45	46～55	55
心率/（次/分钟）		140～150	130～140	120～130	100～120

4）运动时间

运动时间，指持续运动时间。运动时间应根据运动目的和运动强度的不同而不同。

持续时间和运动强度的配合，可明显地改变运动量。通常健康成年人宜采用中等强度、长时间的运动；体力弱、时间充足的以健身为目的人，可采取强度小而时间长的组合；对于青少年来讲，短时间的激烈运动且反复多次对增进健康有更好的作用。

从运动生理角度讲，5 分钟是全身耐力运动所需的最短时间，60 分钟是人们坚持正常工作的最大限度时间。因此，健身运动时间一般控制在 20～60 分钟为宜。

5）运动频率

运动频率，指每周锻炼的次数。每周锻炼的次数与运动效果密切相关。有关学者研究表明，对于以增强肌肉力量为目的的锻炼者，隔天锻炼可达到最好效果；作为一般健身保健和耐力性锻炼，每天坚持一次更好，但每周不能低于 2 次，间隔不宜超过 3 天。因此，每周锻炼 3～4 次是最适宜的运动频率。

四、运动处方举例

（一）提高心肺功能适应水平的运动处方

心肺功能适应水平的意义是多方面的。心肺适应水平高的最明显益处就是减少患心脏病的危险，延年益寿。其次为减少患Ⅱ型糖尿病的危险、降低血压和增加骨骼密度。心肺适应水平越高，精力和体力就越充沛，不仅能完成更多的工作，而且不易疲劳，睡眠质量会更好。

运动处方的基本组成如下。

1. 准备活动

准备活动的目的是加快心率、升高体温，并增加肌肉的血流量。准备活动通常是进行 5～15 分钟舒缓的运动，这可使机体逐渐适应剧烈的运动。选择不同方式锻炼时，准备活动的具体内容有所不同。如选择跑步作为锻炼方式，可按以下步骤进行准备活动。

（1）1～3 分钟轻松的健身操（或类似的活动）练习。

（2）1～3 分钟的步行，心率控制在高于平时的 20～30 次/分。

（3）2～4 分钟的拉伸练习（可任意选择）。

（4）2～5 分钟的慢跑并逐渐加速。

如果选择其他的锻炼方式而不是跑步，在按照以上步骤的同时，以相应的活动方式替代步骤（2）和（4）即可。

2. 锻炼模式

锻炼模式是运动处方中最主要的组成部分，包括锻炼方式、锻炼频率、运动强度和持续时间等。

（1）锻炼方式。常见的增强心肺适应能力的锻炼方式有步行、慢跑、骑自行车和游泳等，凡是有大肌群参与的慢节奏的运动都可以作为锻炼方式。在选择锻炼方式时，首先应选择喜欢的运动，只有从事喜欢的运动，才容易坚持下去；其次要考虑到可行性和安全性。冲击力强的运动（如跑）比冲击力小的运动（如游泳和骑自行车）更易让锻炼者受伤。对于容易受伤的人来说，最好选择冲击力小的锻炼方式，而很少受伤的人可以任意选择锻炼方式。选择单一的锻炼方式，这不仅枯燥无味而且容易受伤。最好采用综合性的锻炼方式，一次锻炼最好包括不同的练习内容。

（2）锻炼频率。一周进行 2 次锻炼就可增强心肺适应能力，锻炼 3～5 次可使心肺达到最高适应水平，且受伤的可能性减小，但一周锻炼超过 5 次并不能引起心肺适应水平的进一步提高。

（3）运动强度。运动强度接近 50% 最大摄氧量时即可增强心肺适应能力，故常把这一强度称为锻炼阈。目前推荐的运动强度范围为 50%～85% 最大摄氧量。在确定运动强度时，心率指标比最大摄氧量指标更实用，因此常用心率间接地表示运动强度。只有超过一定强度的运动才能有效地引起机体的适应，该强度所对应的心率称目标心率。目标心率常以最大心率的百分比表示（最大心率 = 220 – 年龄），50%和 85%最大摄氧量的运动强度所对应的心率值分别为 70%和 90%最大心率，因此目标心率是 70%和 90%最大心率。则

18 岁学生的目标心率 =（220 – 18）× 70% = 141 次/分钟，（220 – 18）× 90% = 182 次/分钟

（4）持续时间。提高心肺适应水平最有效的一次锻炼时间是 20～60 分钟（不包括准备活动和整理活动）。起初每个人的适应水平和运动强度不同，所以锻炼持续的时间应有区别。对于一个适应水平较低的锻炼者而言，20～30 分钟的锻炼就可提高心肺适应水平，而适应水平高的锻炼者可能需要 40～60 分钟。低强度的锻炼要求练习的时间长于大强度的练习时间，如以 50% 的强度进行锻炼，需要 40～50 分钟才能有效地提高心肺适应水平；而以 70%的强度进行锻炼，仅需 20～30 分钟即可。

3. 整理活动

每次完整的锻炼都应包括整理活动。整理活动的主要目的是促进血液回流至心脏，以避免血液过多分布在上肢和下肢而造成头晕和昏厥。整理活动还可减轻剧烈运动后的肌肉酸痛感和心律失常。整理活动至少应包括 5 分钟的小强度练习（如步行、柔韧性练习等）。

（二）提高心肺适应水平长期锻炼的运动处方

每个锻炼者提高心肺适应水平的运动处方都包括三个阶段：起始阶段、渐进阶段和维持阶段。

1. 起始阶段

许多人开始锻炼时热情有余，期望很高，以至于锻炼初期运动量过大，结果导致肌肉酸痛和过度疲劳，以致影响了坚持锻炼的信心。因此，在锻炼初期目标不能太高。锻炼起始阶段最重要的是让机体慢慢适应运动，可根据不同适应水平持续 2～6 周。

起始阶段的每次锻炼同样包括准备活动、锻炼模式（强度不应超过 70%）和整理活动。起始阶段锻炼时应注意以下几点。

（1）以某一强度锻炼时应比较轻松。

（2）感觉不适时不要延长运动时间。

（3）有疼痛或酸痛感时应停止运动，让机体充分恢复。

2. 渐进阶段

渐进阶段时间较长，持续 10～20 周。在这一阶段，锻炼的强度、频率和持续时间应逐渐增加。虽然每个人设置的目标不同，但锻炼频率应达到 3～4 次/周，每次锻炼时持续时间不短于 30

分钟，强度应达到 70%～90%。

3. 维持阶段

锻炼者通过 16～28 周的锻炼即进入维持阶段。锻炼者在这一阶段已经实现锻炼目标，没有必要再增加运动量，但怎样才能维持已有的锻炼效果，即多大的运动量可防止心肺适应水平的下降。维持心肺适应水平的主要因素是运动强度，若运动强度和锻炼时间都维持在渐进阶段最后一周的水平，以及锻炼频率降至 2 次/周时，心肺适应水平也无明显降低；若保持渐进阶段的锻炼频率和强度，锻炼时间可减至 20～25 分钟。相反，在锻炼频率和时间都不变的情况下，强度减少 1/3 就可使心肺适应水平明显降低。因此在运动强度不变时，适当减少锻炼频率和时间仍然可保持锻炼效果。另外，在上述三个阶段都要注意合理的营养。

（三） 发展肌肉力量、耐力的运动处方

负重练习应有短期和长期的目标，确定目标对保持锻炼的兴趣和热情非常重要。关键在于设置的短期目标应在最初的几周练习中能够达到,这可以激励自己进一步实现长期目标训练。力量练习的运动处方也分为三个阶段：开始阶段、慢速增长阶段和保持阶段。

1. 开始阶段

在计划的开始阶段应避免举最大重量。过大的重量会增加肌肉和关节损伤的危险性。用较轻的重量（最高重复次数为 12～15 次的负荷），不会使肌肉产生过度疲劳。如果原来选定的重量能轻松自如地重复 12 次，则可以增加重量。如果练习者不能重复举起 12 次,则说明该重量过大。

根据练习者最初时的力量水平来确定开始阶段持续的时间，一般持续 1～3 周。初练者的开始阶段可能需要 3 周，有训练的人只需 1～2 周。

2. 慢速增长阶段

经过开始阶段的力量练习，如果肌肉已经适应练习动作，就可以增加重量，并能重复举起 6～8 次（最高重复次数）。当肌肉力量进一步增强时，可再增加重量，直至实现练习者预定的目标为止。此阶段的练习一般为每周 3 次，每次练习为 3 组，每组 6～8 次。

3. 保持阶段

根据用进废退的原理，如果停止练习，获得的力量会自然消退。保持阶段力量练习的强度应比获得阶段小。研究表明，力量增长后，每周 1 次的练习即可保持原增长水平。若不训练，30 周后原增长水平完全消退。力量练习的运动处方如表 3-3 所示。

表 3-3　力量练习的运动处方

时间/周	阶段	频率/周	练习组数/组	频率组最高重复次数/次	负荷/次
1～3	开始	2	2	15	15
4～20	慢速增长	2～3	3	6	6
20+	保持	1～2	3	6	6

注：开始阶段和慢速增长阶段练习者应根据自己的初始力量水平在各个方面进行适当调整

（四）肥胖者的锻炼

1. 肥胖的判断

脂肪是人体不可缺少的成分，在人体的生命和体育活动中起着重要的生理作用。一般依据脂

肪含量与体重的比例来决定是否肥胖，一旦体内的脂肪堆积数量大于身体重量的正常比例，就意味着肥胖。肥胖的标准值是：男性脂肪含量超过体重的25%，女性超过30%。肥胖不仅使体态失常，而且危害健康，会造成器官功能和代谢的障碍，并诱发出许多慢性疾病。

对于18岁的年轻人来说，男性体重中有15%～18%是脂肪，女性则为20%～25%。需要说明的是，肥胖是脂肪问题，而不是体重问题。“超重”和“肥胖”不是一回事，它们有着本质的区别，超重是指体重超过某种体型的理想重量。虽然肥胖者总是超重，但超重者不一定就是脂肪多，也不一定就是肥胖者。因为肌肉发达的人也可能是个超重者，而肌肉发达的人体内可能只有少量的脂肪。减肥的目标是消除过多的脂肪，而不是针对肌肉或其他什么。体重仅仅是判断肥胖的一个参数。不同年龄男女的脂肪所占比重如表3-4所示。

表3-4 不同年龄男女的脂肪所占比重 单位：%

性别	20～29岁	30～39岁	40～49岁	50～59岁	60岁以上
男	21.6	22.4	23.4	24.1	23.1
女	25.0	24.8	26.1	29.3	28.3

2. 肥胖的原因

各种年龄均可能发生肥胖，但大多数肥胖出现在中年以后。肥胖的原因大体上可分为遗传和环境两类。

有人研究发现，父母亲都是正常体重的儿童，他们肥胖的可能性只有7%～8%。但是，一旦父母亲是肥胖时，儿童的肥胖率就立即上升为40%，这里可见遗传因素的重要性。当然，除遗传因素外，亦有环境的影响，如早期形成的饮食习惯会影响人的一生。

研究也发现，肥胖还与饮食、运动、心理、社会、文化等环境因素有关。其中，导致肥胖的主要原因是缺乏锻炼，而不是饮食及其他。当营养的摄入量超过消耗量，多余的营养物质以脂肪形式储存起来，导致了肥胖症。身体肥胖的人不一定肯定吃得多，但是，他们可能活动却相当少。而身体偏瘦的人常常是吃得多，动得多。每天摄入热量超过消耗热量200千卡，就可能增加皮下脂肪10～15克。因此，缺乏锻炼或活动少是造成身体肥胖的主要原因。

3. 体育锻炼对肥胖者的意义

体育锻炼通过一系列复杂的新陈代谢的变化来影响人体的组成、体重和基础代谢，对减肥的效应主要表现在长期的、有规律的锻炼中。俗话说“一口吃不成胖子”，同样“一动也不会就变成瘦子”。

许多人认为节食是一种更为简便的减肥法，它不影响正常的生活起居，不需要做出太大的努力，常常被人们视为减肥的捷径。其实，最佳的减肥法是体育锻炼和饮食节制的结合，因为它们比运用一种方法更能快捷有效地减肥。从长远来看，要想成功地、持久地控制体重，避免减肥后的“反弹”，必须养成体育锻炼和饮食节制的习惯，形成一个崭新的、充满着生命活力的生活方式。

4. 肥胖者锻炼时的注意事项

（1）要有正确的目的。减肥的目的应是健康。美国著名学者列威茨基博士认为，如果你并不患因体胖而引起的或与体胖有关的疾病，那么，减轻体重就不能帮助你延长寿命。

（2）正确地对待减肥速度。减肥并非越快越好，美国莫尔豪斯博士认为，体重每周减轻1磅（1磅＝0.4356千克）以上，简直等于自杀。迅速减肥无异于把肉从身上撕下来，既有害又无必要。

（3）要注意锻炼的时间。不论是散步、做操，还是打球、练拳，都要持续一段时间，最好是每次30分钟左右。当然，最初的持续时间可短些，每次5～10分钟，以减少运动损伤的发生和缓解锻炼初期机体的酸痛反应。

（4）要循序渐进。要在机体可以承受的范围内逐渐增加运动量和锻炼时间。

（5）要注意环境的选择。因为肥胖者耐热的能力差，故应尽量避免在炎热和潮湿的环境中锻炼。

（6）要以改善心血管系统的功能为中心，不要一味追求体形的改善和力量的提高。

（7）要养成经常锻炼的习惯。

（8）要培养加大动作幅度的意识。

5. 减肥运动处方

（1）首先要进行大量消耗热量的运动，消耗多余的脂肪，要有顽强的毅力坚持下去。减肥者可以主要进行有氧耐力的锻炼，如步行、慢跑、骑自行车、跳健身操等，每周 5～6 次，每次锻炼时间不少于 30 分钟，消耗热量不低于 300 千卡（快走 5 千米消耗热量 300 千卡；慢跑 5 千米消耗热量 360 千卡；骑自行车 5 千米消耗热量 200 千卡；游泳 100 米消耗热量 80 千卡、1500 米消耗热量 420 千卡）。

（2）调节饮食结构，肥胖人应少吃含糖、淀粉和脂肪的食品，多吃含纤维、维生素多的食品，严格控制饮食摄入量。

（3）腹部肌肉锻炼每周 5～6 次，以极限次数每次练习 4～5 组，练习内容为仰卧起坐，仰卧举腿、悬垂举腿等，并逐步增加极限次数。

（五）消瘦者的锻炼

1. 消瘦的危害

人体内的肌肉、脂肪含量过低，体重低于标准体重 20%以上即为消瘦。消瘦既是一种症状，又是一种疾病，它对人体健康有着多方面的危害。消瘦者不仅容易疲倦、体力差、兴趣低、工作和学习效率不高、自我效能低，常有“力不从心”之感等，而且，他们抵抗力低、免疫力低、耐寒抗病能力弱，易患肺结核、肝炎、肺炎等疾病，也经不起疾病的折磨。此外，消瘦者还因羞于自己的单薄体型而有运动隐退、不愿交往的心态。显然，消瘦与肥胖一样，既不是人类健康的标志，也不是人体健美的象征，而是人类身心健康的大敌。

2. 消瘦的原因

（1）由慢性病及器质性病变所引发，如慢性消耗性疾病、胃肠道疾病、肺结核、贫血等。

（2）由遗传、内分泌因素所形成的家族特有的“徽记”。虽然他们没有器质性病变，但家族成员都比较瘦的遗传基因在他们身上呈现，典型地表现为身材瘦长、颈细脖长、肩垂胸平、易患各种慢性病。

（3）由情绪变化无常、精神紧张、生活起居不定、学习过度劳累、睡眠不足、对体形美的错误观念及由此而产生的消耗大于营养摄入等因素所造成。

3. 消瘦者锻炼时的注意事项

（1）形成正确的体形观，要走出尚瘦时潮之误区。

（2）克服不良饮食习惯（如偏食、挑食），保证摄入使身体健壮的充足的营养。

（3）要有进行康复锻炼“持久战”的思想准备，唯有锲而不舍、持之以恒方能起效。

（4）要以全身性的运动为主，以提高体能为宗旨，配合身体局部区域的健美运动。

（六）神经衰弱者的锻炼

1. 神经衰弱的症状

神经衰弱是大脑皮层中枢神经的兴奋和抑制功能失调而引发的一种疾病，一般表现为精神容易兴奋、脑力劳动容易疲劳，并伴有睡眠障碍和各种躯体不适感等症状，如失眠、多梦、精神不振、情绪不稳、头晕、记忆力减退等。

2. 神经衰弱的原因

生活没有规律或长期紧张的脑力劳动及精神负担过重会导致此病。

（1）心理、社会因素。心理、社会因素是诱发神经衰弱的重要原因。学习、工作的过度疲劳和紧张，生活规律紊乱，消极情绪等，均会导致神经衰弱的产生。从个性角度来看，神经衰弱患者常常是那些敏感、多疑、自卑、任性、好强、急躁或依赖性强的人。

（2）生理因素。个体先天和后天所形成的生理特征，亦与神经衰弱的发病有一定的联系。从先天遗传角度看，患者家族中有重性精神疾病或神经症者的比例大大超出普通人群的家族。从神经活动的特征看，那些神经活动呈弱型、低灵活性的个体，在长期的紧张工作、学习中，最易导致内抑制的防御能力的破坏，从而出现神经系统活动的紊乱。

（3）疾病因素。有脑外伤、感染、营养不良的人，因神经系统的功能在一定程度上受到削弱，也易患神经衰弱。

3. 体育锻炼对神经衰弱者康复的意义

研究资料表明，体育锻炼对神经衰弱者的康复具有重要的作用。这是因为人体所有的组织器官都是在神经系统调节下的随意或自主活动。体育锻炼时，大脑皮层与运动有关的区域（运动区）即出现一个新兴奋区域，该兴奋区域有规律地兴奋，使得大脑皮层的“兴奋—抑制”过程出现新的分配、转移，即原先负责学习、工作的大脑皮层相关区域，在体育锻炼时由于皮质运动区的工作而得以歇息。坚持不懈地锻炼，可以改善大脑皮层“兴奋—抑制”过程的灵活性，提高神经系统的功能，加速神经衰弱者的康复速度。所以，有人把体育锻炼比喻成“神经活动的体操”。此外，体育锻炼还能分散、转移患者对疾病的忧虑和对工作、学习的焦虑等，缓解或消除患者的烦躁、抑郁及迁怒他人他事等不良情绪，从而起到振奋精神、改善情绪状态的作用。故美国著名心脏病学家怀特说：“运动是世界上最好的安定剂。”

4. 神经衰弱者锻炼的注意事项

（1）避免急于求成，要有耐心，只有长期坚持锻炼，才能取得明显的效果。

（2）选择环境优美的场所进行锻炼，并注意主动创造一个良好的生活、学习环境。

（3）形成科学的生活方式，合理安排自己的学习和休息时间，注意充分休息。

（4）时刻关注自己的感受。在运动中，一旦大量出汗、心跳加速、情绪激动，就应注意调整锻炼时的运动强度。

（5）养成对运动后恢复时间的自检习惯。若心率恢复时间超过 10 分钟，说明锻炼的运动强度过大，应该重做整理活动，并在下次锻炼时降低运动强度；若心率在 5 分钟内即已恢复到安静状态，则表明仍有逐步提高运动强度的潜力。最佳的运动强度是在运动后 5～10 分钟内心率恢复正常。

5. 神经衰弱的运动处方

（1）参加生动活泼的体育运动，如游戏、球类活动，但运动量应适中，不宜过大。

（2）从事太极拳、气功等活动，锻炼意念，调控身心，使大脑皮层的兴奋和抑制恢复平衡。

（七）颈椎病人的锻炼处方

1. 颈椎病症状

颈椎病多发生于长期坐位脑力劳动者，其症状为颈部、肩部、上肢麻木和头晕。

2. 颈椎病的运动处方

（1）头向前伸，向上伸并沿纵轴转动，左右各 8 次。

（2）向左、后、右、前环绕 8 次，再向相反的方向环绕 8 次。

（3）头向左转，同时左手指触右肩后背部 8 次，再向相反的方向做 8 次。

（4）头向左肩倒，左手经头上方触右耳，再反方向同样练习，左右各 8 次。

（5）两手头后交叉相握，低头含胸两肘屈在胸前，仰头时两肘外张，低头仰头共 16 次。

（6）两臂外展屈肘，左肩外旋至左手向上举，右肩内旋至右手向后下方，同时头左旋转目视左手，两侧轮流做 8 次。

处方的格式模板如表 3-5 所示。

表 3-5　格式模板

格式模板（正面）

姓名：　　　　性别：　　　　年龄：

一、运动负荷试验结果

试验中达到的最高心率　　次/分钟，血压　　，运动强度　　，靶心率（THR）　　次/分钟

二、心率监护

活动时每 5～10 分钟由桡动脉或颈动脉测定一次脉搏，及时调整负荷强度，使其维持在低限和高限之间

低限：　　次/10 秒　　高限：　　次/10 秒

三、活动安排

准备活动：5～10 分钟，使心率逐渐进入靶心率范围（内容略）

基本部分：20～40 分钟，主要为有氧耐力练习（具体内容略），心率须保持在靶心率范围之内，不能持续完成时，中间可稍事休息

整理活动：5～10 分钟，以放松跑或做操为主，以预防重力性休克

四、每周活动次数：3～4 次或根据情况而定

五、注意事项和建议

1. 做下列活动时应小心谨慎（……）

2. 避免下列情况出现（……）

处方制定指导者　　　　处方制定日期

格式模板：（反面）

锻炼日期	运 动 情 况	身体反应情况	备 注

注：模板的反面应有一定运动情况记录，用来监控和调整处方内容

第四章 体育锻炼卫生保健与自我监督

本章导读

体育锻炼促进健康，首先要科学健身，保证安全。了解体育锻炼对人体的影响是安全有效进行体育锻炼的前提；熟悉参加体育锻炼的卫生要求、运动性疲劳及其消除的方法；掌握运动过程中发生运动损伤的原因、预防原则和几种在体育锻炼中较常出现的运动性疾病。本章内容对大学生自觉参加体育锻炼、进行自我监督、自行制订健身计划都具有积极意义。

第一节 体育锻炼卫生与医务监督

为了增进健康、保障安全、提高体育锻炼效果，应注意以下体育锻炼的常识。

一、循序渐进

在学习运动技能时，要由简单到复杂，由易到难，逐步地学会和掌握某项运动技术。在运动负荷安排上要由小到大，逐渐增加。每次训练课都要做适当的准备活动和整理活动。

运动技能形成的过程是条件发射的建立，是在大脑皮层建立的一种相对稳定的神经联系，其形成可分为以下三个阶段。

（1）泛化兴奋阶段。初学某项动作时，身体的本体感受器所产生的冲动在大脑皮层内引起广泛的兴奋和抑制区，并因兴奋和抑制的扩散而使动作僵硬。此时，运动器官与内脏之间尚缺适应性联系。

（2）分化抑制阶段。皮层的兴奋和抑制过程在时间和空间上集中起来，保证了条件发射的精确化和专门化，运动活动变得越来越协调。在此阶段第二信号系统（语言）起重要作用。

（3）动作定型阶段。完成动作高度协调，大脑皮层动力定型巩固，机体各系统活动的协调性改善，很多动作的完成达到自动化程度。此时，身体活动达到机能最节省化，已熟练掌握了运动技能。已巩固建立起来的各种条件反射也必须经常强化，否则就会消退。

综上所述，掌握运动技能，提高机体各系统机能都要有一个循序渐进的过程，在训练中注意遵守这一原则可防止发生过度紧张和运动创伤等。

二、全面性

全面发展身体素质（包括力量、速度、耐力、柔韧和灵敏等）是体育健身追求的目标，是保证高质量生活的重要条件。一般说来，一切运动项目对身体素质都有影响，但某项运动对某一素质有更为突出的作用，因此要选择多种健身内容与健身手段，对身体进行全面训练，实现增进身体健康与提高体质的目标，而且对预防运动损伤也起到重要作用。

三、个别对待

进行运动训练时，必须注意参加者的健康状况、身体素质、技术水平、年龄、性别和心理状态等个人特点，根据这些特点来制订不同的训练计划。对于健康状况良好的个体，可进行较大运动负荷和较复杂的运动；对于体弱者，要特别注意逐项检查其技能状态，以免运动时发生意外。

四、运动中的自我监督

自我监督是体育活动参加者，在锻炼或训练过程中，对自己的健康状况和身体功能状况经常进行观察的一种方法。它可以间接地评定运动负荷的大小；为体育教师、教练员合理安排教学、训练，为掌握运动负荷提供重要依据；可以预防和早期发现过度训练和过度疲劳，从而及时调整训练量；同时，还能及早发现运动性伤病，以便尽早采取措施。

健身者通过自我监督，可及时了解某些身体异常变化，从而调整锻炼计划，有助于预防过度疲劳和创伤事故的发生，进行自我监督主要的指标有以下几个方面。

1. 主观感觉

主观感觉反映整个机体的功能状况，尤其是中枢神经系统的状况。一般感觉好的人，在运动过程中总是精神饱满，精力充沛，心情愉快，积极性高，但在患病或身体机能状态较差时，就会感到精神萎靡不振、疲倦、乏力、头晕或心情易激动等。在进行自我监督时，根据情况可记录为良好、一般或不好。

2. 运动心情

一个身体健康、精神状况良好的人，在参加体育锻炼时，总是心情愉悦、乐于参加运动的。若出现对运动不感兴趣，表现冷淡或厌倦，不服从教师或教练员的指导，情绪容易冲动，可能是教学和训练不当或出现疲劳，也可能是早期过度训练的征象。根据个人的运动心情，可填写为很想训练、愿意训练、不想训练、冷淡或厌倦等。

3. 睡眠

正常的睡眠状态应是入睡快，睡得深，不做或很少做梦。由于生活和工作的一时没有规律，或是锻炼负荷过大，偶然的一天或数天睡眠不好并不是异常现象。但长时间的睡眠不安静、失眠、多梦或者嗜睡，一般是健康状况不良或某些疾病潜伏期的征象，记录时可填写睡眠的时间及睡眠状况，如良好、一般、不好或失眠、多梦、易醒等。

4. 食欲

生活制度规律、健康状况正常的运动员，食欲应该是正常的，食欲和食量大多数情况是一致的。一时性的食欲不振或食欲缺乏，很多是由饮食制度混乱和吃零食引起的。长期性的食欲不振，则可能是消化器官或全身慢性疾病的反应，如慢性胃肠病、传染性肝炎、肺结核等。经常参加体

育活动的人或运动员，由于能量消耗多，一般食欲良好，食量也较大。但健康状况不良或过度训练时，食欲便会减退，食量减少。此外，运动训练刚结束后马上进餐，食欲也是较差的。记录时可填写食欲良好、一般、不好或厌食等。

5. 不良感觉

不良感觉指锻炼后的不良感觉，如肌肉酸痛、关节疼痛、四肢无力等。一般来说，在强度较大的训练或比赛后，由于机体疲劳，产生不良的感觉，但经过休息会消失。如果运动时或运动后除上述不良感觉外，还有心悸、头晕、头痛、气喘、恶心甚至呕吐、心前区或上腹部疼痛等症状，说明机体对运动负荷不适应，或身体功能状况和健康状况不良。

6. 脉搏

养成每天测晨脉（即早晨醒后，起床之前，无明显神经紧张条件下测脉搏）的习惯，通过这一经济便捷的方式，能够及时了解自己的机能状态。经常参加体育锻炼的人的脉搏频率大多较常人少。如果发现晨脉频率增多，每分钟增加 12 次以上，常表现机能反应不良。如果显著增多，且长期不能恢复，可能是过度疲劳的表现。如果发现脉搏节律不齐，需做心电图方面的进一步检查。

7. 体重

如体重持续下降，并伴有其他异常征象，可能是早期过度训练或患慢性消耗性疾病，如慢性胃肠病、肺结核或营养不良等。青少年的体重如长期不增长，甚至下降，是健康状况不良的表现，应查明原因。进行自我监督时，每周应测体重 1～2 次（在同一时间内进行）。此外，还可测运动前和运动后的体重，以观察运动对体重的影响。

8. 排汗量

运动时人体排汗量的多少，与运动负荷或运动强度、气温、湿度、风速、训练水平、情绪、衣着量、饮水量以及汗腺的数目等因素有关。剧烈运动和比赛时出汗多是正常的生理现象，反之，出汗少在暑天则容易中暑。也有一些人因体质弱、疲劳或病后恢复期参加运动，也会出汗较多，这是体内调节功能弱的一种表现。如果其他因素相同，则不经常参加锻炼的人运动时出汗多，随着参加锻炼时间的延长，出汗量会逐渐减少。如果经常参加锻炼的人，运动时重新出现大量排汗的情况，可能是过度训练的征象。根据排汗情况，记录时可填写为汗量较多、一般、不多或其他（大量、有盐迹或盗汗等）。

第二节　运动中常见的生理反应及处理

了解运动中常见的生理反应，如准备活动、极点、疲劳和恢复等，有助于青年学生掌握运动中的常识，指导自己和他人进行体育锻炼，为终身体育奠定良好基础。

一、准备活动

准备活动指在比赛、训练和体育课的基本部分之前进行的身体练习，为即将来临的剧烈运动或比赛做好准备。准备活动具有以下作用：体温适度升高，可使肌肉黏滞性下降，提高肌肉的收缩和舒张速度，有利于增大肌力；体温适度升高，血红蛋白和肌红蛋白会释放更多的氧气，有利于增加肌肉的氧气供应；肌肉中温度升高，可使其中小血管扩张，减小外周阻力，有利于增加肌肉中血液的供应；体温升高可增加肌肉及韧带的伸展性，加大柔韧性，有利于运动损伤的预防。

准备活动的时间一般为10～30分钟，准备活动结束到正式开始时间间隔≤15分，一般教学中以2～3分钟为宜。可根据年龄、季节、运动专项、训练水平和个人特点等加以调整，以体温升高为标志。准备活动的心率达100～120次/分钟为宜。

二、进入工作状态

在进行体育运动时，人的机能能力逐渐提高的生理过程和机能状态产生进入工作状态的过程，称为进入工作状态，进入工作状态结束后，人体的机能水平和工作效率在一段时间内处于一种动态平衡或相对稳定状态。

进入工作状态过程中又经常伴随两个现象，“极点”与“第二次呼吸”。

生理“极点”及产生机理：在进行剧烈运动开始阶段，内脏器官的活动满足不了运动器官的需要，出现一系列暂时性生理机能低下综合征，如呼吸困难、胸闷、肌肉酸软无力、动作迟缓不协调、心率剧增及精神低落等症状，这种机能状态称为“极点”。其原因是内脏器官的机能惰性与肌肉活动不相称。

“极点”出现后，植物性神经与躯体神经系统机能水平达到了新的动态平衡，生理机能低下综合征症状明显减轻或消失，这时，人体的动作变得轻松有力，呼吸变得均匀自如，这种机能变化过程和状态称为“第二次呼吸”。“第二次呼吸”产生的主要原因是由于运动中内脏器官惰性逐步得到克服，氧供应增加，乳酸得到逐步清除；同时运动速度暂时下降，使运动时每分需氧量下降，以减少乳酸的产生，机体的内环境得到改善，被破坏的动力定型得到恢复。“第二次呼吸”标志着进入工作阶段结束，开始进入工作状态。

减轻“极点”反应的主要措施有继续坚持运动、适当降低运动强度、调整呼吸节奏，尤其要注意加大呼吸深度。

三、运动性疲劳

运动性疲劳是指机体生理过程不能持续其机能在一特定水平上和（或）不能维持预定的运动强度（1982年的第五届国际运动生物化学会议界定）。运动性疲劳的分类如下：按疲劳发生部位可分为脑力疲劳和体力疲劳，按整体与局部分为全身疲劳和个别器官疲劳，按器官分为骨骼肌疲劳、心血管疲劳、呼吸系统疲劳，按运动形式分为快速疲劳和耐力疲劳。

关于疲劳产生的机制存在众多假说，包括能量耗竭学说、代谢产物堆积学说、离子代谢紊乱学说、氧自由基–脂质过氧化学说、内分泌调节机能失调学说、保护性抑制学说、突变学说。

四、运动后恢复

恢复过程是指人体在运动过程中和运动结束后，各种生理机能和能源物质逐渐恢复到运动前水平的变化过程，包括运动中恢复阶段、运动后恢复到运动前水平阶段和运动后超量恢复阶段。

运动过程中消耗占优势，消耗大于恢复，能源物质逐渐减少，各器官系统的工作能力下降。运动后恢复过程占优势，能源物质和各器官系统的功能逐渐恢复到原来水平。

运动后超量恢复：运动时消耗的能源物质及各器官系统机能状态在这段时间内不仅恢复到原来水平，甚至超过原来水平，这种现象称为“运动后超量恢复”。

促进恢复的手段与方法有运动性手段（如积极性休息与整理活动、睡眠），物理学手段（如按摩、沐浴等），营养学手段（如能源物质的补充、维生素与矿物质的补充等）。

第三节　常见运动损伤的预防及急救处理

在我国，意外伤害发生率正呈上升态势。因此，作为培养、教育、监护学生健康成长的学校和体育教师，应使青少年学生牢固树立自救与互救的现代急救意识，并把相应的急救技能传授给学生。而运动损伤是指在运动过程中所发生的各种损伤。了解运动损伤的发生原因、发病规律、预防措施和现场急救处理等有助于大学生预防和治疗运动中的损伤。

一、运动损伤产生的原因

运动损伤产生的原因有：思想麻痹大意；运动前准备活动不充分；运动情绪低下或过分紧张，甚至恐惧；内容组合不科学，方法不合理等；场地或器械因素；自然环境及运动服装不合要求等。

其潜在影响因素是：①运动项目及其技术动作对人体的特殊要求；②人体自身某些部位在运动中所表现出的解剖生理弱点。

二、运动损伤的预防

针对运动损伤产生的原因加强安全教育，克服麻痹思想，提高预防意识；真正做好准备活动，对可能发生运动损伤的环节和易伤部位，要及时做好预防措施；合理组织安排锻炼，合理安排运动量，防止局部运动器官负担过重；加强保护与帮助，特别要提高自我保护能力。

三、针对常见运动损伤的急救处理

急救是对意外或突然发生的伤病事故，进行紧急的临时性处理。其目的是保护伤病员的生命安全、避免再度伤害、减轻伤病员痛苦、预防并发症，并为伤病员的转运和进一步治疗创造条件。

急救时必须抓住主要矛盾，救命在先，做好休克的防治。其次，急救必须分秒必争，力求迅速、准确、有效，做到快救、快送医院处理。下面针对几种常见的运动损伤介绍急救的方法。

（一）出血和止血

1. 出血的分类

根据损伤血管的种类不同，可分为动脉出血、静脉出血和毛细血管出血三类，但一般所见的出血多为混合型出血。

动脉出血，血色鲜红，血液自伤口的近心端呈喷射状流出，出血速度快，出血量多，危险性大，常因失血过多而出现急性贫血，以至血压下降，呼吸、心跳中枢的麻痹，从而引起心跳、呼吸停止。静脉出血，血色暗红，血液自伤口的远心端缓慢地向外流出，危险性小于动脉出血。毛细血管出血，血色介于动脉血和静脉血之间，血液在创面上呈点状渗出并逐渐融合成片，最后渗满整个伤口，常常能自行凝固，一般没有危险性。

出血根据受伤出血的流向可分为外出血、内出血。外出血指血液从皮肤创口处向体外流出，是运动损伤中较为常见的一种。内出血指血液从损伤的血管内流出后向皮下组织、肌肉、体腔（包括颅腔、胸腔、腹腔和关节腔）及胃肠和呼吸血管内注入。内出血较外出血性质严重，由于内出血不易被发现，容易发展成大出血，故危险性很大。

2. 止血方法

（1）加压包扎止血法：有创口的可先用消毒的敷料盖好，之后以绷带加压包扎，此法适用于小静脉和毛细血管出血的止血。

（2）抬高伤肢法：抬高受伤肢体使肢体高于心脏 15°～20°，使出血部位压力降低，此法适用于四肢小静脉或毛细血管出血的止血。常在绷带加压包扎后使用，在其他情况下仅为一种辅助方法。

（3）冷敷法：冷敷可使血管收缩、减少局部充血，降低组织温度，抑制神经的感觉，因而有止血、止痛、防肿的作用，常用于急性闭合性软组织损伤。冷敷一般用冷水或冰袋敷于损伤局部，同时加压包扎和抬高伤肢。

（4）屈肢加压止血法：前臂、手和小腿、足出血时，如果没有骨折和关节损伤，可将棉垫或绷带卷放在肘或膝关节窝上，屈曲小腿或前臂，再用绷带作“8”字形缠好。

（5）指压止血法：分别为颞浅动脉压迫止血法、面动脉压迫止血法、锁骨下动脉压迫止血法、肱动脉压迫止血法，用指腹直接压迫出血动脉近心端，此方法只能临时止血。为了避免感染，宜用消毒敷料、清洁的手帕或清洁纸片盖在伤口处，再进行指压止血。①头部出血。头部前额、颞部出血，要压迫颞浅动脉。其压迫点在耳屏前方，用手指摸到脉搏后，将该动脉压在颞骨上。②面部出血。应压迫面动脉，其压迫点在下颌角上。③上肢出血。肩部和上臂出血可压迫锁骨下动脉。压在锁骨上窝，胸锁乳突肌外缘用手指将该动脉向后内正对第一肋骨压迫。前臂出血可压迫肱动脉，使患肢外展，用拇指压迫上臂内侧。手指出血可压迫指动脉，压迫点在第一指节近端两侧，用拇食指相对夹压。④下肢出血。大腿、小腿部出血，可压迫股动脉，压迫点在腹股沟皱纹中点动脉搏动处，用手掌或拳向下方的股骨面压迫。足部出血可压迫胫前动脉和胫后动脉，用两手的拇指分别按压于内踝与跟骨之间和足背皱纹中点。

（6） 止血带止血法 ：在四肢较大的动脉出血时，通常用止血带止血。目前常用的止血带有充气止血带、橡皮带止血带、橡皮管止血带。现场急救中常用携带方便的橡皮管止血带，缺点是施压面狭窄易造成神经损伤。如果无橡皮管止血带，现场可用宽布带或撕下一条衣服以应急需。

上止血带的时间要注明，如果长时间转运，途中上肢每半小时，下肢每一小时应放松 2～5 分钟，以使伤肢间断地恢复血循环。放松时应以手指在出血处近端压迫主要出血的血管，以免每放松一次丢失大量血液。

（二）急救包扎

一般的创伤可以局部治疗为主，应用夹板、牵引、绷带包扎、固定体位等方法限制伤处活动，以减轻疼痛，避免继发出血或加重损伤。制动肢体抬高 15°～30°，以利于静脉血及淋巴回流，减轻肿胀。

急救包扎主要有绷带包扎和三角巾包扎方法等。

绷带包扎可固定敷料和夹板，也有保护伤口、压迫止血和支持伤肢的作用。

绷带包扎需注意三点：①包扎动作应熟练柔和，尽可能不要改变伤肢位置，以免增加伤员痛苦；②包扎松紧度要合适，过紧会影响血液循环，过松将失去包扎的作用，一般在包扎四肢时，应露出手指或足趾，以便观察其包扎的松紧度；③卷带包扎一般应从伤处远心端开始，近心端结束，末端用黏膏或别针固定，如需缚结固定，缚结处应避开伤口。

绷带包扎方法有四种。①环行包扎法适用于头额部、手腕和小腿下部粗细均匀部位。包扎时绷带头斜放，用手压住，将绷带卷绕肢体包扎一圈后，再将带头的一个小角反折过来，然后继续绕圈包扎，后一圈压前一圈，包扎 3～4 圈即可。②螺旋包扎法用于包扎肢体粗细差不多的部位，如上臂、大腿下段和手指等处。包扎时以环行包扎法开始，然后将绷带向上斜形缠绕，后一圈压往前一圈的 1/3～1/2。③转折包扎法用于包扎前臂、大腿和小腿粗细相差较大的部位。包扎时从环行包扎法开始，然后用一个拇指压住绷带，将其上缘反折，压住前一圈的 1/3～1/2，每圈的转折线应相互平行。④“8”字形包扎法多用于包扎膝、踝等关节处，包扎方法有两种，一是从关节开始，先做环行包扎法，后将绷带斜形缠绕，一圈绕关节的上方，一圈绕下方，两圈在关节凹面交叉，反复进行，逐渐远离关节，每圈压住前一圈的 1/3～1/2；二是从关节下方开始，先做环行包扎法，后由下而上，由上而下地来回做“8”字形缠绕，逐渐靠拢关节，最后以环行包扎法结束。

三角巾包扎方法有五种。①手部包扎法。三角巾平铺，手指对向顶角，将手平放在三角巾的中央，底边横放于腕部。先将三角巾顶角向上反折，再将三角巾两底角向手腕交叉围绕一圈，在腕背打结。② 头部包扎法。三角巾底边置于前额，顶角在后，将底边从前额至后，压住顶角并打结。若底边较长，可在枕后交叉后再绕至前额打结，最后把头角拉紧并向上翻转固定。③足部包扎法。与手部包扎法基本相同。④大悬臂带包扎法。大悬臂带用于除锁骨和肱骨骨折以外的上肢损伤。将大三角巾放在伤肢后，一底角放在健侧肩上，肘关节屈曲 90°在三角巾中央，下底角上折，包住前臂并在颈后与上方底角打结。最后把肘后的顶角折在前面，用别针固定。⑤小悬臂带包扎法。小悬臂带用于锁骨和肱骨骨折。将大三角巾叠成四横指宽的宽带，中央放在伤侧前臂的下 1/3 处，两端在颈后打结。

（三）骨折的急救

在外力的作用下，骨头的连续性或完整性遭到破坏叫骨折。

骨折的分类：根据骨断端是否与外界相通分为闭合性骨折和开放性骨折；根据骨折线可分为横形、斜形、螺旋形、粉碎性骨折等；根据骨折的程度分为完全骨折、不完全骨折。

骨折的原因主要由四个：①直接暴力，骨折发生于暴力直接作用的部位，如跌倒时膝盖直接撞击于地面引起髌骨骨折。②间接暴力，在接触暴力较远的部位发生骨折，如跌倒时用手撑地，由跌倒时的冲力所引起的地面反作用力沿上肢向上传导，可引起舟骨或桡骨远端、尺骨与桡骨干、肱骨骨折等，这是最常见的骨折情况。③肌肉强烈收缩，肌肉猛烈收缩或韧带突然紧张而引起附着部位的撕脱骨折，如股四头肌猛烈收缩引起髌骨或胫骨粗隆的撕脱骨折。④积累性暴力，多次或长期积累性暴力作用引起骨折，亦称疲劳性骨折，如反复跑跳或长途行军引起第二跖骨骨折等。

骨折的急救处理要遵循一定的原则，注意技巧。

1. 急救原则

（1）防止休克。严重骨折、多发性骨折或同时合并其他损伤，伤员均易发生休克。急救时应注意预防休克，若有休克必须先抗休克，再处理骨折。

（2）就地固定。骨折后及时固定可避免断端移动，防止加重损伤；固定后伤肢较为稳定与安静，可减少疼痛，便于伤员转运。因此未经固定，不可随意移动伤员，尤其是大腿、小腿和脊柱骨折的伤员。

（3）先止血再包扎伤口。伤员有伤口出血时，应先止血，清洗创面再包扎伤口固定。

2. 骨折的临时固定

骨折时，用夹板、绷带将折断的部位固定包扎起来，使伤部不再活动，称为临时固定。其目的是减轻疼痛，避免再伤和便于转送。

临时固定的注意事项有四个方面。①骨折固定时不要无故移动伤肢。②固定时不要试图整复。

开放性骨折断端外露时，一般不宜还纳，以免引起深部污染。③固定用夹板或托板的长度、宽度，应与骨折的肢体相称，其长度必须超过骨折部的上、下两个关节。④固定的松紧要合适、牢靠，过松则失去固定的作用，过紧会压迫神经和血管。

脊柱骨折临时固定与搬运时必须使脊柱保持在伸直位，不能前屈，后伸和旋转，严禁一人背运，或者两人抱抬或用软垫搬运，否则会加重对脊柱的损害。

3. 常见骨折的处理

锁骨骨折：先取三条三角巾折叠或宽带，在双肩腋下填上软布团或棉花团，然后用两条宽带分别绕过伤员两肩在背后打结，形成两个肩环，再用第三条宽带在背后穿过两个肩环，拉紧打结，最后将两前臂缚扎固定或将伤侧肢体挂在胸前。

肱骨干骨折：用两块长短、宽窄适宜的有垫夹板，分别放在伤臂内、外侧，屈肘 90°，用 3～4 条宽带将骨折上下部缚好，再用小悬臂把前臂挂在胸前，最后用宽带或三角巾将伤臂固定于体侧。

前臂骨折：用两块有垫夹板分别放在前臂的掌侧和背侧，前臂处于中立位，屈肘 90°，用 3～4 条宽带缚扎夹板，再用大悬臂带把前臂挂在胸前。

手腕部骨折：用一块有垫夹板放在前臂和手的掌侧，手握绷带卷，再用绷带缠绕固定，然后用大悬臂带把患臂挂于胸前。

股骨骨折：用两块长夹板放在伤肢的内、外侧，内侧夹板上包大腿根部，下至足跟；外侧夹板上至腋下，下至足跟。然后用 5～8 条宽带固定夹板，在外侧打结。

小腿骨折：用两块有垫夹板放在小腿的内、外侧，两块夹板上至大腿中部，下至足部，用 4～5 条宽带分别在膝下、膝及踝部缚扎固定。

踝足部骨折：取一块直角夹板置于小腿后侧，用棉花或软布在踝部和小腿下部垫妥后，用宽带分别压在膝下、踝上和足跖部缚扎固定。

胸腰椎骨折：疑有胸腰椎骨折，尽量避免骨折处移动，以免损伤脊柱，用硬板担架或门板轻轻移伤员至木板上，仰卧，用数条宽带缚扎伤员于板上；若为软质担架，令伤员俯卧，使脊柱伸直禁止屈曲，送至医院。

颈椎骨折：务必使伤员头部固定伤后位置，不屈、不伸、不旋转，数人合作将伤员抬至木板上，头部两侧用沙袋或卷起的衣服垫好固定，用数条宽带把伤员缚扎在木板上，否则，有引起脊髓压迫的危险，造成伤员高位截瘫。

（四）关节脱位的急救

脱位或脱臼是指构成关节的上下两个骨端失去了正常的位置，发生了错位。关节脱位可分为损伤性脱位、先天性脱位、习惯性脱位、病理性脱位、开放性脱位和闭合性脱位，以及完全脱位与不完全脱位等。体育运动中，最常见的是肘关节后脱位和肩关节前脱位。任何外力只要使这肘关节过伸或外展致使肘关节内侧副韧带断裂，都能引起肘关节脱位。例如，常见的在跌倒时，肘关节过伸，尺骨鹰嘴又猛烈冲击肱骨鹰嘴窝，使肱骨下端前移尺骨鹰嘴后移，引起典型的肘关节后脱位。

脱位或脱臼原因：关节脱位在运动中大多是由于间接外力所致。由于暴力作用往往可伴有关节囊及关节周围软组织损伤，严重还可伤及神经、血管或伴有骨折。

脱位或脱臼急救：关节脱位的复位，时间越早越易复位，效果越好。关节复位的原则是使脱位的关节端，按原来脱位的途径退回原处，严禁动作粗暴和反复复位，以免加重损伤，造成骨折

和血管神经损伤。复位成功的标志是被动活动恢复正常，骨性标志复原，X 线检查显示已复位。复位后将关节固定在稳定的位置上，固定期间要加强功能锻炼。没整复条件时应立即用夹板和绷带在脱位所形成的姿势下固定伤肢，保持病员安静，尽快送医院。

常见的关节脱位处理方法有两种。

（1）肩关节脱位的固定方法。取三角巾两条，分别折成宽带，一条悬挂前臂，另一条绕过伤肢上臂，在健侧腋下打结。

（2）肘关节脱位的固定方法。用铁丝夹板弯成合适的角度，置于肘后，用绷带缠稳，再用小悬带挂起前臂。如无铁丝夹板，可直接用大悬臂带包扎固定。

（五）人工呼吸

肺位于富有一定弹性的胸廓内，当胸廓扩大时，肺也随着扩张，于是肺的容积增大，外界空气进入肺内，即为吸气；当胸廓缩小时，肺也随之回缩，肺内气体排出体外，即为呼气。对呼吸停止的人，可根据以上原理用人工被动扩张与缩小胸廓的方法，使空气重新进出肺脏，以实现气体交换，称为人工呼吸法。人工呼吸方法较多，最有效的是口对口吹气法。

（1）操作方法。伤员仰卧，头部置于极度后仰位，打开口腔并盖上一层纱布。救护者一手托起患者下颌，掌根部轻压环状软骨，使其间接压迫食道，以防吹入的空气进入胃内；另一手捏住患者鼻孔，深吸一口气后，对准患者口部吹入。吹气完后，立即松开捏住鼻孔的手。如此反复进行，每分钟吹气 16～18 次。

（2）注意事项。施行人工呼吸前，应迅速消除患者口腔、鼻腔内的假牙、分泌物或呕吐物，松开衣领、裤带和胸腹部衣服。开始时，吹气的气量和压力宜稍大些，吹气 10～20 次后应逐渐减少，以维持上胸部轻度升起为度。牙关紧闭者，可采用口对鼻吹气法，救护者一手闭住患者口部，以口对鼻进行吹气，其他操作与口对口吹气法相同。

（3）人工呼吸有效的表现：①吹气时胸廓扩张上抬；②在吹气过程中听到肺泡呼吸音。

（六）胸外心脏按压法

心脏位于胸腔纵隔的前下部，前邻胸骨下半段，后为脊柱，其左右移动受到限制。胸廓具有一定的弹性，挤压胸骨体下半段，可间接压迫心脏，使心脏内的血液排出；放松挤压时，胸廓恢复原状，胸膜腔内压下降，静脉血则回流至心脏。因此，反复挤压和放松胸骨，即可恢复血液循环。

（1）操作方法。病人仰卧在木板或平地上。救护者双手手掌重叠，以掌根部放在病人胸骨体的下半段，肘关节伸直，借助于自身体重和肩臂肌的力量，适度用力下压，使胸骨体下半段和相连的肋软骨下陷 3～4 厘米，随后立即将手放松（掌根不离开病人皮肤），如此反复进行。成人每分钟挤压 60～80 次；小儿用单手掌根挤压，每分钟挤压 100 次左右。

（2）注意事项。救护者只能用掌根压迫病人胸骨体下半段，不可将手平放，手指要向上稍翘起与肋骨离开一定距离；挤压方向应垂直对准脊柱；挤压时应带有一定的冲击力；用力不可太轻或太大，太轻不能起到间接压迫心脏的作用，太大会引起肋骨骨折。在就地进行抢救的同时，要迅速请医生来处理。

（3）有效指标。①按压时在颈，股动脉处应摸到搏动，听到收缩压在 60 毫米汞柱以上；②面色、口唇、指甲床及皮肤等色泽转红；③扩大的瞳孔再度缩小；④呼吸改善或出现自主呼吸。

只要有前两项有效指标出现，心脏按压就应坚持下去，除非判断病人确定死亡。死亡的判断标准是：①呼吸停止；②心跳停止；③瞳孔扩大，对光反射消失；④角膜反射消失。若只出现上述 1～2 个征象，为假死现象。若四个征象齐备，并且用手捏眼球时，瞳孔变形，即为确定死亡。无论是呼吸骤停或心跳骤停，或呼吸与心跳均骤停，在进行现场急救的同时，都应迅速派人请医生来处理。

（七）休克

休克是机体受到各种有害因素的强烈侵袭而导致有效循环血量锐减，主要器官组织血液灌流不足所引起的严重全身性综合征。

（1）原因和原理。休克产生的原因很多，运动损伤中并发的休克主要是创伤性休克，其次为出血性休克；休克的发病原理是有效循环血量不足，引起全身组织和血流灌注不良，导致组织缺血缺氧，代谢紊乱和脏器功能障碍（包括心脑、肺、肾等重要器官功能障碍）。

（2）休克的急救。对于休克病人要尽早进行急救。应迅速使病人平卧安静休息。患者的体位一般采取头和躯干部抬高 10°，下肢胎高约 20°的体位，这样可增加回心血量并改善脑部血流状况。松解衣物，保持呼吸道畅通，清除口中分泌物或异物，对病人要保暖，但不能过热，以免皮肤扩张，导致血管床容量增加，使回心血量减少，影响生命器官的血液灌注量和增加氧的消耗。在炎热的环境下则要注意防暑降温，同时尽量不要搬动病人；若伤员昏迷，头应侧偏，并将舌头牵出口外，必要时要吸氧和进行口对口人工呼吸。

以上是一般的抗休克措施，由于休克是一种严重的、危及生命的病理状态，所以在急救的同时，应迅速请医生或及时送医院处理。对休克病人应尽量避免搬运颠簸。

（八）搬运伤员的方法

伤病员在现场进行初步急救处理和随后送往医院的过程中，必须要经过搬运这一重要环节。正确的搬运术对伤病员的抢救、治疗和预后都至关重要。从整个急救过程来看，搬运是急救医疗不可分割的重要组成部分，仅仅把搬运看成简单体力劳动是一种错误观念。

危重伤病员的搬运有如下几种方法。①脊柱损伤：硬担架，3～4 人同时搬运，固定颈部不能前屈、后伸、扭曲；②颅脑损伤：半卧位或侧卧位；③胸部伤：半卧位或坐位；④腹部伤：仰卧位、屈曲下肢，宜用担架或木板；⑤呼吸困难病人：坐位，最好用折叠担架（或椅）搬运；⑥昏迷病人：平卧，头转向一侧或侧卧位；⑦休克病人：平卧位，不用枕头，脚抬高。

第四节　常见运动性疾病及损伤

一、软组织损伤

软组织损伤是皮肤、肌肉筋膜、肌腱腱鞘、韧带、关节囊、滑囊、血管、神经等组织的损伤。软组织损伤可分为以下几类。

（1）擦伤。小面积擦伤，可以用红药水涂抹伤口即可。大面积擦伤，先用生理盐水洗净，再涂抹红药水，再用消毒布覆盖，最后用纱布包扎。面部擦伤最好不用龙胆紫等涂抹。关节处皮肤擦伤，先要洗净，然后用消炎油膏涂抹，盖上无菌纱布，粘膏固定，必要时缠上绷带。

（2）撕裂伤。轻度开放伤，用红药水涂抹即可；裂口大时，则需止血和缝合伤口，必要时注射破伤风抗毒血清，以防破伤风症。如肌腱断裂，则需要手术缝合。

（3）挫伤。在 24 小时内冷敷或加压包扎，抬高患肢或外涂中药。24 小时以后，可按摩或理

疗。进入恢复期可进行一些功能性锻炼。如果怀疑内脏损伤，则临时处理后，送医院检查和治疗。

（4）肌肉拉伤。轻者可即刻冷敷，局部加压包扎，抬高患肢。24 小时后可施行按摩或理疗。如果肌肉已大部分或完全断裂者，在加压包扎急救后，固定患肢，立即送医院手术缝合。

二、关节、韧带扭伤

（1）原因与症状。受外力的触击或撞击；运动时身体落地重心不稳向一侧倾斜或踩在他人足上或高低不平的地面上而致伤。伤后局部能力立即丧失，有明显肿胀、疼痛等。

（2）处理。伤后立即抬高患肢，伤情严重的要立即冷敷或用自来水冲淋，加压包扎，固定休息；使毛细血管收缩，防止肿胀。24 小时后即可拆除包扎，可采用热敷、理疗，使毛细血管扩张，促进血液循环。严重扭伤时，如韧带断裂，关节脱位，应尽快到医院缝合或做固定处理。

三、溺水

（1）原因与症状。在游泳时，因肌肉痉挛或技术上的原因导致溺水。溺水时，水经过鼻进入肺内，造成呼吸道阻塞，或者因吸水的刺激，引起喉部肌肉痉挛使气体不能进出，导致窒息和昏迷。如果时间稍长，则因缺氧而危及生命。窒息后，脸色苍白而肿胀，眼睛充血，口鼻充满泡沫，四肢冰冷，神志昏迷，胃腹吸满水而鼓起，甚至呼吸心跳停止。

（2）处理。立即将溺水者救上岸后，清除口腔中的分泌物和其他异物，并迅速进行倒水，但不要过分强调倒水而延误了宝贵的抢救时间。立即进行人工呼吸。若心跳已停止应同时施行心脏外挤压法。人工呼吸和心脏胸外挤压以 1:4 的频率进行，急救者之间应密切配合，进行积极而耐心的抢救，直至自主恢复呼吸为止。

清醒后，立即送医院，作进一步检查和治疗，在运送途中必要时继续进行人工呼吸。

四、膝关节内侧副韧带损伤

（1）原因与症状。这种损伤以内侧损伤较常见，多发生在膝关节处，小腿突然外旋，或足部固定，大腿突然内收内旋，都可使内侧副韧带损伤。如旋风脚落地方法不当，极易造成内侧副韧带损伤。另外，关节外侧受暴力撞击也可造成损伤。症状表现为伤部疼痛，肿胀，皮下淤血，活动困难。

（2）处理。处置的方法是受伤后应立即冷敷，严重的要用绷带固定包扎。24 小时后可按摩、热敷。

五、急性腰扭伤

（1）原因与症状。运动时，身体重心不稳定或肌肉收缩不协调，腰部受力过重或脊柱运动时超过了正常生理范围都易引起腰部扭伤。病状表现为伤后一侧或两侧当即发生疼痛，有时听到“咯咯”的响声，有时出现腰部肌肉痉挛和运动受限。轻微扭伤当时无明显疼痛感，第二天起床时觉得腰部疼痛，不能前屈，用不上劲，损伤部位有明显的压痛点。

（2）处理。轻微扭伤可按摩、热敷。较严重的应让患者平卧，一般不应立即搬动。如果疼痛剧烈，应用担架抬送医院诊治。

第五章

健康测量与评价

本章导读

健康测量与评价在各级各类学校体育卫生工作中占有重要的地位，是科学锻炼身体的重要内容之一。大学生既要有健康的身体，又要有健康的心理，人的身体与心理健康是相互影响的。身体健康是心理健康的基础，心理健康也有助于身体健康。为了克服教师在体育教学和学生在体育锻炼中的盲目性，并使学生及时了解自己的发育程度、机能水平、身体素质、心理状况和运动能力，以及各个时期的变化情况，引导学生关心自己的体质状况，激发经常参加体育锻炼的自觉性和主动性。

第一节　健康的测量与评价

身体健康是衡量人体是否健康的最重要的环节之一，老一辈革命家有“身体是革命的本钱”这一说法。随着时代的不断发展，人们越来越认识到身体健康的重要性。然而，怎样来衡量身体是否健康，用什么来评定身体是否健康，成为我们需要解决的问题。在此，我们就与身体健康相关的几种体质测量的方法与评价作相应的介绍。

一、身体形态

身体形态是评定学生体质的重要标准，也是进行体育锻炼的一个重要指标。常见的身体形态指标的测量，一般可采用身高标准体重的测试手段。

身高标准体重是将身高和体重综合起来，评定学生的身体匀称度，评价学生生长发育的水平及营养状况。标准数据可参考表 5-1 大学女生身高标准体重对照表、表 5-2 大学男生身高标准体重对照表。

表 5-1　大学女生身高标准体重对照表

身高段/厘米	营养不良/千克	较低体重/千克	正常体重/千克	超重/千克	肥胖/千克
	7 分	9 分	15 分	9 分	7 分
140.0～140.9	<36.5	36.5～42.4	42.5～50.6	50.7～53.3	≥53.4
141.0～141.9	<36.6	36.6～42.9	43.0～51.3	51.4～54.1	≥54.2
142.0～142.9	<36.8	36.8～43.2	43.3～51.9	52.0～54.7	≥54.8

续表

身高段/厘米	营养不良/千克	较低体重/千克	正常体重/千克	超重/千克	肥胖/千克
	7分	9分	15分	9分	7分
143.0～143.9	<37.0	37.0～43.5	43.6～52.3	52.4～55.2	≥55.3
144.0～144.9	<37.2	37.2～43.7	43.8～52.7	52.8～55.6	≥55.7
145.0～145.9	<37.5	37.5～44.0	44.1～53.1	53.2～56.1	≥56.2
146.0～146.9	<37.9	37.9～44.4	44.5～53.7	53.8～56.7	≥56.8
147.0～147.9	<38.5	38.5～45.0	45.1～54.3	54.4～57.3	≥57.4
148.0～148.9	<39.1	39.1～45.7	45.8～55.0	55.1～58.0	≥58.1
149.0～149.9	<39.5	39.5～46.2	46.3～55.6	55.7～58.7	≥58.8
150.0～150.9	<39.9	39.9～46.6	46.7～56.2	56.3～59.3	≥59.4
151.0～151.9	<40.3	40.3～47.1	47.2～56.7	56.8～59.8	≥59.9
152.0～152.9	<40.8	40.8～47.6	47.7～57.4	57.5～60.5	≥60.6
153.0～153.9	<41.4	41.4～48.2	48.3～57.9	58.0～61.1	≥61.2
154.0～154.9	<41.9	41.9～48.8	48.9～58.6	58.7～61.9	≥62.0
155.0～155.9	<42.3	42.3～49.1	49.2～59.1	59.2～62.4	≥62.5
156.0～156.9	<42.9	42.9～49.7	49.8～59.7	59.8～63.0	≥63.1
157.0～157.9	<43.5	43.5～50.3	50.4～60.4	60.5～63.6	≥63.7
158.0～158.9	<44.0	44.0～50.8	50.9～61.2	61.3～64.5	≥64.6
159.0～159.9	<44.5	44.5～51.4	51.5～61.7	61.8～65.1	≥65.2
160.0～160.9	<45.0	45.0～52.1	52.2～62.3	62.4～65.6	≥65.7
161.0～161.9	<45.4	45.4～52.5	52.6～62.8	62.9～66.2	≥66.3
162.0～162.9	<45.9	45.9～53.1	53.2～63.4	63.5～66.8	≥66.9
163.0～163.9	<46.4	46.4～53.6	53.7～63.9	64.0～67.3	≥67.4
164.0～164.9	<46.8	46.8～54.2	54.3～64.5	64.6～67.9	≥68.0
165.0～165.9	<47.4	47.4～54.8	54.9～65.0	65.1～68.3	≥68.4
166.0～166.9	<48.0	48.0～55.4	55.5～65.5	65.6～68.9	≥69.0
167.0～167.9	<48.5	48.5～56.0	56.1～66.2	66.3～69.5	≥69.6
168.0～168.9	<49.0	49.0～56.4	56.5～66.7	66.8～70.1	≥70.2
169.0～169.9	<49.4	49.4～56.8	56.9～67.3	67.4～70.7	≥70.8
170.0～170.9	<49.9	49.9～57.3	57.4～67.9	68.0～71.4	≥71.5
171.0～171.9	<50.2	50.2～57.8	57.9～68.5	68.6～72.1	≥72.2
172.0～172.9	<50.7	50.7～58.4	58.5～69.1	69.2～72.7	≥72.8
173.0～173.9	<51.0	51.0～58.8	58.9～69.6	69.7～73.1	≥73.2
174.0～174.9	<51.3	51.3～59.3	59.4～70.2	70.3～73.6	≥73.7
175.0～175.9	<51.9	51.9～59.9	60.0～70.8	70.9～74.4	≥74.5
176.0～176.9	<52.4	52.4～60.4	60.5～71.5	71.6～75.1	≥75.2
177.0～177.9	<52.8	52.8～61.0	61.1～72.1	72.2～75.7	≥75.8
178.0～178.9	<53.6	53.6～62.0	62.1～73.2	73.3～76.7	≥76.8
179.0～179.9	<54.1	54.1～62.5	62.6～73.7	73.8～77.0	≥77.1
180.0～180.9	<54.5	54.5～63.1	63.2～74.3	74.4～77.8	≥77.9
181.0～181.9	<55.1	55.1～63.8	63.9～75.0	75.1～79.4	≥79.5
182.0～182.9	<55.6	55.6～64.5	64.6～75.7	75.8～80.4	≥80.5
183.0～183.9	<56.1	56.1～65.3	65.4～76.6	76.7～81.2	≥81.3
184.0～184.9	<56.8	56.8～66.1	66.2～77.5	77.6～82.4	≥82.5
185.0～185.9	<57.3	57.3～66.9	67.0～78.6	78.7～83.3	≥83.4
186.0～186.9	<53.2	53.2～61.5	61.6～72.6	72.7～76.2	≥76.3

表 5-2 大学男生身高标准体重对照表

身高段/厘米	营养不良/千克	较低体重/千克	正常体重/千克	超重/千克	肥胖/千克
	7 分	9 分	15 分	9 分	7 分
140.0～140.9	<32.1	32.1～40.3	40.4～46.3	46.4～48.3	≥48.4
141.0～141.9	<32.4	32.4～40.7	40.8～47.0	47.1～49.1	≥49.2
142.0～142.9	<32.8	32.8～41.2	41.3～47.7	47.8～49.8	≥49.9
143.0～143.9	<33.3	33.3～41.7	41.8～48.2	48.3～50.3	≥50.4
144.0～144.9	<33.6	33.6～42.2	42.3～48.8	48.9～51.0	≥51.1
145.0～145.9	<34.0	34.0～42.7	42.8～49.5	49.6～51.7	≥51.8
146.0～146.9	<34.4	34.4～43.3	43.4～50.1	50.2～52.3	≥52.4
147.0～147.9	<35.0	35.0～43.9	44.0～50.8	50.9～53.1	≥53.2
148.0～148.9	<35.6	35.6～44.5	44.6～51.4	51.5～53.7	≥53.8
149.0～149.9	<36.2	36.2～45.1	45.2～52.2	52.3～54.5	≥54.6
150.0～150.9	<36.7	36.7～45.7	45.8～52.8	52.9～55.1	≥55.2
151.0～151.9	<37.3	37.3～46.2	46.3～53.4	53.5～55.8	≥55.9
152.0～159.9	<37.7	37.7～46.8	46.9～54.0	54.1～56.4	≥56.5
153.0～153.9	<38.2	38.2～47.4	47.5～54.6	54.7～57.0	≥57.1
154.0～154.9	<38.9	38.9～48.1	48.2～55.3	55.4～57.7	≥57.8
155.0～155.9	<39.6	39.6～48.8	48.9～56.0	56.1～58.4	≥58.5
156.0～156.9	<40.4	40.4～49.6	49.7～57.0	57.1～59.4	≥59.5
157.0～157.9	<41.0	41.0～50.3	50.4～57.7	57.8～60.1	≥60.2
158.0～158.9	<41.7	41.7～51.0	51.1～58.5	58.6～61.0	≥61.1
159.0～159.9	<42.4	42.4～51.7	51.8～59.2	59.3～61.7	≥61.8
160.0～160.9	<43.1	43.1～52.5	52.6～60.0	60.1～62.5	≥62.6
161.0～161.9	<43.8	43.8～53.3	53.4～60.8	60.9～63.3	≥63.4
162.0～162.9	<44.5	44.5～54.0	54.1～61.5	61.6～64.0	≥64.1
163.0～163.9	<45.3	45.3～54.8	54.9～62.5	62.6～65.0	≥65.1
164.0～164.9	<45.9	45.9～55.5	55.6～63.2	63.3～65.7	≥65.8
165.0～165.9	<46.5	46.5～56.3	56.4～64.0	64.1～66.5	≥66.6
166.0～166.9	<47.1	47.1～57.0	57.1～64.7	64.8～67.2	≥67.3
167.0～167.9	<48.0	48.0～57.8	57.9～65.6	65.7～68.2	≥68.3
168.0～168.9	<48.7	48.7～58.5	58.6～66.3	66.4～68.9	≥69.0
169.0～169.9	<49.3	49.3～59.2	59.3～67.0	67.1～69.6	≥69.7
170.0～170.9	<50.1	50.1～60.0	60.1～67.8	67.9～70.4	≥70.5
171.0～171.9	<50.7	50.7～60.6	60.7～68.8	68.9～71.2	≥71.3
172.0～172.9	<51.4	51.4～61.5	61.6～69.5	69.6～72.1	≥72.2
173.0～173.9	<52.1	52.1～62.2	62.3～70.3	70.4～73.0	≥73.1
174.0～174.9	<52.9	52.9～63.0	63.1～71.3	71.4～74.0	≥74.1
175.0～175.9	<53.7	53.7～63.8	63.9～72.2	72.3～75.0	≥75.1
176.0～176.9	<54.4	54.4～64.5	64.6～73.1	73.2～75.9	≥76.0
177.0～177.9	<55.2	55.2～65.2	65.3～73.9	74.0～76.8	≥76.9
178.0～178.9	<55.7	55.7～66.0	66.1～74.9	75.0～77.8	≥77.9
179.0～179.9	<56.4	56.4～66.7	66.8～75.7	75.8～78.7	≥78.8
180.0～180.9	<57.1	57.1～67.4	67.5～76.4	76.5～79.4	≥79.5
181.0～181.9	<57.7	57.7～68.1	68.2～77.4	77.5～80.6	≥80.7
182.0～182.9	<58.5	58.5～68.9	69.0～78.5	78.6～81.7	≥81.8
183.0～183.9	<59.2	59.2～69.6	69.7～79.4	79.5～82.6	≥82.7
184.0～184.9	<60.0	60.0～70.4	70.5～80.3	80.4～83.6	≥83.7

续表

身高段/厘米	营养不良/千克	较低体重/千克	正常体重/千克	超重/千克	肥胖/千克
	7 分	9 分	15 分	9 分	7 分
185.0～185.9	<60.8	60.8～71.2	71.3～81.3	81.4～84.6	≥84.7
186.0～186.9	<61.5	61.5～72.0	72.1～82.2	82.3～85.6	≥85.7
187.0～187.9	<62.3	62.3～72.9	73.0～83.3	83.4～86.7	≥86.8
188.0～188.9	<63.0	63.0～73.7	73.8～84.2	84.3～87.7	≥87.8
189.0～189.9	<63.9	63.9～74.5	74.6～85.0	85.1～88.5	≥88.6
190.0～190.9	<64.6	64.6～75.4	75.5～86.2	86.3～89.8	≥89.9

注：身高低于表中所列出的最低身高段的下限值时，身高每低 1 厘米，实测体重需加上 0.5 千克，实测身高需加上 1 厘米，再查表确定分值。身高高于表中所列出的最高身高段时，身高每高 1 厘米，其实测体重需减去 0.9 千克，实测身高需减去 1 厘米，再查表确定分值。

测试方法如下。

（1）通过键盘或非接触卡输入受试者编号。

（2）受试者需着轻装，赤足，背向立柱成立正姿势站立在身高体重测试仪的底板上。要求头部正直，躯干自然挺直，上肢自然下垂，足跟并拢，足尖分开 60°。

（3）测试人员观察受试者按照上述动作要领准备好后，按“确认”键。

（4）身高的测试头自动下滑，当轻触到受试者头部时自动停止。

（5）测试成绩显示在屏幕上，语音提示测试结果，测试完毕。

（6）测试结果存储在主机中，同时通过无线网络传送到计算机，测试完毕。

注意事项如下。

（1）为了保证测试精度，本仪器需安放在水平硬质的地面上，调整底盘的四角，保证测试仪的平正。

（2）开机时主机将进行 10 秒的倒计时，对主机和外设进行初始化。此时测试底盘上不能站人或摆放任何物品。

（3）受试者应将口袋内的物品取出。

（4）测试人员按“确认”键后，受试者身体不能摆动。

二、心肺耐力的测量与评价

心肺耐力也叫循环呼吸耐力、心血管耐力、有氧代谢能力、有氧代谢体质，它是指循环和呼吸系统高效率地适应运动和从运动中恢复的能力。心肺适应水平越高，精力就越充沛，不仅能完成更多的工作，而且不容易疲劳。另外，心肺适应水平越高者，睡眠质量也越好。以下为心肺耐力的几种测试方法及其评价标准。

（一）肺活量指数

肺活量是人体肺脏功能的指标之一，也是人体呼吸运动能力测试方法之一。它是指人体尽全力深吸气后，再尽全力呼出的气体总量，即一次深呼吸的气量。其数值与性别、年龄、身高、体重、肺组织发育程度、锻炼水平及运动项目等多种因素有关。青少年经常进行中等强度的有氧运动，可以促进胸廓及呼吸肌的运动，有利于改善呼吸肌和呼吸动作的协调性，有利于提高肺活量。而胸廓发达、呼吸力度增加有利于回心血量的增加，对心脏的发育及提高心肺功能有重要作用。

在同年龄同性别的被试者中，影响测试结果最显著的因素是体重。所以，在实际测量中，应采用肺活量指数进行评价。

1. 测试方法

（1）通过键盘或非接触卡输入受试者编号。

（2）将一次性、干燥卫生的吹嘴插入测试吹管。

（3）受试者应保持测试传感器在吹管上方的正确把握姿势。

（4）受试者按照上述动作要领准备好后，测试人员按“确认”键。

（5）测试者深呼吸后开始匀速吹气。测试成绩显示在屏幕上，语音提示测试结果。

（6）第一次测试完毕后，主机系统会语音提示进行第二次测试，液晶显示器的左上角显示“2”。此时，测试者按照第一次测试的动作要领进行吹气。

（7）测试仪自动计算出两次测试的最大值，语音提示测试结果，并将两次测试的最大值存储在主机中，同时通过无线网络传送到计算机，测试完毕。

2. 注意事项

（1）测试者最好每人使用一个吹嘴。没有充足的吹嘴时，应对吹嘴消毒后再使用。

（2）测试者应将吹嘴插牢，防止漏气造成测量不准确。

（3）测试者吹气时应注意嘴部与吹嘴之间紧密接触，以防止漏气造成测量不准确。

（4）测试者吹气时要保持匀速，用力适中，中途不得停顿。

（5）肺活量传感器手柄应轻拿轻放，吹气管拆卸时不要用力过猛以防止传感器遭受外力破坏。

（6）吹气管冲洗后应彻底晾干后，方可安装使用。安装时要对好传感器与吹气管相应的接口，轻轻按入，不得强行用力。

根据以下公式推算出肺活量指数：

$$\text{肺活量指数} = \frac{\text{肺活量}}{\text{体重（千克）}}$$

评价标准见表 5-3。

表 5-3 大学生肺活量指数评价标准

项目 \ 等级		优秀		良好		及格		不及格
		成绩	成绩	成绩	成绩	成绩	成绩	成绩
肺活量指数	男	75 以上	74～70	69～64	63～57	56～54	53～44	43 以下
	女	61 以上	60～57	56～51	50～46	45～42	41～32	31 以下
分值		15	13	12	11	10	9	8

（二）台阶试验

以一定频率，上下一定高度的平台并持续一定的时间，根据登台结束后恢复期脉搏变化评定心脏功能，称为台阶试验。最早的台阶试验是由美国哈佛大学学生研究设计的，称为哈佛台阶试验，以后又有不少改良和发展。

1. 测试方法

（1）通过键盘或非接触卡输入受试者编号。

（2）受试者在测试开始前可做轻微的准备活动，主要是活动下肢。

（3）测试人员目测受试者按照上述动作要领准备好后，按“确认”键。

（4）受试者按照2秒钟上下一次台阶的音乐节奏上下踏台。上下踏台的持续时间为3分钟。

（5）上下台阶的运动停止后，受试者应在30秒内，用指脉测试夹把手指夹好。脉搏测试的时间为3分半钟。

（6）测试成绩显示在屏幕上，语音提示测试结果。

2. 注意事项

（1）有心脏病史的学生不能进行这项测试。

（2）进行脉搏测试的指脉夹最多可以连接12个，每个指脉夹上部有编号，12个指脉夹分为两组，每组通过一个集线器与主机连接。每个受试者输入的编号应与所使用的指脉夹号一一对应。

（3）上下一次台阶的频率为每分钟30次，音乐的节奏为每分钟120次，每次4拍。

（4）进行脉搏测试时，要求受试者静坐，将手指平放在桌子上，手指尽可能与心脏同高。受试者站立、手指振动可能会影响测试结果。

（5）如果受试者不能坚持3分钟上下踏台的运动，可以在中途停止运动。停止运动后，通过主机的键盘或非接触卡输入受试者的编号，按“确认”键，开始单独提前进行脉搏测试。此时其他受试者的测试过程不受影响。

按下列公式计算推算出台阶指数，指数越大，表示机能越好。

$$台阶指数=\frac{登台持续时间（秒）\times 100}{2\times 三次脉搏之和}$$

评价标准见表5-4。

表5-4　大学生台阶指数评价标准

等级 项目		优秀		良好		及格		不及格
		成绩	成绩	成绩	成绩		成绩	成绩
台阶指数	男	59以上	58～54	53～50	49～46	45～43	42～40	39以下
	女	56以上	55～52	51～48	47～44	43～42	41～25	25以下
分值		20	17	16	15	13	12	10

（三）1000米跑（男）、800米跑（女）

1000米跑（男）、800米跑（女）用以评价学生的心肺功能和耐力水平。此项目既测试有氧耐力水平，也测试无氧耐力水平。由于耐力是衡量人的体质健康状况和劳动工作能力的基本因素之一，是从事各项运动必不可少的一种运动素质，因此测试耐力水平对评价学生体质健康状况有着非常重要的意义。

测试方法：受测者站立式起跑，听到“跑”的口令后开始起跑。计时员看到旗动开表计时，当受测试者的躯干部到达终点线垂直面时停表，同时记录下秒表所示成绩。评价标准见表5-5。

表 5-5　大学生耐力评价标准

等级 项目	优秀		良好		及格		不及格
	成绩	成绩	成绩	成绩	成绩	成绩	成绩
1000 米 （男）	3 分 39 秒 以下	3 分 40 秒～ 3 分 46 秒	3 分 47 秒～ 4 分 00 秒	4 分 01 秒～ 4 分 18 秒	4 分 19 秒～ 4 分 29 秒	4 分 30 秒～ 5 分 04 秒	5 分 05 秒以上
800 米 （女）	3 分 37 秒以下	3 分 38 秒～ 3 分 45 秒	3 分 46 秒～ 4 分 00 秒	4 分 01 秒～ 4 分 19 秒	4 分 20 秒～ 4 分 30 秒	4 分 31 秒～ 5 分 03 秒	5 分 04 秒以上
分值	20	17	16	15	13	12	10

三、肌肉力量、肌肉耐力的测量与评价

肌肉力量是指肌肉或肌肉群在一次尽最大的努力中产生力量的能力，它往往与肌肉耐力联系在一起，增加肌肉力量的同时也可以增加肌肉耐力。通常用握力体重指数和仰卧起坐（女）来对肌肉力量大小进行评价。

（一）握力体重指数

握力体重指数除了反映被测者的力量素质外，还能间接反映一个人的健康状况，握力增长或维持在较高水平时，健康状况就好，握力下降时健康状况就不好。握力与体重的大小有关，因此，采用握力体重指数进行评分。

1. 测试方法

（1）通过键盘或非接触卡输入受试者编号。

（2）受试者选择有力手握住手柄，转动握距调节钮，使食指第二关节屈成 90°。

（3）测试人员目测受试者按照上述动作要领准备好后，按“确认”键。

（4）受试者两脚自然分开，成直立姿势，两臂自然下垂，快速全力发力。测试成绩显示在屏幕上，语音提示测试结果，主机提示进行第二次测试。

（5）受试者按上述要求再做一次。

（6）测试成绩显示在屏幕上，语音提示测试结果，主机把两次测试的最大结果通过无线网络送到计算机，测试完毕。

2. 注意事项

（1）为了保证测试的准确性，要求测试者不能使握力计与身体的任何部位有接触。

（2）开机时，主机将进行 5 秒的倒计时，对主机和外设进行初始化。此时不要用手握握力计。

（3）仪器需注意防潮防水防暴晒，不得用有机溶液清洗机器的表面。

（4）测试前应对机器充电。如果长时间不用，最少 3 个月要对机器充电一次，以保证电池的正常使用。

（5）受试者动作应规范。

$$\text{握力体重指数} = \frac{\text{握力} \times 100}{\text{体重(千克)}}$$

评价标准见表 5-6。

表 5-6　大学生握力体重指数评价标准

项目＼等级		优秀		良好		及格		不及格
		成绩	成绩	成绩	成绩	成绩	成绩	成绩
握力体重指数	男	75 以上	74～70	69～63	62～56	55～51	50～41	40 以下
	女	57 以上	56～52	51～46	45～40	39～36	35～29	28 以下
分值		20	17	16	15	13	12	10

（二）仰卧起坐（女）

仰卧起坐是测试腹肌力量和耐力的一个项目。尤其是女性的腰腹肌力量对她们将来在生育等方面有着十分重要的作用。通过仰卧起坐的测试，促使她们在青少年时期积极地发展腰腹肌力量。

1. 测试方法

（1）通过键盘或非接触卡输入受试者编号。

（2）受试者将测试带系于腹部，全身仰卧在垫子上，两脚稍分开，屈膝呈 90°，两手指变叉贴在脑后。另一同伴压住其踝关节，以便固定下肢。

（3）测试人员目测受试者按照上述动作要领准备好后，按“确认”键。受试者在听到“嘟”的一声后，开始仰卧起坐。

（4）动作应规范，坐起时，上身压超过 90°为有效。成功的动作将会听到“嘟”的一声，主机给予计数。

（5）测试时间满一分钟时，计时停止。测试成绩显示在屏幕上，语音提示测试结果，测试完毕。

2. 注意事项

（1）为了保证测试的舒适性，垫子应放置在平坦、干燥的地面上。

（2）禁止受试者穿鞋踩踏坐垫。

（3）受试者应穿常规运动鞋，勿穿硬底皮鞋、带钉运动鞋或高跟鞋进行测试。

（4）受试者动作应规范，否则机器不予计数。

评价标准见表 5-7。

表 5-7　大学生仰卧起坐评价标准（女）

项目＼等级	优秀		良好		及格		不及格
	成绩	成绩	成绩	成绩	成绩	成绩	成绩
仰卧起坐（女）（个/分钟）	44 以上	43～41	40～35	34～28	27～24	23～20	19 以下
分值	20	17	16	15	13	12	10

四、柔韧性的测量及评价

柔韧素质的好坏，取决于关节的解剖结构和关节周围软组织的体积大小及韧带、肌腱肌肉及皮肤的伸展性。柔韧素质与健康的关系极为密切，柔韧性的提高，对增强身体的协调能力，更好地发挥力量、速度等素质，提高技能和技术，防止运动创伤等都有积极的作用。当人们缺乏体育锻炼，体质下降时，很多都是从柔韧素质的下降开始的。

坐位体前屈是用于反映人体柔韧性的测试项目。

1. 测试方法

（1）通过键盘或非接触卡输入受试者编号。

（2）要求受试者赤足，上体垂直坐于坐垫上，两脚伸直，脚跟并拢，脚尖分开 10～15 厘米，脚跟蹬在支座部位上，两手并拢，手臂伸直，指尖轻触手推板。

（3）测试人员目测受试者按照上述动作要领准备好后，按“确认”键。

（4）受试者渐渐使上体前屈，手指推动手推板向前移动，直至不能再向前移动。测试成绩显示在屏幕上，语音提示测试结果。

（5）第一次测试完毕后，系统语音提示进行第二次测试，此时，受试者重复上述步骤进行第二次测试。

（6）测试成绩显示在屏幕上，语音提示测试结果，并通过无线网络送到计算机，测试完毕。

2. 注意事项

（1）垫子应放置在平坦、干燥的地面上。

（2）安装时需要注意将脚踏板竖起时，要保证脚踏板与底板垂直；安装到位后要用手柄把支架固定好，避免在使用过程中位置改变。

（3）测试前受试者应做好腰部的准备活动，以免腰部受伤。

（4）禁止受试者两腿弯曲，禁止手臂猛然发力。

（5）禁止受试者穿鞋踩踏坐垫。

评价标准见表 5-8。

表 5-8 大学生坐位体前屈评价标准

项目＼等级		优秀		良好		及格		不及格
		成绩	成绩	成绩	成绩	成绩	成绩	成绩
坐位体前屈/厘米	男	18.1 以上	18.0～16.0	15.9～12.3	12.2～8.9	8.8～6.7	6.6～0.1	0.0 以下
	女	18.1 以上	18.0～16.2	16.1～13.0	12.9～9.0	8.9～7.8	7.7～3.0	2.9 以下
分值		20	17	16	15	13	12	10

五、部分运动体适能测试及评价

（一）50 米跑

50 米跑是国际上通用的测试项目，通过较短距离的高强度跑测试速度素质。速度素质的测试也可以反映人体中枢神经系统的机能状态和神经与肌肉的调节机能，也可以综合地反映人体的爆发力、灵敏、反应、柔韧等素质。

1. 测试方法

（1）通过键盘或非接触卡按照受试者使用的对应跑道，输入受试者编号，4 个编号输入完成后，主机发出“各就各位”“预备”的命令。

（2）受试者站立在对应跑道的起跑线前，做好起跑准备。未听到起跑命令前，脚尖不得踩线、越线，不能抢跑。

（3）4 个跑道的受试者都准备好后，测试人员按“确认”键。主机发出起跑命令，受试者跑出起跑线。主机开始显示计时的时间（秒）。

（4）4 名受试者都跑过终点后，测试成绩显示在屏幕上，语音提示测试结果，通过无线网络

送到计算机，测试完毕。

2. 注意事项

（1）测试前把 50 米测试仪的 5 个外设杆，距离主机 50 米，在平坦、稳定的地面上，按顺序排好。外设摆放的顺序是：面向跑道、外设立杆的编号从左到右顺序为 1～5；立杆底座上的丝印标志面向自己。立杆之间的距离为 1.2～2 米，5 根杆要尽可能在一条直线上，否则接收杆收不到发射杆的信号，测试将无法进行。

（2）按下每个外设杆的电源开关，打开电源。然后打开 50 米主机的电源，主机开始检测与外设的通信。如果通信成功，显示屏的左下方应依次显示“1，2，3，4”，如果没有显示某一个外设的编号，该跑道将不能使用。可以按“取消”键，让主机再次检测。

（3）未在正常的时间内跑完 50 米，如小于 5 秒或长于 13 秒，主机均显示 13 秒。测试成绩为 0 分。

（4）4 个跑道容许 1～4 人参与测试，没有人使用的跑道，测试成绩为 0 秒。

（5）受试者应穿常规运动鞋，勿穿硬底皮鞋、拖鞋或高跟鞋进行测试。

评价标准见表 5-9。

表 5-9　大学生 50 米跑评价标准

等级 项目		优秀		良好		及格		不及格
		成绩	成绩	成绩	成绩	成绩	成绩	成绩
50 米跑/秒	男	6.8 以下	6.9～7.0	7.1～7.3	7.4～7.7	7.8～8.0	8.1～8.4	8.5 以上
	女	8.3 以下	8.4～8.7	8.8～9.1	9.2～9.6	9.7～9.8	9.9～11.0	11.1 以上
分值		30	26	25	23	20	18	15

（二）立定跳远

立定跳远是测试爆发力的项目，同时也能测试学生身体协调能力的发展水平。爆发力要求在最短时间内发挥最大的力量，爆发力的大小不仅取决于力量，而且取决于力量和速度的结合。它在人们日常生活、劳动中有重要的意义和作用。

1. 测试方法

（1）通过键盘或非接触卡输入受试者编号。

（2）要求受试者身着运动装，脚穿平底鞋站立在测试垫的起跳线前，做好起跳准备。两脚自然分开，脚尖不得踩线、越线。女生从近端的起跳线起跳，男生从远端的起跳线起跳。两条起跳线相差 90 厘米。

（3）测试人员目测受试者按照上述动作要领准备好后，按“确认”键。

（4）受试者从原地两脚同时起跳，不得有垫步和连跳动作。

（5）受试者落地后，应从正前方迈出测试垫，不得踏踩测试垫两边的测试杆。

（6）测试成绩显示在屏幕上，语音提示测试结果。

（7）受试者可以按上述要求测试两次，显示器显示最大值，语音提示测试结果，并将两次跳出的最远值存储在主机中，同时通过无线网络送到计算机，测试完毕。

2. 注意事项

（1）为了保证测试的舒适性，垫子应放置在平坦、干燥的地面上。

（2）受试者应穿常规运动鞋，勿穿硬底皮鞋、带钉运动鞋或高跟鞋进行测试。

（3）受试者应将口袋内的物品取出，防止跳远时物品跌落，使受试者受伤或损坏物品。

（4）仪器需注意防潮防水防暴晒，不得用有机溶液清洗机器的表面。

（5）测试前应对机器充电。如果长时间不用，最少 3 个月要对机器充电一次，以保证电池的正常使用。

（6）受试者动作应规范否则机器不予计数。

评价标准见表 5-10。

表 5-10　大学生立定跳远评价标准

项目＼等级		优秀		良好		及格		不及格
		成绩	成绩	成绩	成绩	成绩	成绩	成绩
立定跳远/厘米	男	255 以上	254～250	249～239	238～227	226～220	219～195	194 以下
	女	196 以上	195～187	186～178	177～166	165～161	160～139	138 以下
分值		30	26	25	23	20	18	15

六、生理、生化指标测试法

除了运用一些负荷性试验对人体的体质强弱进行检测外，体内的一些生化指标也直接反映了人体的身体机能状况，在此，就血红蛋白值对身体机能的影响作出评定。

血红蛋白俗称血色素，是红细胞的主要成分，其主要功能是作为红细胞运输氧气和二氧化碳的载体，又有维持血液酸碱平衡和恒定 pH 的作用，故血红蛋白的值是否正常，直接影响到人体的身体机能和运动能力。

血红蛋白正常值（每 100 毫升）男性成人为 12～16 克，女性成人为 11～15 克，贫血是指单位容积血液中红细胞及血红蛋白低于正常值低限而定，医学临床上常利用血红蛋白、红细胞的检查来诊断有无贫血。目前我国采用的贫血血红蛋白数值（每 100 毫升）为男性低于 12 克，女性低于 10.5 克，14 岁以下儿童，男女均为 12 克。

血红蛋白多，有利于多输送氧给各组织器官，但不能认为血红蛋白值越多越好，因为在一定程度内，血红蛋白增多时，血球压积和血液黏稠度成曲线上升，使血流速度减慢，外周组织供氧减少，反而对身体不利，最适宜的数值是血球压积为 45%左右，这时血红蛋白大致相当于 16 克。

另外，一般用血乳酸、血尿素、血清肌酸酶等生化指标来评定运动员的运动机能水平。

因此，通过运用生理生化指标对身体机能进行评定，合理地进行体育锻炼，才能提高身体能力，使自己拥有更健康的体魄。

通过以上这一评价体系将更加有助于促进青少年积极参与体育锻炼，成为具有正确的体育意识和健康的生活方式的高素质人才，使学校体育在促进国民健康方面起到应有的作用。

第二节　心理健康的测量与评价

我们正处于一个知识爆炸、信息速变、社会迅猛发展的时代。心理健康是大学生身心健康、人格健全、和谐发展及大学生社会适应能力发展的需要。这是当代大学生学习之必需，也是社会对未来建设者、参与者素质的要求。我国杰出的著名心理学家潘寂教授曾经指出：“我们因注重身体健康，故研究生理卫生；我们若要使心理得到健康的发展，则必须注重心理卫生。”心理健

康是相对而言的，世界上不存在 100%的心理健康。心理问题是有层次的，如心理适应不良、心理障碍、重症心理疾病。心理适应不良包括了所有不适应引起的负性情绪，如心理矛盾、心理对抗、心理压力、心理冲突、心理疲劳、心理断乳、心理应激、心理困惑等。心理障碍包括神经症和人格障碍，神经症如抑郁症、焦虑症、强迫症、恐惧症、癔症、神经衰弱等。人格障碍有反社会型、偏执型、分裂型、冲动型、攻击型、被动攻击型、癔症型、强迫型、回避型、依赖型、情感型、自恋型等，还有性心理障碍等；重症心理（精神）疾病有器质性和功能性两类，功能性精神病包括精神分裂症、情感性精神病、偏执性精神病、反应性精神病等。

一、大学生心理健康的标准

人的心理怎样才算是健康的，心理健康的标准是什么呢？参照心理健康的一般标准，以及我国大学生的现状，心理健康的大学生应具有如下特征：

（1）具有独立生活能力；

（2）具有独立思考、判断能力；

（3）能够从心理上接纳自己；

（4）勇于面对现实，同时又对生活、对自己充满信心；

（5）具有较强的自我调节能力，能积极主动地适应新环境，调节、平衡各方面的心理冲突；

（6）人际关系良好；

（7）学习方法得当；

（8）能应付一定的挫折，如失恋、家庭贫困等。

二、心理健康自我测验评定及方法

许多人都想了解自己的心理健康状况，但我国心理测验与咨询尚不发达，许多地方没有条件。为此提供一些“心理量表”，供大家参考，见表 5-11～表 5-13。

表 5-11　心理健康自我测量表

题号	题目内容	积分标准			
		常有	偶有	罕有	从无
1	害羞	3	2	1	0
2	为丢脸而烦恼很久	3	2	1	0
3	登高怕从高处跌下来	3	2	1	0
4	易伤感	3	2	1	0
5	做事常常半途而废	3	2	1	0
6	无故悲欢	3	2	1	0
7	白天常想入非非	3	2	1	0
8	行路故意遇见某人	3	2	1	0
9	易对娱乐厌倦	3	2	1	0
10	易气馁	3	2	1	0
11	感到事事不如意	3	2	1	0

续表

题号	题目内容	积分标准			
		常有	偶有	罕有	从无
12	常喜欢独处	3	2	1	0
13	讨厌别人看你做事，虽然做得很好	3	2	1	0
14	对批评毫不介意	3	2	1	0
15	易改变兴趣	3	2	1	0
16	感到自己有许多不足	3	2	1	0
17	常感到不高兴	3	2	1	0
18	常感到寂寞	3	2	1	0
19	觉得心里难过，痛苦	3	2	1	0
20	在长辈前很不自然	3	2	1	0
21	缺乏自信	3	2	1	0
22	工作有预定计划	3	2	1	0
23	做事心中无主见	3	2	1	0
24	做事有强迫感	3	2	1	0
25	自认运气好	3	2	1	0
26	常有重复思想	3	2	1	0
27	不喜欢进入地道或地下室	3	2	1	0
28	想自杀	3	2	1	0
29	觉得人家故意找你茬	3	2	1	0
30	易发火、烦恼	3	2	1	0
31	易对学习产生厌倦	3	2	1	0
32	迟疑不决	3	2	1	0
33	寻求人家同情	3	2	1	0
34	不易结交朋友	3	2	1	0
35	心理懊丧影响工作	3	2	1	0
36	可怜自己	3	2	1	0
37	梦见性的活动	3	2	1	0
38	在许多境遇中感到害怕	3	2	1	0
39	觉得智力不如别人	3	2	1	0
40	为性的问题而苦恼	3	2	1	0
41	遭遇失败	3	2	1	0
42	心神不定	3	2	1	0
43	为琐事而烦恼	3	2	1	0
44	怕死	3	2	1	0
45	自己觉得自己有罪	3	2	1	0
46	想谋杀人	3	2	1	0

资料来源：杨国庆，殷恒婵. 大学体育. 北京：中国社会科学出版社，2002.

表 5-11 的使用方法如下。

（1）根据符合自己的实际情况，在每题的备选项中选划一项。

（2）题目全部划完后，累计积分。

（3）结果评定，男：65 分以上的为正常，10 分以下的为心理疾患。女：45 分以上的为正常，25 分以下的为心理疾患。

表 5-12　心理健康测量表

以下检测内容，每问有 4 种答案，阅读每个问题后，选择与自己实际情况相近的答案，并做出记号。

1. 到新环境你感到紧张恐惧吗?
   A. 不　B. 有点紧张　C. 比较紧张　D. 很紧张，甚至有恐惧感
2. 你常常想一些与“死”有关的问题吗?
   A. 不　B. 很少想　C. 比较想　D. 经常想
3. 你寄出信后怀疑自己写错姓名，对吗?
   A. 不对　B. 有点对　C. 比较对　D. 很对
4. 你与朋友或同学发生摩擦之后：
   A. 感到不应该，并很快忘记　B. 有点不快，但仍能与其正常交往
   C. 牢记心中，难以忘掉　D. 感到苦恼，甚至怀疑会被人冷落
5. 你在别人观看或监督下，自己熟练的工作会出现失误吗?
   A. 会　B. 不会　C. 较明显　D. 很明显
6. 在黑暗中你害怕吗?
   A. 不　B. 有点　C. 比较害怕　D. 非常害怕
7. 你的注意力容易集中吗?
   A. 容易　B. 不太容易　C. 较容易　D. 很容易
8. 你是否愿意一个人待着?
   A. 不愿意　B. 不太愿意　C. 较愿意　D. 很愿意
9. 你遇事总是优柔寡断吗?
   A. 极少　B. 有点　C. 较多　D. 经常
10. 你对自己的要求是否苛刻?
   A. 不　B. 有点　C. 比较是　D. 总是
11. 你是否总怀疑自己的能力?
   A. 从不怀疑　B. 很少怀疑　C. 有时怀疑　D. 经常怀疑
12. 你经常因回想伤心事而暗自流泪，对吗?
   A. 不对　B. 有点对　C. 比较对　D. 很对
13. 你对超过自己的朋友或同事嫉恨吗?
   A. 从不　B. 有点　C. 较嫉恨　D. 非常嫉恨
14. 你经常有一种失落感吗?
   A. 没有　B. 很少有　C. 有时有　D. 经常有
15. 你经常怀疑别人在背后议论自己吗?
   A. 从不　B. 极少　C. 有时怀疑　D. 经常怀疑
16. 你经常莫名其妙地发脾气吗?
   A. 从不　B. 很少　C. 有时发　D. 经常发
17. 你对生活与工作是否自信?
   A. 很自信　B. 较自信　C. 不太自信　D. 缺乏自信或常常过于自信
18. 你能很好地调节与控制自己的情绪吗?
   A. 能　B. 基本能　C. 不太能　D. 不能
19. 你经常对什么都看不惯吗?
   A. 不是　B. 很少是　C. 有时是　D. 经常是
20. 生活中你总有种不安全感吗?
   A. 没有　B. 有，不明显　C. 有，较明显　D. 有，很明显
21. 睡眠中你经常做梦吗?
   A. 极少做　B. 有时做　C. 较多做　D. 经常做

续表

22. 你总喜欢获得满足或快慰吗? A. 不 B. 有点 C. 较喜欢 D. 很喜欢 评定：将你所选的 A、B、C、D 四种答案，按 3、2、1、0 记分，90 分为满分，再照以下评分标准评定 得分在 76～90 分的为心理非常健康；61～75 分为心理健康；46～60 分为心理比较健康；得分在 31～45 分的为心理不太健康；16～30 分为心理不健康；得分在 0～15 分的为心理很不健康 评出自己的心理健康状况后，分值在 0～45 分者，应在日常生活与工作中有针对性地进行调控。有意提高自己的心理素质，以增进身心健康

资料来源：陈明忠. 大学生心理健康教育概论. 北京：中国环境出版社，1997.

表 5-13 抑郁自评量表

评定项目	很少有	有时有	大部分时间有	绝大多数时间有
1. 我觉得闷闷不乐，情绪低沉	4	1	2	3
2. 我觉得一天之中早晨最好	1	4	3	2
3. 我一阵阵哭出来或觉得想哭	1	2	3	4
4. 我晚上睡眠不好	1	2	3	4
5. 我吃的跟平常一样多	4	3	2	1
6. 我与异性密切接触时和以往一样感到愉快	4	3	2	1
7. 我发觉我的体重在下降	1	2	3	4
8. 我有便秘的苦恼	1	2	3	4
9. 我心跳比平时快	1	2	3	4
10. 我无缘无故感到疲乏	1	2	3	4
11. 我的头脑跟平常一样清楚	4	3	2	1
12. 我觉得做经常做的事并没有困难	4	3	2	1
13. 我觉得不安而平静不下来	1	2	3	4
14. 我对将来抱有希望	4	3	2	1
15. 我比平常容易激动	1	2	3	4
16. 我觉得作出决定是容易的	4	3	2	1
17. 我觉得自己是个有用的人，有人需要我	4	3	2	1
18. 我的生活过得很有意思	4	3	2	1
19. 我认为如果我死了别人会生活得好些	1	2	3	4
20. 平常感兴趣的事我仍然感兴趣	4	3	2	1

资料来源：林泽炎，李春苗. 实用职工心理卫生与保健. 北京：中国劳动出版社，1999.

评定结束后，把 20 个项目中的各项分数相加，即得到总粗分，然后将粗分乘以 1.25 以后取整数部分，就得到标准分。总粗分的分界值为 41 分，标准分为 53。

第三节 行为健康的测量与评价

行为是否健康的测量及评价比较复杂，但不是不可评价的，可以通过一些特殊方法进行评定。健康人行为最重要的标志，就是有健康的行为方式。那么，怎样才能知道自己的生活方式是否符合健康的要求呢？心理学家编制了许多组问题给你进行自测（具体如表 5-14 所示）。每组问题有三种回答，你只需根据自己属于哪种情况，从中选择一个，然后进行总算，就可以看出你的生活方式是否符合健康、文明的要求，这对提高你的工作效率和健康地生存是有益的（得分统计如表 5-15 所示）。

表 5-14 健康生活方式问卷

1. 如果你早上必须早点起床，你就：
   A. 调好闹钟　B. 要求别人叫醒　C. 听其自然
2. 早上醒来后，你是：
   A. 立即从床上跳下来开始工作
   B. 不慌不忙地起床，做一些轻松体操，然后开展工作
   C. 发现时间还早，还可以再睡几分钟，就继续躺在被窝里磨时间
3. 在通常情况下，你的早餐是：
   A. 稀饭干粮　B. 牛奶面包　C. 不吃不喝饿一顿
4. 每天上班，你的习惯是：
   A. 准时赶到工作地点　B. 可稍早稍晚，前后相差半小时左右　C. 灵活掌握
5. 午饭时间你总是：
   A. 急匆匆，在食堂对付一口就算完
   B. 慢吞吞，有时还少量喝点酒
   C. 从从容容坐下来吃饭，饭后还小憩片刻
6. 不管工作多忙，事情多烦，责任多重，你和同事也总是尽可能地有说有笑，这种情况：
   A. 每天都有　B. 有时存在　C. 很少出现
7. 如果在工作中发生争论或矛盾时，你对付的办法是：
   A. 争论不休　B. 反应冷漠　C. 明确表态
8. 每天下班后，你回家的时间是：
   A. 不超过 20 分　B. 在 1 小时之内　C. 在外面泡 1 小时以上
9. 业余时间你是：
   A. 会见朋友和参加社交活动　B. 参加各项体育运动、娱乐活动或看电影
   C. 从事家务劳动
10. 对待探亲访友和接待来客，你的态度是：
    A. 可以增长见识，排除杂念，积极休息　B. 浪费时间，又赔钱　C. 讨厌
11. 晚上睡觉时间你总是：
    A. 在同一时间　B. 凭自己高兴　C. 事情做好之后
12. 如果有假期，你是怎样使用的：
    A. 集中一次过完　B. 一半安排在夏季，一半在冬季　C. 待有家事时，就使用
13. 运动在您生活中所占的地位：
    A. 只是喜爱看别人运动　B. 常在空气新鲜的地方做做操、打打拳
    C. 不喜欢运动，自己也从不运动
14. 最近两个星期内（即使只有一次），你曾经：
    A. 到外面游玩过　B. 参加过体力劳动或运动　C. 散步 4 000 米以上
15. 暑假你是这样度过的：
    A. 消极休息　B. 做点体力劳动　C. 散散步，也参加体育活动
16. 你的自尊心的表现方式是：
    A. 不惜任何代价要达到目的　B. 深信努力将会结出果实
    C. 用各种方式向别人暗示，要他们对你做出正确评价

请开始记分。首先对照表 5-15，查出每道题的得分。例如，第一道题的三种情况，选择的第二种情况“要求别人叫醒”，那么，根据表中的得分为 20 分。其他各题依次类推。然后，把每题的得分相加得到总分。根据总分数的多少，就可知道你的生活方式是否符合健康的要求

表 5-15　健康生活方式得分统计表

情况	得分															
	1	2	3	4	5	6	7	8	9	10	11	12	13	14	15	16
A	30	10	20	0	0	30	0	30	10	30	30	20	0	30	0	0
B	20	30	30	30	10	20	0	10	20	0	0	30	30	30	20	30
C	0	0	0	20	30	0	30	0	30	0	0	10	0	30	30	10

评价：

400～480 分，可以肯定地说，你是一个善于生活、工作和休息的人。你不必担心刻板规律的生活会使你单调，相反，积聚的精力和健康的体魄会使生活过得更加丰富多彩、更有意义和富有创造性。

280～400 分，分数在这个范围的人能在工作繁忙的情况下掌握恢复工作能力的艺术，只要根据自己的机体特点更加合理地安排工作和生活，还是有提高效率和创造性的潜力的。

160～280 分，你处在“中游”水平。但是，如果长此下去，可以说将很少有时能健康地工作和生活。但从现在开始注意还不晚!要改变那些有害的不卫生习惯和生活方式。请接受忠告，不要把可以防患于未然的事放到明天去做!

160 分，你的状况不佳。如果你已经感到身体不舒服，特别是心血管系统不太正常的话，很可能是那些害于健康的生活方式造成的。在这种状况下，需要彻底改变现在的生活习惯，抵制恶习，把健康夺回来，还为时不晚!

利用“关于体育活动的态度”的测试表（表 5-16），可以考察一般人对体育活动的参与态度。

指示语：下面的题目也许表达了你对体育活动的感情或态度；也许还不曾表达。在每一个题目中都有四种态度。请在恰如其分地表达了你在绝大多数时间里的态度下画√。不存在正确或错误的答案。在任何一个题目上都不要耗时太久，但是每一个题目都不能遗漏，必须作答。

表 5-16　关于体育活动的态度量表

题号	题目	非常反对	反对	不能确定	赞成	非常赞成
1	我期待着参加体育活动					
2	我希望有一个比剧烈的体育活动更快乐的保持健康的方法					
3	体育活动是单调乏味的					
4	我不喜爱体育活动					
5	体育活动对于我是极其重要的					
6	由于有了体育活动，生活更加丰富多彩					
7	体育活动令人愉快					
8	我不喜欢进行有规则的体育活动					
9	为了参加体育活动，我会安排或改变我的时间表					
10	我不得不强迫自己参加体育活动					
11	逃脱一天的体育活动，是十足的宽慰					
12	体育活动是我一天中最重要的事情					

评分：

在 1，5，6，7，9 和 12 的陈述中，评分规则如下：

非常反对=1，反对=2，不能确定=3，赞成=4，非常赞成=5。

在2，3，4，8，10和11的陈述中，评分规则如下：

非常反对=5，反对=4，不能确定=3，赞成=2，非常赞成=1。

评价：

54～60分，对体育活动持非常赞成的态度。

42～53分，对体育活动持赞成的态度。

30～41分，对体育活动持中立的态度。

18～29分，对体育活动持反对的态度。

12～17分，对体育活动持非常反对的态度。

第四节　社会适应的测量与评价

在人际交往中，过于疑心或神经质的人，很难与他人和谐相处，造成人际关系障碍，下面两个测验（表5-17、表5-18），可以帮助你了解自己是否过于疑心，是否有神经质。

问卷只能用“是”或“否”回答。

表5-17　人际关系障碍的心理测验（测验一　你有无神经质）

（1）你经常做很详细的梦吗

（2）当某人和你会面时迟到，你会很担心吗

（3）你是否愿意观看一个有关太空旅行的节目，而不看一部儿童电影

（4）当一个陌生人对你过分礼貌时，你会不自在吗

（5）有时你用白日做梦来代替专心从事你要干的工作吗

（6）你对别人的初次印象通常比较好吗

（7）你能较清晰地把物品画下来吗

（8）你能修理家中的普通物件吗

（9）当你恰好想到远方的朋友时，他们是否会来或来电话

（10）你给朋友选择礼物时，常不知所措吗

（11）在学校你更喜欢数学而不是语言，对吗

（12）有时你会感到某个地方存在着什么特殊气氛吗

（13）你在读书时，能否勾画出书中人物的清晰形象

（14）你宁愿参观汽车制造厂而不是美术馆吗

（15）你相信人有心灵感应吗

（16）当朋友没有预约就打电话给你，你觉得不自在吗

（17）你看特别动人的电影会哭泣吗

（18）如果闭上眼睛，你能勾画出一个朋友清晰的面容吗

（19）当你独自与一个善谈的人在一起，会感到尴尬吗

（20）你是否知道以上问题的测验，了解你哪方面的个性

答案：（1）是；（2）否；（3）否；（4）否；（5）是；（6）是；（7）是；（8）否；（9）是；（10）否；（11）否；（12）是；（13）是；（14）否；（15）是；（16）否；（17）是；（18）是；（19）否；（20）是

计算方法：回答与标准答案相同记1分；不同不记分；不置可否记0.5分。加起来即为应得总分

判断：0～10分，你不是神经质，你是个实用主义者，但会过分忧虑；11～15分，你有神经质的潜在性，通常被缺乏信心和颇具逻辑的表象所掩盖；16～20分，毫无疑问，你是个神经质的人，你是个梦幻者

适度的戒备可以保护自己不受伤害，但疑心太重，于人于己都是有害无益的。表5-18，只需答“是”或“否”，用以测验你是否过于疑心。

表 5-18　疑心测验量表

1. 你是否经常认为别人不喜欢你
2. 你是否经常认为家人和朋友说你坏话
3. 你心中是否已有给别人下结论的标准
4. 你是否认为多数伴侣在有机会又不被他人发觉的情况下有不忠行为
5. 假如有人赞扬你，你是否经常怀疑别人的赞扬出自真心
6. 你是否认为多数人在无人监督时工作一定偷懒
7. 假如你找不到东西，第一个反应是不是认为一定是他人拿走的
8. 如果你需要帮助，是否会多方求援，而非只信某个人的建议
9. 你是否认为，多数人遵守规矩的原因是怕犯错误被别人发觉
10. 在需要留下你的电话、住址时，你是否犹豫

评分：每个题答“是”得 5 分。答“否”得零分。

判断：如果你的得分为 0～10 分，则你对别人过于信任；如果你的得分在为 15～40 分，则别人既怀疑又信任，这很正常，如果你的得分为 45～50 分，则你的疑心太重，应该学会正确地信任别人

第六章
体育竞赛

本章导读

通过运动竞赛，可以宣传体育运动，吸引和鼓舞人们参加体育锻炼，推动群众性体育运动的开展。了解运动竞赛的一般知识，熟悉常见运动竞赛的组织与编排，能够提高大学生自行组织、举办比赛的能力，提高参加体育锻炼的水平与兴趣。

第一节　体育竞赛概述

一、体育竞赛分类

学校体育运动竞赛的类型可根据竞赛的性质和目的来划分，有表演赛、对抗赛、友谊赛、邀请赛、选拔赛、及格赛、通讯赛、擂台赛和联赛等。

（1）表演赛。为了宣传和普及体育活动，扩大其影响，参加庆祝、纪念或增添节日庆典气氛或为准备开展的项目做示范介绍所进行的技术、战术的演示而组织的比赛。表演赛一般在节假日、运动竞赛前或比赛结束时进行，表演赛着重于技术、战术的充分发挥，一般不计名次，也有的表演赛主要是活跃群众的业余文化生活。

（2）对抗赛。由两个或两个以上的运动技术水平相近的基层单位联合组织，对参赛的人数和条件有一定的限制，特点是参加单位规模小，时间、人数、队数较少，各队实力相当，具有鲜明的对抗性。

（3）友谊赛。为增进相互间的友谊和团结，相互学习，共同提高运动技术水平而进行的非正式比赛，如校际、班际比赛，其特点是规程比较宽松，各种限制较少。

（4）邀请赛。由一个或几个单位组织或由名人发起，邀请其他单位进行的竞赛，这种比赛的任务是为了增进友谊和团结，互相学习、共同提高某项技术水平。其特点类似友谊赛。

（5）选拔赛。为了选拔优秀的运动员组成代表队而举行的比赛。主要任务是准备参加高一级的比赛。高校每年新生入学后都组织各种项目的选拔赛来发现体育人才，充实学校体育代表队。

（6）及格赛。大型比赛的一种措施。一般在参加人数过多时，先举行及格赛，如田径、举重、游泳等的及格赛，达到预定成绩标准者，才能参加正式比赛。

（7）通讯赛。是在不同的地区之间用通讯的方式进行比赛，适用于以时间、距离、重量、环数等客观标准计算成绩的项目。参加单位按竞赛规程在本地测定运动员的成绩，填报主办机构，以评定名次。通讯赛的优点是组织工作简便，参加面广，节约经费和时间；缺点是不同地区的运动员没有临场互相学习的机会，比赛条件也不完全相同。

（8）擂台赛。以争取优胜为主要目的的比赛。比赛设擂主及攻擂者，由攻擂者依次向擂主挑战，胜者为擂主，负者淘汰出局，直到决出最后擂主。其特点是具有激烈的对抗性、挑战性。

（9）联赛。每年或某时间段举行的一种有计划、有组织、规模较大的比赛，如足球联赛、篮球、排球联赛等。在高等学校中，为使比赛更加公平，以利于调动各参赛单位的积极性，在举办联赛时，可根据各单位的大小或水平高低分成甲、乙组，采用升降级制度，这样会使联赛更加精彩。

此外，还有按以下几种办法进行分类的比赛：按运动竞赛的组织系统分为地区性的竞赛和系统性的竞赛；按参加对象分为男子、女子和儿童、少年、青年、中老年的竞赛；按记分性质分为个人赛、团体赛、个人和团体赛。还有按不同训练水平、不同体重分级的竞赛。

二、主要体育赛事

（一）奥林匹克运动会

奥林匹克运动会（简称奥运会）起源于古希腊，因举办地点在奥林匹克而得名。传说古代奥运会是由众神之王宙斯所创始的。第一届古代奥运会于公元前 776 年举行，到公元 394 年共举行了 293 届。运动会每隔 1417 天即 4 年举行一届。后来人们将这一周期称为奥林匹克周期。随着近代体育的兴起，希腊人民希望恢复古代奥运会。1859～1889 年，希腊曾举办过 4 届奥运会，做了初步尝试。从 1883 年开始，法国人顾拜旦致力于古代奥运会的复兴。经他与若干代人的努力，国际奥林匹克委员会于 1894 年 6 月 23 日成立。顾拜旦制定的第一部奥林匹克宪章强调了奥林匹克运动的业余性，规定在奥运会上只授予优胜者荣誉奖，不得以任何形式发给运动员金钱或其他物质奖励。1896 年 4 月 6～15 日，第一届奥林匹克运动会在雅典举行。

目前奥运会的比赛项目有（未含冬奥会项目）田径、游泳（含跳水、水球、花样游泳）、射击、举重、自行车、射箭、篮球、排球、足球、手球、曲棍球、体操（含艺术体操）、击剑、国际式摔跤（自由式和古典式）、拳击、柔道、赛艇、皮艇和划艇、帆船（含帆板）、马术、现代五项、乒乓球、羽毛球、网球、棒球等。

现代奥林匹克运动不论从发展规模，还是从发展水平上来看，都已举世瞩目。奥林匹克精神得到了广泛传播。人们看到，作为一种文化现象，奥林匹克主义以竞技的形式，将不同肤色、不同文化背景的民族紧密联系在一起，对人类的社会活动，对人类的文明产生了深刻的影响。作为一种体育现象，奥运会是人类探索体能极限的最引人入胜的赛场，奥运会纪录、奖牌成为运动员追求的崇高目标，奥林匹克运动已成为参与国家和地区众多、具有巨大吸引力、穿透力和凝聚力的一项全球性活动。

（二）亚洲运动会

亚洲运动会是由亚洲运动会联合会（1982 年改为亚洲奥林匹克理事会）主办的综合性运动会。每四年一届，与奥运会相间举行。

（三）世界大学生运动会

世界大学会运动会是由国际大学生体育联合会举办，只限大学生参加的世界性综合性运动会。世界大学生运动会素有“小奥运会”之称，是由国际大学生体育联合会主办，只限在校大学

生和毕业不超过两年的大学生（年龄限制为 17～28 岁）参加的世界大型综合性运动会。世界大学生运动会始办于 1959 年，其前身为国际大学生运动会。

（四）世界杯足球赛

世界杯足球赛是由国际足联主办的反映现代足球运动最高水平的比赛。每四年举行一次，其中，因战争 1942 年和 1946 年停办两届。比赛由各会员协会派出经过预选赛后最强的队参加决赛。设冠军流动奖杯 1 只，用纯金制成，图像为伸展双翅、双手捧杯的希腊神话中的胜利女神，重 1800 克、高 30 厘米，加上大理石底座，整体重为 4 千克。先后 3 次获冠军的队，金杯可永久属该队所在国拥有。

（五）世界篮球锦标赛

世界篮球锦标赛是由国际篮联主办的国际性单项体育比赛，一般四年举行一次，男女分开举行。男子于 1950 年开始，女子于 1953 年开始，历届的参加办法不完全相同。2012 年，国际篮联正式宣布，每四年举行的世界男、女篮锦标赛更名为篮球世界杯。

（六）世界排球锦标赛

世界排球锦标赛是由国际排联主办的国际单项体育比赛，每四年举办一次，原在奥运会当年举行，现为奥运会第二年举行。冠军队可直接参加奥运会排球赛。男子排球锦标赛始于 1949 年，女子始于 1952 年。

（七）世界杯排球赛

世界杯排球赛是由国际排联主办的国际单项体育比赛。在世界排球锦标赛的前一年举行，每四年举行一次。参加比赛的是上届杯赛冠军、上届锦标赛冠军、亚洲区（包括大洋洲）、欧洲区、中北美洲及加勒比区、南美洲区、非洲区的冠军队和东道国。比赛的男子冠军队有资格直接参加下届奥运会排球赛。世界杯排球赛，男子始于 1965 年，女子则于 1973 年开始举办。

（八）世界田径锦标赛

世界田径锦标赛是由国际业余田径联合会主办，比赛在每届奥运会后的第三年举行，以各国或地区田径协会为单位参加。

（九）世界杯田径赛

世界杯田径赛是由国际业余田径联合会主办的国际性田径比赛。在奥运会前一年或后一年举行，每两年举行一次。参加比赛的有美国、欧洲冠、亚军各一队，五大洲各田联选拔一个队，共 8 个队，并规定每个单项比赛的各队限报 1 个或 1 个队（接力项目）参加，只进行决赛，取前 8 名，计团体总分，于 1977 年开始举行。

（十）中华人民共和国运动会（简称全运会）

中华人民共和国运动会（简称全运会）全国规模最大、水平最高的综合性运动会。第一届全运会于 1959 年 9 月在北京举行。第二届、第三届、第四届分别于 1965 年、1975 年、1979 年也在北京举行。1983 年 9 月在上海举行了第五届全运会，1987 年 11 月在广州举行了第六届全运会，有 29 个省、市、自治区、解放军及 7 个行业体协参加了运动会，1992 年在北京和四川两地举行了第七届全运会。此后，分别在上海、广州、南京、济南举行了第八届、第九届、第十届、第十一届全运会。第十四届全运会将于 2021 年在陕西省举办。

（十一）全国大、中学生运动会

全国大、中学生运动会是由教育部、国家体育总局、共青团中央主办的。按照国务院批准的《学校体育工作条例》的规定，全国大学生运动会每四年举行一届，被看作是仅次于全国运动会的大型体育赛事，由教育部、国家体育总局、共青团中央联合主办。大学生运动会的宗旨是“团结、奋进、文明、育人”。赛会突出教育特色，讲求综合效益，同时对于承办省、市的学校体育基础建设发挥积极作用。

此外，还有全国各单项的体育比赛及区域性分类比赛等。

第二节 体育竞赛的组织

一、体育竞赛的组织

为了搞好规模较大的竞赛工作，通常应成立大会组织委员会（或筹备委员会）。组织委员会一般是在主办单位领导下，由各方面代表组成，负责组织和领导竞赛的全部工作。组织委员会下设若干工作机构，负责各项工作。一般设竞赛、宣传、秘书、行政等处（组）。规模小的比赛则应以能完成各项任务为准，尽量精简组织机构。

竞赛规程由组织委员会制定，内容一般包括，竞赛的名称，目的任务，主办单位，日期和地点；参加单位和各单位参加人数，运动员资格，竞赛项目，比赛办法，竞赛规则，记分、录取名次和奖励办法，报名办法，报到、抽签的日期和地点，单位标志和其他（服装、经费等）方面的规定。

在比赛前要安排各单位练习场地；在比赛中要将场地、设备、器材按比赛项目规定的时间、地点安排好,以保证比赛顺利进行；要编印好比赛秩序册。应准确、及时地记录和公布成绩，并统计核实个人分和团体分，列出全部名次，以便发奖；还要统计、整理破纪录的人数、次数等有关资料。最后印发成绩册；比赛前裁判员应集中学习，研究规则，统一裁判技术和工作方法，明确分工，并检查场地、设备、器材；比赛中，要公正地执行规则；遇到创造新成绩时，裁判长应亲临现场进行复审，然后签字，交大会宣布；裁判工作中出现重大问题，由竞赛委员会处理；有的国际比赛另设仲裁委员会，专门解决比赛中的纠纷。

根据体育运动竞赛的具体任务、项目特点、参加队数人数、比赛的期限和场地设备条件等，选用相应的比赛方法。

二、体育竞赛的方法

（一）淘汰法

淘汰法是通过比赛逐步淘汰成绩差的，最后评出优胜者。淘汰法有两种情况：一种是按一定顺序让参加者一个（组）接一个（组）地表现成绩,通过及格赛、预赛、复赛、决赛，淘汰较差的，比出优胜名次，常在田径、游泳等项目中采用。另一种是球类和其他对抗性比赛项目，一对对地按淘汰表进行比赛，胜者进入下一轮，直到最后一对决定优胜者。这种方法已形成制度，称淘汰制。现将 8 个队（或人）参加比赛的轮次表举例如图 6-1 所示。

如果参加的队（人）数不是 2 的乘方数，有的队（人）在第 1 轮比赛中应安排轮空，使第 2 轮比赛的队（人）数为 2 的乘方数。比赛场数=队数（或人数）–1，如图 6-2 所示。

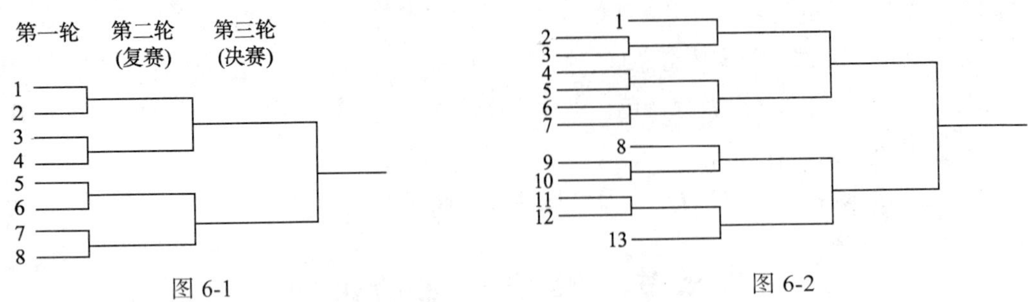

图 6-1　　图 6-2

淘汰制的优点是参加者很多时，能在较短时间内完成比赛任务。缺点是除第一名以外，很难合理地定出其他名次。强者可能在第一轮就相遇，一次失败即被淘汰，学习锻炼的机会较少。为了补救这个缺点，可采用双淘汰法、种子法、补赛法等。

在比赛中失败两次即失去比赛资格的方法为双淘汰法。它可以弥补单淘汰法中偶然失败的不足，给初次失败者增加一次比赛的机会、并有可能参加决赛甚至夺取冠军。双淘汰制竞赛分为胜负两部，比赛过程中，凡未失败过的队或人留在胜部继续比赛，在胜部失败一场进入负部比赛，如果在负部再失败一次就彻底被淘汰，直到胜部剩下一场未败的队或人和负部剩下一场未败的队或人争夺冠、亚军。在冠、亚军决赛中，如果胜部取胜为冠军。如果胜部失败就形成两部各负一场的局面，还需进行第二场决赛，在第二场决赛中，胜者为冠军，负者为亚军（图 6-3）。

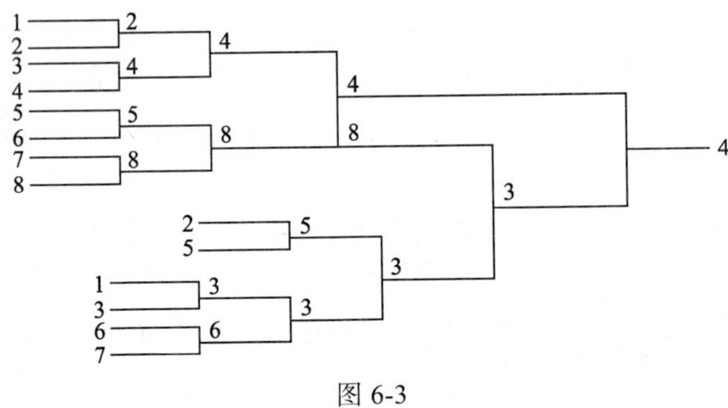

图 6-3

种子法是赛前了解参加者的运动水平，选定若干实力较强的队（人）作为种子，有计划地安排在淘汰表各个不同部分,使他们不在预赛、次赛中相逢，以便有充分表现成绩的机会，并使比赛越到后期越紧张精彩，补赛法是决赛后用补充比赛来确定第二名以下的各个名次。

（二）循环法

循环法也称循环制，是所有参加比赛的队（人）均互相交锋一次，最后按各队（人）在全部比赛中胜负场数、得分多少排列名次。在对抗性项目中常采用。这种方法比赛机会多,有利于互相学习，进一步提高运动水平，合理地评定参加者的名次。循环法分为单循环、双循环和分组循环 3 种。根据参加者的多少和比赛期限的长短而分别采用。

1. 单循环

单循环是所有参赛的队（人）都互相比赛一次，最后按各队（人）胜负场数和得分多少排列名次。这种方法一般在参赛的队（人）数不多，又有足够的竞赛时间时采用。如果参加比赛的队数是偶数，则比赛轮次=队数–1。如果是奇数，则比赛轮次=队数。现将六队（人）的比赛轮次表举例如下：有六队参赛，则比赛的场数=6×（6—1）÷2=15。也就是说，有六个队参赛的单循环比赛，要进行 5 轮 15 场比赛。

单循环比赛秩序的编排方法：首先用 1，2，3，…号码，分别代表各队，按以下方法排出各轮次的比赛表，如有 6 个队参赛，比赛轮次如表 6-1 所示。

表 6-1　6 队比赛轮次表

第一轮	第二轮	第三轮	第四轮	第五轮
1—6	1—5	1—4	1—3	1—2
2—5	6—4	5—3	4—2	3—6
3—4	2—3	6—2	5—6	4—5

可见，即 1 不动，其他数按逆时针方向轮转。如果只有 5 个队参加，则将 6 换成 0，凡与 0 相遇的队，即为轮空。

第二步则由各队抽签，按抽签的号码，将队名填入轮次表，再排定比赛日程。

2. 双循环

双循环是在参赛队（人）数较少、时间充裕，又有意增加参赛者的比赛机会时采用。编排方法与单循环相同，只是各队间要比赛两次，比赛轮次和场数都比单循环多一倍。

3. 分组循环

分组循环是在参赛队（人）数较多，竞赛时间又有限时采用，是比赛常用的竞赛方法。

整个比赛分为预赛和决赛两个阶段。预赛阶段，把参赛队平均分成若干小组，用单循环法赛出各组名次。分组时应尽可能列出种子队，分别编入各小组，避免强队过于集中而失去小组出线的机会。决赛阶段，根据预赛的组数和需要决出多少名次，采用同名次分组，再用单循环进行决赛。如预赛只有两组，可采用同名次决赛，亦可用交叉赛决出名次。例如，各组的前两名交叉比赛，决出 1～4 名，各组的 3、4 名用同样方法决出 5～8 名，依此类推。

如果将淘汰法和循环法两种方法配合使用，则称为混合制。混合制将比赛分为两个阶段，前一阶段采用分组单循环制，后一阶段采用淘汰制。也可先分组淘汰后采用循环制。

（三）轮换法

将运动员分为若干组，在同一时间内，分别进行各个项目的比赛，赛完一项后，各组依次轮换再进行另一项比赛，如体操比赛中安排双杠、跳跃、单杠 3 组轮换等。这种方法能节省比赛时间，但由于运动员参加比赛项目的顺序不同，条件不够均等。

三、成绩和名次的评定方法

竞赛成绩和名次的评定包括个人和团体两种。所用方法应力求客观，严格按照竞赛规程和比

赛规则的规定，并应有助于推动和鼓励群众积极参加比赛，努力提高运动成绩。

评定个人成绩和名次的方法有如下几种：①在田径、游泳、自行车、速度滑冰、划船、举重、射箭、射击等项目中，以时间、距离、重量、环数等客观标准衡量运动成绩，确定名次；②在竞技体操、技巧运动、武术、跳水、花样滑冰等项目中，根据成套动作的难度、质量和编排的好坏等评定分数,决定名次；③在篮球、足球、手球、冰球、水球、曲棍球等项目中，以在规定时间内命中球数或折合分数定胜负；④在田径、体操、举重、现代五项等项目中，个人全能或总成绩，以若干项目比赛得分总和来评定。

团体的名次一般是在个人成绩和名次的基础上计算或评定的。通常采用以下方法：①在田径、游泳、速度滑冰等项目中，以名次分数的总和定团体名次。例如,田径每项录取 6 名，以 7、5、4、3、2、1 记分。把某单位被录取运动员的名次分数相加，即为团体总分，按总分定名次。②在体操、跳水等项目中，以全队规定人数各项得分总和定团体名次。③在羽毛球、网球中，采用单、双打若干场计胜负。乒乓球采用男子 3 人轮赛，女子 2 人、两单打一双打计胜负。④综合性运动会以获得第一名（金牌奖）多少,或以各单项名次分数总和定团体名次。⑤在群众性比赛中，可以运动员所创成绩的总和定团体名次（如举重比赛中以所举总重量定名次）。采用此法时，各单位参加人数应相等。也可按单位人数规定参加比赛人数的比例。当各单位参加人数不等时，以平均成绩决定名次。在马拉松、越野跑等项目中,也可以每队若干名运动员所得名次的总和定团体名次，少者列前。

第三节　田径竞赛的组织

一、田径运动会筹备组织工作

田径运动会竞赛组织与管理，其效率及管理能力直接影响运动会举办的成败，影响着参赛者竞技水平的发挥。在综合性运动会中，田径运动会可作为一个子系统，在单纯的田径竞赛中可作为一个大系统，竞赛组织工作是大系统中较复杂的组成部分。

田径运动会作为一个系统，其中包括系统框架、系统结构、系统流程，以及计算机网络系统四个方面。

（一）系统框架

大型田径运动会的框架是宏观管理的系统形式、反映竞赛组织系统的面貌，是在运动会筹备、组织、管理及竞赛中自上而下纵向联系的系统，根据这个系统框架确定各层次负责人和工作人员以及裁判员。中、小型田径运动会系统框架层次较少，更为具体，通常只有裁判长、裁判员。组（筹）委会、各业务处（部）仲裁、官员、总裁判长及各裁判长、主裁判、裁判员、各代表队教练员、运动员。

（二）系统结构

大型田径运动会系统结构一般包括组织系统机构、管理系统结构、裁判系统结构、后勤保障系统等。在裁判系统结构中有一些中小结构，如径赛、田赛、全能、编排等。通过系统结构的设置，明确系统间的相互关系，工作中运行机制就会畅通。中、小型田径运动会应根据规模和实际需要，确定其结构的大小，简化工作机构。

（三）系统流程

大型田径运动会的系统流程从下发规程到运动会结束，应制定阶段工作时间序列，以便使复杂工作得到有序完成。各系统结构之间应有系统流程，使各单位、各裁判组之间协调配合，同步进展。各单位内部也应设计系统流程，这样才能合理分工，明确操作过程，使工作尽可能做到完美。中、小型田径运动会也应设计小结构范围的流程，以简明的图表示意，有助于工作的实施。

（四）计算机网络系统

大型田径运动会竞赛中以计算机中心为主向各有关部门各终端传输信息可称为计算机网络系统。在一定规模范围内，如一个大学内形成的网络就是一个局域网，运动会的报名、相关文件的下发均可在网上完成，这样，竞赛工作可做到迅捷、准确。中、小型田径运动会中使用一台计算机进行编排，处理记录成绩及相关信息，只体现计算机在田径运动会中的运用，而不能称其为计算机网络系统。

二、组织工作方案

组织方案是一次运动会一切工作的依据，一般包括以下内容。

（1）运动会的名称、目的和任务。根据本系统、本单位年度竞赛计划中规定的性质和特殊要求来确定。

（2）运动会的规模。根据运动会的目的任务确定规模大小，主要包括主办单位、承办单位、参加单位、参加人数（含裁判及工作人员）、组别、项目以及运动会的地址、时间等。

（3）运动会的组织机构。根据运动会的规模建立相应的组织机构，包括业务部门、名额、负责人等。

（4）运动会的经费预算。根据承办单位的实际情况，对场地的修建、器械设备、会场布置、文具印刷、宣传、医疗、交通、食宿等进行实际预算。大型运动会根据经费开支的需要，应考虑上级拨款，广告商的赞助等经费预算。

三、竞赛规程

竞赛规程是竞赛工作的纲领性文件，具有法规性。竞赛规程成文要规范、内容要全面、文字确切、条款清楚、措辞严谨，避免出现模棱两可的词句。田径竞赛规程必须以田径规则为依据，以本系统、本单位的实际情况和需要为参考，规程下发后确有不完善之处，可由主办单位修改、补充。竞赛规程主要有以下几方面的内容。

（1）运动会名称、主办单位和承办单位，以及赞助单位、比赛日期、地点、参赛单位与组别。

（2）确定比赛项目、组别、年龄、参赛资格、有关项目的器械重量、栏的规格。中、小型运动会比赛项目可根据场地、器材条件设置。

（3）参赛办法，包括报名人数、每项限报人数、每人限报项数、接力和全能项目的参赛办法，工作人员、教练员、随队医生数、各相关单位选送裁判员的人数及其他要求。

（4）报名办法，包括报名地点、填写方法、报名日期及截止日期，以及其他规定（注册单位、学历、健康证明等）。网上报名要对报名软件使用详细说明，同时上交的加有单位公章的报名表应和网上报名或软盘报名内容相一致。

（5）记分和奖励办法，包括录取名额、单项、全能、接力、破纪录的记分方法，团体总分的计算方法，成绩相等及同名次奖励的记分方法，“最佳运动员”“体育道德风尚奖”的评选办法等。

（6）比赛采用国家体育总局审定的最新田径规则和补充规则、《全能运动评分表》等。

（7）注意事项：①对各单位参赛服装的要求；②规程解释权和修改权的归属；③一般情况下在下发规程同时，还应下发“竞赛日程初定稿”，以及统一印刷制作的报名表。如采用软件报名，网站地址要一同下发。以健身为目的的群众趣味性、游戏性比赛，也应制定相应的竞赛规程。

四、组织工作程序

（一）组织工作序列

在竞赛规程下发后，要及时拟订出从运动会筹备到运动会结束应分几个工作阶段，各阶段围绕中心工作应开展的各项工作的步骤，按确定的时间、时限形成时间序列的组织形式。这样就能明确各阶段所需天数，就能按部就班地工作。这个时间序列最好形成工作进度表，起止时间、地点、内容、负责人等一目了然。

（二）组织结构流程

在田径竞赛组织工作中，编排是较典型的组织结构流程，要考虑诸多因素才能使编排科学合理，才能有利于运动员竞技水平的提高、观众的观赏和裁判员的工作。

五、田径竞赛准备工作

（1）各种表格设计。田径竞赛中使用很多表格，在竞赛组织工作中要按项目检查所需表格，编排记录组应准备、设计、保管和分发。为防止表格遗漏，赛前还应让各裁判组提出需要准备的表格。表格的设计要力求精练、便于使用、操作简便，如竞走裁判执裁时手中要拿 4～5 种文具（笔、警告牌、红卡、犯规记录卡、板夹），如果印刷的记录卡太大，势必影响工作。表格确定后还要根据项目人数、赛次、填写份数，计算各种表格需求数量，以保证竞赛过程中的使用。部分编排时所用表格已在正式编排工作前设计并印刷，另一部分赛中赛后用表应在赛前设计并印刷出来。

（2）比赛会场布置。会场和会场周围环境的布置能为大会增添气氛，会场力求达到庄严、醒目，体现赛会的宗旨和目的。根据运动会的规模，布置好大会主席台，安排好编排记录公告和计算机机房、成绩公告栏、运动员和裁判员休息室，饮水处、医务处等。赛前控制中心要布置得醒目，安排好运动员做准备活动的场地器材。会场应安装良好的扩音、通信设备，供现场指挥、宣告、宣传使用。控制中心要安排好运动员休息、药检、提取尿样的地方及设备。会场周围除大会宣传设备外，还可开设广告区域。要考虑大会疏散通行，设好交通要道标记和引导牌。

（3）场地器材及用具。赛前对各项赛场地器材和设备进行检查，主要包括各径赛项目的起点、终点、接力区、栏位、抢道标志线、障碍赛的器材设施，以及相应的器材、设备。对各田赛项目的场地、器材和设备进行检查，按规则检查跳高、撑竿跳高场地条件，三级跳远、跳远沙坑及起跳板距离和助跑距离是否符合要求。按规则和规程对自备器材要进行详细检查，对合格器材造册登记贴上标记并统一管理。

（4）赛前各裁判组提供比赛时本组所需的场地、器材、设备，以及小物品的名称、数量，要准备妥当。

（5）保证比赛全过程所需的场地器材均符合规则和规程的要求。

六、赛前编排

（一）赛前的编排记录工作

编排记录工作一般分为三个阶段：赛前、赛中和赛后。赛前的常规编排记录应该有以下四个方面的工作：①学习竞赛规程和田径规则，了解运动会的期限、天数、作息时间、开幕式、闭幕式所需时间；②了解组别设置和运动员水平；③场地条件、跑道条数、跳跃和投掷场地以及器材规格与数量；④熟悉赛次的安排，录取办法、录取名次、记分办法与奖励办法；⑤掌握裁判员的人数和业务水平。

（二）收到报名表的工作

（1）根据既定报名办法和参赛办法审查报名单，纵向检查每项报名人数，横向检查每人所报项目数是否符合规程。

（2）审查规程中对参赛资格的特殊规定及要求，如注册单位、年龄、学籍、报名成绩、健康证明等。

（三）各项统计工作

（1）统计各组别，各项目参加人数，主要用于分组和竞赛日程的编排。

（2）统计各单位参加人数，各项参赛人数，分别统计各组男、女运动员人数和工作人员数。

（3）分别统计男、女运动员兼项表（表 6-2）。

表 6-2　运动员兼项统计表

项目 / 人数 / 项目	100 米	200 米	……	跳远	跳高	铅球	……
100 米	×						
200 米		×					
⋮			×				
跳远				×			
跳高					×		
铅球						×	
⋮							

（四）汇编顺序号码

（1）按报名先后顺序编号，或按各单位名称第一字笔画为序编号，一般东道主排在最后。

（2）按大会规定顺序编号，如报名单已按大会固定号码填报，则应审查有无差错。

（3）编写运动员姓名号码对照表，格式如表 6-3 所示。

表 6-3 运动员姓名号码对照表

×××单位
领队：×××
教练员：××× ×××
医生：×××
工作人员：×××
男运动员：（001-030）

号码	姓名	出生 年 月 日	项目 1	项目 2

女运动员：（031-060）

号码	姓名	出生 年 月 日	项目 1	项目 2

（五）编排项目参赛名单和填写《径赛成绩记录表》（卡片）

（1）按竞赛规程中所设项目顺序逐项编写各项目参赛名单，以便确认和径赛分组。

（2）逐人（队），逐项填写成绩记录表（卡片），径赛的项目、姓名、单位、号码和报名成绩填写在卡片上。《接力成绩记录表》应按队填写。田赛项目待赛前确认后再分别填写高度或远度成绩记录表。全能项目填写在全能记录表上。全能经确认后，各径赛项目同单项一样，应每人每项填写一张（卡片），田赛应与单项田赛一样填写高度、远度成绩记录表。

（3）中、小型运动会上可不使用成绩记录表，径赛分组编排时直接使用《起终点用表》，这样可减小编排记录组工作量，但易出现漏洞和差错。

（六）制定分组计划表

按规程或规则对赛次的要求，制定分组计划表，主要用于径赛项目分组和编排竞赛日程，每个组别都应制定。制定分组计划表时应考虑诸多因素，如各组各项比赛所需时间，接力及跨栏项目的摆栏和撤栏时间等，各径赛项目一个组的比赛用时和田赛各项的比赛时可参考。

七、竞赛日程的编排

竞赛日程就是运动会竞赛工作的系统流程，日程编排得是否科学合理，直接影响整个比赛的进程和运动员竞技水平的发挥。竞赛日程编排工作是编排记录工作的重点环节，是显示编排工作水平的工作，因此，编排工作人员首先必须涉猎广泛的有关竞赛方面的信息、考虑多方面的因素，才能编排出更为科学、更为合理的竞赛秩序。

（一）竞赛日程的编排原则

（1）按照规则规定，全能项目及径赛各赛次之间，要保证有最短间隔休息时间。比赛的最短时间如下：200 米及 200 米以下各项为 45 分钟；200 米以上至 1000 米各项为 90 分钟；1000 米以上各项目不在同一天；全能各单项间休息 30 分钟（最后一人结束比赛到下项比赛第一人开始）。

（2）按兼项的一般规律，尽量把相关项目分开编排，以减少兼项冲突。性质相近的项目要注意先后顺序：一般先 100 米，后 200 米；先 5000 米，后 10000 米；先跳远，后三级跳远等。

（3）在时间允许情况下，尽量照顾到兼项之间的时间间隔。及格赛后间隔一天再进行正式比赛。

（4）不同组别的同一田赛项目，一般不连续安排在同一单元内进行。

（5）不同组别的同一径赛项目，最好衔接进行，如男子 100 米和女子 100 米等。短距离径赛项目赛次如果少，最好安排在一天结束。

（6）跨栏项目一般都安排在各单元的第一项，还可排在长距离竞走、跑之后进行。

（7）决赛时预计能破纪录的项目，可分配到各个比赛单元，尽量排在下午，并留出发奖时间。

（8）同一时间不要排两个田赛长投项目。

（9）在进行竞走、长跑时，最好不安排标枪等长投项目。

（10）撑竿跳高要考虑阳光的照射方向和比赛时间较长，最好安排在上午早些时候进行。

（11）接力比赛项目最好安排在单元最后或下午最后一项进行，以便保证兼项运动员参赛。

（12）在可能的情况下，把较精彩的决赛项目排在开、闭幕式或节假日里，以满足观众的热情。

（13）田赛项目应防止场地的一端过分集中，另一端空场而冷落观众。

（14）最后一个单元临近结束之前，可考虑安排一项长距离项目或适当减少项目，以便闭幕式宣布团体成绩与发奖。

（15）每单元的比赛，尽量安排得使径赛和田赛同时结束。

（二）竞赛日程的编排方法

1. 填写日程安排表

比赛日程有多种编排方法，省级以上大型比赛的编排，一般先列表式填出每单元赛次，然后再细排出每单元各项目比赛顺序。其优点是一目了然，纵观全局，尤其是对赛次的调整比较方便，对有关项目之间的冲突比较容易发现和避免，对最后报名和最后确认的比赛日程调整也较方便。

中、小型运动会编排日程时注意到15项编排原则中的主要原则即可，一般不作日程安排表。具体操作如下：按竞赛规程规定的比赛天数、单元、时间、组别和项目等，填写竞赛日程安排表，再根据竞赛规程中的参赛单位、报名要求等预计各项赛次，然后先填全能项目，后排单项；单项中先排径赛，后排田赛之后在统计栏中填上每天的决赛次数和总赛次数。要详细检查是否有遗漏项目及赛次，常规兼项有无冲突。编排每单元内的竞赛日程时，应估算比赛时间，计算各项目所需时间，仍然是按先排全能再排单项的办法，排出每单元的竞赛日程。有决赛项目的单元应考虑发奖仪式。

2. 抄写编排项目卡片

根据规定的比赛项目和赛次，将每个比赛项目的组别赛次、参加人数、所分组数及所需时间分别抄写在硬纸片上，不同组别应用不同的颜色卡片，例如，男子甲组 100 米预赛 37 人五组 25 分钟每个项目的每一赛决和全能项目的每个项目都应分别抄写在各自颜色的卡片上，不能遗漏。卡片可以用图钉钉在黑板上或较大的桌面上，以利于项目的安排与调整，也能防止风吹落和碰掉。

3. 编排比赛秩序

（1）参考多种因素，依据 15 项编排原则。

（2）先排全能项目，其次是赛次多的项目，再排跨栏和其他径赛项目。

（3）参阅兼项表进行核对，检查有无兼项冲突。

（4）排完径赛再排田赛，注意兼项和性质相关项目的先后顺序。

（5）全部项目排好后，应详细检查，如有不妥之处，再进行调整。卡片不要随意移动。

（6）编排最好排出多个方案，从中选优。方案确定后，及时按单元、径赛、田赛顺序抄写下来，并报送竞赛委员会审查认定。

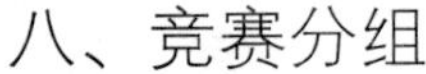

八、竞赛分组

竞赛分组是对径赛项目、田赛项目和全能项目进行分组。

（一）确认

确认就是对已正式报名运动员最终参赛与否进行最后确定。此项工作是由技术代表进行。具体方法是：第一天比赛项目在正式比赛前两天进行确认，第二天及其以后比赛日的项目是在前一天上午进行确认。确认后将不参赛运动员在该项目参赛运动员名单中删除。然后进行分组编排，以便及时编出每日秩序册。中、小型田径运动会受条件限制一般不进行确认环节。

（二）分组的原则

（1）按参赛人数、跑道数、赛次、录取方法和裁判员人数进行分组，每组尽可能均等。

（2）同一项目，同一单位运动员尽量避免排在同一组。

（3）不分道的比赛项目每组人数不应超过跑道数的 2～2.5 倍。

（4）长距离跑分组决赛时，一般把成绩好的集中编在一组。

（5）一次性决赛的径赛项目，按成绩优劣分组。

（6）全能项目分组时（径赛）每组最好 5 人或 5 人以上，但不得少于 3 人，最后一个径赛项目应把前面各单项累积分较多的运动员编在一组。

（三）径赛项目的分组

（1）有报名成绩的分组方法，可用蛇形分组方法进行，如男子 200 米共 23 人，有 8 条道，可按成绩排序，用卡片或号码蛇形排列分组。

1	6	7	12	13	18	19		第一组
2	5	8	11	14	17	20	23	第二组
3	4	9	10	15	16	21	22	第三组

蛇形排列中如有同单位运动员在同一组，采用就近上下调动方法。预赛可随机抽签排定道次。以下赛次的分组可采用蛇形方法分组，抽签排定道次应让成绩好的 4 人抽第 3、4、5、6 道，其余 4 人抽 1、2、7、8 道。

（2）无报名成绩分组，参赛人数又多时，可采用斜线分组方法，将参赛运动员卡片或号码按单位依次上下排列，然后用斜线通过卡片或号码，再用搭配方法进行分组。

（3）分组抽签完成后，可编制出预赛检录表，4×100 米接力一式六份，其他项目五份。

（四）田赛项目的分组

（1）田赛项目一般不分组，比赛顺序由大会抽签排定。注意同单位的运动员不应连续排定，应前、中、后较均等调整。

（2）省市级以上运动会赛前经过确认，将不参赛者从中删除，由技术代表抽签排定顺序。

（3）参赛人数过多，可进行及格赛，以确定正式参赛运动员。及格标准应明确规定在竞赛规程或补充通知中，也可在赛前技术会议上宣布。

（4）在场地设备条件允许的情况下，可以在不同场地分组同时进行比赛。如果时间允许，也可两组衔接进行。

（五）全能项目的分组

径赛项目的分组由全能裁判长决定，每组最好 5 人或 5 人以上，但不得少于 3 人。全能比赛最后一项的分组编排，应将倒数第二项比赛后累积分较多的运动员分在一组。除此之外，其他每个单项的分组，应根据上一项目取得继续比赛资格的运动员抽签排定。如裁判长认为原分组不合理，有权对任何一组重新编排。

（六）填写各项竞赛分组表

（1）填写径赛项目分组、号码、姓名、单位对照表。

（2）按径赛项目分组表，将经确认后的运动员径赛卡片进行分组、填写道次工作。

（3）按抽签排定的顺序把运动员的号码、姓名、单位分别填入《田赛高度成绩记录表》和《田赛远度成绩记录表》。

（4）按分组和抽签情况，把运动员的号码、姓名、单位分别填入按照国际田径联合会制定的专门田径运动全能评分表。

（5）按照比赛秩序，提前半天将各项表格逐项清点，并提前半天分别交给有关裁判长。

九、项目秩序册和每日秩序册

预先进行的分项分组，确认等准备工作完成后，即可出项目秩序册（总秩序册）和第一天比赛秩序册。

（一）项目秩序册

运动员报名截止，编排工作完成后，应编印秩序册（项目秩序），主要有以下内容。

封面：①运动会名称；②主办单位；③承办单位；④主要赞助单位（冠名赞助单位）；⑤比赛时间、地点。

主要内容：①组委会及下属各部（处）委员会人员名单；②竞赛规程，竞赛须知，补充通知；③官员名单（仲裁、技术代表、技术官员）；④裁判员名单；⑤运动员名单（领队，教练员，医生，工作人员，运动员姓名、号码、出生日期、参加项目等）；⑥竞赛日程；⑦各项运动员名单（各项竞赛分组表）；⑧运动会各类人员人数统计；⑨各类记录及等级运动员标准；⑩竞赛场地平面图；⑪大会活动日程等。根据运动会规格，还需要增加开、闭幕式程序，精神文明运动队及运动员评选条件、有关注意事项、作息时间等内容。

（二）每日秩序册

根据规则要求，在比赛前两天最后确认参赛运动员名单。一般在各项赛前两天中午 12 点前上交确认表，也可在技术会议上进行确认。确认表只是确认运动员是否参赛，不再换人、换项和增设。收到确认表之后，按竞赛日程秩序对运动员进行分组、分道，最后打印出第一天参赛运动员的分组、分道名单，就是第一天的比赛秩序册。第二天之后的每日秩序册，除运动员分组、分道名单之外，还包括前一天所有田径比赛的成绩公告。中、小型运动会比赛时间短，人数、组别多，以及其他条件所限，不进行每日秩序册的编排，则以一次性秩序册出现。

十、赛中工作

赛中工作主要包括以下内容。

（1）编排记录公告可按场地联络、临时编排与复写、竞赛成绩公告、全能成绩、总成绩及团体总分记录、奖牌与总分统计、秩序册汇编、成绩公报、总成绩册汇编和文件资料整理等进行分工。

（2）临场日程编排：收到径赛项目的预赛、次赛、复赛成绩记录表后，立即录取参加下一赛次的运动员名单，并进行分组。按照规定，运动员录取顺序如下：最快组的优胜者，次快组的优胜者，第三组的优胜者等，最快的第二名，次快的第二名，第三快的第二名等。最后可按下列顺序录取：按成绩录取的最快者，按成绩录取的次快者，按成绩录取的第三快者等，然后按蛇形分组方法进行编排，最后请技术代表或委托人抽签决定组次、道次顺序。

（3）分组后工作流程：下一赛次分组表排出后，复写五份，其中送交宣告一份，赛前控制中心两份（供起、终点用），成绩公告处张贴一份，留底备查一份。每项决赛的结果都准确地填入总记录表和团体总分表，并复写五份，其中留存备查一份，其他四份分送宣告、主席台、奖品组和成绩公告处（张贴）。

（4）及时整理每天比赛成绩及破纪录人数、项目、次数及达等级运动员人数，印制成绩公告，下发各队和各单位。

（5）省市以上比赛可印制每日秩序册，最好是将当天的成绩公告和第二天秩序册合订成一个册子下发各队和各单位。

（6）省市以下中小型运动会在录取后继赛次时，可采用预赛按成绩录取的办法、复赛按名次录取参加决赛的办法。由于基层运动会运动员训练水平和比赛能力较差，不宜采用多赛次方法进行比赛，一般400米以下单项最多只进行预、复、决三赛次。

十一、赛后工作

（一）计算团体总分

此项工作在赛中的登记填写时要求细心、无误。比赛完后要求迅速、准确，并及时送交总裁判长宣布成绩。填写成绩证明表，破纪录申请表。

（二） 编印总成绩册

（1）封面：运动会名称及会标，主办单位及承办单位。

（2）进行团体总分统计，金、银、铜牌统计，破纪录运动员统计，达健将人数统计。

（3）排列比赛成绩：按规程排列的项目顺序，男子在前女子在后，先径赛后田赛再全能的顺序排列各项成绩，按预、次、复、决顺序分别排出成绩，田赛若有及格赛应按先及格赛后正式比赛的顺序排出成绩。

（4）赛会结束后将文件资料归纳整理，交主管部门存档。

第四节 球类竞赛的组织

根据举办竞赛的目的和任务，球类竞赛的种类可分为冠军赛、锦标赛、等级联赛、俱乐部比赛、杯赛、选拔赛、表演赛、友谊赛等多种。无论哪种比赛都要认真做好竞赛的组织管理工作。

一、赛前的准备工作

（1）成立竞赛筹备组织。大型竞赛要成立相应的筹委会、组委会或竞赛委员会，讨论决定组织方案，其内容包括：竞赛的名称、目的任务、组织机构（包括组织形式、工作人员名额、下设主要部门和负责人的确定）、竞赛经费预算、各阶段的工作步骤和具体实施程序。成立组织机构时应根据竞赛规模的大小，设立相应的组织机构。基层或一般规模的比赛可简化组织机构，精简工作人员。①竞赛处的主要工作。竞赛的编排工作并编印比赛秩序册；做好裁判员组织和学习工作；审查运动员参赛资格；绘制竞赛的表格；检查竞赛场地器材；召开领队和教练员会议，讨论有关问题。②秘书处的工作是做好比赛的宣传报道工作；安排文艺活动、参观游览和有关会议；成立治安小组，维持好比赛场地的秩序和做好安全工作。③总务处的主要工作是搞好接待、生活、住宿、交通和票务工作；成立医务小组，备好医疗用品等。④仲裁委员会的主要工作是解决竞赛中出现的重大问题。

（2）制定竞赛规程。竞赛规程是比赛的指导性文件和依据，要提前发给有关单位，让参赛队做好赛前的准备工作。竞赛规程主要内容包括竞赛名称、竞赛的目的任务、主办单位、承办单位、竞赛项目、竞赛日期和地点、参加单位、各单位参加人数、运动员资格、报名及报到日期、竞赛办法、竞赛规则、评定名次和奖励办法、抽签日期和地点、注意事项等。

（3）制订工作计划。根据组织方案、竞赛规程和竞赛的主要工作日程计划，由各部门拟订具体工作计划，经组委会批准后执行。

二、竞赛期间的工作

坚持政治思想教育，严格赛风赛纪，团结协作，赛出风格，赛出水平；及时公布竞赛结果，组织裁判员及时总结，改进工作，加强比赛成绩的管理，提高裁判水平；做好技术资料的分析、归类和存档工作；检查场地设备器材；及时通报和处理有关问题。

三、竞赛的结束工作

各部门及时做好工作总结，组织好闭幕式总结和颁奖，安排各队、裁判人员离会。

四、竞赛制度与编排方法

根据参赛人数、比赛周期和场地情况采用淘汰制、循环制、混合制。

第七章 田　径

本章导读

田径是“运动之母”，是其他项目的基础。走、跑、跳、投等都是在人类的长期生产、生活中产生和发展的，至今仍具有其自身的技术要求，正确掌握田径技术是进行体育健身手段与方法的基础。通过学习本章，要求了解田径运动概况，掌握走、跑、跳、投田径主要项目动作技术，熟悉田径比赛规则。

第一节　田径运动概述

田径运动是历史上最古老的体育运动项目之一。人们在长期的生产和生活实践中，为了生存和获得生活资料，在同大自然的斗争中，逐步学会和发展了快速奔跑、敏捷跳跃和准确投掷的技能。为了掌握和提高这些技能，并将技能传授给下一代，人们在生活中经常重复这些动作，就逐渐形成了走、跑、跳跃、投掷的动作。随着工农业生产、教育、科学、文化及社会生活的发展的需要，逐步形成田径运动的雏形，开始由自发性的比赛逐渐发展到有组织的田径比赛。公元前776年在希腊奥林匹克村举行的古代奥运会上，第一次有了田径运动的正式比赛。1896年在希腊雅典举行的第一届奥林匹克运动会上，田径运动的走、跑、跳跃、投掷的一些项目，被列为大会的主要比赛项目。

20世纪20年代以前，田径运动技术水平不高，在比赛时主要靠运动员的身体条件和素质水平来取得优势。20世纪30年代以后，体育科学技术和研究工作的开展，使田径运动的技术训练和器材都得到了迅速发展，如采用背向滑步、背向旋转的投掷技术，采用俯卧式、背越式的跳高技术，采用滑翔标枪、尼龙竿新器材及塑胶跑道等。在裁判工作中，测距和公布成绩等有的已实现电子化、自动化。

我国现代田径运动约从19世纪末开始，先是在一些基督教青年会和教会学校中开展。1880年上海圣约翰书院举行的以田径为主要项目的运动会，可算是中国最早的一次田径比赛。自1959年召开第一届全国运动会以来田径运动逐渐在我国得到普及，技术水平不断提高。特别是从20世纪80年代至今，其发展又呈现新的高峰，先后在几届奥运会和世界大赛中，打破世界纪录、夺得世界冠军、创造世界最好成绩，并以崭新的姿态冲出亚洲，走向世界。

田径运动分为竞走、跑、跳跃、投掷和全能五个部分40多个单项。其中，以时间计算成绩的竞走和跑的项目称为径赛，以高度和远度计算成绩的跳跃和投掷项目称为田赛，全能是由跑、跳跃、投掷的部分项目组成的。田径作为各项运动的基础，具有运动强度大、竞争性强、项目普及、锻炼形式多样，且不受年龄、性别、季节、气候限制等特点。因而不仅被列为学校体育的重点内容，亦在社会有广泛的群众基础。

经常系统地、科学地参加田径运动，能促进人体的新陈代谢，提高中枢神经系统的调节功能，增进心脏和呼吸系统的工作能力，能有效发展协调性、灵敏性、改善人体的平衡性，同时能使人体肌肉发达，力量增强，能使人的身心得到协调发展，能增强人的体质、提高人体的健康水平、培养人的勇敢顽强和拼搏进取的意志品质。

第二节 跑 类 项 目

一、短跑

短跑是指 400 米（包括 400 米）以下距离的跑，要求人们在较短的时间内，用最快的速度跑完规定的距离。因此，人体的生理负荷很大，内脏器官和运动器官常常在大量缺氧的情况下完成极限强度的工作。短跑是田径运动的基础项目，也是人们生活中的必备技能之一。练习短跑对内脏、神经和肌肉系统都有很大的锻炼作用。

（一）教学内容与技术要点

1. 起跑及起跑后的加速跑

短跑的起跑采用蹲踞式，并使用起跑器。安装起跑器的目的是使两脚有牢固的支撑，形成良好的预备姿势，以便能获得较快的起跑速度。

起跑器的安装取决于个人的身高、肢体长度、速度力量等因素。起跑器支撑面的倾斜角度：前起跑器为 40°～50°，后起跑器为 60°～65°。两起跑器中轴线之间宽度为 15～20 厘米。根据起跑器与起跑线及两起跑器间距离的不同，有多种安装起跑器的方法。比较常用的前起跑器距起跑线及前后起跑器之间距离均为 1.5 个脚掌长度（图 7-1）。

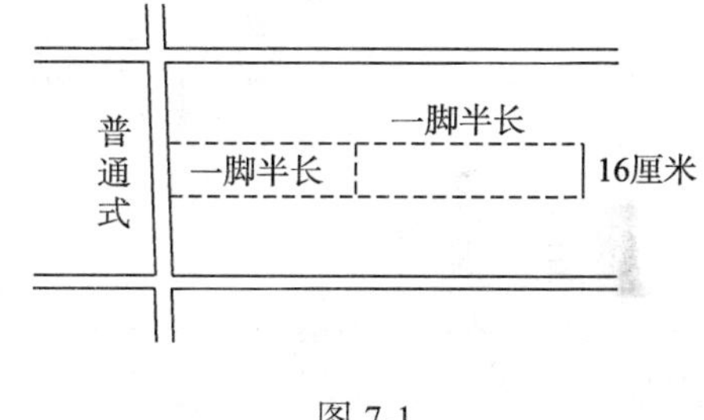

图 7-1

起跑过程包括各就位、预备、鸣枪（或“跑”）三个环节。

（1）各就位。听到“各就位”口令后，做 2～3 次深呼吸，然后轻快地跑到起跑器前俯身下蹲并用两手撑地，两脚依次踏在前、后起跑器的抵足板上，有力腿放在前面，后膝跪地。做好以上动作后，将两手收回到起跑线后，两臂伸直，两手间距约与肩宽或稍宽些，五指分开似圆锥形，指端撑地，拇指略前，小指在后，重量均匀分布于各手指上（这比传统的四指并拢与拇指成“八”字形要好）。肩约与起跑线齐平或稍后，背微弓而不紧张，颈部自然放松，两眼看前下方 40～50 厘米处，注意听“预备”口令。

（2）预备。听到“预备”口令时，轻轻吸一口气，臀部平稳抬起并稍高于肩，两臂微屈而与地面垂直，体重大部分落在前腿上，前膝角约 90°，保持稳定，集中注意力听枪声。

（3）鸣枪（或“跑”）。鸣枪（或“跑”）后，两手迅速离地，屈肘做有力的前后摆动，同时两腿猛蹬起跑器，当第一步跑出至前腿在起跑器上蹬伸时，身体前倾约与水平成 55°，好像是作

小坡度上坡跑。第一步抬腿不要过高，步幅不宜太大，应积极前迈，使脚尽快落地（图 7-2）。

图 7-2

2. 起跑后的加速跑

起跑后立即转入加速跑。加速跑距离一般为 20 米左右，用 13～15 步跑完。起跑出发的第一步有 3.5～4 个脚长，第二步 4～4.5 个脚长，以后逐渐有节奏地加大步幅，达到自己最高速度 95% 时，步长趋向稳定。加速跑时两臂应积极摆动，两腿依次用力蹬地，上下肢协调配合，以迅速获得速度。在加速跑初期，上体有一定的前倾，但七八步以后，随着步长和步频的不断增加，上体逐渐抬起，直到发挥最高速度转入途中跑（图 7-3）。

图 7-3

3. 途中跑

途中跑是全程中最长的一段距离，是短跑的主要部分。它的任务是：在不降低步频的前提下增加步长，在适宜的步幅上求得高频率，以继续发挥和保持高速。途中跑的步伐是一个不断重复的周期性动作。在跑的一个周期中，当身体重心移过支撑点以后，就开始后蹬。后蹬是跑的周期中的一个重要阶段，后蹬从髋关节发力开始，当身体重心远离支撑点时，迅速有力地蹬伸膝关节和踝关节，最后用脚趾蹬离地面。在后蹬结束时，髋、膝、踝三个关节迅速伸直，使后蹬的反作用力有效地通过身体重心，更快地推动身体向前运动（图 7-4）。

后蹬效果的好坏，取决于后蹬力量的大小，腿蹬直的程度、速度和蹬伸角度。腿蹬得越直，蹬伸速度越快，蹬地角度越小（在一定限度内）则效果越好，适宜的后蹬角度一般为 50°左右。

人体向前的运动是蹬、摆结合的结果。一腿后蹬，另一腿应迅速有力地向前上方摆出，并积极地带动骨盆前送。腿的摆动是从脚蹬离地面开始的，摆腿的方向决定了蹬地角度。当蹬地脚蹬离地面后，大腿应积极向前上方摆动，小腿依惯性向大腿迅速折叠，缩短前摆半径，加快前摆速度，当大腿摆至最高点时，另一腿也即将蹬离地面转入腾空。接着摆动腿积极下压，膝关节迅速伸展，小腿顺惯性前摆。为了减少前蹬支撑的阻力，前脚掌应积极而富有弹性地做扒地动作，着地点在身体重心投影点前 30 厘米远的地方。

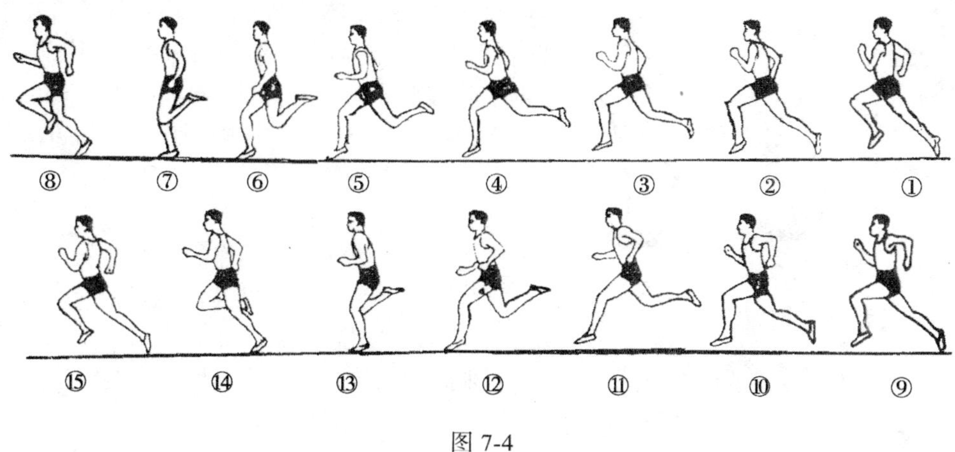

图 7-4

途中跑时，躯干要基本保持与地面垂直，两眼平视、头正直。正确的摆臂能维持身体平衡，并有助于加快两腿的频率和步幅。摆臂应以肩关节为轴，两手半握拳，自然、放松、有力地快速做前后摆动。前摆时手一般不超过身体中线和下颌水平位置；后摆时肘稍向外，当手摆到身体垂直部位时，上臂和前臂之间的夹角最大，约 150°。总之，途中跑应做到用力与放松协调配合，动作要轻松自然，保持跑出直线和避免身体重心上下波动过大。

4. 终点冲刺

终点冲刺是全程跑的最后一段，技术上和途中跑基本相同。终点冲刺应力求保持正常动作，最后一步以胸领先向前急剧前倾上体，或侧向终点撞去。这个动作虽不能加快整个身体的向前运动，但可以使躯干早越过终点垂直面。终点冲刺时需要加强两臂的用力摆动，但不要仰头举臂，冲过终点后也不要立即停止跑动，以免跌倒受伤，或产生重力性休克现象。

5. 弯道跑

200 米和 400 米跑，有一半以上距离是在弯道上进行的，所以我们必须了解弯道跑的技术特点。

（1）弯道跑的起跑和起跑后的加速跑。起跑器应安装在跑道的右侧靠近外分道线处（图 7-5）并正对弯道切线方向。起跑时，左手撑在起跑线 5～10 厘米处，为了便于加速，起跑后开始的一段距离应沿着切线方向直线跑进， 然后再转入弯道跑。

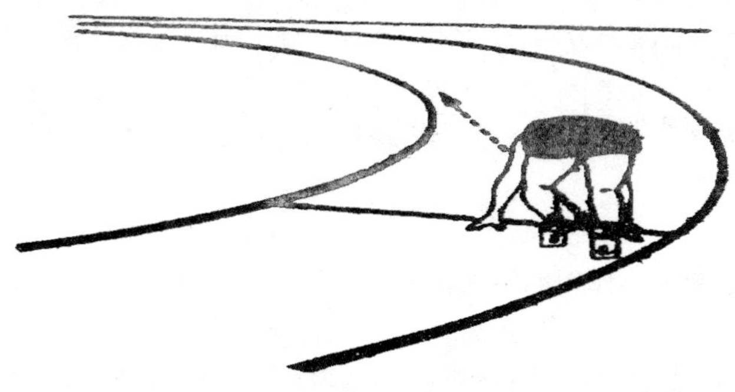

图 7-5

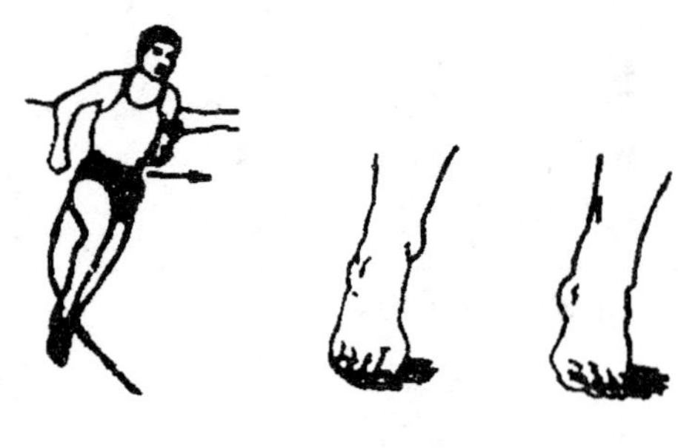

图 7-6

（2）弯道跑技术。为了克服向前做直线运动的惯性，弯道跑时必须改变跑时的身体姿势、脚后蹬和手臂摆的方向。跑时应向左前方倾体，后蹬时右脚用前脚掌内侧、左脚用前脚掌外侧着地（图 7-6）。右臂摆动的幅度、力量大于左臂，右臂后摆时肘关稍偏向右后方，前摆时稍偏向左前方，左臂则靠近体侧。跑出弯道进入直道时，应有几步放松的自然跑进。200 米跑距离短，应以全力高速跑完全程。400 米跑动作的节奏性强，摆臂较低，脚着地更为柔和，上体姿势也较为正直。400 米跑时要掌握各阶段的跑速，一般是第一、第二个 100 米跑得最快，第三、第四个 100 米速度会有所下降。400 米跑时人体缺氧最大，所以在跑时应采用有节奏的方法呼吸，即呼吸快而不深，频而不乱。

（二）练习方法

1. 跑的专门性练习

1）小步跑

目的：体会前摆着地动作和上下肢放松协调配合，发展跑的频率。

要求：上体稍前倾，膝、踝关节放松，大腿抬起后积极下压，小腿顺着下压的惯性前摆，很快地前脚掌积极着地，完成“扒地”动作。两臂屈肘，按跑的自然动作配合两腿前后摆动。

方法：①两脚原地交替提踵做“扒地”动作，逐渐过渡到行进间小步跑；②行进间小步跑，逐渐过渡到加速跑。

2）高抬腿跑

目的：体会高抬大腿动作，增强抬腿肌群的力量，发展膝关节的灵活性和动作频率。

要求：上体正直或稍前倾，重心提起，大腿向上高抬与躯干接近成直角，然后积极下压，以前脚掌着地，支撑腿蹬直，两臂屈肘前后自然摆动。

方法：①一手支撑，做原地另一侧高抬大腿练习；②原地按节奏快慢做高抬腿练习；③行进间高抬腿跑过渡到加速跑。

3）后蹬跑

目的：体会后蹬跑时髋、膝、踝三关节的用力顺序和蹬摆动作配合。发展腿部力量，纠正后蹬不充分和“坐着跑”等缺点。

要求：上体稍前倾，后腿充分蹬直，并体会通过脚趾用力蹬离地面，摆动腿应膝盖领先向前摆出。

方法：①原地手臂支撑做后蹬跑；②从跨步跳过渡到后蹬跑；③从后蹬跑过渡到加速跑。

2. 专项素质练习

1）绝对速度练习

绝对速度是短跑中起主导作用的专项素质，要在全面身体训练的基础上，并掌握了正确的跑的技术，才能得以发挥。

方法：①30～50 米行进间跑，30 米蹲踞式起跑；②原地支撑听信号快速高抬腿跑；③间隔距离追逐跑；④短距离接力跑；⑤顺风跑或下坡跑。

2）速度耐力练习

速度耐力是把绝对速度保持到终点的能力。反复练习，能提高机体适应性。

方法：①100～300 米的反复跑；②变速跑和间歇跑；③超主项距离跑，如 150 米、250 米跑等。

3）爆发力练习

肌肉收缩力量和其收缩速度是人体向前快速运动的动力，因此，必须注意肌肉爆发性力量的练习。

方法：①短距离跳——立定跳远、立定三级跳、多级跳、蛙跳；②较长距离跳——100～200 米的跨步跳、30～50 米单脚跳；③其他形式跳——台阶跳、跳深、纵跳摸高、障碍跳；④负重跳——肩负杠铃蹲跳、跨跳、单腿踏蹬向上跳。

4）柔韧性练习

良好的柔韧素质，有利于正确掌握技术，充分发挥力量，增加动作幅度，并保证其协调配合。

方法：各种压腿、摆腿、踢腿，以及体操及跨栏中的有关练习。

（三）练习提示

1. 注意事项

（1）应首先了解短跑的完整技术，在重点学习途中跑技术的基础上，掌握正确的起跑和体会弯道跑技术。

（2）应多做跑的专门性练习，体会充分后蹬对提高跑速的重要意义，注意支撑腿后蹬伸直，前伸脚趾“扒地”。摆动腿前摆要高抬，后摆要自然折叠。

（3）应加强放松跑练习，处理好步幅和步频的关系，在加速中体会蹬摆和手臂的摆动配合。

（4）应重点加强腿部肌肉力量练习，在增强绝对力量的基础上发展“爆发力”，以提高伸肌快速收缩和屈肌自然放松的能力。

（5）应充分做好准备活动，特别注意下肢肌肉的柔韧性和关节灵活性的练习，以提高锻炼效果及避免肌肉拉伤。

2. 错误动作纠正

错误一：起跑“预备”时臀部抬起过高或过低。

纠正方法：弄清起跑动作要点，调整起跑器。

错误二：起跑时上体抬起过高。

纠正方法：两人配合利用皮带牵引练习起跑后的加速跑动作（图 7-7）。

图 7-7

错误三：途中跑后蹬不充分，形成“坐着”跑。

纠正方法：体会后蹬时用力顺序，注意脚趾的“扒地”动作；加强腰、背、腹肌力量，多做跑的专门练习。

错误四：途中跑摆动腿向前上方摆得过低，有踢小腿跑的现象。

纠正方法：多做高抬腿跑，强调上体不要过分前倾，以使大腿能充分向前上方摆起。

错误五：摆臂紧张。

纠正方法：两脚前后原地站立，重心落在前脚上做两臂前后摆动练习；在中等速度中纠正摆臂动作。

错误六：终点跑时上体后仰及跳起撞线。

纠正方法：①加大两臂的摆幅，加强速度耐力练习；②要讲清楚跳起撞线会减慢速度的道理，多做撞线练习。

二、 中长跑

中长跑是中距离和长距离跑的合称。它是发展耐久力的一个田径项目。长时间从事长跑锻炼，可以增强人体内脏器官和神经、肌肉系统功能，同时，还可以培养人的顽强意志等品质。

（一） 教学内容与技术要点

1. 起跑

中距离跑有的采用半蹲踞式起跑，也有的采用站立式起跑。长距离跑都采用站立式起跑。

图 7-8

（1）半蹲踞式起跑。一手的五指分开，以指端撑于起跑线后地面，拇指略前、小指在后，另一臂在体侧。体重主要落在前腿和支撑臂上，起跑动作近似蹲踞式起跑。

（2）站立式起跑。听到“各就位”口令后，先做一两次深呼吸，然后慢跑到起跑线后，两脚前后开立，有力的脚在前并紧靠起跑线的后沿，后脚尖和前脚跟相距一个脚掌的距离，两脚左右间隔为半个脚掌长。体重主要落在前脚上。后脚用前脚掌支撑站立，两腿弯曲，上体前倾，眼向前看 3～5 米处，身体的重心投影点在前脚稍前面。两臂在体前自然下垂或一臂在前一臂在后。集中注意力听枪声或“跑”的口令（图 7-8），听到枪声或“跑”的口令时，两臂配合两腿做快速有力的摆动，使身体迅速向前冲出。

2. 途中跑

（1）身体姿势。跑时上体应稍前倾。颈部放松，头正直，眼平视，肩带和两臂肌肉放松，肘关节约成直角，手半握拳作前后自然摆动。如果身体前倾过大或上体后仰，都会影响跑的效果。

（2）腿部动作。掌握好腿部蹬地的力量、速度和方向，以及腿腾空时间与支撑时间，是推动身体向前的重要环节。

（3）后蹬与前摆。当摆动腿通过身体垂直部位向前摆动时，支撑腿的各个关节要迅速伸直。首先从髋关节开始，当身体重心离垂直地面较远时，再迅速有力地伸直膝关节和踝关节，最后用脚趾蹬离地面。跑步时，摆动腿积极地向前上方摆动，能增大支撑腿的支撑作用力。加快蹬地速度，能使髋部更好地前送，以带动身体重心向前移动。同时，也为摆动腿下压着地创造了有利条件。

（4）腾空。后蹬腿蹬离地面后，身体进入腾空期。腾空时，蹬地腿要充分放松并迅速将大腿向前上方摆出，小腿顺惯性自然向上摆起。膝关节弯曲，大小腿成折叠。当大腿开始下落时，膝关节亦自然伸直，并用前脚掌着地。

（5）落地。脚落地点应该是在离身体重心投影点前 1～1.5 个脚掌的地方。跑时用前脚掌着地，可以保持身体重心处于较高的部位，减少脚着地时的阻力。在弯道上跑时，身体应微向左倾斜，右腿向前上方摆动时，膝稍内扣，用前脚掌内侧着地，左腿向前上方摆动时，膝稍外展，用前脚掌的外侧着地。

（6）手臂动作。正确的摆臂不仅可以帮助维持身体平衡，而且能加快腿部动作的速度。中长跑时，两臂应稍稍离开躯干，肘关节弯曲约成 90°，以肩为轴向前后做自然摆动，前摆时手稍向内，后摆时肘稍向外，摆幅要适当。

（7）呼吸。中长跑时呼吸要有节奏，一般是跑 2～3 步一吸气，跑 2～3 步一呼气。呼吸是利用鼻子和半张开的嘴进行的，冬天或顶风跑时，可以用鼻子呼吸或用鼻子吸、用嘴呼的方法。速度加快后也可用鼻子和半张开的嘴同时呼吸。

跑时还会出现呼吸困难、胸部发闷、疲劳不适的“极点”现象。跑的强度越大，“极点”出现越早，这是由于内脏器官氧气的供应落后于肌肉活动的需要造成的。随着锻炼水平和内脏器官适应能力的提高，“极点”现象的出现就会逐渐不明显。遇到“极点”来临时，要加强呼吸，调整步伐，适当降低跑速。待坚持一段距离后，这种现象就会消失，并出现“第二次呼吸”。在跑前做好准备活动和注意途中的速度变化，可以减轻“极点”的程度。

（二）练习方法

1. 持续跑

持续跑是指低于比赛速度，长于比赛距离的一种跑法。持续跑现已被公认为是发展心脏体积和增加心脏容量，有效地提高人的有氧能力与无氧能力的一种练习方法。练习时，应注意根据自己的实际能力选择正确的跑速，要合理地分配体力，从开始到结束都要匀速跑。持续跑练习时间每次应在 30 分钟以上，心率保持在 130～160 次/分钟，效果才明显。但作为初练者，持续跑的时间应逐渐增加。持续跑可以分以下三种类型。

（1）慢速持续跑。一般持续 1～3 小时，跑时心率以 130～150 次/分钟为标准，这种方法可以有效地发展必要的耐力。

（2）中速持续跑。一般持续 1～2 小时，跑时心率控制在 155～165 次/分钟，这种方法是发展有氧能力的基本练习。

（3）快速持续跑。一般持续 0.5～1 小时，跑时心率控制在 165～179 次/分钟，这种方法不但能发展机体的能力，而且对提高有氧、无氧过程的能量供给有很大帮助。

2. 越野变速跑

这种练习方法主要是充分利用大自然的环境，在山地、沙滩、湖边、树林、草地上进行练习。由于场地松软、环境幽静、空气清新，一般练习效果较好。练习内容的安排是准备活动 10～15 分钟轻松慢跑，接着进行 20～30 分钟的放松较快速度跑，途中可根据地形进行 50～100 米不等距离的上坡加速跑或下坡冲刺跑 8～10 次，并可以随意穿插各种跳跃练习。然后做 5 分钟左右的慢跑调整，再进行 0.5～1 分钟的快速冲刺跑，最后以慢跑结束。

在进行越野变速跑练习时，各种快跑、慢跑的距离，穿插跳跃的次数，以及间隙的时间和经过的地段都由练习者自己决定。由于自然环境好，即使运动量较大，也能像做游戏一样轻松地完成。

3. 间歇跑

间歇跑是指近或稍低于比赛速度的快跑与走和慢跑为恢复手段，两者交替进行的一种练习方法。

采用间歇跑可以培养特殊耐力和速度能力，一般在比赛前采用这种练习方法是非常有效的。

采用间歇跑练习，要注意以下三点。

（1）练习前，准备活动要做充分，使心率达 120 次/分钟。

（2）进行 100 米、150 米、200 米间歇跑练习时，心率要达 160～180 次/分钟，如进行较长段间歇跑时，快跑结束时的心率要达 185 次/分钟左右。

（3）进行步行或放松跑调整时，要使心率降至 120～140 次/分钟以后再进行快跑，其间的间歇时间一般为 2 分钟左右。

4. 重复跑

重复跑要求用全速或接近全速反复跑所规定的距离。当心率降至 100～110 次/分钟以下时才可以再进行下一次重复跑练习。

重复跑练习可以发展专项耐力，稳定心理能力，可以提高人体对大量乳酸堆积的忍耐能力和速度耐力。重复跑练习的距离，一般采用比比赛距离长或比比赛距离短的距离，而不采用和比赛同等距离。采用比较长的距离练习时，跑的强度就要低于比赛的强度；采用比较短的距离练习时，跑的强度就要高于比赛强度；即使要采用等同比赛距离练习时，也必须用低于比赛的强度。

进行重复跑练习，可采用保持均匀速度或逐渐增加速度或逐渐减低速度的方法，也可以用快速、慢速交替进行的方法。

5. 模拟比赛跑

将比赛距离分为三段来跑，第一段跑的距离必须相当于比赛距离的一半。每段跑完后要有一定的间歇，第一次间歇时间可以长些，第二次间歇可以短些，但三段跑完后的总时间应与自己的最好成绩近似。

这种练习手段与间歇练习手段有点近似，所以要慎重采用，一般在赛前才采用。

（三）练习提示

（1）凡初练中长跑者，一定要遵照“循序渐进”的原则，逐渐增加活动的量和强度，并做到“持之以恒”，切忌“三天打鱼，两天晒网”。

（2）在实际锻炼中，要随时注意身体健康状况，如生理，心理变化，根据自己的实际情况选择好锻炼时间、地点，尽可能相对固定。

（3）在教师的指导下，至少应订一周的锻炼计划，按大、中、小合理安排运动负荷，并采用早晨起床前测定“基础脉搏”检查身体适应程度的方法，学会自我调节。

（4）为了提高运动水平，应采取多种练习方法全面发展生理机能。在一般耐力的基础上，通过逐渐增加运动强度，提高专项耐力，并按实际水平，在赛前确定比赛战术，了解出现“极点”的规律，掌握克服“极点”的方法。

三、接力跑

接力跑是由接力跑队员在快速跑中依次接棒跑完一定距离的集体比赛项目。练习接力跑能培养团结协作的集体主义精神和顽强拼搏的毅力。田径比赛项目中，有男、女 4×100 米接力、4×400 米接力、4×800 米接力等。群众性的体育竞赛活动中，也有不同形式、不同距离、不同人数的接力跑，如迎面接力、异程接力和公路马拉松接力等。

（一） 教学内容与技术要点

1. 起跑

1）持棒起跑

第 1 棒运动员采用蹲踞式起跑。用右手的中指、无名指和小指握棒的末端，用大拇指和食指分开撑地，接力棒不得触击起跑线或起跑线前地面（图 7-9）。

2）接棒人起跑

4 × 100 米接力第二、第三、第四棒运动员用站立式或单臂撑地的半蹲踞式起跑姿势，在自己选定的起跑线前面，两脚前后开立，两膝弯曲，上体前倾，第二、第四棒队员因为站在跑道的外侧，所以，应左腿放在前面，右手撑地，身体重心稍向右偏，头转向左后方，目视跑来的同队队员和自己的起动标记（图 7-10（1））。第 3 棒队员是站在跑道内侧，起跑动作正好相反（图 7-10（2））。

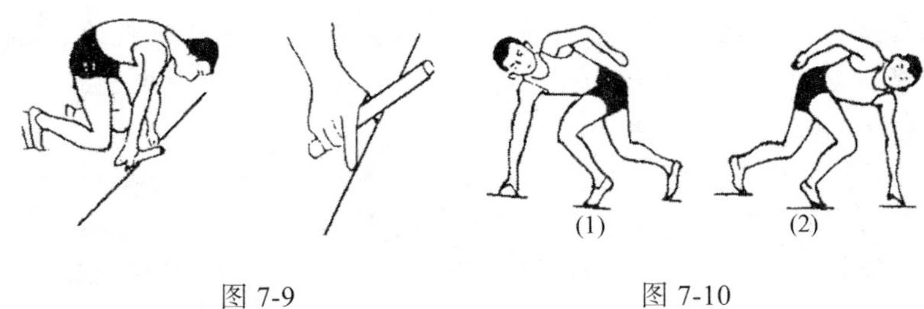

图 7-9　　图 7-10

2. 传、接棒技术

传、接棒的方法一般有上挑式、下压式和混合式三种。

（1）上挑式。接棒人手臂自然向后伸出，掌心向后，虎口张开朝下，传棒人将棒由下向前上方挑送入接棒人手中（图 7-11）。这种方法的优点是接棒人向后伸手动作自然，易掌握。缺点是第二人接棒后手已握在接力棒的中段，待第三人传给第四人时，接力棒的前端已所剩无几，易掉棒。

（2）下压式。接棒人手臂翻腕后伸，掌心向上，虎口张开朝后，拇指向内，其余四指并拢向外，传棒人将棒的前端由上向下压放入接棒人手中（图 7-12）。这种方法的优点是接棒人握住棒的另一端，在下一次传棒时就便于把棒的另一端送到接棒人手中。缺点是接棒人的手腕动作　紧张。

图 7-11　　图 7-12

（3）混合式。这种方法综合了上述两式的优点，在 4×100 米接力跑中，常用不换手的传、接棒方法：第一棒队员用右手持棒开始，沿弯道内侧跑，以上挑式将棒传给第二棒队员的左手，第二棒队员接棒后沿跑道外侧跑，以下压式将棒传给第三棒队员的右手，第三棒队员沿着弯道内侧跑，以上挑式将棒传给第四棒队员左手，第四棒队员持棒后一直跑过终点。

3. 传、接棒的时机

接棒人站在预跑区内或接力区后端，待看到传棒人跑到标志线（做一标记）时，便迅速起跑。当传棒人跑到接力区内离接棒人 1.50 米左右时，便立即向接棒人发出“ 嗨”（或“接”）的传、接棒信号，接棒人听到信号后迅速向后伸手接棒（图 7-13）。传棒人完成传棒动作后逐渐减低速度，待其他道次运动员跑过后离开跑道。

图 7-13

关于标志线的确定，标志线离接棒人起跑的距离，是根据传、接棒人的跑速和传、接棒技术的熟练程度而定的。确定标志线，对于一个有较高水平的接力队来说是十分重要的。

如果接棒人在接力区前 10 米预跑线外处出发，在接力区末端 27 米处传、接棒。传接棒时两运动员之间的距离为 1.50 米，则标志线的距离为传棒人最后 30 米的平均速度×接棒人起跑 27 米所需要的时间（秒）–（27 米–1.50 米）。

假设传棒人最后 30 米的平均速度为 9 米/秒，接棒人起跑 27 米所需要时间为 3.5 秒，则 9 米/秒×3.5 秒–（27 米–1.50 米）=31.5 米–25.5 米=6 米，这样可以离接棒人起跑处 6 米的地方作一标记，这样标志线就基本确定了。当然，最后的确定，还需在实践中检验和调整。

4. 各棒队员的配合

接力跑是由 4 名队员配合完成全程跑的，所以安排队员棒次时，必须考虑发挥个人的特长。一般第一棒队员应是起跑好，善于跑弯道的人。第二棒队员应是专项耐力好，善于传、接棒的人。第三棒队员的要求同第二棒队员外，还应具备跑弯道的能力。第四棒队员应安排全队成绩最好的、冲刺能力最强的人，他大约需要跑 120 米。

（二）练习方法

1. 个人练习

（1）单臂支撑的站立式起跑练习，跑距 10～20 米。第二、第四棒队员在跑道外侧用右手支撑；第 3 棒队员在跑道内侧用左手支撑，分别持棒练习起跑。

（2）持棒练习蹲踞式起跑，并在起跑后快速跑，跑完 20～30 米。

（3）助跑区内单臂支撑练习站立式起跑，在起跑后再快速跑完 25～30 米。

（4）在直、弯道上用快速跑完 60～100 米，并模仿传接棒动作。

2. 成对练习

（1）原地摆臂传、接棒。

（2）慢跑过程传、接棒。

（3）50～80 米分段的传、接棒。

（4）3～4 人的起跑、加速跑。

（5）3～4 队分队用快速跑 50～80 米练习传、接棒技术。

3. 全队练习

（1）4×50 米、4×60 米、4×80 米最快速度的接力跑。

（2）最快速度在接力区做传、接棒。

（3）数队最快速度的接力跑，距离可用 4×50 米、4×60 米、4×80 米。

（4）数队在接力区内做模拟比赛的接力跑传、接棒练习。

（三）练习提示

（1）应重点学习传接棒技术，当传棒人发出口令后必须有一定的间歇，即待看清同伴伸出手后才将棒准时递上。接棒人应在听到口令后及时、准确向后伸手，不要附加任何多余动作。

（2）如果第一次接棒失败，接棒人仍应保持原接棒动作，再等待传棒人重递，切勿盲目乱抓。

（3）熟悉接力跑规则，充分利用接力跑外 10 米范围确定起跑标志线，并根据每个队员的特长，合理分配好各棒队员的顺序。

（四）比赛规则简介

（1）接棒人可以在接力区前 10 米处起跑，但传、接棒必须在接力区（20 米）内完成。接棒只有传到接棒运动员手中的瞬间才算完成传接，是否在接力区范围，仅取决于接力棒的位置，而不取决于运动员的身体或四肢的位置。

（2）运动员必须手持接力棒跑完全程，如棒掉落必须由掉棒运动员拾起，但不可阻碍其他运动员跑进。

（3）运动员传棒之后，应留在各自分道或接力区内，保证跑道通畅，以免阻挡其他运动员。凡跑错位置或跑出分道故意阻碍他队人员或凡通过推动跑出或其他方法受到帮助者，将造成本队被取消比赛资格的后果。

第三节　跳 跃 项 目

一、跳高

跳高是运用自身能力，通过助跑、起跳、过竿和落地等动作形式，使人体越过尽可能高的横竿。跳高技术的特征是由跑变为跳、由支撑转变为腾空、由水平位移转变为抛射运动。通过跳高运动，能增强腿部力量，提高弹跳能力，发展身体的灵敏性和协调性，培养勇敢、顽强、沉着、果断的意志品质和不怕艰难险阻、勇于攀登高峰的精神。

跳高按过竿技术不同，可分跨越式、剪式、滚式、俯卧式和背越式等多种，由于背越式的技术结构比较简单、自然，相对容易掌握，且能充分利用水平速度使身体向上腾起，并合理利用身体重心腾起高度过竿的补偿运动，故多为世界各国优秀运动员所采用。

（一）背越式跳高的教学内容与技术要点

背越式跳高是指背部朝向横竿，身体各部分依次过竿的一种过竿技术。背越式跳高技术是由助跑、起跳、过竿和落地四个阶段组成的，各阶段彼此紧密相连、相互作用（图 7-14）。

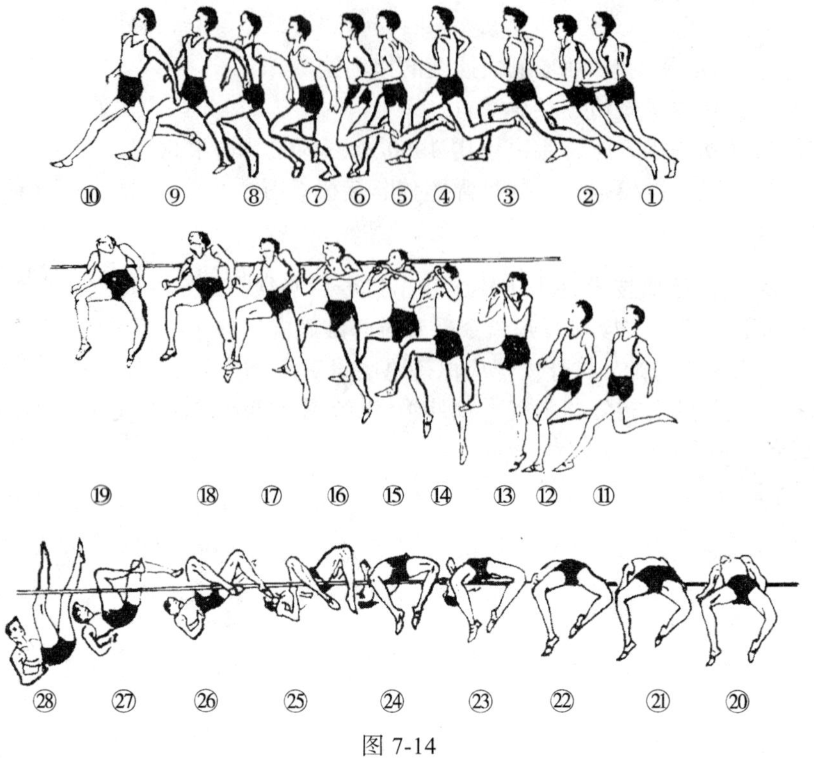

图 7-14

1. 助跑

（1）助跑的任务。从背越式跳高的助跑路线（图 7-15）可以看到，在助跑开始的前段直线跑，应尽可能地获得高的水平速度。在助跑后段的弧线跑应为起跳，创造尽可能大的离心加速度，有助于向横竿方向运动。

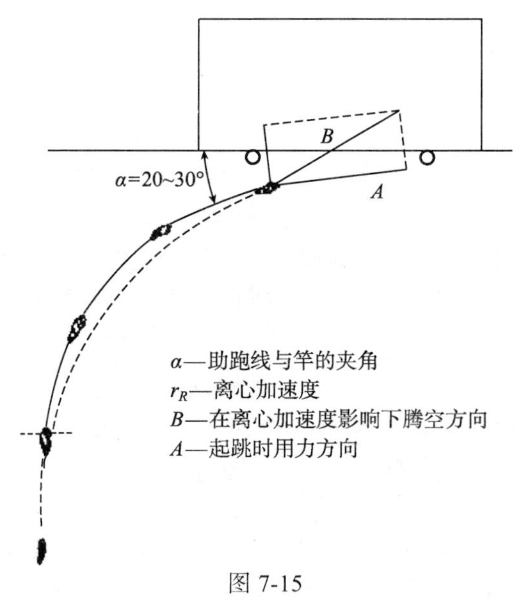

图 7-15

（2）助跑的技术要点。开始采用直线助跑，双肩要下垂，用前脚掌着地，跑时具有弹性；

提高重心，步幅均匀，不断加速；进入弧线跑时，外侧摆动腿富有弹性地蹬地。为了克服离心加速度的作用，上体应稍向弧线内侧倾斜。前脚掌沿弧线落地，身体重心轨迹向内越出足迹线（图7-15 虚线部分）。助跑的节奏要快，特别是助跑最后两步髋关节前送幅度要大，迈步时上体保持较垂直的姿势，摆动腿积极，充分后蹬，起跳腿快速前伸，同时髋部自然前送。助跑过程中两臂应积极有力地前后摆动，弧线跑时外侧手臂摆幅度应大于内侧手臂的摆动幅度（图 7-14①～⑧）。

2. 起跳

起跳的目的在于使助跑获得的水平速度迅速转变为垂直向上运动，以使身体充分向上腾起，并为过竿做好准备。起跳动作可分为起跳腿的着地、缓冲和蹬伸三个阶段及摆动腿与双臂的配合。

（1）起跳腿的着地、缓冲和蹬伸技术。为加快起跳的速度，起跳腿应大幅度、平稳地以脚掌外侧着地（图 7-14⑪～⑬），躯干在离地前瞬间几乎垂直地立于起跳脚之上。这时起跳腿的蹬伸方向应在身体重心的外侧，从而产生了过竿所必需的旋转动力。

（2）起跳时，摆动腿与双臂的协调配合技术。起跳时离横竿较远的一臂使劲地向上摆动，另一臂不要充分摆出，并且较早地制动，这样有利于肩轴倾向横竿。摆动腿的摆应从经屈膝的起跳腿旁开始，以膝盖领先，先屈膝折叠，向跳高架的远端支柱上方用力摆出。当摆动腿摆到起跳腿前方之后（图 7-14⑬～⑭）应向里转，而小腿和脚要稍许外展。这样的积极动作，有助于使骨盆保持在起跳力量的作用线上，围绕纵轴产生转身动作。此时，头应补偿性地转向横竿（图7-14⑭～⑰）。

（3）过竿和落地。过竿就是充分利用起跳获得的腾空时间改变身体姿势，缩短身体重心与横竿之间的距离，并利用身体的屈伸、旋转越过横竿。过竿时，立即屈髋收腹，下颚迅速引向前胸（图 7-14⑱～㉔），同时双腿高举两小腿积极向上甩起（图 7-14㉕～㉘）。应注意，落地前收腹举腿，以背先着地，或团身以肩先着地，然后再做一个后滚翻。为了控制腾越方向，头部不能后仰，要注意在落垫过程的“视力监督”，眼睛始终要注视着横竿方向。

（二）练习方法

1. 学习和掌握起跳技术

（1）原地蹬摆练习。站立，一手抓支撑物，起跳腿在前，摆动腿在后，摆动腿向异侧肩的前上方摆动，起跳腿配合充分蹬伸。要求摆腿屈膝折叠并膝内扣，加速摆至最高点，异侧臂配合上摆，同拔腰、顶肩，髋部前送并扭转（图 7-16）。

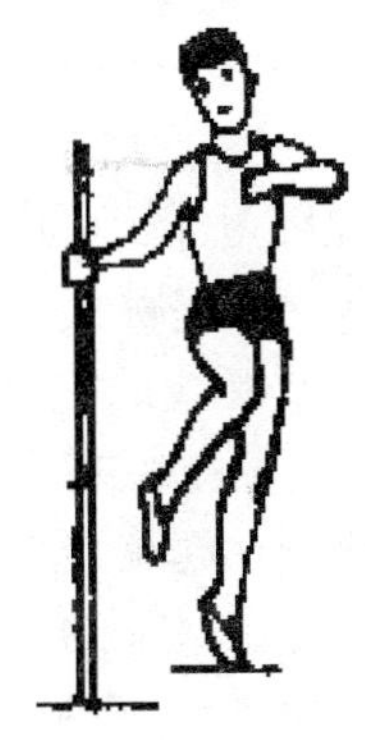

图 7-16

（2）上步走动起跳练习。站立，起跳腿在后，摆动腿在前，起跳腿向前迈步放脚，摆动腿积极向前摆〔同练习（1）〕。要求沿直径为 15～20 米的圆圈走动，起跳腿积极主动向前迈步放脚，并在摆动腿与手臂的有力配合下迅速完成起跳腿的蹬伸，身体沿纵轴转向圆心。

（3）弧线助跑起跳练习。在练习（2）的基础上分别用 1 步、2 步、3 步助跑转体 1/4 垂直纵跳，两脚落地。要求蹬摆配合协调一致，动作快速有力，助跑节奏清楚，最后两步和起跳连贯，体会弧线助跑转入起跳时上体由倾到竖直用力的感觉。双脚落地，是为了使摆动腿努力下沉，有利于按“桥”型完成过竿动作。此练习可在两个跳高架之间吊拉橡皮筋球，高度宜控制在练习者起跳后头顶刚好能够触及（图 7-17）。

图 7-17

2. 学习和掌握过竿落地技术

（1）原地倒肩挺髋练习。背对海绵包站立，倒肩挺髋成“桥”，肩背着垫（图 7-18）。要求挺髋挺腹，两臂屈肘外展。

（2）立定背越式跳高练习。背对海绵包站立，两腿屈膝半蹲，然后提踵发力向上跳起，形成典型的“桥”腾空姿势。接着屈髋，向上积极甩小腿，用整个背落地（图 7-19）。要求在用力向上起跳之后，两臂配合上摆、挺髋、挺胸、肩后倒下沉，两小腿放松下垂，体会空中背弓的肌肉感觉。落地前两小腿积极上甩，动作自然放松。

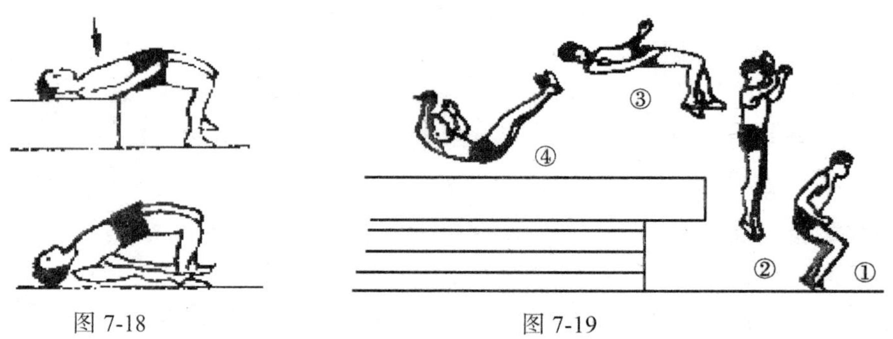

图 7-18　　图 7-19

此练习开始可以不用横竿，动作熟练后再用橡皮筋、横竿。另外，为了增加腾起高度，可站在低跳箱或起跳板上进行。

（3）弧线助跑做背越式跳高练习。在练习（2）的基础上，可采用先是 1 步助跑，然后 3 步，5 步助跑做背越式跳高练习。弧线助跑最后两步起跳要与过竿技术有机衔接。开始练习时，应将重点集中在起跳和腾空动作的正确结合上。初学者可在起跳点放置起跳板，增加腾空高度，另外，也可以增加垫子的高度。在技术上要求做到助跑点准确；起跳充分向上“旋起”；过竿时身体舒展成“桥”，与横竿大致成十字交叉；头、肩、背和小腿依次越过横竿后，肩背领先落垫。

3. 学习和掌握全程助跑背越式跳高技术

1）全程助跑的丈量方法（以左脚起跳为例）

（1）走步丈量法：先确定起跳点。起跳点的位置一般在离近侧跳高架的立柱 1 米左右（或横竿长的 1/4），离横竿投影点 50～90 厘米处。由起跳点沿横竿的平行方向向前自然走 5 步，再向右转成直角向前自然走 6 步做一标志，由此点向起点大约 5 米的半径划弧，即成最后 4 步的助跑弧线；从标记点再往前走 7 步自然步画起跑点，定为前段直线跑 5 步的距离。全程共跑 8 步(图 7-20)。

（2）等半径丈量法：助跑距离为 9～13 步。起跑点离横竿 15～20 米，与内侧跳高架向外延伸线之间的距离为 3～5 米。助跑弧线的半径取决于助跑的速度，速度越快，半径越长。初学者变化幅度为 6～8 米。起跳点和横竿之间的距离视横竿的增高高度而向外移（图 7-21）。

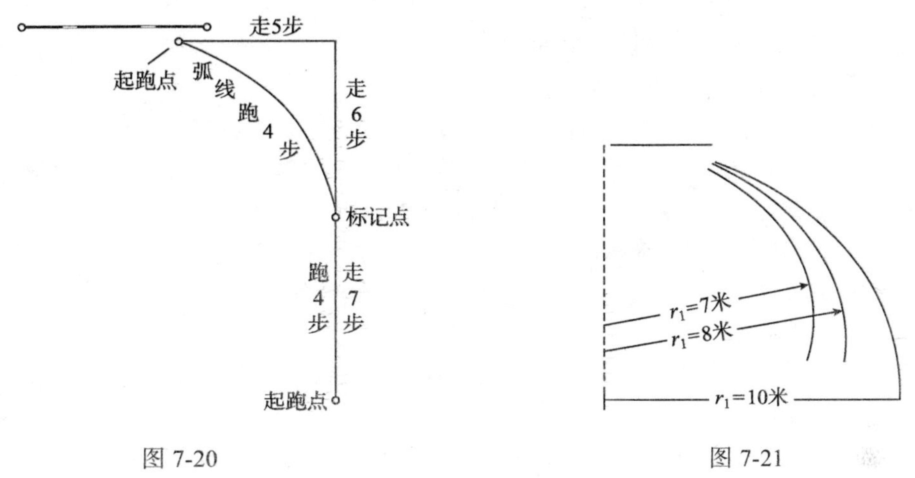

图 7-20　　图 7-21

2）全程助跑的练习方法

弯道弧线跑练习：此练习可先采用沿田径场弯道做加速跑，然后再缩小半径，沿直径 10～15 米的圆圈快跑。要求跑时身体向内倾斜，平稳向前移动，注意摆臂的幅度内小外大。

直段跑切入弧线跑练习：可沿直线加速跑 5～7 步后转为弧线跑，过渡要自然连贯，节奏要逐步加快。

全程助跑起跳练习：采用 7～9 步助跑距离，即直线跑 3～5 步，弧线跑 4～5 步的方法进行助跑起跳练习。要求助跑速度快，节奏性强，步点固定。注意体会助跑与起跳的结合，尽量保持“旋起”动作至高垫顶上。

完整技术练习：在熟练掌握全程助跑与起跳节奏的基础上，先做较低高度过竿练习，熟练后逐渐提高横竿的高度。在完整技术练习中，要做到最后 4～5 步助跑的足迹落在弧线上，起跳脚的着地点要正，起跳力方向要正。起跳结束时，身体由倾斜转入直立姿势向上腾起。过竿时，后引双肩、挺髋、小腿放松下垂，完成好“桥”的动作。助跑身体重心移动要稳，助跑速度和起跳要快，起跳后身体在空中腾起要平稳，过竿后肩背落垫要平稳。

（三）练习提示

1. 注意事项

（1）首先应重点掌握竿上动作，练习时要注意控制竿上挺髋成“桥”型的时机，使之有足够的延续时间，防止“坐”着过竿。

（2）学习过竿技术要多采取各种辅助练习，注意设备的安全性能及加强保护措施。

（3）重点抓好助跑与起跳的有机结合。

（4）应通过对助跑丈量方法的学习，掌握由直线进入弧线的助跑技术，并确定助跑点。

2. 错误动作纠正

（1）助跑节奏紊乱，助跑与起跳结合不好。

产生原因：助跑步点不准确，拉大步，捣小步或没有沿助跑弧线落脚。

纠正方法：改进直线进入弧线的助跑技术，调整适合自身特点的助跑步点，按画好的每步标志反复进行练习；跳越跨栏架的练习，采用栏间跑 3、5、7 步，培养节奏感和目测距离的能力。

（2）起跳向前冲力太大而跳不起来。

产生原因：助跑过快失去控制，自身的腿部支撑力量不够；最后放腿太慢，不能及时完成起跳动作；助跑最后两步与起跳的转换技术没有掌握好。

纠正方法：多做短、中程助跑起跳的结合练习，改进起跳脚快速着地，摆动腿和摆臂的有力上摆、提肩、拨腰技术，提高助跑结合起跳的速度。另外，可多做弧线助跑结合起跳后身体落在高垫上的练习，强调身体从内倾迅速转成垂直和正确完成起跳后再做过竿动作。

（3）起跳时制动大，减弱水平速度，做过竿动作时，身体压竿。

产生原因：倒数第二步身体重心下降太多，身体内倾不够；起跳前身体后仰过大，起跳脚落地不够积极，前伸太远。

纠正方法：多做弧线助跑起跳的模仿练习。弧线助跑起跳后用头触高物，强调起跳要积极，上体要正直。

（4）“坐”着过竿，臀部及大腿碰落横竿。

产生原因：起跳时身体重心没跟上，髋关节变屈，起跳效果差，腾空高度不够；心理上怕摔，不敢用肩背落垫；小腿太紧张，没有挺髋就过早收腹举腿。

纠正方法：利用弹跳板或跳箱，做立定背越式跳高，注意延长挺髋时间；逐渐增加高度，克服心理恐惧，用肩背落垫。

（5）身体斜交叉过竿。

产生原因：起跳时，摆动腿内扣向异侧肩方向用力摆的动作做得不够，使身体绕纵轴转体不够。

纠正方法：结合摆臂动作多做原地蹬摆起跳模仿练习；弧线助跑起跳触高物转体 90°。短程助跑起跳过竿练习，在垫上画出落垫点，使肩背在落垫点着垫。

（6）竿上动作僵直。

产生原因：起跳腾空后，两膝紧张绷直，背弓动作不自然，空中身体感觉能力较差。

纠正方法：加强柔韧性、灵敏和协调性的练习，提高动作的放松能力。在山羊或跳箱上做仰卧背弓、顺势屈小腿举小腿练习（图 7-22①～③）。立定背越式跳橡皮筋练习，体会倒肩、抬臀、挺髋，屈小腿过竿后小腿自然上甩，肩背落垫的动作，还可以做中短距离助跑起跳过竿练习。通过降低横竿高度，用橡皮筋代替横竿等来消除心理因素。

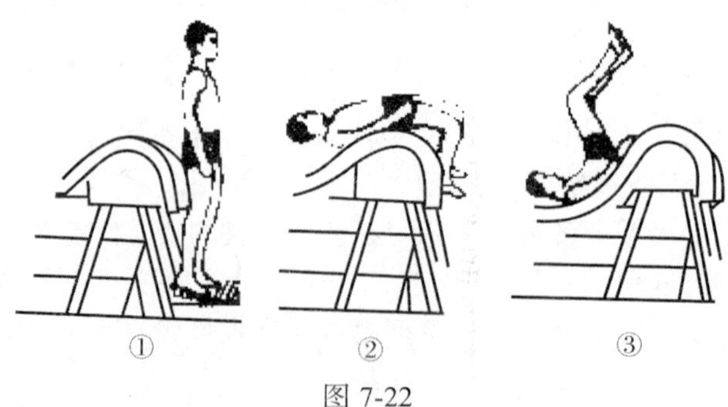

图 7-22

二、跳远

跳远是古代奥林匹克竞赛及古希腊五项运动里都有的项目，也是现在学校体育教学和田径比赛的项目之一。练习跳远能发展人的速度、弹跳力和灵敏性。跳远的场地设施比较简单，也比较容易学习。

跳远技术的发展有较长的历史。最初人们采用蹲踞式跳远，到 20 世纪二三十年代大多数运动员采用挺身式跳远，目前多数优秀运动员都采用走步式跳远。

（一）教学内容与技术要点

跳远的助跑是为了获得较高的水平速度，并为快速积极的起跳作准备。

1. 助跑的开始姿势

助跑的开始姿势有两种：一种是从静止状态开始，类似“站立式”的起跑姿势，两脚可前后或左右开立，从静止状态开始助跑，第一步的步幅和速度要力求稳定，这有利于步点的正确性。另一种是从行进间开始，先走或慢跑几步踏上起点，而后开始加速跑。

2. 加速跑的方法

起跑后的加速方法也有两种：一种是积极加速，从助跑一开始就用力跑，步频快，用逐步增加步长提高速度。用这种方法可较快获得高速度，助跑距离较短。另一种是逐步加速的方法，与一般加速跑相似，开始步频较慢，在逐步加大步长的同时要提高步频。它的加速时间较长，加速过程比较均匀，助跑距离较长。采用何种方法助跑，可根据个人习惯而定。但不论采用哪种方法都要在起跳前获得高速度，这有助于正确踏板和起跳。

3. 助跑距离的丈量与调整

跳远的助跑速度是获得优良成绩的关键之一，同时与踏跳时的腾空速度密切相关。优秀运动员起跳前的速度可达到每秒 10～10.7 米。男子助跑的距离一般为 35～45 米，跑 18～22 步；女子助跑的距离一般为 30～35 米，跑 16～18 步。一般大学生助跑距离和步数应视个人情况适当减少。

丈量步点一般采用从踏板开始反方向跑的方法，在跑至一定步数时踏跳跃起，踏跳点就是助跑起点，然后向沙坑方向助跑，校正步点。

正确的踏板是取得优良成绩必不可少的，也是助跑技术一个很重要的方面，所以在丈量步点时，可在最后 6～8 步的地方设立第二标志点，以利于正确踏板。有的同学为了踏上板往往故意拉大或缩小步长，这会破坏助跑的节奏，影响速度的发挥和起跳的效果。

在测验或比赛时，助跑的距离要根据跑道的性质、硬度、气候和个人身心状况等进行调整。

4. 起跳

起跳的主要任务是使身体按适当的腾起角（一般为 18°～24°）腾起。腾起的初速度越大，越有可能取得好的成绩。优秀运动员的腾起初速度可达 9.2～9.6 米/秒，身体重心腾起高度可达 50～75 厘米。起跳过程可分着地、蹬伸和摆动三部分。

（1）起跳脚着地。起跳是在高速助跑的情况下完成的，在助跑的最后一步就准备起跳，为了加快起跳速度，起跳腿的大腿在前摆时抬得比短跑时要低些，要积极下压，几乎是伸直腿快速着板。着地时起跳脚先以脚跟触及地面，并迅速转为全脚掌支撑。起跳脚着地时，起跳腿与地面的夹角为 65°～70°。起跳脚的着地点大约在身体重心投影点前 30～40 厘米的地方。如果太远，会产生制动，那样虽然能获得较大的腾起角和跳跃高度，但损失水平速度较多；过近，会缩短起跳蹬

地用力的距离，减少作用力的时间，降低腾空高度，影响起跳的效果。起跳脚着地一刹那，由于助跑水平速度的惯性和身体重心的作用，产生了很大压力，迫使起跳腿的髋、膝、踝关节和脊柱很快弯曲缓冲。关节弯曲缓冲要适度，太大、太小都会降低起跳的效果。

（2）起跳腿的蹬伸。起跳过程中，当身体重心移至起跳腿支撑点的垂直部分时，因缓冲而拉长的伸肌强有力的收缩，使髋、膝、踝三个关节迅速地蹬伸，上体挺起，摆动腿的大腿积极向前上方摆到水平位置，小腿自然下垂，完成起跳动作。起跳时的蹬地角大约为 75°。

（3）起跳中的摆动动作。起跳中的摆动动作是指摆动腿和两臂的摆动动作。摆动腿和两臂摆动对提高起跳速度、加大动作幅度，尤其是加大蹬伸力量都有重大作用。摆动中两臂摆至稍低于肩关节时，摆臂动作突然停止；摆动腿积极向前上方摆动。摆动的刹那，产生一个向下的力，这个力和起跳腿的蹬地力成为合力（图 7-23），这样才能达到良好的起跳效果。

5. 腾空

跳远时的腾空动作是为了维持身体的平衡从而推迟落地时间，并为落地创造有利的条件。腾空初期的姿势一般称“腾空步”（图 7-24）；“腾空步”后空中动作有三种：蹲踞式、挺身式和走步式。蹲踞式比较易学，一般在中学都已学过；走步式对身体素质的要求比较高，一般不易学；挺身式比较适合大学生。

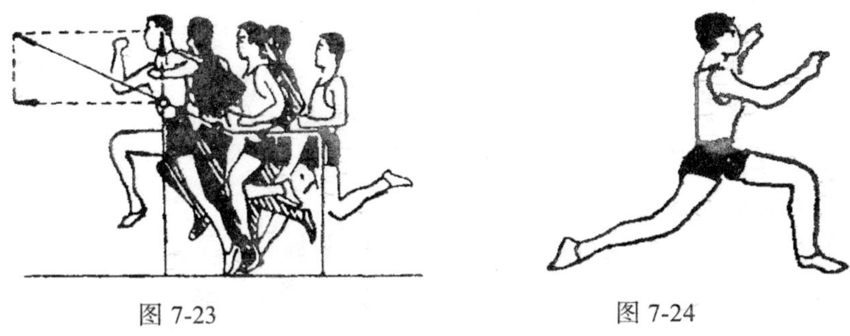

图 7-23　　　　图 7-24

（1）挺身式跳远的空中挺身动作，能使体肌拉长，有利于收腹举腿和伸腿落地，同时也可较好地避免蹲踞式跳远时身体易绕横轴向前回旋而过早落地的缺点。

（2）挺身式的动作过程。挺身式跳远的空中动作在“腾空步”后即开始，但“腾空步”保持的时间比蹲踞式短。“腾空步”后展髋放下摆动腿，并后摆与起跳腿靠拢；当摆动腿下放时，两臂向下、向后上方振摆，同时两腿继续向后摆动，在空中形成挺身姿势，而后收腹举腿，两臂向上向前、向下向后摆动，准备落地（图 7-25）。

图 7-25

6. 落地

正确的落地动作，有利于提高跳远成绩。落地方法有向前和侧倒两种。当脚跟触地的一刹那，前脚掌下压，并屈膝前移重心，身体随惯性前倒，或当双脚落地后，一脚支撑，一脚放松，身体向放松腿一侧侧倒落地。落地动作可分解为三部分：

（1）着地前两腿屈膝高抬，膝关节向胸部靠拢，上体不要过于前倾。

（2）即将着地时膝关节迅速伸直，使小腿前伸，以足跟先触及地面。

（3）在脚跟触及地面的刹那，立即屈膝或迅速挺腹，使身体重心迅速移过落点。

（二）练习方法

1. 起跳

（1）原地模仿起跳练习。在确定起跳腿后，原地做起跳练习，摆动腿和两臂的摆动和起跳蹬地要同时，协调一致。

（2）从走步到慢跑连续做起跳练习。原地起跳动作比较正确后，再在走步中做，做后慢跑 3～4 步连续做起跳练习（可集体在跑道或平整的场地上进行练习）。

（3）4～6 步助跑起跳，用摆动腿落入沙坑，而后随惯性向前跑进。注意不能用踏跳腿落地，以免踏跳腿负担过重。

（4）同上练习，起跳后用头触及或手摸高悬物。

（5）中、远程助跑起跳练习。

2. 腾空挺身动作练习

（1）原地做腾空动作的模仿练习。

（2）原地上一步起跳，在落地前快速完成腾空动作。

（3）4～6 步助跑起跳后做摆动腿练习。小腿微向前、向下、向后摆动，膝关节放松，落地后继续向前跑进。

（4）利用踏跳板（台），4～6 步助跑起跳做腾空动作。

（5）不用踏板做上述练习，要求把注意力集中在做腾空动作上。

3. 落地动作练习

（1）4～6 步助跑跳远，落地前做伸小腿动作，不要怕后坐。

（2）6～8 步助跑跳远，落地前做伸小腿动作，脚落地刹那，迅速做屈膝或挺腹动作，避免后坐。

4. 完整技术练习

（1）中距离助跑起跳，改进腾空与落地动作。

（2）正确丈量步点，每次助跑接近起跳板时均要做起跳动作，然后以摆动腿落地继续向前跑进。这样接近正式试跳的练习，容易校正步点。丈量步点次数不宜过多，3～4 次即可，如果过多会因体力等因素影响后面的正式试跳。

（3）全程助跑挺身式跳远练习。

（三）练习提示

1. 注意事项

（1）教学时，除指出技术要点外，更要抓住练习时存在的问题，反复示范，以免混淆技术动作。

（2）教学和练习的重点应放在快速助跑和踏跳的结合上，最好每次课都安排助跑与踏跳相

结合的练习。

（3）在跑道上练习起跳，开始要求在一定范围内起跳，以后可以逐步缩小踏跳区的宽度。测验时要按规则进行，要充分发挥助跑速度，不要因凑步子上板而降速。

2. 错误动作纠正

1）助跑凑步子上踏跳板

产生原因：概念不清，以为只要踩上板起跳成绩就好，不知道凑步子上板会因降速而影响跳远的成绩。

纠正方法：讲清凑步子上板的不良后果，练习时发现凑步子立即指出，并检查纠正。

2）助跑步点不准

产生原因：开始助跑姿势不固定，助跑加速的距离也不一样，形成步长不稳定。

纠正方法：固定开始助跑姿势和加速距离，预先做好标志或固定加速步数，并注意场地和气候的变化。

3）助跑最后几步降速

产生原因：除了凑步子上板外，主要害怕越板犯规，过早出现起跳意识。少数同学身体素质差，前程助跑快，后程缺乏快速助跑的能力。

纠正方法：讲清利害，克服怕犯规的心理因素；提醒学生在前程助跑时慢一些，最后不要降速。

4）起跳腿蹬不直，起跳向前不向上

产生原因：起跳腿蹬地不充分，急于起跳，腿部力量差，对起跳要积极向上的概念认识不清。

纠正方法：手扶肋木或栏杆等物侧向站立做起跳腿蹬伸送髋动作；多做短距离助跑起跳头触高悬物；发展腿部力量。

5）挺身过早或以挺腹替挺身

产生原因：概念不清，摆臂和摆腿动作不够充分；刚起跳时就出现挺身动作。

纠正方法：弄清挺身和挺腹的区别，多做原地模仿练习。

6）落地前没有向前伸小腿

产生原因：向前伸小腿意识差；空中失去平衡，不能自主伸腿；腰腹力量和柔韧性差。

纠正方法：反复讲清伸腿的作用，加强伸腿意识，做立定跳远练习要求落地时伸腿；多做短距离助跑跳远，重点注意落地时小腿前伸。

第四节　投　掷　项　目

从1896年第一届现代奥运会开始，推铅球就成为正式的比赛项目。男子铅球的质量为7.26千克，女子铅球的质量为4千克。经常参加推铅球活动，可以锻炼身体、增进健康、增强体质，特别是对发展躯干和上下肢的力量有显著作用。

一、背向滑步推铅球的教学内容与技术要点

背向滑步推铅球的完整技术，可分开始姿势、滑步和最后用力三部分（图7-26）。这种技术的优点在于获得更大的预先速度和更大超越器械的效果，进而加长推铅球的用力距离，更利于初速度的获得，把铅球推得更远。

图 7-26

1. 开始姿势（以右手推铅球为例）

背对投掷方向站在投掷圈内的后部，两脚前后开立，右脚尖靠近投掷圈内后缘，脚跟对投掷方向。左脚在后约一脚远，用前脚掌着地。体重落在右腿上，两眼平视前方，这种姿势称为高姿势（图 7-27），但也有采用低姿势的（图 7-28）。两姿势相比，高姿势动作自然，并能协调地转入滑步动作；低姿势中铅球处于低位置，较易维持身体平衡。

图 7-27　　图 7-28

2. 滑步

滑步动作开始前，往往进行预摆动作。预摆时左腿自然弯曲，大腿向后上方摆起，右腿伸直，脚跟伸直，脚跟提起，用脚的前掌支撑体重，眼看前下方（图 7-26①～③）。

当预摆结束形成团身姿势时（图 7-26③），紧接着身体重心后移，同时左腿用力向抵趾板中间偏左方向摆出并用前脚掌内侧着地。左腿前摆的同时右腿蹬地后主动收拉小腿，而且边收边内转，右脚落在投掷圈的圆心附近，此时体重落在弯曲的右腿上，形成最后用力前的超越器械姿势

（图 7-26③～⑩）。

3. 最后用力

最后用力阶段是推铅球技术的主要环节。当滑步即将结束左脚积极着地一刹那，右腿和髋向投掷方向蹬转发力，同时上体也迅速向投掷方向抬起，左臂也向投掷方向牵引，形成了推球的有利姿势（图 7-26⑬）。由于右腿的继续蹬转右髋不断向投掷方向转动，头和胸对着投掷方向。之后，屈膝有力支撑的左腿和右腿同时用力蹬地，右肩前送，右臂用力将铅球推出。铅球出手时，手腕、手指用力拨球，两腿蹬直（图 7-26⑲）。

铅球出手后，为了保持身体平衡，一般是两腿弯曲，降低身体重心，左脚和右脚应及时地协调交换位置（图 7-26⑳～㉓）。

二、练习方法

1. 学习原地背向推铅球

（1）握球：五指自然分开，把球的重量放在食指、中指和无名指的指根上，大拇指和小指在球体两侧，手腕充分向后背屈（图 7-29）。

（2）持球：将球握好放在锁骨窝处，头部微向左靠，用颈部和下颌贴紧铅球。右手抵球，肘部稍外展，手心向上（图 7-30）。

图 7-29

图 7-30

（3）原地背向推铅球的站位方法：两脚背对投掷方向前后站立，右脚在前，左脚在后，分开比肩稍宽。右脚掌微内扣，左脚掌稍外展并用前掌内侧着地（全掌亦可）。一般都是左脚尖同右脚跟在一直线上（图 7-31）。

（4）原地背向推铅球方法：站好后，接着是躯干和肩带右转成背对投掷方向。上体前倾，右腿弯曲成 130°左右，右膝微屈，左臂向前下方自然伸出，体重落在右腿上。用力前的姿势站好后，立即蹬右腿送右髋向投掷方向，在蹬腿送髋发力的使用下形成躯干、手臂、手的共同用力把铅球推出。原地推出时两脚换位或不换位都可以（图 7-32）。其练习方法可先进行单人徒手模仿练习，再进行原地推实心球（或小皮球）的练习，之后再进行原地推铅球的练习。

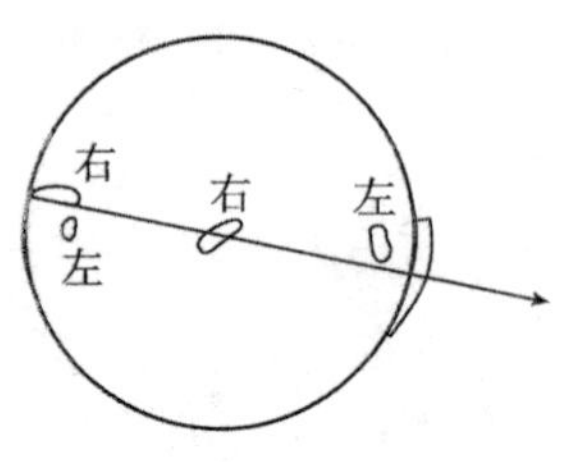

图 7-31

图 7-32

2. 学习背向滑步推铅球

（1）单人徒手做摆左腿、蹬右腿、收右小腿的滑步练习。

（2）手拉同伴的手做上述练习。

（3）两手放于背后做上述练习。

（4）持铅球的滑步练习。

（5）持铅球的滑步后蹬右腿起体练习（图 7-26①～⑭）。

（6）背向滑步推铅球完整技术练习。

3. 专门性技术练习方法

（1）前、后抛铅球（或实心球等）。

（2）原地向前上、向前下推铅球。

（3）原地正面向前推铅球（或实心球）。脚的站法分左右平行和左前右后站。

（4）实心球的坐推和跪推（图 7-33 和图 7-34）。

图 7-33　　图 7-34

（5）持球或徒手的连续滑步。

（6）侧向滑步推铅球（图 7-35）。

图 7-35

三、练习提示

1. 注意事项

（1）铅球技术中三个部分是紧密相连的，其中最后用力是关键部分，而滑步与最后用力的衔接是重要环节。

（2）铅球教学与练习时，每次课都要加强安全教育，组织教法得当，措施具体，要求明确。

（3）教学与练习时男子用 5 千克、女子用 3～4 千克的铅球练习为主。

（4）为有利于掌握技术，除采用必要的分解动作，专门练习或诱导、辅助练习外，主要还应以完整技术练习为主。

2. 错误动作纠正

1）不是推铅球，而是抛球或掷球

产生原因：肘关节过低，头在滑步过程中过早左转，铅球离开正确的持球部位。

纠正方法：滑步时把左肘关节抬到同肩平的位置上，滑步过程中眼看前下方。

2）推铅球时造成手指、手腕挫伤

产生原因：手指、手腕力量差。推球时手指、手腕过于放松，加上用力过于突然造成。

纠正方法：注意加强手指、手腕的力量。推球时，握球手保持一定的紧张程度，也可以用轻铅球等器材进行练习。

3）出现臀部后坐而单纯用手臂力量推球

产生原因：用力顺序不正确。用力前的姿势不正确。手臂的用力意识过强过早。

纠正方法：明确并强调蹬腿送髋发力基础上的躯干、手臂用力推球的概念。用力之前的姿势中克服步子过大，并把重心保持在右腿上。

4）滑步后出现停顿

产生原因：动作的加速意识不强。左脚落地不积极。右腿力量小，不能及时发力。

纠正方法：强调整个技术动作由慢到快的加速节奏，可根据加速节奏的信号或口令练习。左腿摆动要向前且积极落地，克服左腿高摆。加强腿部力量。

5）滑步时身体重心上下起伏过大

产生原因：左腿摆动过于向上，形成跳步。左腿力量不够。

纠正方法：左腿向前下方摆（同时右腿蹬的方向应以向前为主）。加强腿部力量。

第五节　田径基本竞赛规则

一、径赛主要规则

（1）在跑道上举行的径赛项目，手计时应判读到较差的 1/10 秒。停表时如果指针停在两线之间，应按较差的时间计算。当百分位秒不是零时，应进位至较差的 1/10 秒，如 10.11 秒应进位到 10.2 秒。在 3 只正式表中，两只表所计的时间相同而第三只表不同时，应以这两只表所计时间为准；如 3 只表所计时间各不相同，应以中间时间为准；如只使用两只秒表，所计时间不相同时，应以较差的时间作为正式成绩。计时应从发令枪发出的闪光或烟开始，直至运动员躯干（不包括头、颈和四肢）的任何部位抵达终点线后沿垂直面的瞬间为止。

（2）400 米及 400 米以下（包括 4×100 米、4×200 米和 4×400 米接力的第 1 棒）各个项目，运动员应采用蹲踞式起跑（正式比赛必须使用起跑器）。在“各就位”口令之后，双手和一个膝盖必须触地，双脚必须接触起跑器。发出“预备”口令时，运动员应立即抬高身体重心，做好最后的起跑姿势。此时运动员的双手必须与地面接触，两脚不得离开起跑器。运动员已就位时，其双手或双脚不得触及起跑线或起跑线前地面。运动员做好预备姿势之后到鸣枪之前开始做起跑动作，应判起跑犯规（自 2003 年 1 月 1 日起，对第一次起跑犯规的运动员应给予警告，之后的每次起跑犯规的运动员应被取消该项目的比赛资格。在全能比赛中如一名运动员两次起跑犯规将被取消比赛资格）。

（3）运动员在过栏瞬间其脚或腿低于栏顶水平面，或者跨越他人栏架，或者裁判长认为该运动员有意用手推或用脚踢倒栏架，应该取消其比赛资格。

（4）接力跑时运动员必须持接力棒跑完全程。如发生掉棒，必须由掉棒人捡起。允许掉棒运动员离开自己的分道捡棒，但不得因此缩短比赛的距离，如果捡棒时缩短比赛距离或侵犯其他运动员，则取消其比赛资格。在所有接力赛跑中，必须在接力区内传递接力棒。仅以接力棒的位置决定是否在接力区内完成接力，而不取决于运动员的身体或四肢的位置。

4×400 米接力的三、四棒运动员应在指定裁判员指挥下，按照同队传棒运动员跑完 4×200 米时的先后顺序（由内向外）排列各自的接棒位置。

二、田赛主要规则

（1）跳高比赛应抽签排定运动员的试跳顺序。运动员必须用单脚起跳。试跳后，由于运动员的试跳动作，横竿未能留在横竿托上，则判为试跳失败。在越过横竿前，身体的任何部分触及立柱前沿（离落地区较近的边沿）垂直面以外的地面或落地区，也判试跳失败。如果运动员在试跳中一只脚触及落地区，而裁判员认为其并未从中获得利益，则不应判为试跳失败。在任何高度上，只要运动员连续 3 次试跳失败，即失去继续比赛的资格，而因第一名成绩相等而进行的决名次赛的试跳除外。比赛时，运动员可以在横竿升高计划中的任何一个高度开始试跳，也可在以后任何一个高度根据自己的愿望决定是否试跳或请求免跳。但在某一高度上请求免跳后，不准在该高度上恢复试跳。丈量高度时，需使木尺与地面垂直，从地面量至横竿上沿的最低处。

（2）田赛远度项目的比赛应抽签决定运动员试跳或试掷的顺序。运动员超过 8 人，则每人先试跳或试掷 3 次，成绩最好的前 8 名运动员再试跳或试掷 3 次，试跳或试掷的顺序与前 3 次试跳后的排名相反。如果在第 3 试跳或试掷结束后出现第八名成绩相等，按田赛远度项目成绩相等处理办法处理。当比赛人数只有 8 人或少于 8 人时，每人均可试跳或试掷 6 次。

（3）跳远比赛时，在未做起跳的助跑中或在起跳中，运动员以身体任何部位触及起跳线前面的地面；从起跳板两端之外的起跳线的延长线前面或后面起跳；在落地过程中触及沙坑以外地面，而沙坑外触地点较沙坑内最近触地点更靠近起跳线；完成试跳后，向后走出沙坑。以上情况均属于试跳失败。

（4）三级跳远比赛时，第 1 跳（单足跳）是用起跳腿落地，第 2 跳（跨步跳）是用另一腿（摆动腿）落地，第 3 跳（跳跃）是用双脚落入沙坑，才算完成试跳。运动员在试跳中摆动腿触地不应视为试跳失败，其余同跳远比赛规则。跳跃远度项目测量成绩的方法应从运动员身体任何部位触地的最近点量至起跳线或起跳线延长线，测量线应与起跳线或其延长线垂直丈量。

（5）铅球比赛时，运动员应从投掷圈内从静止姿势开始试掷。推铅球时，应将铅球抵住或靠近颈部或下颌，用单手从肩部将球推出，在推球过程中持球手不得降到此部位以下，不得将铅球置于肩轴线后方。运动员进入圈内开始投掷后，如果身体任何部位触及圈外地面，或触及铁圈和抵趾板上面，或以不符合规定的方式将铅球推出均判为一次试掷失败。运动员在器械落地后方可离开投掷圈；离圈时，必须从后半圈走出；铅球必须完全落在落地区角度线以内，试掷方为有效。每次有效试掷后，应立即测量成绩。从铅球落地痕迹的最近点取直线量至投掷圈内沿，测量线应通过投掷圈圆心（从 2003 年 1 月 1 日起，除标枪外，各投掷项目落地区标志线的内沿延长线的夹角为 34.92°。注：可用下列精确设置 34.92°扇形落地区：在离投掷圈圆心 20 米处，两条落地区标志线相距 12 米，即每离开圆心 1 米，落地区标志线的横距增加 60 厘米）。其他投掷项目比赛，除场地、器械和投掷方法与铅球有差异外，比赛规则与铅球基本相同。

第八章

篮　　球

本章导读

篮球运动是一项综合性体育项目，具有对抗性、集体性、多变性、激烈性与综合性等特点。篮球运动又是身心俱用的全身活动项目，运动时既能享受到轻松愉快，又能体验到竞技的紧张，还可以增强力量、弹跳力、速度、灵敏等素质。通过各种比赛，可以提高篮球意识和观赏水平。通过学习本章掌握常用的篮球基本技术，熟悉基本战术和简便的练习方法，了解篮球赛的比赛方法和裁判法。

第一节　篮球运动概述

篮球运动起于1891年，由美国马萨诸塞州春田市基督教青年会干部训练学校体育教师詹姆斯·奈史密斯发明，当时向装桃的篮子投掷为目标，故取名为篮球。最初篮球比赛上场人数、场地大小和比赛时间均无严格限制，只要人数相等就可比赛。20世纪初的规定为上场队员9人，1920年前后改为每队6人，之后又改为每队5人。1932年，国际业余篮球联合会在瑞士的日内瓦成立。1989年，国际业余篮球联合会更名为国际篮球联合会，通常称为国际篮联。1948年国际业余篮球联合会决定从1950年开始，每四年举行一次男子篮球世界锦标赛；女子篮球运动则是从1917年兴起，1953年于智利举办第一届世界女子篮球锦标赛，并决定以后每四年举行一次。篮球在1904年被列入奥运会的表演项目，到1936年柏林奥运会成为正式项目。女子篮球到1976年蒙特利尔奥运会才成为正式项目。

国际篮球联合会是国际性的篮球运动组织，由世界各国的篮球协会组成，总部设在瑞士日内瓦。它负责制定国际篮球球例、篮球比赛用的篮球场和篮球规格（如篮球筐的高度、篮球场的长阔度、禁区的大小、三分线的距离和比赛用球等），控制球员的调动，任命可以在国际篮球比赛执法的球证和举办大型篮球比赛。由1932年成立至今（2018年），共有215个会员方。由1989年开始分为五个地区委员会，专责处理该地区篮球事务，五个地区委员会包括非洲地区委员会、美洲地区委员会、亚洲地区委员会、欧洲地区委员会和大洋洲地区委员会。

国际篮球联合会规定奥运会篮球赛参加比赛的男子球队共12队，入围资格则是上届奥运会前三名、主办国代表队、北美洲、南美洲、中美洲、大洋洲、亚洲、欧洲、非洲的各洲冠军队和世界性选拔赛的第一名。参加比赛的女子球队共8队，参加资格则是上届奥运会的前三名、主办国代表队和世界性选拔赛的前四名。历届奥运会上成绩最佳者是美国篮球队和苏联篮球队。1992

年巴塞罗那奥运会让职业篮球选手参加奥运会比赛，提高了奥运会篮球赛的水平。

1950 年首次举行的世界男子篮球锦标赛和 1953 年首次举行世界女子篮球锦标赛，是国际篮球联合会主办的最高级别国际篮球竞赛，两项比赛都是四年举办一次。

在各国俱乐部联赛方面，美国国家篮球协会（NBA）联赛汇集当今全球各地的顶尖好手，可以说是世界水平最高的联赛。中国篮球职业联赛（CBA）也在快速发展之中，并吸引了越来越多的观众及高水平运动员参加。

篮球运动是在长 28 米，宽 15 米的长方形平面场上，比赛双方各出 5 名队员，在规则的限制下，通过掷、拍、滚或运，将球投入位于一定高度的对方球篮得分，并阻止对方获球或得分的竞技体育项目。它具有较强的集体性、对抗性、趣味性和观赏性。经常从事篮球运动能促进速度、力量、耐力、灵敏等身体素质的全面发展，提高内脏器官和中枢神经系统的功能。篮球运动深受广大群众的喜爱，广泛普及，在体育运动中占有重要的地位。

篮球场地器材中篮圈顶部至地面的高度是 3.05 米。男子比赛球的质量不得少于 567 克，不得多于 650 克。女子比赛球的质量不得少于 510 克，不得多于 567 克。篮球比赛由两个队参加，每队出场 5 人。比赛由 4 节组成，每节 10 分钟，在第一节和第二节（第一半时）之间，第三节和第四节（第二半时）之间，以及每一决胜期之前，有 2 分钟的休息时间，半场之间的比赛休息时间应为 15 分钟。如果在第四节比赛时间终了时比分相等，为了打破平局，需要一个或多个 5 分钟的决胜期来继续比赛。

第二节 篮球基本技术

篮球技术是篮球比赛中有一定目的的专门动作方法的总称，也是篮球运动攻守动作体系的总和。根据篮球比赛中攻守对抗的规律，可将篮球技术分为进攻技术和防守技术，其分类有如下几种，如图 8-1 所示。

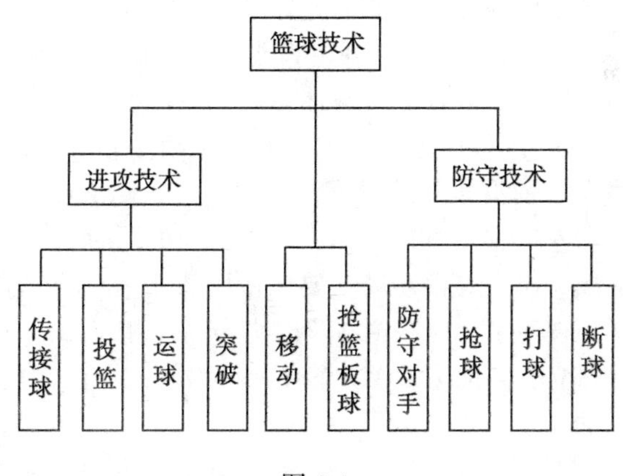

图 8-1

一、移动

移动是篮球运动中队员为了改变位置、方向、速度和争取高度、空间所采用的各种脚步动作方法的总称。它是完成各项技术动作的基础，也是实现篮球战术目的的重要因素。

1. 主要方式

（1）准备姿势：准备姿势的方法是两脚依据场上需要，平行或前后开立，距离约与肩同宽，两膝自然弯曲，身体重心的投影点在两脚之间，上体正直稍前倾，两眼平视，时刻保持起动状态。

（2）起动：是队员在场上由静止状态变为运动状态的突变动作，是获得位移速度的方法。起动时，上体迅速前倾或侧转，同时后脚或起动方向的异侧脚的前脚掌短促有力蹬地，手臂积极摆动，两脚交替蹬地，前两三步要短促而快，在最短的距离内充分发挥最快速度。

（3）跑：是为了完成攻守任务而争取时间的脚步动作。篮球运动中跑动的方式主要有侧身跑、变速跑、后退跑、变向跑等，变向跑是篮球比赛中采用最多的脚步运动方法之一。

（4）跳：是篮球运动中攻守争夺空间常用的主要手段。跳的方法有两种，一种是双脚起跳，另一种是单脚起跳。双脚起跳多用于跳起投篮、抢防守篮板等情况，单脚起跳多用于行进间投篮及抢、断球等情况。

（5）急停：是队员在跑动中突然制动速度的一种动作方法，是衔接其他技术动作和摆脱对手的有效方法。急停的方法有跳步急停（一步急停）和跨步急停（两步急停）两种。跳步急停是指停步之前以一脚蹬地跳起并腾空，接着采用双脚同落地的方法；跨步急停为双脚依次落地的方法。无论采用哪种方法，都要在停步前适当降低身体重心，两脚落地时两膝弯曲，重心保持在两脚之间，上体稍前倾，目视前方，成基本站立姿势。

急停动作口诀：单起双落脚平行，屈膝抬头重心低。抬头屈膝稍张臂，脚掌内侧齐蹬地。

（6）转身：是根据篮球运动规则的要求，以一只脚为轴，另一只脚蹬地、转体并改变身体朝向的面，从而改变与对手的关系的技术方法。转身时，两腿微屈，重心下降，一脚做轴并将脚跟稍提起，前脚掌碾地，另一脚蹬地，同时移动重心，以转头、转肩和转腰的力量带动身体进行弧形移动，使身体改变原来的面向。转身技术包括前转身和后转身两种。移动脚蹬地在做轴脚前方进行弧形移动的叫做前转身，反之叫做后转身。

（7）跨步：是在基本站立姿势的基础上，以一脚为轴，另一脚向侧或前方跨出的技术方法，包括同侧步（又称顺步）和异侧步（又称交叉步）两种。同侧步是向移动脚的同侧跨出，而异侧步是向移动脚的异侧跨出。跨步时，两腿膝，重心降低，做轴脚的脚跟稍提起，用力碾地，另一脚向身体的侧方或前方跨出，跨出后要控制好身体重心，以便衔接下一个动作。

（8）滑步：是个人防守时应用最广泛、最主要的脚步动作方法，是一切个人整体防守战术行动的基础。滑步分为侧滑步、前滑步、后滑步、后撤步等。侧滑步时（以向左侧滑步为例），右脚前脚掌内侧蹬地，左脚向左（移动方向）跨出，在落地的同时右脚紧随滑动，向左脚靠近，两脚保持一定距离，左脚继续跨出。在滑步时，要保持屈膝低重心的姿势，身体不要上下起伏，重心保持在两脚之间，眼要注视对手，向右侧滑步时脚步动作相反。前（后）滑步的动作方法与侧滑步相同，只是两脚前后站立，向前（后）方移动。后撤步的方法为前脚蹬地，在转腰的带动下前脚变为后脚的防守脚步动作。

侧滑步动作口诀：两臂侧举腿开立，跨、蹬连接要紧密，重心侧移齐协力。

2. 移动动作难点

控制、降低身体重心，蹬、跨地有力，保持身体重心的稳定性和制动性。

3. 移动练习步骤

（1）基本站立姿势，看信号突然快速起动练习。

（2）原地做各种脚步动作，听到信号突然快速起动练习。

（3）全场徒手一对一做变向、变速、侧身跑摆脱防守练习。
（4）慢跑三至五步做跨步急停，跳步急停练习。
（5）原地双脚起跳摸高和跑动中单脚起跳摸高练习。
（6）一对一持球做跨步，前后转身练习。

4. 易犯错误与纠正方法

1）易犯错误
（1）起动前身体重心偏高，两膝弯曲不够，不便于迅速蹬地。
（2）变速跑时，前脚掌抵地力量不够。
（3）侧身跑时上体转体不够，动作不协调，转身时腰胯用力不够。
（4）急停时，身体松展造成停不稳，重心前移，没有制动和身体自然调整重心动作。
（5）转身时，中枢脚用前脚掌做轴旋转，身体上下起伏。
（6）滑步时，两脚并步，身体重心上下起伏。
2）纠正方法
（1）加强髋关节灵活性和腿部肌肉力量练习，强迫屈膝降低重心。
（2）教师用正确的示范动作引导学生练习，在练习中经常用语言提醒。

二、传、接球

传、接球是在篮球比赛中进攻队员之间有目的地支配球、转移球的方法。它是进攻队员在场上相互联系和组织进攻战术的重要保障，也是实现战术配合的具体手段。

1. 双手胸前传球

（1）动作要领：双手持球于胸腹之间，两肘自然弯曲于体侧，身体成基本站立姿势，眼平视传球目标。传球时后脚蹬地发力，身体重心前移，两臂前伸，两手腕随之旋内，拇指用力下压，食、中指用力拨球并将球传出，球出手后，两手向下略向外翻。
（2）动作要点：持球动作正确，用力协调连贯，食、中指拨球。
（3）动作难点：上下肢协调配合和手对球的控制支配能力。
（4）动作口诀：持球手心空，置于胸腹中，伸翻拨指要放松。

2. 双手头上传球

（1）动作要领：双手举球于头上，双肘向前。近距离传球时，前臂前摆，手腕前扣并外翻，同时拇指、食指、中指用力拨球。传球距离远时，用脚蹬地和腰腹力量带动上臂发力，前臂前甩，腕、指用力前扣和拨球。
（2）动作要点：前臂前摆和手腕前扣要快速有力，手指用力拨球。
（3）动作难点：翻手腕、手指弹拨球。
（4）动作口诀：头上举球手心空，扣翻拨指要适中。

3. 单手肩上传球

（1）动作要领：双手持球于胸前，两脚平行开立，右手传球时，左脚向传球方向跨出半步，右手靠左手指拨送球的力量，将球引到右肩侧上方，右肩关节引展，大小臂自然弯曲，手腕约后屈，持球的后下方，左肩对着传球方向，重心落在右脚上。传球时，右脚蹬地发力同时转体带动上臂和前臂，手腕前屈，食、中、无名指用力拨球将球传出，如图 8-2 所示。

图 8-2

（2）动作要点：自上而下发力，蹬地、扭转肩、挥臂扣腕动作连贯。

（3）动作难点：手控制球的能力，时间、空间的判断能力。

（4）动作口诀：右手持球肩上托，挥臂转体要灵活，手腕前扣指压拨。

4. 双手接胸部高度的球

（1）动作要领：两眼注视来球，两臂伸出迎球，两手手指自然张开，拇指相对成“八”字形，其余手指朝前上方，两手成一个半球形。当手指接触球后，用力握球，同时两臂随球后引缓冲来球的力量，双手持球于胸腹之间，成基本站立姿势。

（2）动作要点：伸臂迎球，在手接触球时收臂后引缓冲，握球于胸腹之间，动作连贯一致。

（3）动作难点：接球时的后引缓冲动作。

（4）动作口诀：伸臂迎来球，触球后引要随球，胸腹之间紧握球。

5. 单手接球

（1）动作要领：原地单手接球时，接球手向来球方向伸出，五指自然张开，掌心正对来球，腕、指放松。当手指触球时，顺球的来势迅速收臂，置球于身体前方或体侧，另一手迅速扶球，保持身体平衡，做好下一个进攻动作的准备姿势。在移动中接球时，要判断来球的时间和落点，及时向来球方向跨步移动，接球后要迅速降低重心，衔接下一个进攻动作。

（2）动作要点：手指自然分开伸臂迎球，触球后引要快，另一只手及时扶球。

（3）动作难点：接球的手法和手脚动作的配合。

（4）动作口诀：单手伸臂迎来球，指端触球腕缓冲。

6. 练习步骤

（1）原地两人一组一球各种传、接球练习。

（2）全场两人一组行进间传、接球练习。

（3）四角多球跑动的各种传、接球练习。

（4）一防二、二防三的传、接球练习。

（5）全场三人“8”字形围绕传、接球练习。

7. 易犯错误与纠正方法

1）易犯错误

（1）双手胸前传球时，全手掌触球，手心没有空出，两拇指距离过大或过小，持球动作不正确。

（2）双手胸前传球时，两肘外展过大，两臂用力不一，形成挤球，出手后两手上下交叉。

（3）单手肩上传球时，没有摆臂、拨指、抖腕动作。

（4）双手胸前接球时，两手指朝前，两手没有形成半圆；伸臂迎球时，臂、腕、指紧张，引球动作不及时。

2）纠正方法

（1）两人一组，面对站立，一人握球，一人做双手胸前传球时的正确模仿练习。

（2）两人一组，一人对墙传球，另一人纠正动作。

三、投篮

投篮是持球队员将球投入篮圈所采用的各种动作方法的总称。投篮是篮球运动最重要的进攻技术，是比赛中唯一的得分手段。

1. 原地单手肩上投篮

（1）动作要领：以右手投篮为例，右手五指自然分开，手心空出，用指根以上的部位持球，大拇指与小拇指控制球体，左手扶在球的左侧，右臂屈肘，肘关节自然下垂，置球于右肩前上方，目视球篮。两脚左右或前后开立，两膝微屈，重心落在两脚掌上。投篮时，下肢蹬地发力，右臂向前上方抬肘伸臂，手腕前屈，食指、中指用力拨球，通过指端将球柔和地投出，如图 8-3 所示。

图 8-3

（2）动作要点：上下肢协调用力，抬肘伸臂充分，用手腕前屈和手指柔和的拨球将球投出，中指、食指控制方向。

（3）动作难点：前臂旋内，手指拨球，上、下肢和左、右手用力协调一致。

（4）动作口诀：两腿前后微屈膝，右托左扶瞄篮立，伸臂扣腕指用力。

2. 原地双手胸前投篮

图 8-4

（1）动作要领：双手持球于胸前，肘关节自然下垂，两脚前后或左右开立，两膝微屈，重心落在两脚之间，目视瞄准点。投篮时，两脚蹬地，两臂向前上方伸出，同时，两手腕旋内，使球通过拇指、食指、中指端投出。球出手后，两手心自然向下向外翻，脚跟提起，身体随投篮出手方向自然伸展，如图 8-4 所示。

（2）动作要点：自然屈肘下垂，投篮时两臂用力均衡，前臂内旋，手指拨球用力与下肢动作要协调一致。

（3）动作难点：双手协调控制球的力度、弧度与方向，伸臂屈腕、拨指。

（4）动作口诀：胸前持球掌心空，双眼瞄篮前沿中，蹬伸翻腕拨食中。

3. 行进间单手肩上投篮

（1）动作要领：以右手投篮为例，右脚向前跨一大步的同时接球，左脚迅速蹬地起跳，右脚屈膝上抬，双手举球于右肩前上方，腾空后，上体稍后仰，当身体跳到最高点时，右臂向前上方伸展，手腕前屈，食指、中指用力拨球，通过指端将球投出。

（2）动作要点：节奏清楚，起跳充分，举球、伸臂、屈腕、拨球动作连贯，用力适度。

（3）动作难点：身体腾空时平衡地控制投篮的出手动作，在较快速度运球跑投篮时的命中率。

（4）动作口诀：跨右接球在空中，迈左举球体腾空，伸扣拨指入篮中。

4. 行进间低手投篮

（1）动作要领：跨右（左）脚的同时接球，左（右）脚接着跨一小步并用力蹬地跳起，跳起后身体尽量向球篮方向伸展，双手持球，前臂外旋，掌心向上，向球篮方向伸展，屈腕，食指、中指拨球，通过指端将球投出，如图 8-5 所示。

图 8-5

（2）动作要点：跨步节奏清楚，腾空身体向前上方伸展，出手用力柔和。

（3）动作难点：速度快慢与手举球高低和投篮力量之间的协调配合。

（4）动作口诀：跨步接球在空中，迈步举球体腾空，伸臂抖拨入篮中。

5. 练习步骤

（1）原地和行进间投篮的各种模仿性练习。

（2）在半场多点、多球投篮练习。

（3）全场各种运球投篮或传、接球投篮练习。

（4）半场对抗中一对一、二对二投篮练习。

6. 易犯错误与纠正方法

1）易犯错误

（1）持球手法不正确，五指没有自然分开，用手心托球。

（2）肘关节外展，致使上肢各关节运动方向不一致。

（3）投篮时抬肘伸臂不够，导致手臂前推，形成抛物线偏低。

（4）双手投篮时，两手用力不均匀，伸臂不充分。

（5）行进间投篮时第一步过小，第二步又未能缓冲，造成身体前冲，控制球能力差。

2）纠正方法

（1）徒手模仿练习，使学生体会协调用力和掌握动作节奏。

（2）投篮手臂靠近墙壁做徒手或持球的投篮模仿练习，纠正肘部外展。

（3）用“抬肘、伸臂、压腕”等词语纠正肘关节过早前伸，伸臂不充分以及屈腕、拨指不够或球不旋转等错误。

（4）用“跨步、二步小、提膝、出手”等语言信号提醒学生跨步接球、起跳、出手时机。

四、运球

持球队员在原地或移动中，用单手连续拍击，并借助地面反弹起来的球继续原地或移动中连续拍球推进的技术叫运球。运球是篮球运动重要的进攻技术，是个人摆脱防守，创造传球、突破、投篮得分机会的重要进攻手段，也是进攻队员发动快攻、组织全队进攻配合的纽带，瓦解防守阵型的重要手段。

1. 高运球

（1）动作要领：两脚前后开立，两膝微屈，上体稍前倾，目视前方。运球手臂自然弯曲，以肘关节为轴，用手按拍球的后侧上方，球的反弹高度在腰、胸之间。

（2）动作要点：手按拍球的部位合理，手脚配合协调。

（3）动作难点：运球的手型，按拍球的部位、力量。

（4）动作口诀：按球空掌心，拍球肘轴心，前进高重心。

2. 低运球

（1）动作要领：两腿深屈，降低重心，上体前倾，用上体和腿保护球。同时，手短促地按拍球，球的反弹高度在膝关节以下，以便控制球和摆脱防守继续运球。行进间低运球拍球的部位在球的后上方或侧后方。

（2）动作要点：重心降低，上体前倾，按拍球短促有力。

（3）动作难点：运球的手型，按拍球的部位、力量。

（4）动作口诀：按拍球时空掌心，手腕扬、压是核心，摆脱防守低重心。

3. 侧身体前换手变向运球

（1）动作要领：运球队员从对手右侧突破时，先向对手左侧运球，当对手向左侧移动时，运球队员突然向右侧变向，用右手按拍球的右侧上方。同时，右脚向左前方跨出，用肩、腿、上体挡住对手，接着迅速换左手按拍球的后上方，从对方的右侧运球超越对手。换手时，球要低，动作快，如图 8-6 所示。

图 8-6

（2）动作要点：变向时重心降低，转体探肩，蹬跨突然，还原快速用力，换手变向后加速要快。

（3）动作难点：手控制球能力，脚步动作的质量，手脚协调配合。

（4）动作口诀：改变方向要隐蔽，跨步过人重心移。护球一侧肩先过，侧身超越防守者。

4. 运球急停急起

（1）动作要领：运球急停时，利用跨步急停动作，用手按拍球的前上方，变为暂时的原地运球，用臂、身体和腿保护球；急起时，身体重心迅速前移，后脚用力蹬地跨出，同时用手按拍球的后上方，推球前进，如图 8-7 所示。

（2）动作要点：重心转移快，脚蹬、抵地要有力，按拍球部位要正确，手、脚、身体协调一致。

（3）动作难点：急停急起，重心的前、后移动，手拍球的前上、后上方部位变化。

（4）动作口诀：一迈二蹲三压球，后蹬推球急起动。

图 8-7

5. 练习步骤

（1）全场直线、曲线高运球练习。

（2）原地做左右前后低运球练习。

（3）看信号直线高运球、低运球练习。

（4）绕障碍物做体前变向换手运球练习。

（5）全场一对一做体前变向换手运球突破练习。

（6）全场沿边线、端线做高运球、低运球、急停急起、体前变向的综合练习。

6. 易犯错误与纠正方法

1）易犯错误

（1）运球时低头，不能观察场上情况。

（2）运球时掌心触球或单靠手指拨球。

（3）手、脚、身体配合不协调。

（4）运球时用手打球，不是用手腕、手指按拍运球，球停留在手上的时间过长。

2）纠正方法

（1）看教师运球手势，反复模仿正确技术。

（2）进行运球的熟悉球性练习。

（3）听信号做各种形式的运球。

（4）设置障碍架进行变向运球练习。

五、持球突破

持球突破是持球队员运用合理的脚步动作与运球技术快速超越防守队员的一项攻击性很强的进攻技术。根据持球突破采用的步法，可分为交叉步突破和同侧步突破两种。

1. 交叉步持球突破

（1）动作要领：以右脚做中枢脚为例。突破时，左脚向左前方跨出半步，做向左突破的假动作，当对手重心向右移动时，左脚前脚掌内侧迅速蹬地，向对手左侧跨出一大步，同时上体右转探肩，贴近对手，球移至右手，向左脚右斜前方推放球，右脚迅速蹬地跨步，加速超越对手，如图 8-8 所示。

图 8-8

（2）动作要点：假动作要逼真，后蹬有力，起动迅速突然，动作连贯。

（3）动作难点：转体探肩应与跨步相连，推按球离手在中枢脚离地之前。

（4）动作口诀：蹬地跨步重心低，侧身护球肩先过。

2. 同侧步持球突破

（1）动作要领：以左脚做中枢脚为例。突破时，左脚内侧蹬地，右脚迅速向对手左侧方跨出一大步，同时向右侧转体探肩，重心前移，球移至右手并推放球于右脚斜前方，左脚迅速跨步抢位，加速超越对手，如图 8-9 所示。

图 8-9

（2）动作要点：起动突然，跨步、推放球快速连贯，中枢脚离地前球要离手。

（3）动作难点：跨步、运球要连贯，中枢脚离地前球要离手。

（4）动作口诀：起动突然把球放，同侧蹬、跨要连贯。

3. 练习步骤

（1）徒手或持球做交叉步、同侧步突破练习。

（2）全场自抛自接做交叉步、同侧步突破练习。

（3）摆脱防守接球做交叉步、同侧步突破练习。

（4）半场一对一做交叉、同侧步突破练习。

4. 易犯错误与纠正方法

1）易犯错误

（1）交叉步持球突破时，由于跨步脚尖方向不对，造成转体过大。

（2）突破时侧身、探肩不够，身体重心高，后蹬无力，加速不快。

（3）运球突破时球的落点靠后，没有放在脚的侧前方。

（4）中枢脚离地面过早或中枢脚不以前脚掌作轴，突破瞬间不提踵造成走步违例。

2）纠正方法

（1）反复示范正确动作，讲清动作关键，明确中枢脚概念，建立正确动作的表象。

（2）先多做徒手模仿练习，体会正确的要领，再在慢速中做持球突破练习，逐步提高突破速度。

（3）借助障碍架进行练习，并提醒转身探肩和降低重心，强调加强蹬地力量。

六、抢、打、断球

抢球、打球、断球是攻击性很强的防守技术，是积极性防守战术的基础。

1. 抢球

（1）动作要领：抢球时动作要快而狠，果断有力，当手指接触球或控制住球的同时，利用拧、拉和身体扭转力量，同时手臂要迅速向腰腹回收，将球抢夺过来。抢球的手法一般是一手在上，一手在下直握，如图 8-10 所示。

图 8-10

（2）动作要点：出手要快、动作有力、扭拉要突然。

（3）动作难点：突然果断，以小臂、手指、手腕短促的用力动作，进行拉抢和转抢。

（4）动作口诀：时机抓得准，动作快且稳，抢球拉加转，果断用力猛。

2. 打球

（1）动作要领：打球时，一般采用与持球队员动作相反的逆向迎击，这样可借助反向合力增大击球力量，易于将球击落。有自上往下和自下往上两种打球方法，如图 8-11 所示。

图 8-11

（2）动作要点：手臂出击动作要快，判断要准确。

（3）动作难点：动作突然快速，掌握好时机。

（4）动作口诀：抢占位置巧，动作幅度小，上下侧后打，准确又灵巧。

3. 断球（以横断球为例）

（1）动作要领：断球时，重心迅速向断球方向移动，以短而快的助跑，单脚双脚用力蹬地跃出，身体伸展，两臂前伸，用双手或单手将球截获。

（2）动作要点：蹬地有力、跃动迅猛、两臂快伸。

（3）动作难点：断球前要判断好时机，手脚配合要协调，断球后要顺势运球不准走步。

（4）动作口诀：位置占得好，判断准而巧，蹬跨迅猛又轻巧。

4. 练习步骤

（1）原地抢球、打球练习。

（2）打运球起步上篮的球。

（3）两人传球，两人在侧面或后面练习断球。体会断球的步法和手臂动作，攻守交换练习。

5. 易犯错误与纠正方法

1）易犯错误

（1）抢、打、断球前，时机判断不好，或过早暴露行动意图。

（2）抢、打、断球时，起动、移动慢，整个动作缺乏突然性，以致抢、打、断球的实效性差。

（3）手臂动作幅度过大，身体用力过猛，平衡控制不好，造成犯规。

2）纠正方法

（1）加强视野训练，注重意识的防守，提高行动的预见性。

（2）提高脚步动作的突然性、快速性、灵活性及上、下肢动作的协调性。

（3）掌握正确、合理的抢、打、断球的手部动作。

七、抢篮板球

抢篮板球是比赛中双方队员在空中争抢投篮未中的球。依据抢篮板球的动作方法，分为抢进攻篮板球和抢防守篮板球。

1. 抢进攻篮板球

（1）动作要领：进攻队员一般位于防守队员外侧，处于不利于抢篮板球位置。因此，进攻队员抢篮板球要突出“冲”字。当同伴或自己投篮时，近篮的进攻队员首先要准确判断球的落点，运用身体虚晃的假动作，摆脱防守队员的阻挡，绕、跨、挤到对手的前面或侧前方，抢占有利位置，借助跨步或助跑起跳补篮或抢篮板球。

（2）动作要点：进攻队员首先准确判断，然后向相反方向侧跨步，抢占有利位置，及时起跳，跳至最高点补篮或抢篮板球。进攻队员抢篮板球要突出一个“冲”字。

（3）动作难点：准确判断球的反弹方向和落点，绕步或跨步冲抢。

2. 抢防守篮板球

（1）动作要领：当对手投篮出手后，首先应注意对手的动向，并根据与对手的位置，运用上步、撤步和转身抢占有利位置，把对手挡在身后，与此同时，观察判断球的落点准备起跳。起跳时前脚掌用力蹬地，向上摆臂并提腰，手向球的落点方向伸展，跳至最高点触到球时，用双手、单手抢球或将球点拨给同伴。如在空中抢到球未能传出，落地时应保持身体平衡和保护球，及时运用传球或运球转守为攻。

（2）动作要点：防守队员首先准确判断球的方向和落点，抢占有利位置运用移动和转身动作，合理地“挡”住对手向篮下冲跑的路线。

（3）动作难点：准确判断球的反弹方向和落点，先堵后抢。

3. 抢篮板球动作口诀

抢位冲挡是首要，单脚、双脚及时跳，空中抢球或点拨，落地投传运巧妙。

4. 练习步骤

（1）对墙自抛自抢篮板球练习。

（2）自己投篮自己冲抢篮板球或补篮练习。

（3）一对一投篮后防守挡人抢篮板球练习。

（4）半场二对二、三对三攻守抢篮板球练习。

5. 易犯错误与纠正方法

1）易犯错误

（1）对球反弹方向与落点判断不准，不会抢占有利位置。

（2）起跳时机掌握不好。

（3）抢篮板球时只顾球不挡人或只顾抢位挡人而不顾球。

（4）空中抢球不伸展，动作迟钝且不大胆果断，或动作过猛造成犯规。

2）纠正方法

（1）可作投篮后向球的方向快速移动到位接球的练习，提高预判能力和快速移动的能力。

（2）多做自抛自抢的空中练习，体会起跳时机，提高判断的准确性。

（3）讲明挡人抢位与抢球是相辅相成的，缺一不可。

第三节 篮球基本战术

本节篮球战术插图中的符号说明见图 8-12。

图 8-12

篮球战术是指篮球比赛中运动员针对性地合理综合运用技术，相互协同配合，借以最大限度发挥个人和全队整体攻、防实力的多种特殊组织形式（阵式）与方法的总称。根据篮球运动攻守对抗的特点，篮球战术分类见图 8-13。

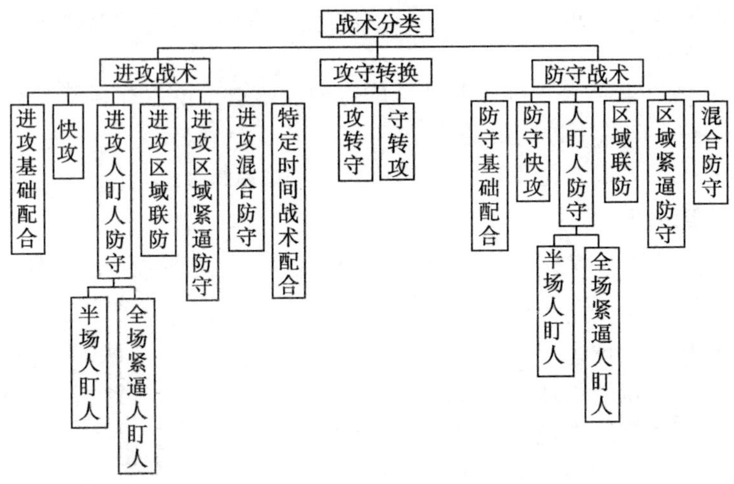

图 8-13

一、进攻战术基础配合

进攻战术基础配合是指在篮球比赛中，进攻队员两三人之间以特定的专门方式所组成的简单配合方法。进攻战术基础配合包括传切（空切）、突分、掩护、策应配合。

（一）传切配合

传切配合是指队员之间利用传球和切入技术所组成的简单配合。它包括一传一切和空切两种。

1. 一传一切配合方法

这是指持球队员传球后，利用起动速度或假动作摆脱防守，向篮下切入接回传球投篮的配合。

练习方法：图 8-14 中，⑤传球给⑥，⑤向左侧做切入假动作，同时观察防守他的队员的移动情况，然后突然从右侧切入，侧身面向球，接⑥的传球投篮。

2. 空切配合方法

这是指无球队员掌握时机，摆脱对手，切向防守空隙区域接球投篮或做其他进攻配合。

练习方法：图 8-15 中，④传球给⑤时，⑥利用防守队员未及时调整位置的机会，突然横切或沿底线切向篮下接⑤的传球投篮。

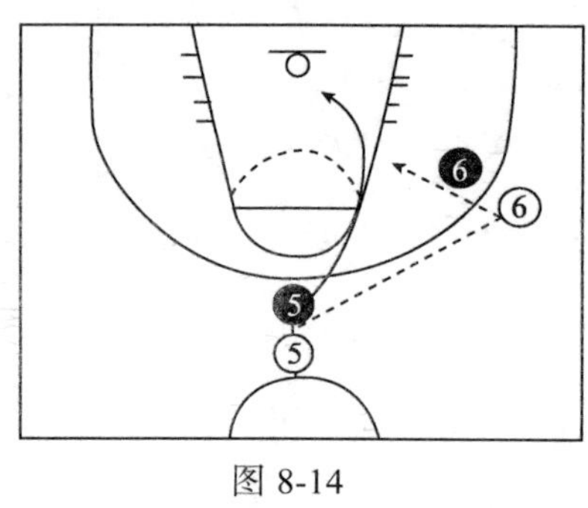

图 8-14

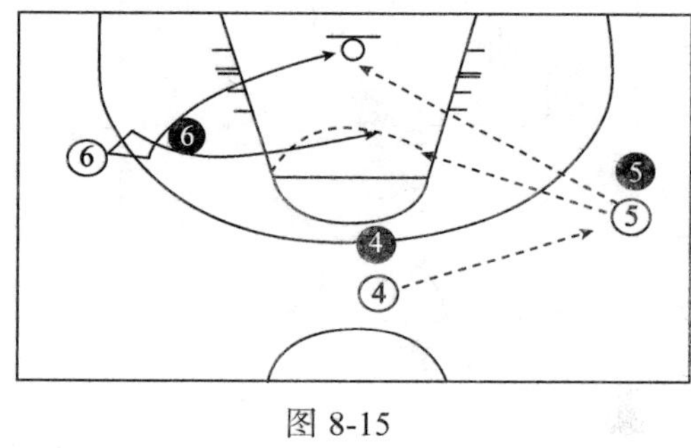

图 8-15

（二）突分配合

突分配合是指持球队员突破对手后，遇到对方的补防或协防时，及时将球传给进攻时机最佳的同伴进行攻击的一种配合方法。

练习方法一：图 8-16 中，⑦接④的传球后，沿底线突破，当遇到固定防守队员④的阻截时，及时传球给④投篮，⑦抢篮板球并与④交换位置，依次进行练习。

练习方法二：图 8-17 中，④接⑥的传球后，中路突破，当遇到补防时将球传给⑥投篮，防守队员抢篮板球，④和⑥回原位防守⑤和⑦ ，依次进行练习。

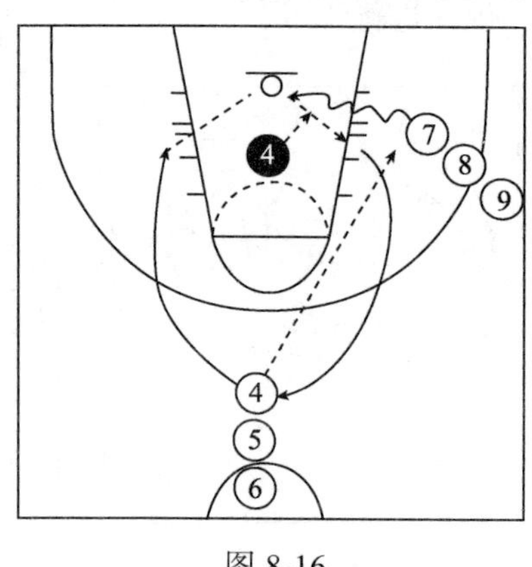

图 8-16

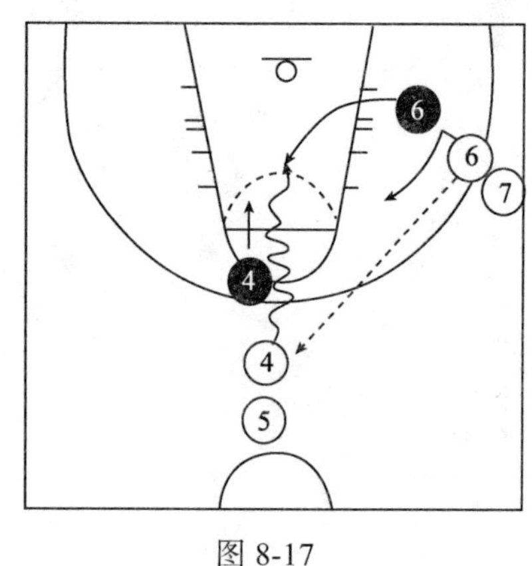

图 8-17

（三）掩护配合

掩护配合是指进攻队员选择正确的位置，运用规则限定的合理的身体动作挡住同伴防守者的移动路线，使同伴借以摆脱防守，获得接球投篮或其他进攻机会的一种配合方法。根据掩护者和同伴防守者的身体位置和方向的不同，可分为前掩护、侧掩护、后掩护三种形式。

前掩护是指掩护队员站在同伴防守者的身前所组成的掩护配合方法。

练习方法：图 8-18 中，⑤传球给④后，向篮下做切入动作，然后到防守队员前面做掩护，④可投篮或突破。

侧掩护是指掩护队员站在同伴防守者的侧面所组成的掩护配合方法。

练习方法：图 8-19 中，④传球给⑤后，反方向移动给⑤做侧掩护，⑤横切，④掩护后转身切入篮下，⑤将球传给④投篮，⑤抢篮板球后，④⑤互换位置，依次进行练习。

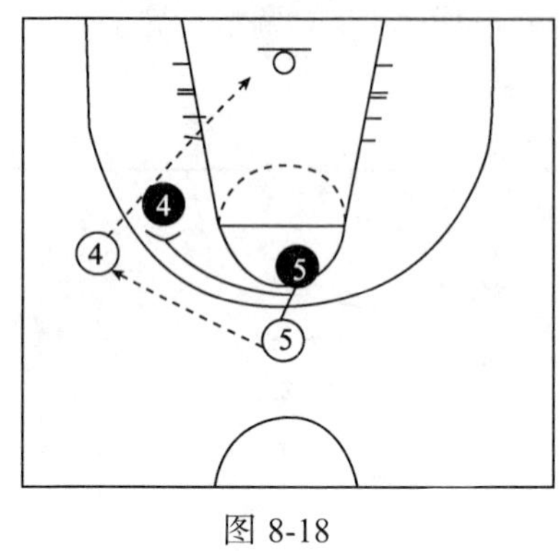

图 8-18

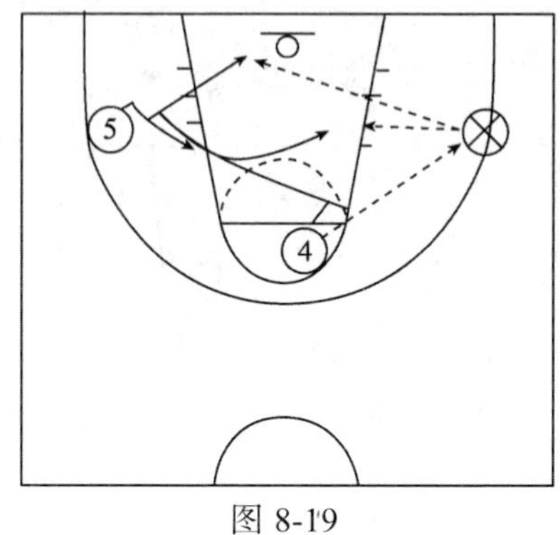

图 8-19

后掩护是指掩护者站在同伴防守者的身后所组成的掩护配合方法。

练习方法：图 8-20 中，④传球给⑧ ，⑤上前给④做后掩护，④摆脱后纵切篮下接⑧的球投篮，⑤掩护后横切或转身接④的回传球，或抢篮板球。④⑤互换位置，依次进行练习。

（四）策应配合

策应配合是指处于内线的队员侧向或背向球篮接球，以它做枢纽，与外线队员的空切相配合而形成的一种里应外合的进攻方法。练习方法：图 8-21 中，练习者分成两组，⑦⑧⑨每人一球，当④上提至罚球线时，⑦传球给④，然后向左侧虚晃，再从右侧绕切接④的球，④策应传球后转身下切，⑦可投篮、突破或传球给④，④⑦交换位置，依次进行练习。

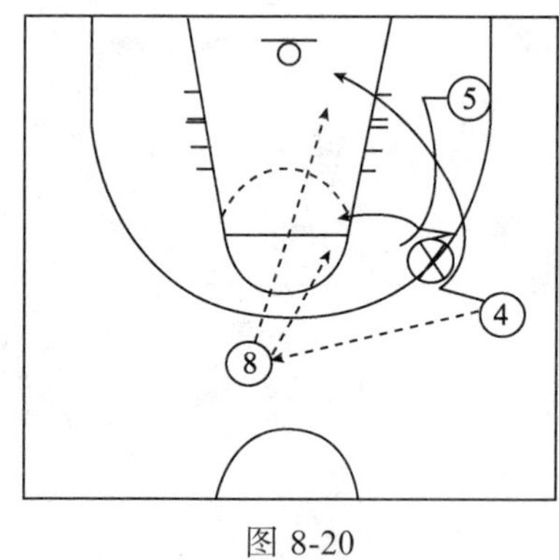

图 8-20

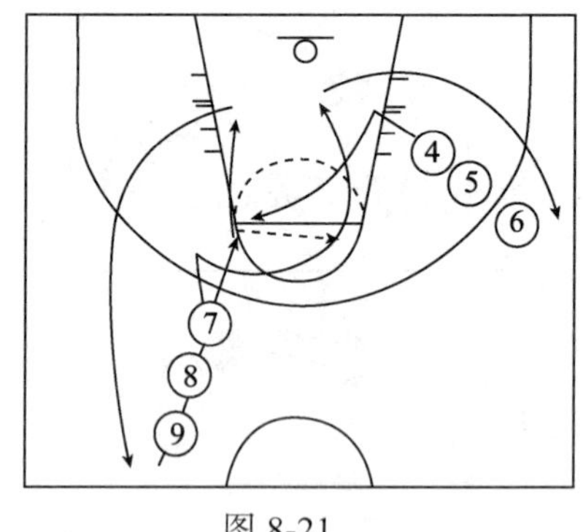

图 8-21

二、防守战术基础配合

防守战术基础配合是指在篮球比赛中，防守队员两三人之间所采用的协同防守配合的方法。它包括抢过、穿过、绕过、夹击、关门、补防、交换防守及围守中锋等。

（1）抢过配合是指对方进行掩护时，防守队员在掩护队员接近自己的一刹那，迅速抢前横跨一步贴近自己的对手，并从两个进攻队员之间侧身挤过去，继续防守自己对手的配合方法。练习方法：图 8-22 中，④传球给⑨，④移动至底线与⑤做掩护，挤过防守。⑨将球传给④或⑤。进攻结束后，⑨抢篮板球，换位至排尾，④⑤立即回原位防守❻和❼，依次进行练习。

（2）穿过配合是指当对方进行掩护时，防守掩护者的队员及时提醒同伴，并主动后撤一步，让同伴及时从自己和掩护队员之间穿过去，继续防守自己对手的配合方法。练习方法：图 8-23 中，④传球给⑥，然后向左侧移动给⑦做掩护时，❼后撤与❹做穿过配合，继续防守自己的对手，完成防守后，抢篮板球换位至排尾，进攻队员④和⑦快速回原位防守❺和❽，依次进行练习。

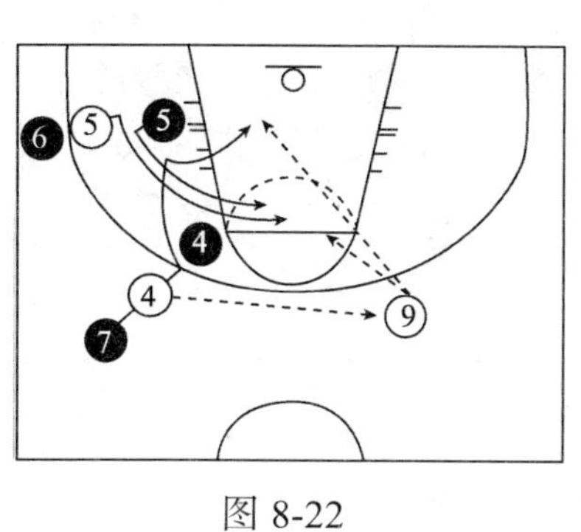

图 8-22

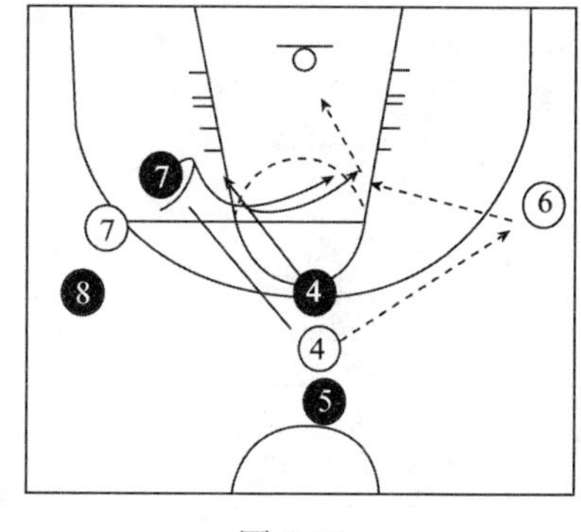

图 8-23

（3）交换配合是指进攻队员做掩护配合时，防守掩护者的队员与防守被掩护者的队员及时主动地交换自己所防对手的配合方法。练习方法：图 8-24 中，⑥传球给⑧，然后移动到左边给④做横向的底线交叉掩护时，⑥及时发出信号与④交换防守，⑧可将球传给④或⑥，进攻结束后④和⑥立即回原位防守⑤和⑦，依次进行练习。

（4）夹击配合是指两个以上的防守队员，利用对手在场地边角运球或运球停止时，突然快速上前封堵和围夹持球者的一种防守配合方法。练习方法：图 8-25 中，④传球给⑤，⑤传给⑥，⑥向底线运球停止后，❻与❺夹击⑥，④及时防守近球队员❺，⑥传球给④，防守回原位，依次进行练习。

（5）补防配合是指当防守队员被对手突破或出现漏防时，邻近的同伴大胆地放弃自己的对手，及时快速地进行补漏防守的一种配合方法。练习方法：图 8-26 中，④从中路突破时，❺立即补防

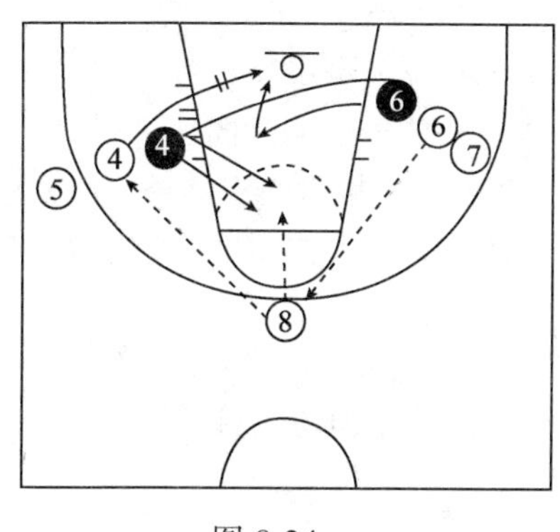

图 8-24

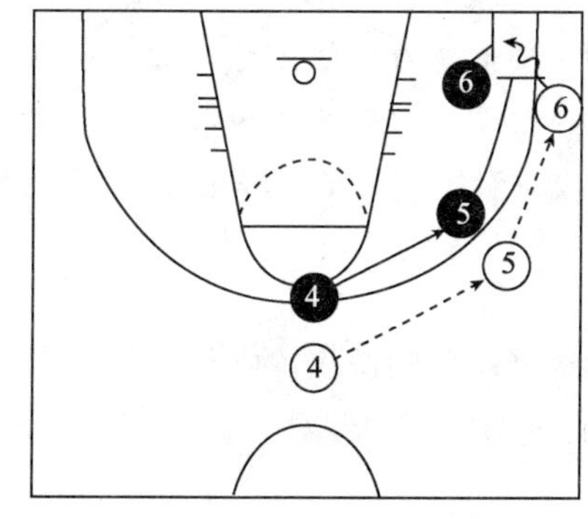

图 8-25

④，❻向篮下移动补防⑤，❹补防⑥，完成防守后，❹抢篮板球，防守队员按顺时针方向换位至排尾，进攻队员立即回原位防守，依次进行练习。

（6）“关门”配合是指邻近的两名防守队员协同堵截进攻队员运球突破的一种防守配合方法，通常在区域联防和半场人盯人防守战术中运用。练习方法：图 8-27 中，④持球突破，❺❹“关门”，④传球给⑤，待④防守回位时⑤突破，❺❻“关门”依次进行练习，练习数次后，攻守交换。

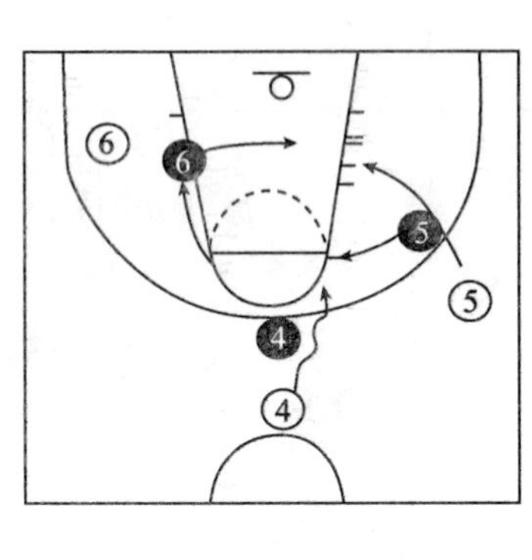

图 8-26

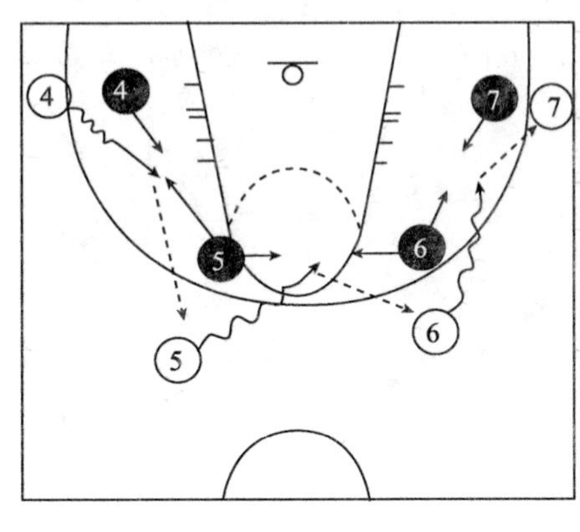

图 8-27

三、快攻与防快攻

快攻是防守队获球后由守转攻时力争在对手布阵未稳之际，抓住战机以最快的速度、最短的时间，果断而合理地发动攻击的一种速决性战术配合。

（一）发动快攻的时机

（1）抢到后场篮板球时，迅速发动快攻。

（2）抢、断球之后，迅速发动快攻。

（3）掷界外球时，首先想到要发动快攻。

（4）跳球时获球后，迅速发动快攻。

上述四种发动快攻的时机，其中抢篮板球后发动快攻频率较高，抢断球后发动快攻成功率较高。

（二）快攻战术的形式

快攻战术的形式有长传快攻、传球与运球结合的快攻和个人突破快攻等。

长传快攻是队员在后场获球后，用一次或两次传球把球传给快下的同伴进行攻击的一种方法。这种快攻只有发动和结束段组成，特点是时间短、速度快、战术组织简单。但要求快下队员意识强、速度快，发动队员传球要及时、准确、视野开阔。长传快攻的组织结构主要有以下几种（图 8-28～图 8-31）。

传球与运球结合的快攻，可分为发动与接应、快攻的推进和快攻结束三个阶段。

（1）发动与接应是快攻的重要环节，特别是由守转攻后，队形分散和一传的速度是非常重要的。

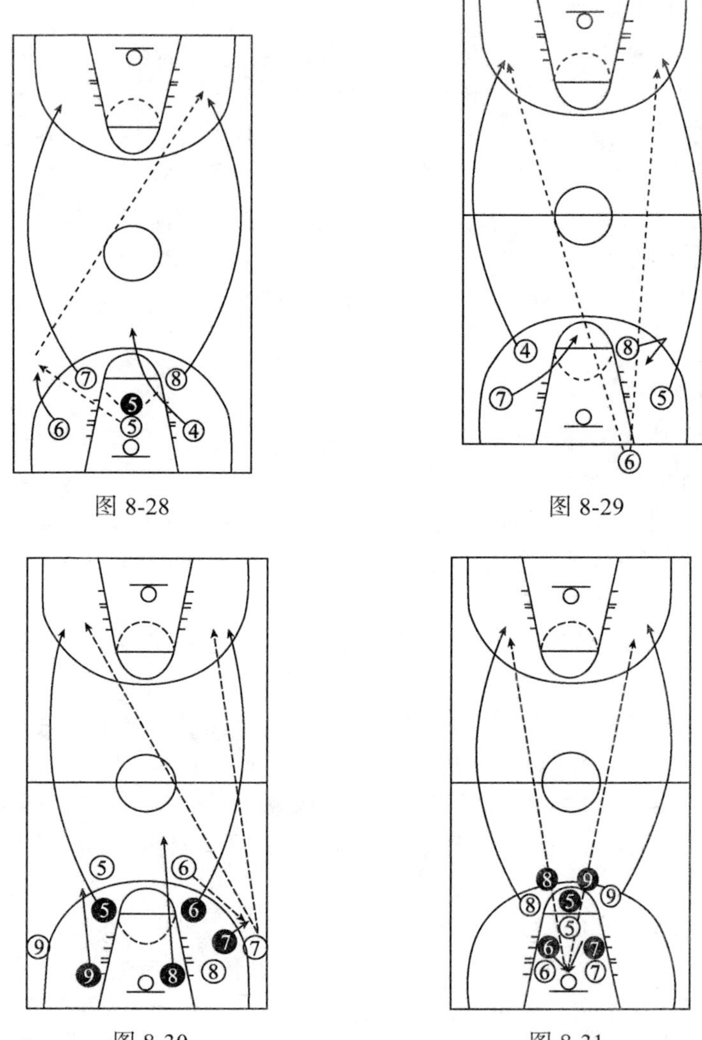

图 8-28　　图 8-29

图 8-30　　图 8-31

（2）快攻的推进阶段是指快攻发动与接应后，至快攻结束前中场配合的阶段。

（3）快攻结束阶段是指推进到前场最后完成攻击的配合，此阶段是快攻成败的关键。快攻结束阶段一般有二攻一、三攻二和人数相等时的进攻配合方法。例如，抢篮板球后短传结合运球推进快攻（图 8-32）。

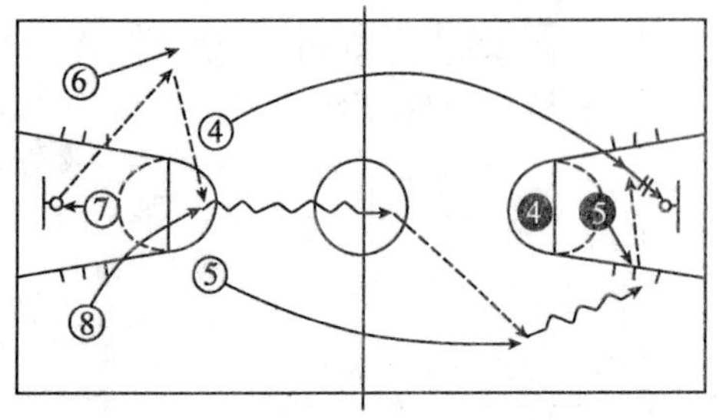

图 8-32

⑦抢到防守篮板球后，⑥撤边接应，⑧插中接⑥的回传球后中路运球推进，④⑤沿边线快下，⑧④⑤保持纵深队形，形成三打二。

个人运球突破快攻是指个人抢断球或抢获篮板球后，抓住战机，快速运球超越对手直攻篮下得分的快攻形式。

（三）快攻战术练习方法

（1）全场二打一。要求：二人短传推进要保持好距离，要时刻观察场上情况。

（2）全场三打二。要求：保持三角纵深队形推进、交叉推进等。

（3）全场三打三。要求：在人数相等的情况下，利用突破、传切、掩护、策应等配合果断地进行攻击。

（4）固定站位的五人快攻。要求：向前推进时要保持纵深队形，前面三人成倒三角形，后面两人跟进，避免前后脱节。

防守快攻是防守战术的重要组成部分，是在由攻转守的瞬间组织起来阻止和破坏对方快攻的防守战术。

（四）防守快攻的方法

（1）提高进攻成功率。提高进攻成功率，可减少对方抢篮板球发动快攻的次数，减少失误，避免被抢断球，控制对方发动快攻的次数。

（2）积极拼抢前场篮板球。通常抢篮板球后发动快攻的次数最多。因此，进攻队任何一个队员投篮，其他队员都应积极拼抢篮板球，减少对方发动快攻的次数，为本队防守快攻争取时间。

（3）堵截快攻的第一传和接应。有组织地堵截快攻的第一传和接应，是制止对方发动快攻的关键。

（4）控制对手的推进。当对方发动快攻后，前线防守队员不能消极地后撤，而应与对手保持一定的距离，边撤边防，控制对手推进速度，以便达到及时组织防守阵式。

（5）防守快下队员。由攻转守时，除积极拼抢篮板球，封堵第一传与接应外，在后场的防守队员要迅速退守控制后场，在退守过程中要控制好中路，要对快下的队员严加防范，切断对方长传快攻的路线。

（6）提高队员以少防多的能力。当对方发动快攻成功，出现以少防多的不利局面时，防守队员要积极移动选位，重点保护篮下，运用假动作干扰其传球，制造进攻队员左右为难的局面，迫使对方失误或延缓进攻速度，为同伴争取退守时间。

（五）防守快攻练习方法

练习一：二对二堵截快攻的发动与接应练习（图 8-33）。教师将球投向篮板，当❹抢到篮板球时，④应立即转攻为守，积极迅速上前挥臂干扰对方的传球路线或迫使其向边线运球，延误其发动时间。⑤则积极去堵截并接应一传。练习若干次后，两组交换攻守练习。

图 8-33

练习二：全场一防二练习（图 8-34）。⑤和④快速向前场推进，❺防守，❺防守后接着与❹向对侧球篮进攻。⑦和⑧出一人防守，反复进行练习。

练习三：全场二防三练习（图 8-35）。三人一组，开始由④⑤⑥向前场快速进攻。另一组的⑦和⑧进行防守，⑨在边线外暂不参加防守，然后⑦⑧⑨一起在防守后向对面组织进攻，由第三组立即派两人进场防守，依次往返进行练习。

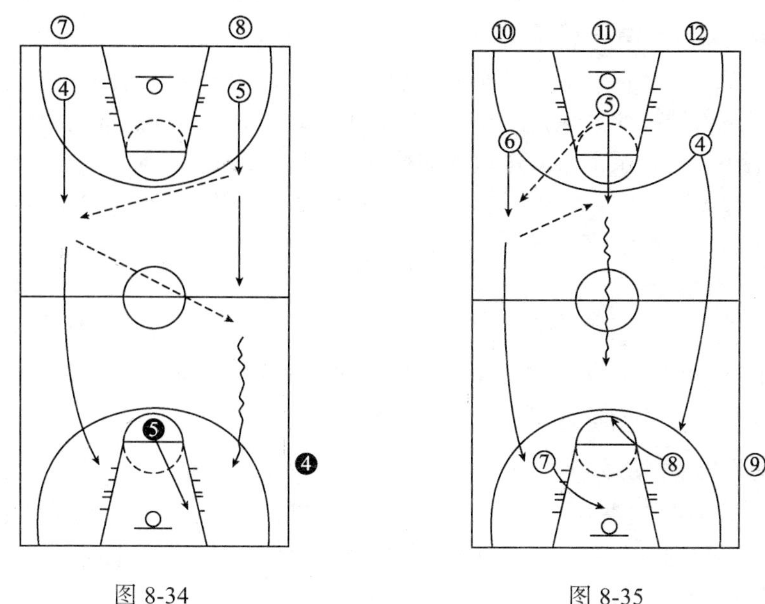

图 8-34　　图 8-35

四、半场人盯人防守与进攻半场人盯人防守

（一）半场人盯人防守

它是在后场进行人盯人的一种防守战术。即在转入防守时，放弃前场，全部迅速退回后场，当对方推进到防守队后场时，每个队员才盯住自己的对手。半场人盯人防守的基本要求是："以人为主，人球兼顾"和"有球紧，无球松"；针对对手的具体情况，抢占有利位置，积极移动，控制对手的行动，并及时、合理运用防守配合，破坏对方的进攻，有效地控制一定的范围。半场人盯人防守普遍运用半场缩小（松动）人盯人防守和半场扩大（紧逼）人盯人防守两种。

1. 半场缩小（松动）人盯人防守

这是对付中投不太准而篮下攻击力较强的队的一种防守形式。它的防守重点在内线，做到对持球队员突出，对无球队员缩回，这样易协同防守，控制篮下，减少犯规，而且还能加强篮板球的控制，创造反击快攻的机会。

2. 半场扩大（紧逼）人盯人防守

这是一般对付外围攻击力强而内线攻击力较弱的一种防守战术。运用这种战术时，要大胆地抢断和组织夹击，以造成对方违例与失误，同时要注意协同防守，控制篮下限制区，争取防守的主动权。

（二）进攻半场人盯人防守

半场人盯人防守的特点是由攻转防时，放弃在前场的积极争夺，迅速退回后场防守。因此，在进攻时，能将球顺利地推进前场，进攻准备就较充裕，这样就能按既定的战术配合，利用对方防守的弱点，进行有组织、有步骤的进攻。

1. 进攻半场人盯人防守的基本要求

合理地组织队形，扬己长，攻彼短，主攻明确。掌握进攻节奏，人、球转移，创造机会，连续进攻，组织争夺篮板球，注意攻守平衡，提高攻守转换速度。

2. 进攻半场人盯人防守的队形和方法

实际上进攻半场人盯人防守就是阵地进攻。因此在进攻中，就应根据本队的条件，特别是中锋的特点、站位以及所选择的战术方法来确定本队的进攻队形。目前，常见的队形：单中锋策应进攻——中锋在篮下，外线灵活机动进攻，如 2—3 队形、2—2—1 队形。双中锋站位进攻，如 1—3—1 队形、1—2—2 队形。无中锋进攻，如 1—2—2 马蹄队形。进攻方法的基础是二三人的配合，如传切、策应、掩护、突分等。

五、区域联防与进攻区域联防

区域联防是由攻转守时，队员有组织地迅速退回后场，每个队员分工负责防守一定的区域，并把每个区域有机地相互协同地连成一个整体的全队防守战术。

（一）区域联防的站位阵型

区域联防站位阵型有“2—1—2”（图 8-36），“2—3”阵型（图 8-37），“3—2”阵型（图 8-38），“1—3—1”阵型（图 8-39）等，其中“2—1—2”是基本的站位阵型。图中的黑影区为联防共管区也是联防薄弱区。

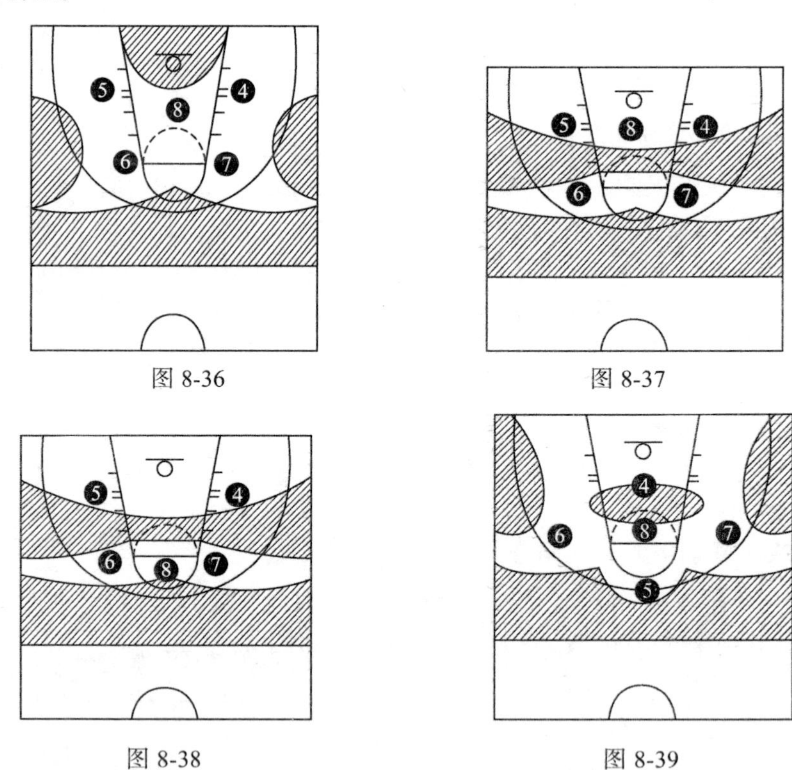

图 8-36　图 8-37

图 8-38　图 8-39

（二）区域联防的方法（以“2—1—2”阵型为例）

“2—1—2”阵型，队员分布均衡，移动距离近，有利协防和调整阵型，较适用于防守正面突破和篮下进攻威力较大的对手，但防守两腰共管区域和圈顶的投篮较困难。

（1）球在弧顶时的防守移动配合方法（图 8-40）：❺上前防守持球队员④，❹❼分别防守⑦和⑥，并随时准备做“关门”配合或抢断④的传球，❽防守⑧，❻错位防守⑤，严防其接球。

（2）防守中锋策应时的配合方法（图 8-41）：当中锋⑤接球时，❻上前防守，❹❺回缩协防⑤，❽防堵⑥向篮下空切，❼防堵⑧横切和溜底线。

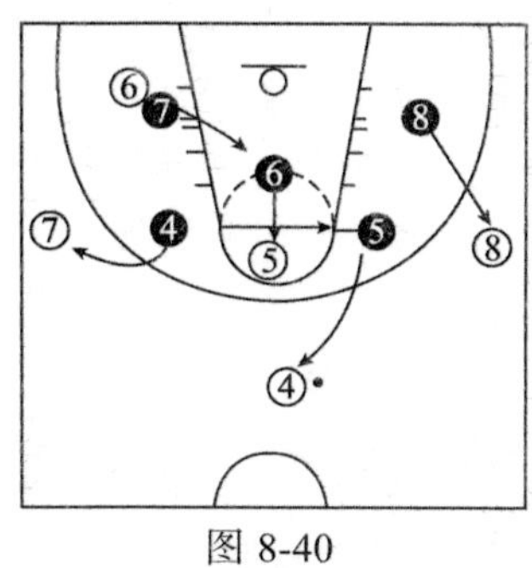
图 8-40

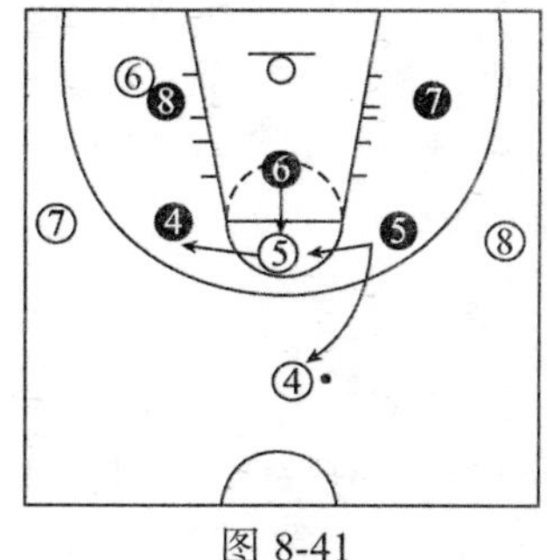
图 8-41

（3）球在左侧时的配合方法（图 8-42）：❹防守持球队员⑦，❽侧前防守⑧，⑦回撤篮下防高吊球和堵截⑥的空切，❻防⑤接球和纵切，❺移至弧顶协防中锋⑤ 。

（4）球在右侧时的移动配合方法（图 8-43）：❼防守持球队员⑥，⑤随球移动准备协防，❹错位防守⑤，防止接球或纵切，❻回缩防⑦横切和随时准备抢断“过桥球”，❽移至篮下防⑧横切和准备补防。

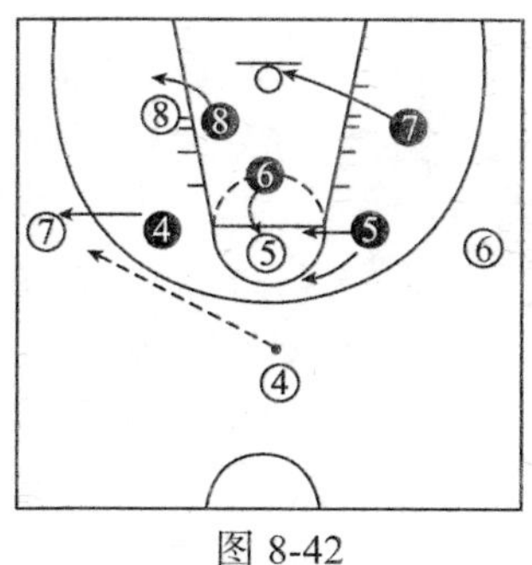
图 8-42

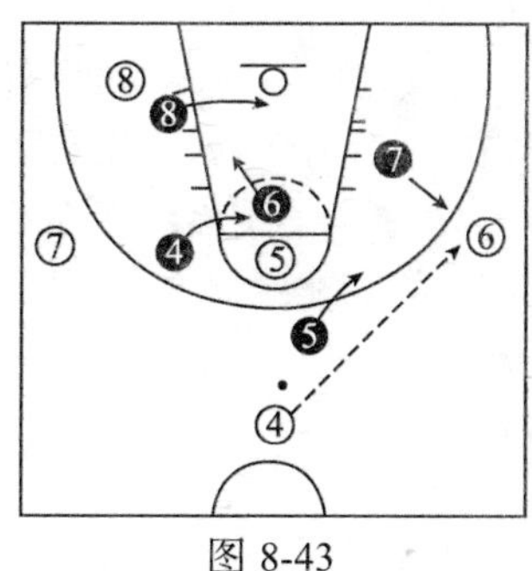
图 8-43

（5）围守底线中锋的配合方法（图 8-44）：当⑦传球给⑧时，❹立即与❻❽围夹⑧，迫使其将球传出，⑤⑦向限制区内移动，防止⑤⑥向篮下空切。

（6）底角夹击的配合方法（图 8-45）：当⑥在底角停球时，❺❼对其夹击，❹防堵⑤向篮下空切，❽保护篮下防守⑧横切，❻准备抢断⑥的传球。

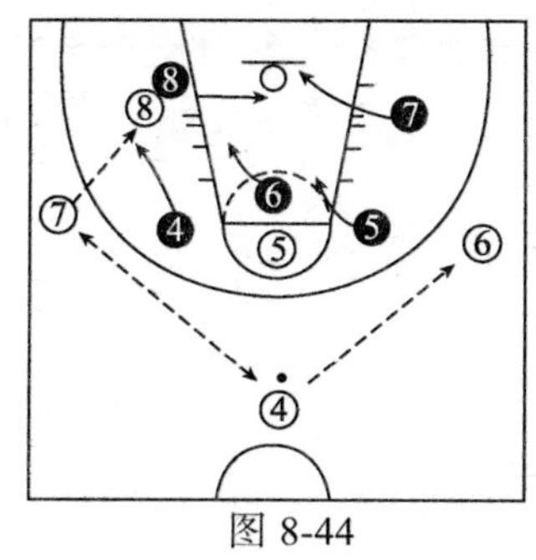
图 8-44

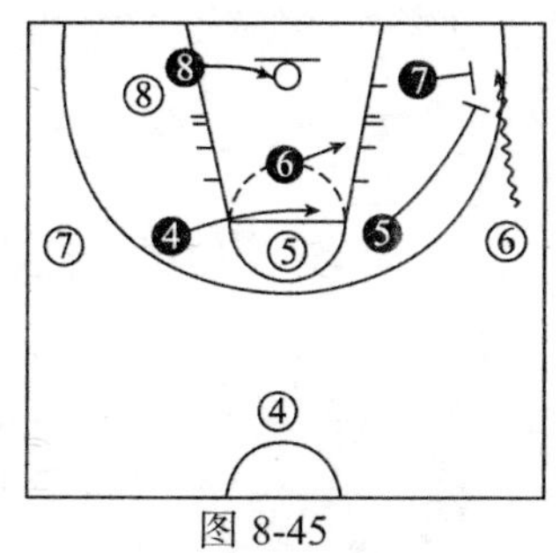
图 8-45

进攻区域联防是针对区域联防的阵型和变化特点，结合本队的实际情况，组织相应的落位阵

型，有目的地通过传球及队员的穿插，破坏对方整体防御部署，创造良好的内外线进攻机会的阵地进攻战术。

（三）进攻区域联防常用的阵型

（1）“1—2—2”阵型。

（2）“1—3—1”阵型。

（3）“2—1—2”阵型。

（4）“2—3”阵型。

（四）进攻区域联防的方法

进攻区域联防最行之有效的方法是组织快速反击，在对方立足未稳之前实施攻击。如果对方已部署好联防阵型，进攻要及时采取相应阵型，组织阵地进攻。例如，“1—3—1”阵型落位，进攻“2—1—2”联防（图 8-46）

1.“1—3—1”阵型落位特点

队员分布面广，④⑤⑥⑦都占据防守的薄弱地区，攻击点多，内外结合，在局部形成二对一、三对二的有利局面，有利于组织抢篮板球，保持攻守平衡。

2.“1—3—1”进攻方法

组织背插、溜底线进攻（图 8-47）：外线队员④⑤⑦在传球过程中，调动防守，组织中、远距离投篮，迫使对方扩大防区。如果没有机会，当⑤接球时，⑦背插至右侧底角，接⑤的传球后，可传给⑥或⑧。可以远投或回传给⑤重新组织进攻。

组织中锋策应进攻（图 8-48）：外围队员将球传给中锋⑥，⑥接球后，除个人攻击外有三个攻击点，第一点传给横切队员⑧，第二点传给空切篮下队员⑦，第三点传给后卫队员④，在策应过程中也可个人进攻。

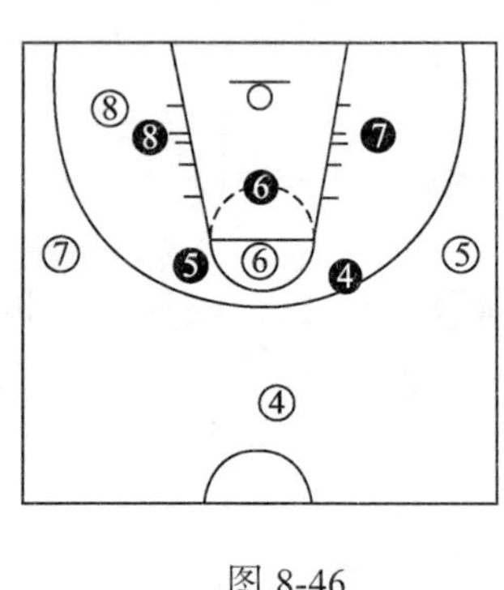

图 8-46

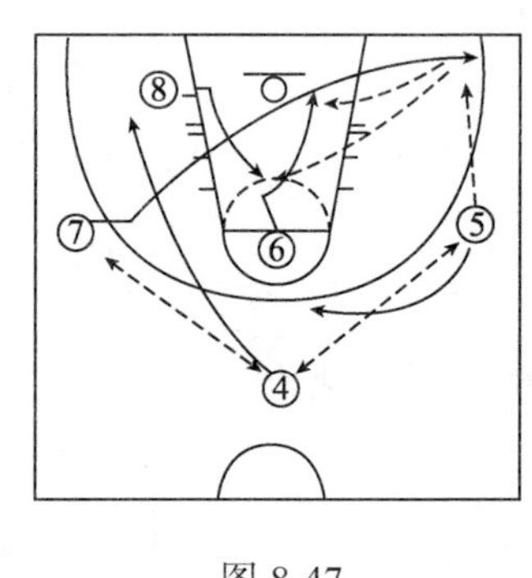

图 8-47

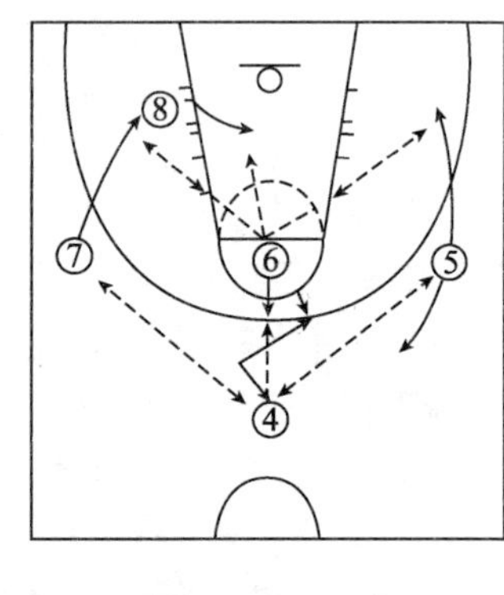

图 8-48

第四节　篮球基本竞赛规则

一、篮球竞赛的基本规则

（一）比赛时间

比赛分为上、下两个半时，每半时 20 分钟；或 4 节，每节 12 分钟，其中第 1 节和第 2 节为上半时，第 3 节和第 4 节为下半时。半时之间休息 10 分钟或 15 分钟，在 4 节的比赛中第 1 节和第 2 节，第 3 节和第 4 节中间的休息时间为 2 分钟。每个决胜期为 5 分钟，每个决胜期前给予 2 分钟休息时间。

（二）请求暂停

对于 2×20 分钟的比赛，每队在上半时的比赛时间内可以准许请求 2 次暂停，下半时可以准许 3 次暂停，每一决胜期内准许 1 次暂停。对于 4×12 分钟的比赛，每队在每半时（两节）的比赛时间内可以准许 3 次暂停，每一决胜期内准许 1 次暂停。每次暂停时间为 1 分钟。未用过的暂停不准挪到下半时或决胜期内使用。请求暂停必须由教练员或助理教练员亲自到记录员处用规定的手势明确地提出。教练员请求暂停后，在球成死球并停止比赛计时钟时均可给予双方暂停，如对方投篮得分，可给予该队一次暂停（该请求必须在球离开投篮队员的手之前提出）。在比赛或决胜期的最后 2 分钟期间，由于投球中篮而停止比赛计时钟时，得分的队不允许暂停。

（三）要求换人

替换必须由替补队员向记录员报告，并立即做好比赛的准备，替换应尽快完成。当裁判员宣判了争球、犯规、请求暂停被允许后、队员受伤或其他原因裁判员中断比赛时，双方球队均可替换队员。违例后掷界外球时，只有掷界外球的队可要求替换。该替换被允许后，对方也可要求替换。跳球队员不能被替换。罚球队员只有在最末一次或仅有的一次罚球中篮后才可被替换，但该请求要在裁判员持球或不持球进入罚球区执行第一次或仅有的一次罚球之前提出。这时对方也可以获得一次替换，只要该请求在裁判员进入罚球区执行最后一次或仅有一次罚球之前提出。

（四）违例

违例是违反规则的行为。罚则是发生违例的队失去球权，将球判给对方队在最靠近发生违例的地点即最近的界线外掷界外球，直接位于篮板后面的地方除外。如果投篮或罚球的球中篮无效，则要在罚球线延长部分的界外掷界外球。下列情况应判违例。

（1）两次运球、带球跑、拳击球、故意地踢球、攻方干扰球、使球出界等。

（2）某队在场上控制球并且比赛计时钟正在走动时，该队队员在对方的限制区内停留超过持续的 3 秒。

（3）持球队员被严密防守，在 5 秒内没有传、投、滚或运球。

（4）当一名队员在后场获得控制活球时，该队在 8 秒内未使球进入前场。

（5）当一名队员在场上获得控制一个活球时，该队在 24 秒内未投篮出手。

（6）某队在前场控制活球，该队的队员在前场使球回后场，且该队队员在后场又首先触及该球。

（7）跳球时，在球达到最高点前，跳球队员触及球或离开自己的位置，或在球未被拍击前非跳球队员进入圈柱体。

（8）掷界外球时发生下列情况者：①掷界外球的队员在球离手前消耗的时间超过 5 秒。②掷界外球的队员在球离手前从裁判员指定的地点横向移动超过正常的一步，并向不止一个方向移动。③在球触及了另一队员前在场内触及球。④球离手前或离手时踏场地。⑤掷球越过篮板传给场上另一队员。⑥掷界外球离手后，在球接触场上队员前，球触及界外、停留在篮圈支架上或

进入球篮。⑦在球掷过界线前，任何其他队员使身体的任何部分越过界线。

下列情况违例后，执行特殊的罚则。

（1）守方干扰球。罚则为违例时球成死球，根据投篮的地点判给投篮队员得 2 分或 3 分，由防守队在端线后掷界外球继续比赛。

（2）罚球队员出现下列情况而违例：①在球未触及篮圈前接触罚球线或罚球线前的地面；②做假动作罚球；③在 5 秒内未能投篮出手；④投出的球未触及篮圈。

罚则：罚中无效，由对方球队在正对罚球线的延长部分的边线外掷界外球。如属教练员、助理教练员、替补队员或随队人员的技术犯规，或队员违反体育道德的犯规，或队员违反体育道德的技术犯规，或取消比赛资格的犯规的罚球，违例后，仍由罚球队在边线的中点处掷界外球；若属非最末一次罚球或仅有的一次罚球，违例后应继续执行剩余的罚球。

（3）罚球时，非罚球队员出现下列情况而违例：①不占位的其他队员在球触及篮圈前或显然不会中篮前进入罚球线的延长部分和 3 分投篮线之前；②占位队员在球离开罚球队员的手前，进入限制区；③对方队员扰乱罚球队员。

罚则：罚球队员的同队队员违例，罚中有效，违例不究。如未罚中，由对方掷界外球；罚球队的对方队员违例，罚中有效，违例不究。如未罚中，由罚球队员重新罚球一次；双方违例，罚中有效，违例不究。如未罚中，在罚球线跳球继续比赛。

（五）犯规

犯规是违反规则的行为，含有身体接触和不道德的举止。

1. 侵人犯规

侵人犯规是不论在活球还是死球时涉及与对方队员非法接触的队员犯规。往往是由队员伸展臂、肩、髋、膝或过分地弯曲身体成不正常姿势而与对方队员发生身体接触所造成，分为推人、撞人、阻挡、拉人和非法用手等。

罚则：登记犯规队员一次侵人犯规，并按下列情况处理。

（1）如被侵犯的队员未做投篮动作，应由被侵犯的球队在犯规地点最近的界线外掷界外球继续比赛。

（2）如被侵犯的队员在做投篮动作，投中有效再判给一次罚球；未投中，根据投篮地点判给被侵犯的队员两次或三次罚球。

2. 违反体育道德的犯规

裁判员认为队员不是在规则的精神和意图的范围内合法地直接地试图抢球，造成的侵人犯规是违反体育道德的犯规。裁判员必须只判断动作。

罚则：登记犯规队员一次违反体育道德的犯规，判给被侵犯的队员二次罚球和被侵犯的队在边线外中点处掷界外球。

（1）如果对未做投篮动作的队员犯规，则判给两次罚球。

（2）如果对在做投篮动作的队员犯规，投中应判得分，再判给一次罚球；如未投中，则根据投篮地点判给该队员两次或三次罚球。

对于屡次发生违反体育道德犯规的队员可以取消其比赛资格。

3. 双方犯规

这是指两名对抗的队员大约同时互相发生接触犯规的情况。

罚则：登记每个犯规队员一次侵人犯规，不判给罚球。由下列方式重新开始比赛。

（1）由双方犯规时已经控制球的队在距犯规地点最近的界外掷界外球。

（2）如果双方犯规发生时两队都不控制球，要由有关的队员在距犯规地点最近的圆圈内跳球。

（3）如果双方犯规的同时投篮有效并得分，要由得分队的对方队员在端线使球进入比赛场地。

4. 技术犯规

有意的、不道德的或给违犯者带来不正当利益的技术性违犯为技术犯规。

（1）队员技术犯规：所有不包括与对方队员身体接触的队员犯规。队员技术犯规有两种。队员技术上的犯规：登记犯规队员一次技术犯规，并由对方队长指定罚球队员罚球两次和一次边线外中点处掷界处球，对行为十分恶劣或屡次违犯的队员，应取消其比赛资格。队员违反体育道德的技术犯规：登记违犯者一次违反体育道德的技术犯规，判给对方队员两次罚球和一次边线外中点处掷界处球。

（2）教练员、助理教练员、替补队员或随队人员的技术犯规：登记教练员一次技术犯规，对方队长指定罚球队员罚球两次，无论罚球成功与否，都由罚球队任一队员在记录台对面边线的中点处掷界外球继续比赛。

（3）比赛休息时间内的技术犯规：如果宣判了队员或替补队员的技术犯规，则登记在该犯规队员的名下；如果宣判了教练员、助理教练员或随队人员的技术犯规，则登记在教练员名下；判给对方两次罚球和一次边线外中点处掷界处球。

5. 取消比赛资格的犯规

它是队员或教练员以十分恶劣的行为造成的侵人或技术犯规。罚则：登记一次犯规，取消其比赛资格，令其离开球场附近，并不得以任何方式再和他的球队联系。判给对方两次罚球和在边线的中点处掷界外球。

6. 队员 5 次（或 6 次）犯规

对于 2×20 分钟的比赛，一名队员不论侵人犯规或技术犯规共达 5 次，必须自动退出比赛并在 30 秒内被替换；在 4×12 分钟的比赛中，一名队员不论侵人或技术犯规共达 6 次，必须自动退出比赛并在 30 秒内被替换。

7. 全队犯规——处罚规则

在 2×20 分钟的比赛中，每半时，一个队的队员侵人犯规或技术犯规已共达 7 次或在 4×12 分钟的每节比赛中，一个队的队员侵人犯规或技术犯规已共达 4 次时，所有以后的侵人犯规要处以 2 次罚球，由那个受到侵害的队员罚球两次。控制球的队员犯规不罚球。

二、裁判方法简介

（一）裁判员的分工与职责

1. 场地责任的划分

现代的执裁要求两位裁判员在工作中相互合作，一位裁判员负责有球区域，另一裁判员负责无球区域。为了达到综观比赛的目的，两位裁判员应力求获得尽可能好的位置。

为便于理解，把半场划分成①～⑥号的长方形，如图 8-49 所示。

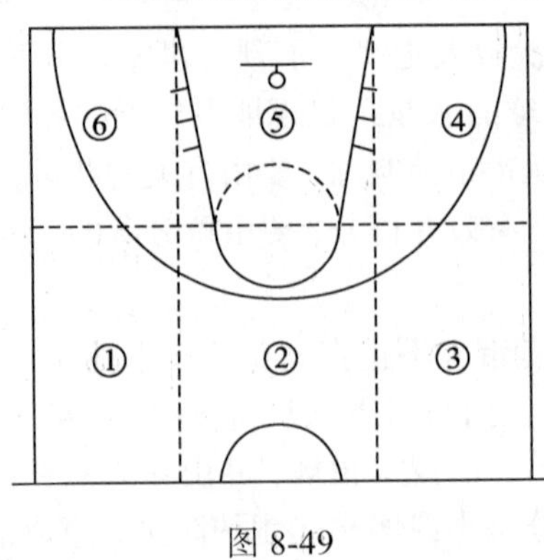

图 8-49

2. 裁判员站位的任务

（1）使自己站到尽可能好的位置以便看到两名队员之间的空。

（2）如果没有空间，那么就有接触。

（3）裁判员必须判断接触是否影响了比赛。

（4）如果接触影响了比赛，那么必须宣判犯规。

3. 追踪裁判员的选位及职责

（1）要在球的左后方站位，离球 3～5 米，但不必跨过三分线。

（2）当球在①②③⑤⑥号的长方形内时，追踪裁判负责有球区域队员的动作，当球在④号长方形内时，追踪裁判负责观察无球区域。

（3）2 分投篮和 3 分远投，包括对球离开投篮队员的手前，是每节结束的时间终了还是发生了 24 秒违例做出判断。

（4）干扰球和球篮。

（5）篮板球的情况，特别是越背抢球的情况。

（6）有球和无球的掩护。

（7）用手拦阻。

（8）低策应区，特别是弱侧（离开球的）的低策应区。

（9）远离前导裁判的犯规；带球走违例；24 秒计时钟。

4. 前导裁判的选位及职责

前导裁判应总是位于比赛的前方，他要“快中求快”，尽可能快地跑在前面，让比赛朝他而来。前导裁判必须总是在移动中。

（1）前导裁判到达端线后，要在其左侧的 3 分线和其右侧的限制区边缘之间正常地移动，他没有必要越出这个范围。

（2）当球在④⑤⑥号长方形的 2 分投篮区域时，前导裁判负责有球区域。当球在①②⑧及⑥号长方形的 3 分投篮区域时，他负责无球区域。④号区域投 3 分时，做远投 3 分手势。

（3）非法掩护。

（4）通过中锋或策应比赛。

（5）球篮下面的比赛。

（6）整个限制区内的动作。

（7）任何运球上篮。

（二）球出界与掷界外球时的配合

1. 裁判员对线的分工

前导裁判负责端线和其左侧的边线，追踪裁判负责中线和其左侧的边线。当球从后场向前场推进中发生了转换时，其责任分工随之交换。球出界由直接负责该线的裁判员来宣判，其他裁判员不应干扰，除非同伴需要协助时。

2. 球出界时的宣判

当球出界时应注意如下内容。

（1）负责那条边线或端线的裁判员应立即鸣哨并同时举起他的手，伸直在空中，五指并拢，以停止比赛计时钟。

（2）他用手指指向对方球队的球篮，清楚地指出掷球入界队的比赛方向，当球出界和负责该线的裁判员看不清哪个队员是最后触球的队员时，他在鸣哨后可向他的同伴寻求帮助。

3. 掷球入界的配合

（1）前导裁判负责端线及端线与罚球线之间的地点（前导裁判左侧的），追踪裁判负责所有其他的掷界外球。

（2）负责掷界外球的裁判员指令掷球入界的队员到即将掷球入界的地点。任何违犯或任何停止比赛后，应在距违犯或停止比赛地点最近的地方将球掷入界内。如果在④⑤或⑥区域内距违犯最近的地方取决于下述区域：从比赛场地的两角画两条假想的线与罚球线和罚球区圆圈交接处相连。

（3）裁判员把球递交或传给掷球入界的队员，或放在他可处理球处，并核实他没有从指定的地点移动超过正常的一步。

（4）当球掷入界后首先触及场上队员时，裁判员应用手做砍劈动作以给出时间开始手势。

（5）在掷界外球的所有情况下，另一名裁判员注意“监控”并负责观察无球区域的动作。

（三）宣判违例和犯规时的配合

1. 宣判违例时的程序和配合

每当发生违例时，负责此比赛的裁判员应该：

（1）立即鸣一次哨并同时举手在空中，伸开手掌和手指并拢，以停止比赛计时钟；

（2）清楚地指出违例的类型。当球已出界时，不必指出违例的类型；

（3）接着，用同一手臂更加清楚地指出比赛的方向；

（4）在所有情况下，裁判员要递交球并按照掷球入界时裁判员的分工与配合执行。

2. 宣判犯规时的程序与配合

1）宣判犯规时的配合

鸣哨裁判向记录台作出宣判程序（手势），另一裁判注意观察场上情况并拿球。如果两名裁判员几乎同时鸣哨宣判犯规，判决一致，应由距离近的裁判员宣判。若远近很难区分，应由比赛朝其运动的裁判员宣判。

2）宣判犯规时的程序

每当发生一起犯规时，负责此比赛的裁判员必须：

（1）鸣哨一次和同时举直手臂并握拳，以停止比赛计时钟；

（2）用一直臂、手掌朝向地面指向队员的腰部，确实使队员知道他已被判了犯规；

（3）移向记录台，占据一个使记录员能看清楚和对你无障碍的位置，为6～8米；

（4）用很清楚和慢的手势报告犯规队员的号码，并让手势保持几秒钟；

（5）接着指出犯规的类型；

（6）用指出罚球次数或随后的比赛方向来完成联络的程序；

（7）完成手势后，两裁判员交换位置。

任何得分有效或取消的手势，必须在此之前做出。

（四）罚球时的配合

1. 追踪裁判

犯规后要罚球时，新的追踪裁判管理多次罚球中的第一次罚球。当队员们正确地在罚球区站位后，追踪裁判进入罚球区，并向站位队员做出罚球次数的手势（一次、两次或三次）。然后，他接同伴传来的反弹球并用右手将球递交给罚球队员。接着，他向后退并移至罚球队员后面一步并偏左的位置。他负责：

（1）注视罚球队员；

（2）注视沿对面罚球区站位的队员们；

（3）计算5秒；

（4）注视球的飞行和在篮圈上的球；

（5）如果罚球成功，确认有效。

2. 前导裁判

前导裁判站在离开球篮并在端线后面的位置上，两脚分别站在罚球区延长线的两侧。他主要注视在对面罚球区站位的队员们。他寻找接触的情况和在球离开罚球队员的手以前由于队员们进入限制区而出现的违反罚球规定的违例。在随后还有罚球的罚球后，他负责拾球，并从篮下位置反弹球传给罚球队员来管理罚球。他从篮下位置用反弹传球传给罚球队员，来管理犯规和投篮有效之后的仅有一次罚球。在球离开罚球队员的手后，他应向右迈一步，以便更好地观察抢篮板球的动作。

3. 没有队员在位置区的罚球

对于罚则是两次（或一次、三次）罚球和在记录台对面边线的中点处掷界外球，或特殊情况下罚球后还要执行后继罚则的罚球。在完成这些罚球时，不存在篮板球的可能性，队员们不必沿罚球区站立。这时的罚球应由宣判犯规的裁判员负责管理，另一名裁判员站在记录台对面边线的中点处，一旦完成了两次（或一次、三次）罚球就执行掷界外球。

第九章 排　　球

本章导读

排球运动深受广大学生的欢迎，这不仅是因为规则易掌握，运动量可大可小，适合不同年龄、性别和不同训练水平的人的特点；而且能培养学生团结协作、机智、果断、沉着冷静的心理品质。通过学习本章，主要了解排球运动的起源与发展，掌握排球运动的基本技术与常用基本战术，了解排球的基本规则与裁判法。

第一节　排球运动概述

排球运动是球类项目之一，球场长方形，中间隔有高网，比赛双方（每方 6 人）各占球场的一方，用手把球从网上空打来打去。排球运动使用的球，用羊皮或人造革做壳，橡胶做胆，大小和足球相似。

排球（volleyball）运动起源于美国。1895 年，美国马萨诸塞州的霍利约克市，一位叫威廉 · 摩根的体育工作人员发明了排球。当时，网球、篮球很盛行。摩根先生认为篮球运动太激烈，而网球运动量又太小，他想寻求一种运动量适中，又富有趣味性，男女老少都能参加的室内娱乐性项目，就想把当时已广为流行的网球搬到室内，在篮球场上用手来打。这种游戏开始时，他将网球网挂在篮球场上，用篮球隔网像打网球一样打来打去进行游戏。但室内篮球场面积较小，网球容易出界，于是他作了某些改进：一是把网球允许球落地后再回击的规则改为不许落地；二是把网球的体积扩大；三是篮球太大、太重，不能按预想的方式进行游戏，他便改试用篮球胆。而篮球胆又太轻，在空中飘忽不定，玩起来不方便，难以控制。但因试用效果很好，就决定采用这种球。现在国际标准用球虽历经百年，进行了千百次的改进，但球的规格和第一代的球几乎差不多。

第一个排球规则是美国人卡麦隆（J.Y.Cameron）先生通过斯波尔丁体育出版社出版的。当时规则规定采用“轮转制”“每局 15 分”，1918 年又做出了上场人数为 6 人的规定。从此，欧美开始流行 6 人排球。

斯普林菲尔德学院是排球的发源地，该院的青年会是最早传播排球运动的组织。基督教青年会的干事、传教士、春田学院毕业的学生，以及参加第一次世界大战的美国军队，都成为排球运动的初期传播者。排球于 1900 年第一次传入加拿大，同年传入亚洲的印度。第一次世界大战期间，通过美国军队将排球带到欧洲。至于排球是何时何地由何人介绍到中国的，已无法考证。但

现有的历史资料证明，早在1905年在中国的广州、香港等地就已开展了排球运动。在排球运动传入我国的初期，除一些教会学校开展并传播外，基督教青年会在推广和传播这个项目上，也起到了相当大的作用。

排球运动于1900年传入亚洲，在开展的初期上场人数不是6人而是16人。据菲律宾排球介绍人、美籍F.S.勃朗先生说："当时美国有体育馆，较适合于6人制排球。亚洲人多，又多在室外进行，要考虑多数人能参加排球运动。"因此，F.S.勃朗先生和F.H.勃朗先生向菲律宾和日本介绍的都是16人制排球。故在1913年的第一届远东运动会上采用16人制。1919年第四届远东运动会为12人制，1927年第八届远东运动会变为9人制，1950年7月在中华全国体育总会举办的全国体育工作者暑期学习会上，首次介绍了6人制排球规则与比赛方法，1951年正式采用6人制。从此，6人制排球在全国逐步开展起来。

排球运动的特点如下：

（1）广泛的群众性。排球场地设备简单，比赛规则容易掌握。既可在球场上比赛和训练，亦可以在一般空地上活动，运动量可大可小，适合于不同年龄、不同性别、不同体质、不同训练程度的人。

（2）技术的全面性。规则规定，每个队员都要进行位置轮转，既要到前排扣球与拦网，又要轮到后排防守与接应。要求每个队员必须全面地掌握各项技术，能在各个位置上比赛。

（3）高度的技巧性。规则规定，比赛中球不能落地，不得持球、连击。击球时间的短暂，击球空间的多变，决定了排球的高度技巧性。

（4）激烈的对抗性。排球比赛中，双方的攻防转换始终是在激烈的对抗中进行。高水平比赛中，对抗的焦点在网上的扣拦上。在一场比赛中，夺取一分往往需要经过六七个回合的交锋。水平越高的比赛，对抗争夺也越激烈。

（5）技术的两重性。排球是多种技术都可以得分，也能失分的项目，这种情况在决胜局比赛中更加突出，所以说每项技术都具有攻防的两重性，因此，要求技术既要有攻击性，又要有准确性。

（6）严密的集体性。排球比赛是集体比赛项目，除发球外，都是在集体配合中进行的。没有严密的集体配合，再好的个人技术也难以发挥，更无法发挥战术的作用。水平越高的队，集体配合就越严密。

第二节　排球基本技术

排球技术是指运动员在比赛规则允许的条件下采用的各种合理的击球动作和配合动作的总称。它是排球运动的基础和重要组成部分。排球技术有两种：一种是有球技术，包括传球、垫球、扣球、发球和拦网；另一种是无球技术，包括准备姿势、移动、起跳及各种掩护动作等。

排球技术主要由步法和手法组成，同时与视野活动和意识活动相配合融合为一体。排球技术的特点：完成各种技术动作的时间短促；各种技术动作都是球在空中飞行时完成；大多技术具有攻、防两重性，如拦网，传球，垫球；身体各部位都能触球。排球技术的分类：每项排球技术都是由击球前动作、击球动作和击球后的动作组成。从广义上讲，除了身体某一部位击球时的动作外，都称为配合动作；但从狭义上讲，只把准备姿势、移动等称为配合动作，而把击球动作前后较连续的动作也称之为有球技术，如扣球技术中的助跑、起跳等。本书是从狭义上对排球技术进行分类的。因此，发球、垫球、传球、扣球、拦网为有球技术；准备姿势和移动称为无球技术，或称配合动作。

一、准备姿势

准备姿势与移动是排球基本技术之一，属于无球技术，是完成发球、垫球、传球、扣球和拦网等各项有球技术的前提和基础，并对各项有球技术的运用起串连和纽带作用。准备姿势和移动是相辅相成的，准备姿势主要是为了移动，而要快速移动，又必须先做好准备姿势。一般讲按照身体重心的高低，准备姿势可分为半蹲准备姿势、稍蹲姿势和低蹲准备姿势三种。

1. 动作要领

两脚左右开立稍比肩宽，一脚稍前，两脚尖内收，脚跟稍提起。膝关节保持一定的弯曲，膝关节的投影在脚尖前面。上体前倾，重心靠前。两臂放松自然弯曲，双手置于腹前。全身肌肉适当放松，两眼注视来球，两腿始终保持微动。

2. 动作要点

屈膝提踵，含胸收腹，微动。

3. 动作难点

控制身体重心的平衡。

4. 练习步骤

（1）成两列横队，在教师的指导下做各种准备姿势；

（2）两人一组，一个做准备姿势，另一人纠正其错误动作，两人交换进行；

（3）原地跑步，在跑的过程中看教师的手势、口令、哨音或其他信号做不同的准备姿势。

5. 易犯的错误与纠正的方法

易犯错误：①有意提脚跟；②全脚掌着地；③直腿弯腰；④臀部后坐。

纠正方法：①讲清脚跟提起是腰、膝、踝弯曲所引起的自然动作的道理。②提示提脚跟，使其两脚前后略分大些。③多做低姿势移动辅助练习。④讲清重心靠前的道理，使双膝投影超过脚尖。

二、移动

从起动到制动的过程为移动。移动的目的主要是及时接近球，保持好人与球的位置关系，以便击球。迅速的移动可占据场上的有利位置，争取时间和空间。队员能否及时移动到位，直接影响着技战术的质量。移动是由起动、移动步法和制动三个环节所组成。

1. 起动

起动是移动的开始，它是在准备姿势的基础上，变换身体重心的位置，破坏准备姿势的平衡，使身体向目标方向移动。

1）动作方法

根据场上的情况采取不同的准备姿势，有利于随时改变移动方向和迅速移动。以向前起动为例，在正确准备姿势的基础上，迅速向前抬腿收腹，使上体向前探出，同时后腿迅速用力蹬地，使整个身体急速向前起动。

2）动作分析

（1）起动的力学原理是破坏平衡。当人体向前抬腿，身体失去平衡而前倾，起到了起动的目的。收腹和上体前倾，有利于身体重心的前移和降低，从而蹬地角减小，增大了后蹬的水平分力，达到快速起动的目的。

（2）起动时的主要动力来源于蹬地腿肌肉爆发式的收缩，蹬地腿预先拉长的肌肉爆发力越大，起动就越快。

（3）动作要点：抬腿蹬地，破坏平衡。

2. 移动

起动后应根据临场技战术的需要，灵活地采用各种移动步法进行移动。

1）动作方法

（1）并步与滑步：如向前移动，则后腿蹬地，前脚向来球方向跨出一步，后腿迅速跟上做好击球准备。连续并步就是滑步。

（2）跨步与跨跳步：如向前移动，后腿用力蹬地，前脚向来球方向跨出一大步，膝部弯曲，身体重心移至前腿上。跨步过程中有跳跃腾空即为跨跳步。

（3）交叉步：以向右交叉为例，上体稍向右转，左脚从右脚前面向右交叉迈出一步，然后右脚再向右跨出一大步，同时身体转向来球方向，保持击球前的姿势。

（4）跑步：跑步时两臂要配合摆动，如球在侧方或后方时应边转身边跑。

（5）综合步：以上各种步法的综合运用。

2）动作分析

（1）并步移动时后腿迅速跟进，较易保持身体平衡，便于做各种击球动作。

（2）跨步移动时的步幅较大，身体重心较低，便于接 1 ～ 2 处低球。交叉步采用两步移动，所以移动距离比跨步移动更远。

3）动作要点

抬腿弯腰移重心，第一步快。

3. 制动

在快速移动之后，为了保持稳定的击球姿势和克服身体惯性的冲力，必须运用制动技术。

1）动作方法

（1）一步制动法：一步制动时，最后跨出一大步，同时降低重心，膝和脚尖适当内转，全脚掌横向蹬地，抵住身体重心继续移动的趋势，并用腰腹力量控制上体，使身体重心的投影落在两脚所构成的支撑面内。

（2）两步制动法：二步制动时，以倒数第二步做第一次制动，紧接着跨出最后一步做第二次制动，同时身体后仰，重心下降，双脚用力蹬地，使身体处于有利于做下一个动作的姿势。

2）动作分析

（1）制动的本质是恢复平衡。在最后跨出一大步，跨出脚蹬地的同时，地面给人体一个支撑反作用力，其水平分力与身体的移动方向相反，从而使身体重心移动速度减慢。

（2）最后跨出一大步时，上体后仰和降低身体重心，使蹬地角减小，稳定角增大，有利于制动。

3）动作要点

跨大步，降重心。

4. 练习步骤

（1）成半蹲准备姿势，向教师手指方向做各种步法的移动。

（2）以滑步和交叉步进行 3 米往返移动，手触及两侧线。

（3）两人一组，相距 6 米，各执一球，两人同时把球滚向对方体侧 3 米左右处，移动接住球后滚给对方，如此反复进行。

（4）两人一组，一人持球向不同的方向抛出 2～3 米，另一人移动对准球，用双手在额前接住球。

5. 易犯的错误与纠正的方法

易犯错误：①起动慢；②移动时身体起伏大，重心过高；③制动不好，制动后不能保持准备姿势。

纠正方法：①做起动辅助练习，各种姿势下的起跑；②讲清道理，多做穿过网下的往返移动；③脚和膝内扣，最后一步稍大。

三、发球

1. 正面上手发球

1）动作要领

将球平衡地垂直抛于右肩前上方，高度适中。在左手抛球的同时，右臂抬起屈肘后引，肘与肩平，上体稍向右转。击球时，利用蹬地、转体和收腹带动手臂挥动，在右肩前上方伸直手臂的最高点，以全手掌击球的中下部。击球时，手指自然张开吻合球，手腕要迅速主动做扒压动作，使击出的球呈上旋飞行。为了加强发球的力量和攻击性，还可采用一步、两步或多步的助跑发球方法。

2）动作要点

发球的整个动作、抛球要稳，要准，挥臂的路线要正确，击球点要正确。

3）动作难点

抛球，弧线挥臂，包击推压。

4）口诀

口诀一：左手抛球右臂抬，右转胸腹伸展开，蹬转快收臂便打，伸臂掌腕推压击。口诀二：抛、抬、包击。

5）练习步骤

（1）对墙壁作上手发球练习，体会动作要领；

（2）二人一组距离 5 米左右上手发球练习；

（3）划区发球。将排球场中间画一条直线，把场地一分为二，发直线和斜线球，要控制球的落点，逐步提高发球的准确性。

2. 正面下手发球

1）动作要领

面对球网，两脚前后开立，左脚在前，两膝微屈。上身稍前倾，重心偏后脚。左手持球于腹前，将球轻轻抛起在体前右侧，离手高约 20 厘米，在抛球的同时右臂伸直以肩为轴向后摆动，借右腿蹬地力量，身体重心随着右手向前摆动击球而移至前脚上。在腹前以全手掌、掌根或虎口击球后下方，如图 9-1。

图 9-1

2）动作要点

发球的整个动作、抛球要稳，要准，挥臂的路线要正确，击球点要正确。

3）动作准点

抛球、挥臂、击球。

4）口诀

口诀一：左前右后对网立，左抛右引腿微屈，后腿蹬地臂直摆，腹前击球后下方。口诀二：抛、引、蹬击。

5）易犯错误与纠正方法

（1）易犯错误：①球抛的不稳定，不垂直，影响击球的准确性；②击球点不正确，使击出的球易下网或出界；③击球的手臂过于弯曲，影响击球的速度和力量；④击球后身体重心不前移。

（2）纠正方法：①反复进行发球练习，建立正确的动作概念；②多练习抛球，直至将球抛得又稳又垂直；③多进行近距离发球，体会动作要点，固定击球点；④互相观察发球动作，利于改进动作。

四、垫球（正面双手垫球）

1）动作要领

正面双手垫球是指运动员用双手在此腹前将球垫起的垫球方法，是各种垫球技术的基础，是最基本的垫球方法，适合于接各种发球、扣球和拦回球，在困难时也可以用来组织进攻。其基本手型有抱拳式、叠掌式和互靠式，但无论采用哪种手型都应该注意，手腕下压，两臂外翻（图 9-2）。

图 9-2

2）动作要点

采用半蹲姿势，运用各种移动步法快速移动，并在移动时身体重心尽量保持水平，正面对准来球，当球飞行到胸腹前一臂距离时，抬双臂用双手腕关节以上 10 厘米处击球。击球时两手臂伸直夹紧，提肩，前伸至球下，靠全身上下肢的协调用力配合来控制球的力量与落点。

3）动作难点

全身协调用力垫球。

4）口诀

口诀一：屈膝抱拳球下插，含胸压腕旋臂夹，击球重臂肩移提，蹬腿顶膝髋前移，撤臂缓冲接重球，轻球主动抬送臂。口诀二：插、夹、提、顶。

5）练习步骤

（1）原地做垫球的徒手练习，体会正确的垫球动作。

（2）通过两三步移动做垫球的徒手练习，体会正确的垫球动作和正确处理人与球的位置关系。

（3）二人对垫。两人一组面对面站立，距离 3～4 米，连续对垫。要求随时做好垫球前的准备工作，并快速起动和移动，保持合理的位置垫球。二人间的距离可由近到远，先练习原地对垫，再练习移动中对垫。

（4）三角垫球。三人一组，分别站成一个等边三角形，每边相距 3～4 米，互相垫球，要求身体面对出球方向，把球放在身体前面。

6）易犯错误与纠正方法

（1）易犯错误：①垫球前的准备姿势不正确，重心过高、过低或重心靠后，影响垫球效果；②击球位置不正确，球易击在手、前臂的肘关节等处，影响垫球质量；③手臂击球时弯曲；④非全身协调用力击球。

（2）纠正方法：①多做徒手练习，体会正确的动作要领；② 多垫固定球练习，体会全身协调用力，正确的击球位置和正确的击球动作；③做完整垫球练习时要由易到难，由难到易的反复进行，体会正确动作；④多观察别人的动作，从别人的动作中，吸取正确动作，找出错误所在，改进和提高动作质量。

五、传球（正面传球）

面对出球方向的传球动作，称为正面传球。正面传球是最基本的传球方法，是其他一切传球技术的基础。

1）动作要领

采用稍蹲准备姿势，抬头看球，双手自然抬起，放松置于脸前。当来球接近额时，开始蹬地、伸膝、伸臂，两手微张经脸前向前上方迎球。击球点在额前方一球距离处。当手触球时，两手自然张开成半球形，手腕稍后仰，两拇指相对成“一”字或“八”字形，两手间有一定距离，用拇指内侧，食指全部，中指的二三指节触球的后下部，无名指和小指在球的两侧辅助控制传球的方向。两肘适当张开，两前臂之间约成 90°，传球时主要靠蹬地伸臂和手指手腕力量，以及球的反弹力将球传出（图 9-3）。

图 9-3

2）动作要点

正面对准来球，两拇指相对成“一”字形，与食指形成等边三角形，在额前上方一球处主动迎击球，肘关节传球前弯曲，并自然下垂，全身协调用力将球传出，传球后身体重心前移。

3）动作难点

传球时手型、击球点，传球时的全身协调。

4）口诀

口诀一：蹬地伸臂对正球，额前上方迎击球。触球手型成半球，指腕缓冲控制球。口诀二：对球屈肘手勺型，蹲立仰腕额上迎。蹬腿伸臂并展体，指腕弹球手指紧。

5）练习步骤

①原地做正面双手上传球的徒手练习，体会正确的传球动作和正确的击球点。②一抛一传。两人相距 4～5 米，相对站立，一人抛出的弧线球，另一人传球给抛球人，着重体会全身协调用力，建立正确的动作概念，然后两人互换。③二人对传。二人一组，相距 4 米站立对传球，要求提高每人的控球能力，能连续传球。④三角传球，三人一球，三角形站立，按不同的方向传球，要求面对出球方向，保持正面传球。

6）易犯的错误与纠正的方法

易犯错误：①传球手型不好。②击球点过高、过低或过前。③上体过于后仰。④两肘过于外张或内夹。⑤身体用力不协调。⑥传球前，球不在人的正前方。

纠正方法：①明确动作要点，建立正确的动作概念。②多做抛接球练习，反复检验传球手型和击球点。③反复进行传球的徒手练习，体会正确的传球技术动作。④多做抛球练习，体会传球正确动作和全身协调用力。⑤传球时，肘关节自然下垂。⑥要通过快速移动，使学生面对出球方向。

六、扣球（正面扣球）

正面扣球是最基本的扣球技术，其他扣球技术都是在此基础上发展和派生出来的。由于面对球网，便于观察来球和对方的防守布局，因此击球的准确性较高。由于挥臂动作灵活，能根据对方拦防情况，随时改变扣球路线和力量，能控制击球落点，因而进攻效果好。

1）动作要领

扣球助跑前采用稍蹲准备姿势，两臂自然下垂，站在离球网 3 米左右处，观察判断，做好向各个方向助跑起跳的准备。助跑时（以右手扣球两步助跑为例），左脚先向前迈一小步，接着右脚迅速跨出一大步，左脚及时并上，踏在右脚之前，两脚尖稍向内转，准备起跳。在助跑跨出最后一步的同时，两臂绕体侧向后引，左脚在并上踏地制动的过程中，两臂自后积极向前摆动，随着双腿蹬地向上起跳，两臂迅速上摆，配合起跳。两腿从弯曲制动的最低点，猛力蹬地向上起跳。起跳后，挺胸展腹，上体稍向右转，右臂向后上方抬起，身体成反弓形，挥臂时，以迅速转体，收腹动作发力，依次带动肩、肘、腕各部形成鞭打动作向前上方挥动。击球时，五指微张成勺形，并保持紧张，以全手掌包满球，掌心为击球中心，击球的后中部。同时主动用力屈腕向前推压，使扣出的球加速上旋。落地时，以前脚掌先着地，同时顺势屈膝、收腹，以缓冲下落力量，如图 9-4 所示。

图 9-4

2）动作要点

助跑正确，节奏好，起跳充分，身体在最高点用全手掌击球，使球前旋，挥臂成鞭甩动作向前上方挥动，双脚落地，屈膝缓冲，落地后控制身体不前冲触网。

3）动作难点

用全手掌在最高点击球的后中上部。

4）口诀

口诀一：助跑节奏慢到快，一步定向二步跨。后步跨上猛蹬地，两臂配合向上摆。腰腹发力应领先，协调挥臂如甩鞭。击球保持最高点，全掌包球击上旋。口诀二：跳起反弓，拉臂放松。收转推击，落地缓冲。

5）练习步骤

①按正确的动作要点让学生原地做正面屈体扣球的徒手练习。要求挥臂路线正确，动作熟练。②二人一组面对面站立，一人双手持球于头上正前方，另一人原地挥臂扣球。要求学生有正确的挥臂路线和正确的击球部位。③原地对墙扣球。距墙 4 米左右站立，可让学生先一次一次扣球，再通过击地面对墙连续扣球，要求学生挥臂路线正确，击球点高，击球位置好，并提高控球能力。④自抛自扣，让学生将球向前上方抛起，可原地起跳扣球过低网，也可以助跑起跳扣球过低网。要求：处理好人与球之间的位置关系，在最高点击球。

6）易犯的错误与纠正的方法

易犯错误：①助跑起跳过早或过迟，不是在最高点击球。②助跑起跳过于前冲，易触网。③起跳点选择不好，不能很好地处理好人与球之间的位置关系。④扣球时手臂不够直。⑤手掌包不住球。

纠正方法：①明确动作要点，反复进行徒手练习。②多做扣固定球的练习。③多做原地对墙扣球练习。④多观察正确动作，多进行各种扣球练习。

七、拦网（单人拦网）

拦网是排球的基本技术之一，是队员靠近球网，将手伸向高于球网处阻挡对方来球的行动。单人拦网是队员面对球网，两脚左右开立约与肩宽，距网 30～40 厘米，两膝微屈，两臂在胸前自然屈肘。移动可采用并步、交叉步、跑步，向前或斜前移动。原地起跳时，重心降低，两膝弯曲，用力蹬地，使身体垂直起跳。如果是移动后起跳，制动时，双脚尖要转向网，同时利用手臂摆动帮助起跳。

（1）动作要领。拦网时两手从额前平行球网向网上沿前上方伸出，两臂平行，两肩尽量上提，两臂尽力过网伸向对方上空，两手接近球，自然张开，手触球时两手要突然紧张，用力屈腕。主动盖帽捂住球。

（2）动作要点。垂直起跳，含胸收腹，提高伸臂，过网拦击。

（3）动作难点。拦网时两臂要向前下压动作。

（4）口诀。口诀一：判断移动及时跳，两臂摆动伸网沿。提肩压腕张手捂，眼看扣球拦路线。口诀二：取好位置人深蹲，适时高跳直臂伸。含胸收腹又提高，触球甩腕不前冲。

（5）练习步骤：①徒手练习。原地做拦网的徒手动作练习。②拦固定球。在对方场区靠近球网处放置一个固定球，连续起跳拦网，要求学生体会正确的拦网手型和手触球时的用力。③拦抛练习。二人一组，隔网站立，一个人将球抛向网口，另一个跳起拦网，然后二人在练习时互换内容练习。在练习中，要求学生判断球的速度、高度，及时的跳近拦住球。④拦扣球。二人一组，隔网站立，扣球人可以扣任何路线变化的球，拦网者根据自己的判断进行拦网，要求起跳果断，不要触网。

（6）易犯的错误与纠正的方法。易犯错误：①起跳时机不好，过早或过晚。②拦网时手臂

有向前下压动作，易触网。③两手臂之间的距离过大，或球网与手之间的距离过大，易出现漏球。④拦网时身体前扑，挺胸展腹，易触网。⑤落地时，脚过中线，易犯规，易受伤。⑥起跳后拦球时常闭眼睛。纠正方法：①反复做徒手练习，按正确的动作要点体会动作。②多做拦固定球和拦抛球练习。③原地徒手做含胸收腹练习。④多练习拦扣球练习。

第三节　排球基本战术

排球战术，是运动员在比赛中根据排球的比赛规律，彼我双方的具体情况和临场变化，有效地运用技术及所采取的有预见、有目的、有组织的行动。排球战术分类就是按排球运动的特点，把排球战术的内容分为若干类和若干层次，并表明它们之间的关系，以便对排球战术有一个总体的了解，如图 9-5 所示。

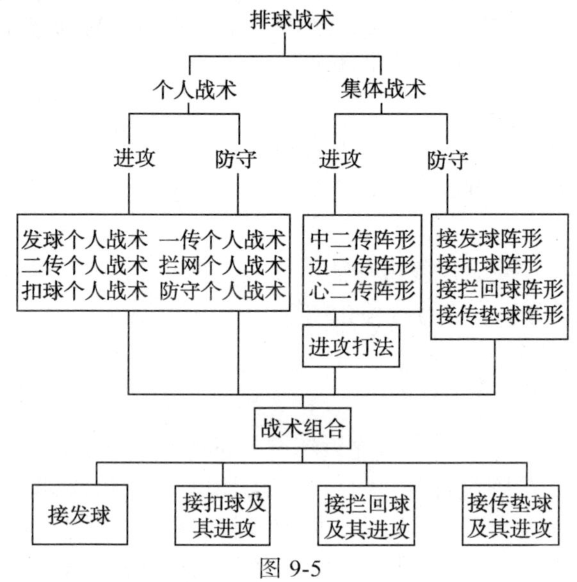

图 9-5

（一）阵容配备的主要形式

1. “四二”配备

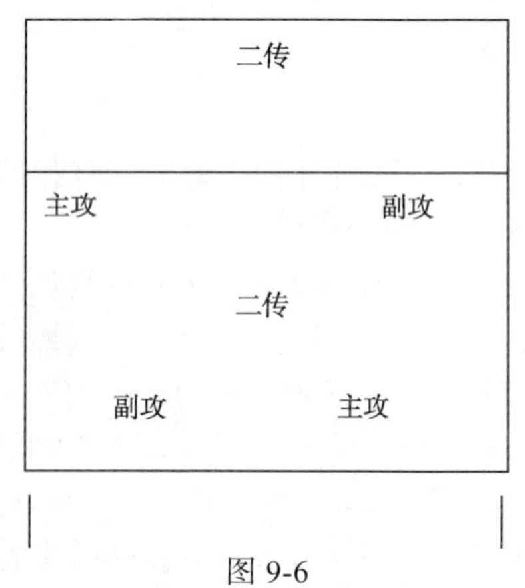

图 9-6

“四二”配备是指场上队员有 4 个是进攻队员和两个二传队员（图 9-6）。4 个进攻队员又可分为两个主攻，两个副攻，他们都站在对角位置上。其优点是无论怎样轮转，前后排都能保持 1 个二传和两个进攻队员，便于组织和发挥攻击力量，给对方的拦网及防守造成困难。但对两个二传队员的进攻和拦网能力的要求较高，否则就会影响“四二”配备的进攻效果。

2.“五一”配备

“五一”配备是指场上队员有 5 个进攻和 1 个二传队员（图 9-7）。这个阵容配备的优点是拦网和进攻力量得到加强，全队只要适应一个二传队员的打法，相互之间容易建立默契，有利于二传队员统一贯彻战术意图。但二传队员在前排时，只有两点攻。要充分利用两次球、吊球及后排扣球等战术变化突袭对方，以弥补“五一”配备的不足。

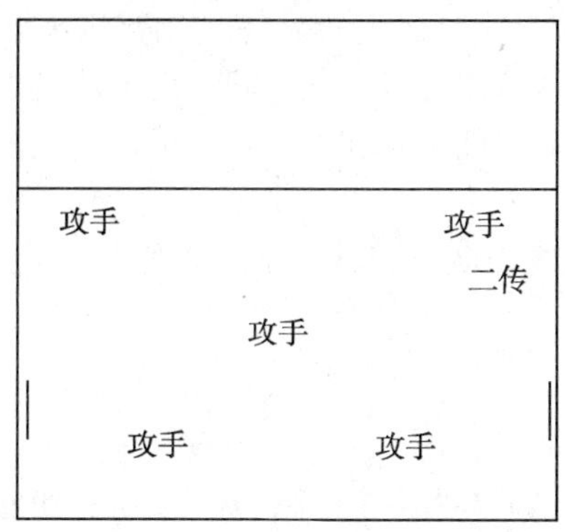

图 9-7

（二）“中二一”进攻战术

（1）4、5、6 号队员接对方近距离发球，组织 4 号位进攻，要求三名队员将球准确无误地垫到前排中间 3 号位，再由 4 号位进行扣球，要务必通过几个人配合，三次击球过网。

（2）2、1、6 号队员接对方近距离发球，组织 2 号位进攻。

（3）1、6、5、4 号队员接对方近距离发球，组织 4、2 号位队员进攻，要求队员间明确场上位置，互相配合，完成“中二一”进攻战术。

（三）“心跟进”防守战术

（1）手抛球练习“心跟进”防守战术。一人在球网一侧将球抛到另一侧二名拦网队员身后，6 号位队员跟进防吊球，将球防起后组织“中二一”进攻战术。要求 6 号队员要判断准确，移动速度要快，身体重心要低，教学中可以让同学在 6 号位排成一路纵队，轮流练习。

（2）防扣球练习“心跟进”防守战术。二名队员在半场一传一扣，另半场两名队员消极防守拦网，6 号队员跟进防守对方的吊球，要求防守队员各自防守好自己的区域，6 号队员要早判断，快移动。

第四节 排球基本竞赛规则

一、比赛方法

（一）赛前准备

第一裁判主持抽签，首先选择发球权、球区。

（二）比赛开始过程与停止

第一裁判员鸣哨后，在各自场区端线站好，再鸣哨时按原定位置（比赛前填写的位置表）站好。

（三）得分

（1）一方发球后对方接球失误、犯规或球落到对方场内，即发球方得分，继续发球；

（2）如发球队员发球违例或发出界外则对方得分，换发球。

（四）暂停、换人

每局比赛中各队均有2次暂停，6人次换人机会（成死球时可要求）。

（1）暂停：每局比赛中各队均有2次暂停；正规比赛每8分钟一次技术暂停。

（2）换人：①主力队员只能退出比赛一次，同一局中他再次上场比赛时，只能回到该局替换他的队员位置。②替补队员每局只能上场比赛一次，可以替换任何一个主力队员，同一局只能由被他替换下场的队员来替换。

注：比赛开始上场的队员为主力队员，其他队员为替补队员。

二、比赛规则

排球比赛场地为18米×9米的长方形，四周至少有2米空地，场地上空至少高7米内不得有障碍物。场中间横画一条线把球场分为相等的两个场区。所有线宽均为5厘米。场地中线上空架有球网。网宽1米，长9.50米，挂在场外两根圆柱上。女子网高2.24米，男子网高2.43米。球网两端垂直于边线和中线的交界处各有5厘米宽的标志带，在其外侧各连接一根长1.80米的标志杆。球的圆周为65～67厘米，质量为260～280克，气压为0.40～0.45千克/厘米^2。

排球比赛是由一队后排右边（1号位）队员发球开始算起，然后每队可触球3次（拦网触球不计在内）。如果球落地、触及障碍物或某一队员犯规，则成死球，造成死球的一方判为失球。只有发球的队胜1球时，才得1分。如发球队犯规、失误或接发球队胜1球时，则接发球队取得发球权，其队员须按顺时针方向进行1个位置的轮转。前4局比赛采用25分制，每个队只有赢得至少25分，并同时超过对方2分时，才胜1局。正式比赛采用5局3胜制，决胜局的比赛采用15分制，一队先得8分后，两队交换场区，按原位置顺序继续比赛到结束。决胜局没有最高分限，比赛进行至某队领先对方2分为止。

规则规定1个队最多有12名队员，教练员、助理教练员、医生各1人。队员服装必须统一，上衣前后有明显号码。教练员可在暂停和局间间隙时间进行指导。比赛中只有场上队长可向裁判员提出询问或要求解释规则。如果教练员或队员有非道德行为表现，裁判员将出示黄牌给予警告，如再犯将出示红牌，判罚该队失发球权或对方得1分。如有辱骂裁判员或对方队员等严重犯规者，将取消其该局或全场比赛资格。每局比赛前，教练员必须将上场阵容位置表交给记录员或第二裁判员，不得更改。每队上场6人，站成两排，从左至右，前排为4、3、2号位，后排为5、6、1号位。在发球时，双方队员都必须按规定位置站好，否则将被判失发球权或对方得1分。比赛成死球时，教练员和队长可向裁判员请求暂停或换人。每次暂停不得超过30秒。1局比赛每队可要求两次暂停。每队在1局比赛中，换人最多不得超过6人次。

规则对技术动作的要求如下：

（1）发球：获得发球权的一方须先轮转，1号位队员在裁判员鸣哨后3秒钟内将球击出。发球离手后，如果球在中途触及发球队场上队员、标志杆、其他障碍物，球落在对方界外或发球不过网均为发球失误，失发球权。在本队未失误前，发球队员连续发球。

（2）触球：队员可用身体任何部位触球，但不得停留，如出现捞、捧、推、掷球的情况则被判为持球。每队最多触球3次（拦网除外），如果1个队员连续触球多于1次（拦网除外），被判为连击。同队2个队员同时触球作为2次触球，但双方队员在网上同时触球后均再可击球3次。

（3）进攻性击球：直接向对方场区的击球为进攻性击球。前排队员可在本场区对任何高度的球作进攻性击球。后排队员在进攻线前的前场区只能作整个球体不高于球网上沿的进攻性击球，但在进攻线后起跳则可击任何高度的球。

（4）过网：队员不得过网击球，但击球点在本场区，球离手后手随球过网不判过网犯规。对方击球前，拦网队员手触及对方场区上空的球，判拦网队员过网犯规。当对方队员击球后，许可在对方场区拦网。

（5）过中线：队员身体任何部位越过中线触及对方场区地面即判过中线犯规。但一脚或双脚的一部分踏过中线，而另一部分踏在中线上或在中线上空则不判犯规。队员可伸手在网下击球，但不得阻碍对方队员。

（6）拦网：只准前排队员进行单人或集体拦网。在 1 次拦网中，球可连续触及 1 个或几个拦网队员的手、头或腰部以上身体任何部位均算 1 次拦网。拦网后本队可再击球 3 次。拦网手触球后，球落界外为触手出界，判失误。正式排球比赛应有第一、第二裁判员各 1 人，记录员 1 人，司线员 2～4 人。

三、犯规和违例

（一）发球犯规

下列情况为发球犯规：

（1）发球次序错误。

（2）发球队员在击球时或击球起跳时，踏及场区（包括端线）或发球区以外地面。

（3）发球队员在第一裁判鸣哨 8 秒内未将球击出。

（4）球未被抛起或未使持球手清楚撤离就击球。

（5）双手击球或单手将球抛出、推出。

（6）球抛起准备发球，却未击球。

（二）发球击球后的犯规

下列情况为发球击球后的犯规：

（1）球触及发球队队员或没有通过球网的垂直平面。

（2）球触网后落入对方场区外，界外球。

（3）球越过发球掩护的个人或集体（在发球时，某一队员或 2 名以上队员密集站位或挥臂跳跃、移动遮挡接发球队员，且发出去的球从他或他们上空飞过，则构成个人或集体发球掩护犯规）。

对发球犯规的裁判方法如下：

（1）发球犯规由第一裁判员判断，发球击球后的犯规由第一裁判和司线员进行判断。

（2）发球犯规如与对方位置错误同时发生，应判位置错误在后，发球击球后的犯规如与对方位置错误同时发生，应判位置错误在前。

（3）下列情况，第一裁判员应重新鸣哨发球：①第一裁判未鸣哨、发球队员已将球发出；②遇特殊情况（如运动员受伤，球滚入场内等）；③第二裁判员在第一裁判鸣哨允许发球后，又鸣哨中断比赛允许某队暂停或换人的请求，第一裁判员不允许中断比赛的请求。

（4）第一裁判待发球队员进入发球区并拿到球做好准备，接发球一方已站好位置，即可鸣哨。鸣哨后，第一裁判员默数 8 秒。

（5）发球队员同场上本方后排其他两位队员无位置错误关系。

（三）轮转错误犯规

下列情况之一者，即为轮转错误犯规。

（1）未按记录表上登记的发球次序进行发球。

（2）发球队胜一球后，而换由其他队员继续发球。

对轮转错误的裁判方法如下：

（1）比赛中主要由记录员发现该犯规，记录员应在球发出后鸣哨中断比赛并报告裁判员。

（2）对轮转错误犯规的判罚由第一裁判员鸣哨判定，结果为失一球，而对方得分并换由对方发球。

（3）令该队恢复到正确的位置上。

（4）记录员如能确定在错误过程中得分，则取消该队在误发中所得分数，而对方得分有效；记录员如不能确定在错误过程中所得分数，则只做失一球判罚。

（5）如一局结束或一场结束，运动员已交换场区或已退场，则分数、局数、比赛结果均有效。

（四）位置错误犯规

下列情况之一者为位置错误犯规：

（1）在发球队员击球时，场上其他队员未完全站在本场区内。

（2）未按规则“每一名前排队员至少有一只脚的一部分，比同列后排队员的双脚距中线更近”。规则规定即 4 号位同 5 号位，3 号位同 6 号位，2 号位同 1 号位对比发生位置错误犯规。

（3）未按规则“每一名左边（右边）队员至少有一只脚的一部分比同排中间队员的双脚距左（右）边线更近”。规则规定 3 号位同 4 号位，3 号位同 2 号位；6 号位同 5 号位，6 号位同 1 号位对比发生位置错误犯规。

对位置错误犯规的裁判方法如下：

（1）第一裁判员观看发球一方有无位置错误犯规，第二裁判员观看接发球一方有无位置错误犯规。

（2）队员的位置，根据其脚着地部位来判定。

（3）位置错误犯规是击球瞬间造成的。击球前后均不存在位置错误犯规，击球后，队员可以在本场区任何地方和无障碍区自由活动。

（4）对位置错误犯规的处理办法同轮转错误相同。

（五）连击犯规

身体任何部分均可触球，但一名队员（拦网队员除外）连续击球两次或连续触及身体的不同部位（第一次击球，同一个动作击球除外），即为连击犯规。

第一次击球，队员在同一击球动作中，允许球连续触及身体的不同部位。对连击犯规的裁判方法如下：

（1）连击犯规由第一裁判员负责判断。

（2）第二裁判员可以用手势向第一裁判员表明背向第一裁判员的连击犯规，但不得坚持。

（3）第一次击球时，无论是上手传球或其他身体部位触球，只要是一个动作，则无连击犯规。

（4）第一裁判员要注意观察判断第二次、第三次击球中的连击犯规。

（六）持球犯规

身体任何部分均可触球，但球必须被击出，不得接住或抛出，否则即为持球犯规，对持球犯规的裁判方法如下：

（1）持球犯规由第一裁判员判罚，其他裁判人员均不得对持球犯规进行判断或出示手势。

（2）判断持球的主要根据是球是否停滞在身体上。合法的击球是一个单一击球反弹动作，而持球犯规是先使球停滞（接住或抛出），再将球击出。

（3）第一裁判员应根据不同的比赛性质和对象确定对持球的判断，掌握好判断“尺度”，做到双方一致、前后一致。

（4）第一裁判要明确该条文的制定目的是鼓励防守，因此运动员第一次击球或抢救险球时，判断应放宽，给予鼓励。

四次击球犯规、借助击球犯规、同时击球及裁判方法如下：

（1）每队最多击球三次（拦网除外）将球从球网上方从过网区击回对方，超过规定次数的击球，判为四次击球犯规。第一裁判员对四次击球犯规进行判罚，第二裁判员可以出示手势。

（2）队员在比赛场地以内借助同伴或任何物体的支持进行击球，即为借助击球犯规。第一裁判员对借助击球犯规进行判罚。如果运动员跑到场地以外，如挡板外、看台上击球时，这种行为是规则允许的，应给予鼓励。

（3）同时击球。①同队的两名或两名以上队员同时触到球，被计为两次或两次以上击球（拦网除外）。②网上同时击球后，球落入场内，继续比赛，获球一方还可击球三次。③网上同时击球后，球落入甲区场外，则判乙方击球出界。④同时击球，球触标志杆，判为双方出界，重新发球。⑤网上同时击球造成持球犯规，判为双方犯规，重新发球。

第一裁判员对网上同时击球进行判罚。

进攻性击球是指除发球、拦网外，所有的向对方的直接击球都是进攻性击球。进攻性击球犯规主要包括过网击球犯规、后排队员进攻性击球犯规和击发球犯规。

（七）过网击球犯规

在对方场区空间击球，即为过网击球犯规。对过网击球犯规的裁判方法：

（1）过网击球犯规由第一裁判员进行判罚。

（2）第一裁判员要把握住网的垂直面，以判断击球点是否过网。

（3）队员的击球点应作为判断是否过网击球的依据，球的位置只作为判断的辅助条件。

（4）过网击球不单指扣球动作，还指一切直接击球到对方的技术动作，如二传的过网二次吊球，伸手过网击球动作等，都属过网击球犯规。

（八）后排队员进攻性击球犯规

后排队员在前场区完成进攻性击球（或球触对方拦网队员手即被认为完成进攻性击球），并且击球时，球的整体高于球网上沿，即为后排队员进攻性击球犯规。对后排队员进攻性击球犯规的裁判方法如下：

（1）第一裁判员、第二裁判均可对后排队员进攻性击球犯规鸣哨判罚。

（2）裁判员要注意判断该犯规的三个条件，只有三个条件都存在，才构成后排队员进攻性击球犯规。三个条件分别为前场区，此时要注意后排队员起跳是否踩进攻线或在进攻线前；完成进攻性击球，如球触拦网的手即算完成进攻性击球；球整体高于球网。

（3）第一裁判员在判断时，要降低重心，判断球的整体是否高于球网上沿。

（4）后排队员在前排的二传球、吊球、处理球只要具备犯规的三个条件，都属进攻性击球犯规。

（九）击发球犯规及裁判方法

在前场区对对方的发球在球的整体高于球网上沿时完成进攻性击球即为击发球犯规。对击发球犯规的裁判方法如下：

（1）第一裁判员对击发球犯规进行判罚。

（2）第一裁判员要观察击发球行为是否在前场区，球的整体是否高于球网，如击球动作是击发球犯规，如是拦网动作则为拦发球犯规。

（十）过网拦网犯规

在对方进攻性击球前或击球的同时，在对方场区空间拦网触球，即为过网拦网犯规。对过网拦网犯规的裁判方法如下：

（1）过网拦网犯规由第一裁判员判罚。

（2）第一裁判员要注意判断是拦网先触球还是进攻击球先触球，或是同时触球。

（3）在对方第一、第二次击球时，球飞向网的方向，如果附近没有运动员准备击球，拦网队员可以过网拦网。

（4）平行球网的球不能过网拦网，第三次击球后除外。

（十一）后排队员拦网犯规

后排队员完成拦网或参加了完成拦网的集体，即为后排队员拦网犯规。对后排队员拦网犯规的裁判方法如下：

（1）第一裁判员、第二裁判员均可对该犯规鸣哨判罚。

（2）裁判员要注意后排对员拦网犯规的三个条件：在球网附近，手高于球网，触及球或参与完成拦网的集体，三个条件均具备才构成后排队员拦网犯规。

（十二）拦发球犯规

拦对方发球即为拦发球犯规。对拦发球犯规的裁判方法如下：

（1）拦发球犯规由第一裁判员进行判罚。

（2）第一裁判员判断时要降低重心判断拦网人手是否高于球网。

（十三）网下穿越犯规

从网下穿越进入对方空间并妨碍对方比赛，则为网下穿越犯规。队员的一只（两只）脚或一只（两只）手完全越过中线触及对方场区，则为过中线犯规。

对网下穿越、过中线犯规的裁判方法如下：

（1）第一裁判员可以鸣哨判罚。

（2）该项犯规的判罚是第二裁判员主要职权范围。

（3）判断穿越犯规时要观察是否妨碍对方比赛，如不妨碍则不算犯规。

（4）在不影响对方比赛情况下，队员可以穿越而进入对方无障碍区。

（5）裁判员要看清整个脚掌或手掌全部越过中线，触及对方场区方能鸣哨判罚。

（6）队员除手和脚外的身体其他部分都不允许接触对方场区，否则即为过中线犯规。

（7）裁判员在双方队员扣、拦时，要注意网前移动情况，第二裁判员在队员完成击球后，视线应在中线上稍有停留。

（十四）触网犯规

触网、触标志杆不为犯规，但队员在试图击球或影响比赛时的触网或触标志杆则算犯规。

队员击球后可以触及网柱，全网长以外的网绳或其他任何物体，但不得影响比赛。

对触网犯规的裁判方法如下：

（1）第一裁判员可以对该犯规鸣哨判罚。

（2）触网犯规的判罚是第二裁判员的主要职权范围。

（3）要注意观察是否试图击球，一切试图击球及掩护击球动作下的触网皆为犯规。

（4）被动触网（如球击入球网而造成队员触网）不应算犯规。

（5）队员触及 9.50 米全网长以外的任何物体时，不得影响比赛。

（6）第一裁判员应着重观察扣球一方及网上沿的触网犯规；第二裁判员应着重观察拦网一方的触网犯规。第二裁判员的视线在队员完成击球动作后，应在网附近有短暂停留，不宜跟球太快。

（十五）界内、外球的裁判方法

球触及比赛场区的地面包括界线为界内球。

判断界外球的情况如下：

（1）球接触地面的部分完全在界线以外。

（2）球触及标志杆、网绳、网柱、场外物体、天花板或非比赛成员等。

（3）发球时，球的整体或部分从过网区外过网。

（4）击球后，球的整体或部分从过网区外进入对方场区。击球后，球的整体或部分从过网区外进入对方无障碍区，队员可以将球从同侧非过网区击回，对方队员不得阻碍此击球，击球队员不得进入对方场区。

对界内球、界外球的裁判方法如下：

（1）对界内球、界外球第一、第二裁判员根据自己的位置和职权范围做出相应的判断。

（2）司线员主要职责是对界内球和界外球做出判断并展示相应的旗示。

（3）过网区指的是两条标志杆向上延长至天花板所组成的区域。

（4）球的整体越过球网以下垂直平面判为界外球。

（5）发球、球过网时，可以触网，球落入对方场区内比赛继续进行。

（十六）延误比赛犯规

规则规定下列情况为延误比赛犯规：

（1）换人延误比赛。

（2）在裁判员鸣哨恢复比赛后，拖延暂停时间。

（3）请求不合法的替换。

（4）在同一局中再次提出不符合规定的请求。①发球鸣哨同时或之后提出间断比赛请求。②无请求权成员提出请求。③同一队换人后未经过比赛再次请求换人。④再次请求的第三次暂停，第 7 次换人。⑤场上队员拒绝比赛。

对延误比赛犯规的裁判方法如下：

（1）只有第一裁判员可以对延误比赛进行判罚。

（2）第二裁判员可以向第一裁判员示意场上延误比赛情况，提醒第一裁判员给予判罚。

（3）在同一场中，对一个队的第一次延误比赛给予“延误警告”，不判罚失球，但需登记在记分表上。

（4）在同一场中，同一队任何一名队员或其他成员造成任何类型的第二次、第三次……延误犯规，则均给予出示黄牌的“延误判罚”结果为失一球，并登记在记分表上。

（十七）不良行为的裁判方法

球队成员对裁判员、对方队员、同队队员或观众造成不良行为，应给予判罚。根据其犯规的严重程度分为三类：

（1）粗鲁行为：违背体育道德，有侮辱性的动作表示。

（2）冒犯行为：诽谤、侮辱的言语或形态。

（3）侵犯行为：人身侵犯或企图侵犯。

对不良行为的裁判方法：对轻微不良行为不进行判罚，以手势或语言进行警告；对粗鲁行为出示黄牌，判该队失一球，对冒犯性行为，出示黄牌，判罚取消一局比赛资格；对侵犯性行为，出示红牌，判罚取消一场比赛资格。各种判罚均登记在记分表上。

第十章 足 球

本章导读

足球是青少年所喜爱的较为剧烈的运动项目，经常参加足球运动，能促进速度、耐力、灵敏性和协调性的发展，增强呼吸系统、血液循环系统和运动器官的功能，还能培养勇敢顽强、克服困难、机智果断的意志品质和团结互助、热爱集体、遵守纪律的优良品德。通过本章的学习，可以了解足球运动概况，掌握足球运动基本技术，熟悉足球运动基本战术，了解足球运动的比赛规则。

第一节 足球运动概述

在各级学校的体育教材中，足球为选用教材。它的内容有踢球、停球、带（运）球、顶球、抢截球、掷界外球、守门员技术等，其中应以踢球、带球和停球为教学重点。足球运动的对抗性很强，因此在教学中应给学生讲清有关的规则，严格要求学生服从裁判，遵守纪律，防止运动损伤的发生。

最早起源于中国古代的一种球类游戏“蹴鞠”，后来经过阿拉伯人传到欧洲，发展成现代足球。不少国家将足球定为“国球”。公元8～19世纪，现代足球运动的前身以各种方式在欧洲存在着，直到1863年，在英国有了第一份正式的足球比赛规则，这也标志着现代足球运动的诞生。

目前，足球运动是体育界最有影响力的运动之一，以脚支配球为主，但也可以使用头、胸部等部位触球（除守门员外，其他队员不得用手或臂触球）。足球是两个队在同一场地内进行攻守的体育运动项目。一场精彩的足球比赛吸引着成千上万的观众，它已成为电视节目中的重要内容，有关足球消息的报道也占据着世界上各种报刊的篇幅。当今，足球运动已成为人们生活中不可缺少的组成部分。现在最知名的足球联赛是欧洲的五大联赛：意甲、英超、西甲、德甲、法甲。

足球运动对抗性强，运动员在比赛中采用规则所允许的各种动作包括奔跑、急停、转身、倒地、跳跃、冲撞等，同对手进行激烈的争夺。比赛时间长、观众多、竞赛场地大，是其他任何运动项目无法企及的。传统足球是20块正六边形（白）和12块正五边形（黑）一共32块皮组成。足球运动使用的球，用牛皮做壳，橡胶做胆，比篮球小。足球比赛分为11人制、7人制和5人制。年龄段有u15，u17，u19，国奥组和成年组及青年组等。

第二节　足球基本技术

一、踢球

（一）脚内侧踢球

1. 动作要领

踢定位球时，直线助跑，支撑脚踏在球侧约 15 厘米处，膝微屈，脚趾指向出球方向。踢球腿以及髋关节为轴由后向前摆动，膝踝外展，脚尖稍翘，以脚内侧部位对准来球，当膝关节接近球体上方时，小腿加速前摆，击球刹那，脚跟前顶，脚型固定，用脚内侧部位击球的后中部。

2. 动作口诀

支脚踏在球侧方，脚尖朝前膝微弯，踢腿前摆外展膝，脚弓踢球正后方（图 10-1）。

图 10-1

（二）脚背正面踢球

1. 动作要领

踢定位球时，直线助跑，支撑脚踏在球侧约 15 厘米处，脚趾指向出球方向，膝微屈，眼睛注视球。在支撑脚前跨的同时，踢球腿大腿顺势后摆，小腿后屈。前摆时，大腿以髋关节为轴带动小腿前摆，当膝关节摆近球体上方时，小腿加速前摆，脚背绷直，脚趾扣紧，以脚背正面击球的后中部。击球后，踢球腿顺势前摆落地。

2. 动作口诀

直跑跨步体跟上，支脚踏在球侧方，踢腿加速向前摆，脚背踢球正后方（图 10-2）。

图 10-2

3. 动作要点

站稳（体重落在支撑脚上），踢准（踢准球体正后方）。

4. 练习步骤

（1）徒手练习：①单脚跳动，另一腿与两臂自然摆动的练习，训练平衡和协调的能力。②做原地与助跑的踢球模仿练习。

（2）自踢练习：踢手提或悬挂在网袋里的球，或向矮墙连续踢反弹回来的球，以体会摆腿协调、踢球部位准确等要领。

（3）对互踢练习：甲、乙两纵队相对站立，相距 5 米、10 米、15 米……甲队第一人，把球踢给乙队第一人后自己跑到本队队尾站立；乙队第一人把球踢回给甲队第二人，也跑到本队队尾站立。其余依次轮流踢球至结束，或站成圆圈互相对踢。

（三）个人或成队进行踢远或踢准比赛

1. 踢远比赛

地上画一条起踢线，然后距起踢线 5 米、10 米、15 米……画若干条横线。球放在起踢线上，看谁踢得远。得分可按远度（如 5 米为 1 分）计算。

2. 踢准比赛

在离起踢线一定距离的场上，画 4 个不同半径的同心圆圈，球踢至最里的圈得 4 分，向外各圈依次递减 1 分；或在离起踢线一定距离的场上，按横的方向插上 6 根垂直的竹竿，各竿相距 1～2 米，球踢进正中两竿的中间得 3 分，向外每出 1 竿递减 1 分。

3. 注意事项

（1）要教会学生两脚都能踢球。

（2）注意培养学生主动观察场上的情况，做到主动迎球、踢球和踢球后立即起动的习惯。

（3）踢球时踝关节要紧张，以避免损伤。

二、停球

（一）正面停滚地球

口诀：支脚站稳停脚抬，脚尖翘起迎球来，脚踝放松轻压球，停稳紧接传或带（图 10-3）。

（二）正面停反弹球

口诀：判断来球落地点，支脚站在落点前，停脚稍提脚尖翘，轻压弹球传带连（图 10-4）。

图 10-3　　图 10-4

（三）侧面脚内侧停滚地球

口诀：支脚站稳停脚迎，屈膝外展脚前伸，脚弓触球撤引，接着传带不能停（图 10-5）。

（四）侧面停反弹球

口诀：支脚站在落点前，停脚内侧对弹线，触球撤引缓弹力，停球脚下运球连（图 10-6）。

图 10-5　　图 10-6

（五）胸腹式停球

1. 口诀

开立挺胸把球迎，触球含胸后撤引，控球落地脚下停，踢球盘带接得紧（图 10-7）。其主要技术：主动迎球，触球立即撤引缓冲。

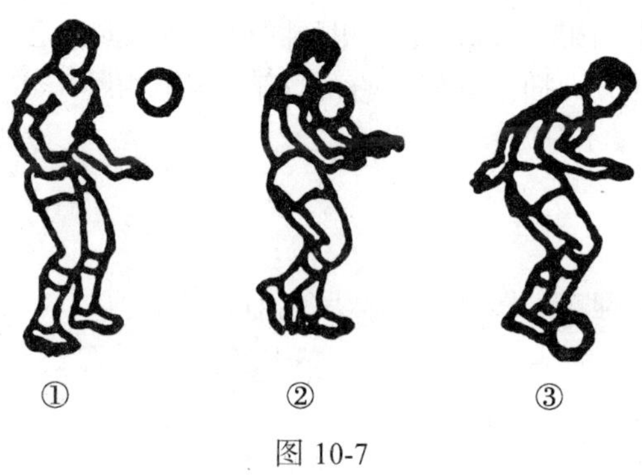

图 10-7

2. 教法

（1）安排的顺序：先教停地滚球，后教停反弹球，在此基础上再教正脚背、外侧背等停球；教会胸腹式停球后，再教挺胸式停球。

（2）模仿与自抛、自停练习：各种停球动作，都可以先做原地与移动的停球模仿练习，而后做自己抛、自己停的练习。重点放在触球撤引的技术。

（3）一人抛球给另一人停球：两人相距若干米面对站立，一人抛各种不同角度的球，另一人用各种方法停球。停球的重点放在主动迎球和触球撤引的技术。初学时，抛的距离应近些，力量应轻些，随着技术的提高，逐步拉开距离与加大抛球的力量。

（4）一人踢球给另一人停球：组织方法同上。

（5）反弹球练习：自己对墙抛球或踢球，用各种不同的角度停反弹回来的球。抛、踢的距离应随技术水平的提高而不断延长。

（6）抛（踢）球–停球比赛：组织方法同踢球教法相同，以先做完的队为胜。

（7）结合简单战术的练习：两人或三人为一组，互相配合做带球、传球和停球的练习。

三、运球

（一）脚内侧运球

1. 动作要领

自然跑动，步幅稍小，上体略前倾并向球侧稍转，两臂协调摆动。运球腿屈膝提起，脚尖稍外转，前摆用脚背内侧部位向侧前推拨。

2. 口诀

支脚踏在球前侧，上体前倾膝屈弯，用脚内侧推球转，步幅适当频率繁。

（二）正脚背运球

1. 口诀

上体前倾加步幅，支脚屈膝踏球侧，运球迈步趾下扣，脚背正面拨球后。

2. 主要技术

用力要适当，人要紧跟球（图 10-8）。

3. 教法

（1）学会两脚带球：先学一脚带球，再学另一脚带球。重点解决用力适当，人球跟紧。

（2）带球绕越各种障碍物（如小旗、实心球、竖插在地上的竹竿等）。重点解决拨绕越、躲闪穿行和带球推进等技术。

（3）带、截对抗练习：两人一组，进行一人带球推进、另一人抢截的对抗练习。

图 10-8

（4）带球接力游戏：分甲乙两队，各个队员之间相距两米排成纵队。比赛开始，各队第一名队员带球挨个绕越本队队员前进，到最后一人时依法绕回，并将球交给第二人，自己跑到本队队尾站立，按此方法依次轮流至结束，早完成的队为胜。

四、顶球

1. 动作要领

原地顶球时，身体正对来球，两腿自然开立，膝微屈，两眼注视来球。随球临近，上体稍后仰，展腹挺胸，两臂自然张开，下颌收紧，身体自下而上进行蹬地、收腹、摆体、顶送发力，当头摆至身体垂直部位时，用前额正面项击球的后中部。

2. 动作要点

额顶主动准确，收腹扣颈连贯（图 10-9）。

图 10-9

3. 动作口诀

盯住来球细估计，身体后仰膝微屈，蹬地收腹重心移，前额顶球跟出去。

4. 教法

（1）教材安排顺序：先教会原地正额顶球，后教原地侧额顶球，再教跳起顶球。

（2）顶吊球练习：顶固定或摆动的空中吊球，掌握合理的顶球部位和准确的顶球时间，强调顶球时要睁眼闭口。

（3）互相顶球练习：①两人一组，一人抛球，另一人顶球。可先用小皮球或排球练习，后用足球，以消除恐惧心理，克服张口或闭眼盲目顶球的毛病。②方法同①，但要求把球顶到指定的目标，培养准确顶球的能力。③两三人一组或多人站成圆圈，轮流顶球，不让球落地。④一人抛球给两人争顶。

五、抢截球

（一）正面抢截球

1. 动作要领

在逼近控球队员时，防守队员应控制好身体重心，两膝弯曲，上体略前倾，并注意观察对手的脚下动作，在对手触球的刹那，支撑脚前跨将球控制。如双方对脚触球，则应顺势向上做提拉动作，将球从对方脚背上带出。

2. 动作口诀

突然逼近跨步快，内侧对球抢脚摆，拼脚提拉要有劲，抢球之后摆脱开（图 10-10）。

图 10-10

（二）侧面抢截球

1. 动作要领

当与运球队员成平行时，重心略降，身体向对手倾靠，手臂贴紧身体。在对手近侧脚离地刹那，用肩以下、肘以上的部位猛力冲撞对手的相应部位，使其重心失去控制，乘机伸脚将球控在脚下。

图 10-11

2. 动作要点

抢截突然时机准，拼脚有劲重心稳。

3. 动作口诀

侧面追赶肩并肩，重心下降步稳健，手臂贴身体侧倾，合理冲撞把球抢（图 10-11）。

4. 教法

（1）抢截球的模仿练习：①个人徒手模仿抢截球练习。要做到突然跨步，另一腿跟上，保持身体平衡。②两人一组徒手做原地或跑步进行的抢截与合理冲撞练习。

（2）互相抢截球练习：①两人一组，按教师的信号，向前奔跑，抢夺放在地上或教师踢出的球，练习合理冲撞。②两人一组，一人运球，另一人进行正面或侧面抢截，抢到球对换角色。

（3）抢截球游戏：分甲、乙两组，每组四到六人。甲组每人一球，从起运线向10米处的终点运球，乙组每人找一对象进行正面或侧面抢截，在运球区内抢到球得一分。然后对换角色，得分多者为胜。

六、掷界外球

1. 动作要领

面对出球方向，两脚前后或左右开立，每脚均应有一部分站立在边线上或边线外。膝关节弯曲，上体后仰成背弓，重心移到后脚上（或两脚用力蹬地），两腿迅速伸直，身体重心由后脚移到前脚，收腹屈体，同时两臂急速前摆。当球摆到头时用力甩腕将球掷入场内。掷球时，后脚可沿地面向前滑动，两脚均不得离地。

2. 动作要点

球举头后，身如满弓，收腹甩臂，脚不离地。

3. 动作口诀

（1）双手持球头后举，上体后仰膝微屈，两脚猛蹬不离地，收腹甩臂掷出去。

（2）球举头后，身如满弓，收腹甩臂，脚不离地（图10-12）。

图 10-12

4. 教法

（1）互相掷球练习：①两人或两队对面互掷球练习。先学原地掷球，再学助跑开始的掷球。要求球举过头，掷球过头，脚不离地。②方法同①，但用两公斤的实心球练习，以提高投掷能力。

（2）掷远比赛：设一起掷线，在起掷线前面每隔5米画若干条白线，从起掷线开始掷球，看谁掷得远。也可以进行成队比赛，以掷5米得一分，看哪队积分最多的为胜。

（3）掷准比赛：方法同踢球的踢准比赛，成队比赛时计算积分。

七、守门员的技术

（一）接滚地球

动作口诀：①两腿靠拢体前屈，掌心向前指触地，手接为球后撤臂，卷臂抱球跑出去；②一伸，二撤，三卷（图10-13）。

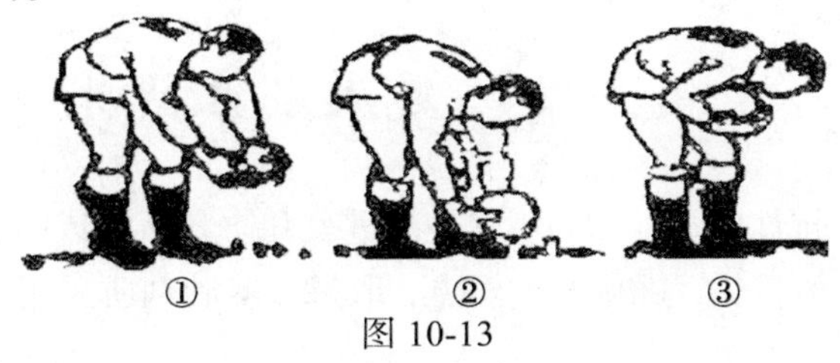

图 10-13

（二）接平直（平胸）球

1. 动作口诀

（1）上体前倾臂前伸，掌心向前把球迎，触球收臂后撤引，翻掌屈臂抱球紧。

（2）伸臂迎球，后引抱紧（图 10-14）。

图 10-14

2. 动作要点

手成勺形前迎，接球缓冲抱紧。

3. 教法

（1）接球手形练习：徒手或手抱球铸接球手形的练习，五指分开，掌心向前，两手成勺形。接高球的手指向上，拇指相对成“八字”（图 10-15）；接低球的手指向下，小指相靠。

图 10-15

（2）脚步练习：徒手做脚向正前、侧前和左、右侧等方向的移动练习。向侧移动有侧滑步与侧交叉步。①侧滑步（图 10-16，向左为例）：身体左倾右脚蹬，左腿屈膝支重心，右脚蹬完向左跟，左、右轮换来支撑。②侧交叉步（图 10-17，向左为例）：身体左倾右脚蹬，左腿屈膝支重心，右腿向左交叉迈，左脚侧出再移开。

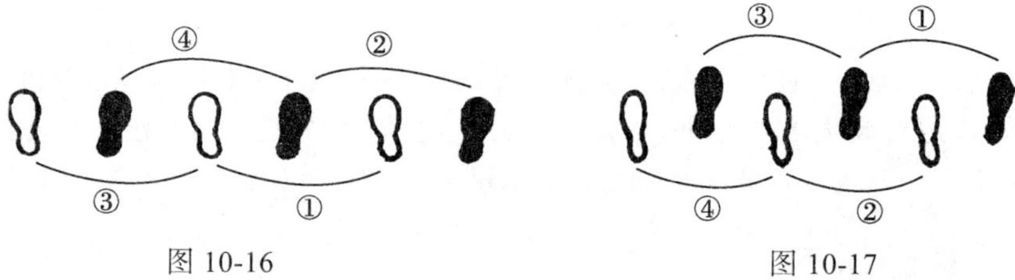

图 10-16　　图 10-17

（3）接球练习：①两人一组，甲掷球或踢球给乙接。要求接者判断方向准确，根据球速，及时移步接球，并注意接球的手形。②多人依次抛球或踢球给一人接。③一人连续向墙投掷球，另一人以各种不同角度接弹回的球，严格要求以正确的手形接球，并做好撤引收臂的动作。

第三节　足球基本战术

足球运动是一项对抗性的运动项目，它是由进攻和防守所组成的。足球战术是指比赛双方为了充分发挥个人与集体的特长，进攻对方弱点，取得比赛胜利所采用的手段和方法。根据攻防的基本特点，足球战术可分为进攻战术、防守战术、比赛阵型三大部分。在进攻和防守战术中，又分别包括个人、集体与全队的攻防战术。

一、集体的局部配合进攻战术

集体的局部配合进攻战术是指两个或两个以上队员在比赛中为了完成全队攻防任务而采用的局部协同作战的配合方法，它包括“二过一”战术配合、“三过二”战术配合和反切配合等进攻战术。

（一）“二过一”战术配合

顾名思义，“二过一”是两个进攻队员，通过传球配合突破一个防守队员。“二过一”是集体配合的基础，可以在任何场区、任何位置上运用这种方法来摆脱对方的抢截或突破防线。“二过一”是进攻的两个队员之间相距 10 米左右，进行一传一切的配合。要求传球平稳及时，一般多用脚内侧、脚外侧等脚法，传地平球为主。传球的位置，尽可能是接球人脚下或前面 2～3 步远的地方。

（二）“三过二”战术配合

“三过二”是在比赛中局部地区 3 个进攻队员通过连续配合突破两个防守者的防守。由于这种配合有两个同队队员可以同时接应传球，因此使持球人传球路线更多，且进攻面扩大。

二、全队进攻战术

全队进攻战术是指比赛中一方获得球后，通过队员之间的传递配合达到射门的目的而采用的配合方法。与局部进攻战术相比较，全队进攻战术的进攻面比较广，有参加进攻和快速反击等。

（一）边路进攻

利用球场两侧地区发起进攻的方法叫边路进攻。边路进攻是全队进攻战术的主要形式之一，其主要特点是有利于发挥进攻速度，打破对方防线制造缺口。

（二）中路进攻

中路进攻是利用球场中间区域组织的进攻，这种进攻虽能直接射门，但难度最大，因中路防守最为严密，前场的攻击手必须是反应极其敏锐、意识强、技术高、敢于冒险、速度快和善于卡位策应的队员。

（三）快速反击

比赛中当攻方进攻时，后卫线往往压至中场附近，防守人数也由于插上进攻和助攻而相对减少，此时如能抓住对方防区空隙较大和回防较慢的机会，乘其失球发动快速反击，往往能取得良好的效果。快速反击是最有威胁的进攻手段，有效进攻在于突然快速地反击，但其难度较大，即要冒险，又要有准确、快速的传切配合技能。快速反击要有组织，配合得要极为默契，必须进行专门性的训练，否则很难在比赛中实施。

三、定位球战术

定位球战术是指在比赛中，利用“死球”后重新开始比赛的机会组织进攻与防守配合的战术方法。定位球战术包括中圈开球、角球、任意球、点球、掷界外球等。在势均力敌的高水平比赛中，定位球战术有时起决定胜负的作用。在配合上要利用简练的一次配合取得射门机会，配合越复杂成功率就越低，故要进行专门性的练习才能在比赛中奏效。

四、集体的局部配合防守战术

（一）补位

补位是足球比赛中局部地区集体配合进行防守的一种方法。当防守过程中一个防守队员被对手突破时，另一个队员则立即上前进行堵封。

（二）围抢

围抢是指比赛中在某局部位置上，防守一方利用人数上的相对优势（通常是两三个队员）同时围堵对方的持球队员，以求达到控制球的目的。

（三）造越位战术

造越位战术是利用规则而设计的一种防守战术，是一种以巧制胜的省力打法，因而成为一种重要的防守手段。但由于其配合难度较大，搞不好会适得其反，让对手钻空子，所以战术往往是为水平较高的球队所采纳，但在一场比赛中也不是多次运用。

五、比赛阵型

（一）阵型的发展和演变

为了适应攻守战术的需要，全队队员在场上的位置排列和职责分工，称为比赛阵型。各阵型的名称是按队员排列的形状而定的。自 19 世纪中期世界上有了第一个足球比赛阵型至今日的“四三三”“三五二”“四四二”等，以及某些国家所采用的“水泥式”“锁链式”等，都是沿着这一个客观规律演变和发展的。

（二）各个位置的职责

（1）边后卫的职责：边后卫主要是要防守对方的边锋以及其他进攻队员在边路的活动，破坏对方由边路发动的进攻，同时还可以利用插上助攻式运球来直接威胁对方球门。

（2）中后卫的职责：中后卫有突前中后卫和拖后中后卫之分。前者主要任务是盯守对方突前的最有威胁的中锋，因而又被称之为盯人中后卫；后者则主要担负整个防线的指挥任务，其站位经常处于其他防守队员后面，一般称他为自由中卫。

（3）前卫的重要职责：前卫通常称之为中场队员。中场是一个非常重要的区域，控制了中场也就是得到了比赛的主动权，因此比赛各队往往都在中场投入较大力量，在短暂时间内达到抢断或破坏对方的目的。

第四节　足球基本竞赛规则

一、比赛场地

比赛场地及其设备如图 10-18 所示。

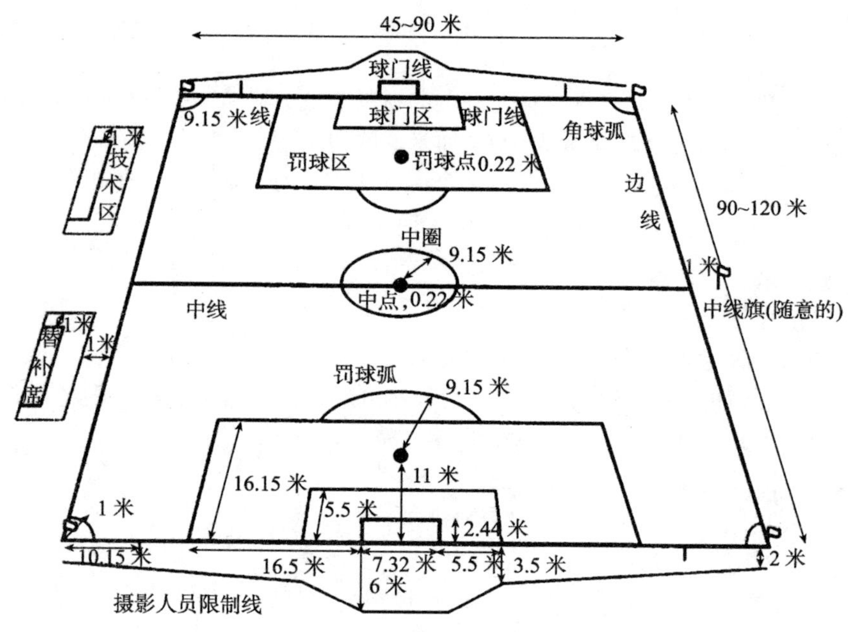

图 10-18 比赛场地及其设备

（1）场地面积：比赛场地为长方形，其长度不得多于 120 米或少于 90 米，宽度不得多于 90 米或少于 45 米（国际比赛的场地长度不得多于 110 米或少于 100 米，宽度不得多于 75 米或少于 64 米）。在任何情况下，长度必须超过宽度。

（2）画线：比赛场地应按照平面图画出清晰的线条，线宽不得超过 12 厘米，不得做成“V”形凹槽。较长的两条线叫边线，较短的叫球门线。场地中间画一条横穿球场的线，叫中线。场地中央应当做一个明显的标记，并以此点为圆心，以 9.15 米为半径，画一个圆圈叫中圈。场地每个角上应各竖一面不低于 1.50 米高的平顶旗杆，上系小旗一面；相似的旗和旗杆可以各竖一面在场地两侧正对中线的边线外至少 1 米处。

（3）球门区：在比赛场地两端距球门柱内侧 5.50 米处的球门线上，向场内各画一条长 5.50 米与球门线垂直的线，一端与球门线相接，另一端画一条连接线与球门线平行，这三条线与球门线范围内的地区叫球门区。

（4）罚球区：在比赛场地两端距球门柱内侧 16.50 米处的球门线上，向场内各画一条长 16.50 米与球门线垂直的线，一端与球门线相接，另一端画一条连接线与球门线平行，这三条线与球门线范围内的地区叫罚球区，在两球门线中点垂直向场内量 11 米处各做一个清晰的标记，叫罚球点。以罚球点为圆心，以 9.15 米为半径，在罚球区外画一段弧线，叫罚球弧。

（5）角球区：以边线和球门线交叉点为圆心，以 1 米为半径，向场内各画一段四分之一的圆弧，这个弧内地区叫角球区。

（6）球门：球门应设在每条球门线的中央，由两根相距 7.32 米、与西面角旗点相等距离、直立门柱与一根下沿离地面 2.44 米的水平横木连接组成，为确保安全，无论是固定球门或可移动球门都必须稳定地固定在场地上。门柱及横木的宽度与厚度，均应对称相等，不得超过 12 厘米。球网附加在球门后面的门柱及横木和地上。球网应适当撑起，使守门员有充分活动的空间。

注：球网允许用大麻、黄麻或尼龙制成。尼龙绳可以用，但不得比大麻或黄麻绳细。

二、球

比赛用球应为圆形，外壳用皮革或其他许可的材料制成，其结构中不得使用可能伤害运动员的材料。球的圆周不得多于71厘米或少于68厘米。球的质量，在比赛开始时不得多于453克或少于396克。充气后其压力应相等于0.6～1.1个大气压力（海平面上），即相等于600～1100克/厘米。在比赛进行中，未经裁判员许可，不得更换比赛用球。

三、队员人数

上场比赛的两个队每队队员人数不得超过11人。每队必须有一名守门员。每队在比赛时可有1～2名替补队员，如果是“友谊比赛”，可以有5名以下的替补队员。在经裁判员同意后，比赛暂停时，替补队员可替换队员。只有在被替补队员下场后，替补队员才能上场。未经裁判员同意，任何队员不得上场或下场。

替补守门员或其他任何队员均应遵守下列规定：

（1）替补前应先通知裁判员。

（2）替补队员在被替补队员离场后，并得到裁判员许可后，方可进入比赛场地。

（3）替补队员应在比赛成死球时从中线处进场。

（4）被替补下场的队员不得再次参加该场比赛。

（5）替补队员无论上场与否，裁判员均有权对其行使职权。

替补队员进入比赛场地，即成为场上队员，同时被替换出场的队员不再是场上队员，至此替补结束。场上队员违反本章规定时，除非在成死球前，该队员已经调整好装备，否则在成死球后，该队员应离场调整或换取装备。离场调整和换取装备的队员在回场前，必须先报告裁判员，经裁判员检查符合规定后，只有在比赛成死球时方可进场比赛。

四、球员装备

上场队员必需的装备：①运动上衣、短裤、护袜、护腿板和足球鞋；②上场队员不得穿戴有可能危及其他运动员的任何物件。

护腿板必须由护袜全部包住，而且应是由适当的材料制成（橡胶、塑料、聚氨酯或其他类似的材料）。守门员的服装颜色必须有别于其他上场队员和裁判。

五、裁判员

每场比赛应委派一名裁判员执行裁判任务。在他进入比赛场地时，即开始行使规则赋予他的职权。在比赛暂停或比赛成死球时出现的犯规，裁判员均有判罚权。在比赛进行中，裁判员根据比赛实际情况，诸如比赛结果等所做的判决，应为最后判决。裁判员的职责如下：

（1）执行规则。

（2）避免作出对犯规队有利的判罚。

（3）记录比赛成绩和比赛时间，使比赛赛足规定的时间或双方同意的时间，并补足由于偶然事故或其他原因所损耗的时间。

（4）当遇违反规则、风雨、观众或外界人员干扰及其他原因妨碍比赛进行时，裁判员有权暂停、推迟或终止比赛。事后须在规定的时间内按照有关要求将具体情况书面报告主办机构。书面报告在规定的时间内一经投邮即为合法手续。

（5）裁判员从进入比赛场地起，对犯有不端和不正当行为的队员应给予警告并出示黄牌。事后须在规定的时间内，按照有关要求将该队员的姓名和具体情况书面报告主办机构。

（6）除参加比赛的队员及巡边员外，未经裁判员允许，任何人不得进入比赛场地。

（7）如裁判员认为队员受伤严重时，应立即停止比赛，须将受伤队员尽可能迅速地移至场外，并立即恢复比赛。如队员受轻伤，则比赛不应在成死球前停止。凡队员能自己走到边线或球门线接受任何护理者，不得在场内护理。

（8）裁判员对场上队员的暴力行为、严重犯规、使用污言秽语或辱骂性语言，以及经警告后仍犯有不正当行为者，应罚令出场并出示红牌。

（9）在每次比赛暂停后，以信号指示恢复比赛。

（10）审定比赛用球是否符合规则。

六、巡边员

每场比赛应委派两名巡边员，他们的职责（由裁判员决定）应为示意：

（1）何时球出界成死球；

（2）应由哪一队踢角球、球门球或掷界外球；

（3）当要求替补时。

他们还应协助裁判员按照规则控制比赛。巡边员如有不正当行为或不适当地干扰比赛，裁判员则应免除其职务并指派他人代替（裁判员应将此情况上报主办机构）。巡边员使用的手旗，应由比赛场地所属的俱乐部提供。

七、比赛时间、开始、进行及死球

比赛时间应分为两个相等的半场，每半场 45 分钟。特殊情况双方同意另定除外，并按下列规定执行：①在每半场中由于替补、处理伤员、延误时间及其他原因损失的时间均应补足，这段时间的多少由裁判员决定。②在每半场时间终了时或全场比赛结束后，如执行罚球点球，则应延长时间至罚完为止。除经裁判员同意外，上下半场之间的休息时间不得超过 5 分钟。

1. 比赛开始

（1）比赛开始前，应用投币方式选定开球或场地，先挑的一方应有开球或场地的选择权。比赛应在裁判员发出信号后，由开球队的一名队员将球踢入（即踢动放走在比赛场地中央的球）对方半场开始。在球被踢出前，每个队员都应在本方半场内，开球队的对方队员还应当保持距球不少于 9.15 米；球被踢出后，须滚动到它自己的圆周距离时，才应认为比赛开始，开球队员在球经其他队员触或踢及前不得再次触球。

（2）在进一球后，应由负方一名队员以同样方式，重新开球继续比赛。

（3）下半场开始时，两队应互换场地，并由上半场开球队的对方开球。

2. 罚则

（1）任何违反本章规则的开球都应重开，如开球队员在球经其他队员触或踢及前再次触球，则应由对方队员在犯规地点。

（2）踢间接任意球，如队员在对方球门区内犯规，则这个任意球可以在球门区内的任何地点执行。

（3）开球不得直接射门得分。

（4）如果比赛因本规则未规定的原因暂停时，球并未越出边线或球门线，则恢复比赛时，裁判员应在暂停时球所在的位置坠球，球着地即恢复比赛；如果比赛暂停时球在球门区内，则应在比赛暂停时球所在位置最近的、与球门线平行的球门区线上坠球，坠球时在球落地之前，队员不得触球，否则应由裁判员重新坠球。

成死球情况：①当球不论在地面或空中全部越过球门线或边线时。②当比赛已被裁判员停止时。

自比赛开始至比赛结束时，比赛均应在进行中的情况：①球从球门柱、横木或角旗杆弹回场内。②球从场上的裁判员或巡边员身上弹落于场内。③场上队员犯规而裁判员并未判罚。

八、计胜方法

除规则另有规定外，凡球的整体从门柱间及横木下越过球门线，而并非攻方队员用手掷入、带入，故意用手或臂推入球门（守门员在本方罚球区内除外），均为攻方胜一球。在比赛中，胜球较多的一队为得胜队，如双方均未胜球或胜球数目相等，则这场比赛应为“平局”。

九、越位

凡进攻队员较球更接近于对方球门线者，即为处于越位位置。下列情况除外：①该队员在本方半场内；②至少有对方队员两人比该队员更接近于对方的球门线。

当队员踢或触及球的一瞬间，同队队员处于越位位置时，裁判员认为该队员有下列行为，则应判为越位：①在干扰比赛或干扰对方；②企图从越位位置获得利益。

下列情况，队员不应被判为越位：①队员仅仅处在越位位置；②队员直接接得球门球、角球或界外掷球。

队员被判罚越位，裁判员应判由对方队员在越位地点踢间接任意球。如果该队员在对方球门区内越位，那么这个任意球可以在越位时所在球门区内任何地点执行。

十、犯规与不当行为

队员故意违反下列九项中的任何一项者，都应判由对方在犯规地点踢直接任意球。

（1）踢或企图踢对方队员。

（2）绊摔对方队员，即在对方身后或身前，伸腿或屈体绊摔或企图绊摔对方。

（3）跳向对方队员。

（4）猛烈地或带有危险性地冲撞对方队员。

（5）除对方正在阻挡外，从背后冲撞对方队员。

（6）企图打对方队员，向对方吐唾沫。

（7）拉扯对方队员。

（8）推对方队员。

（9）用手触球，例如，用手或臂部携带、推击球（守门员在本方罚球区内除外）。

如犯规地点在对方球门区内，该任意球可以在球门区内任何地点执行。如果守方队员在本方罚球区内故意违反上述九项中的任何一项者，应判罚球点球。在比赛进行中，如守方队员在本方罚球区内故意违反上述九项中任何一项时，则不论当时球在什么位置，都应判罚球点球。

队员犯有下列五项犯规中的任何一项者，都应根据具体情况判由对方在犯规地点踢间接任意球。

（1）裁判员认为其动作带有危险性，如企图去踢守门员已接住的球。

（2）当球并不在有关队员控制范围之内时，目的不是争球而是用肩部去做所谓的合理冲撞。

（3）队员不去踢球而故意阻挡对方者，如在球与对方之间跑动或用身体阻挡对方。

（4）冲撞守门员，但下列情况除外：①守门员抓住球时；②守门员阻挡对方队员；③守门员在本方球门区以外。

（5）比赛中守门员在本方罚球区内时：①以手控制球后向任何方向持球、拍球或向空中抛球再接住，行走 4 步以上而未使球进入比赛状态。②持球后在行走 4 步过程中及其前后，虽已使球进入比赛状态，但未经罚球区外的同队队员或罚球区内外的对方队员触球前，自己再次用手触球。③同队队员故意将球踢给守门员后，守门员用手触球。④裁判员认为由于战术上的目的，有意停顿比赛，延误比赛时间而使本队获得不正当的利益。

队员出现下列情况时，应被警告并出示黄牌。

（1）比赛开始后，队员进场或重新进场加入比赛或在比赛进行中离场（意外事故除外），不论哪一种情况，事先未经裁判员示意允许者。

（2）如果裁判员暂停比赛执行警告，则由对方在暂停比赛时球所在地点根据足球规则第十三章的具体情况，踢间接任意球恢复比赛。

（3）如犯规队员另有更严重的犯规情节时，则应按规则的有关规定判罚。

（4）队员连续违反规则。

（5）用言语或行动对裁判员的判决表示不满者。

（6）有不正当行为者。

除发生更严重的犯规外，队员的行为属上述最后三项中的任何一项者，应给予黄牌警告，并判由对方在犯规地点根据具体情况踢间接任意球。

裁判员认为队员出现下列情况时，应罚令其出场并出示红牌。

（1）犯有暴力行为。

（2）严重犯规。

（3）用污言秽语或进行辱骂。

（4）经黄牌警告后，因犯规又被给予第二次黄牌警告。

因罚令队员出场使比赛暂停，如该队员并未违反其他规则时，则应判由对方在犯规地点根据具体情况踢间接任意球。

十一、任意球

任意球分两种：直接任意球（这个球可以直接射入犯规队球门得分）和间接任意球（踢球队员不得直接射门得分，除非球在进入球门前曾被其他队员踢或触及）。

队员在本方罚球区内踢直接或间接任意球时，在球被踢出罚球区前，所有对方队员都应站在该罚球区外，并至少距球 9.15 米。当球滚至球的圆周距离，并出罚球区后比赛即为恢复。守门员不得将球接入手中后再踢出进入比赛，如球未被直接踢出罚球区，则应令重踢。队员在本方罚球区外踢直接或间接任意球时，所有对方队员在球被踢出前应至少距球 9.15 米，除非他们已站

在自己的球门线上，当球滚动至球的圆周距离时，比赛即为恢复。

如果对方队员在任意球踢出前，进入罚球区或距球少于 9.15 米，裁判员应令其退到规定的位置后，方可执行罚球。踢任意球时，需将球放定。踢任意球的队员将球踢出后，在球经其他队员踢或触及前，不得再次触球。

本规则的其他条款对踢任意球的地点已做出规定。

（1）守方在本方球门区内踢任意球时，可以在球门区内的任何地点执行。

（2）凡攻方在对方球门区内踢间接任意球时，应在距犯规地点最近的、与球门线平行的球门区线上执行。

罚则：如踢任意球的队员在球被踢出后，经其他队员踢或触及前再次触球，则应判由对方队员在犯规地点踢间接任意球。如队员在对方球门区内犯规，则这个任意球可以在球门区内的任何地点执行。

十二、罚点球

罚点球应从罚球点上踢出，必须明确主罚队员。踢球时除主罚队员和对方守门员外，其他队员均应在该罚球区外及比赛场内，并至少距罚球点 9.15 米处。对方守门员在球被踢出前，必须站在两门柱间的球门线上（两脚不得移动）。主罚队员必须将球向前踢出，在其他队员踢或触及前不得再次触球。当球滚动至球的圆周距离时，比赛即为恢复。罚球点球可直接射门得分。当比赛进行中执行罚球点球，以及在全场比赛结束而延长时间执行或重踢罚球点球时，如踢出的球触及任何一个门柱或两个门柱，或触及横木，或触及守门员，或连续触及门柱、横木或守门员而进入球门，只要没有犯规现象发生，均应判为胜一球。

罚则方面，对违反本章任何规定者，应做如下处理：①如守方队员犯规，则球未罚中应重罚。②如踢罚球点球队员以外的攻方队员犯规，则球罚中无效，应重罚。③如踢罚球点球队员在比赛恢复后犯规，则应由对方队员在犯规地点根据具体情况踢间接任意球。

十三、掷界外球

当球的整体不论在地面或空中越出边线时，应由出界前最后触球队员的对方队员，在球出界处掷向场内任何方向。掷球时，掷球队员必须面向球场，两脚均应有一部分站立在边线上或边线外，不得全部离地，用双手将球从头后经头顶掷入场内。球一进场内比赛立即恢复。掷球队员在球被其他队员踢或触及前，不得再次触球。掷界外球不得直接掷入球门得分。

罚则：①如球不按规定的方法掷入场内，应由对方队员在原处掷界外球。②如掷球队员掷球入场后在球被其他队员踢或触及前再次触球时，应由对方队员在犯规发生地点踢间接任意球。如队员在对方球门区内犯规或在本方球门区内犯规，则应根据具体情况踢间接任意球。

十四、球门球

当球的整体不论在空中或地面从球门外越出球门线，而最后踢或触球者为攻方队员时，由守方队员在球门区内任何地点直接踢出罚球区恢复比赛。守门员不得将球接入手中后再踢出进入比赛，如球未被直接踢出罚球区，即未进入比赛，应令重踢。踢球门球的队员在球被其他队员踢或触及前，不得再次触球。踢球门球不得直接射门得分，踢球门球时，对方队员在球被踢出罚球区前都应站在罚球区外。

罚则：踢球门球的队员将球踢出罚球区后，在球被其他队员踢或触及前再次触球，应判由对方队员在犯规发生地点踢间接任意球，如队员在球门区内犯规，则根据具体情况执行。

十五、角球

当球的整体不论在空中或地面从球门外越出球门线，而最后踢或触球者为守方队员时，由攻方队员将球的整体放走在离球出界处较近的角球区内踢角球。踢角球时，不得移动角旗杆。角球可直接胜一球。踢角球队员的对方队员在球未进入比赛时，即球未滚动至球的圆周距离时，不得进入距球 9.15 米以内。踢角球队员在球被其他队员踢或触及前，不得再次触球。

罚则：①踢角球的队员，在球被其他队员踢或触及前再次触球时，裁判员应判由对方队员在犯规发生地点踢间接任意球，如队员在球门区内犯规，则根据规则的具体情况执行。②如有任何其他犯规，角球均应重踢。

第十一章

网　　球

本章导读

网球运动是一项高雅的运动，经常参加网球活动，可以提高心血管机能，改善神经机能，能全面发展人的身体素质，尤其是人的灵敏性、协调性、平衡性，增加腿、腰、肩、腕等部位的力量，还可以提高人的耐力素质，磨炼人的意志品质。网球运动的负荷、难度可大可小，是一项老少皆宜的项目。通过学习本章，了解网球运动概况及重要的组织机构与比赛；掌握握拍、发球、击球和步法等基本技术；了解网球比赛基本战术；熟悉网球比赛规则。

第一节　网球运动概述

简单来说，打网球就是利用网球拍击球，使球越过球网向对方场区下落，对方应立即将球用球拍还击，这样便形成了从球场一边向另一边来回击球的体育运动。它可以两人进行，即单打；也可以 4 人进行，每一方有两人，即双打。

网球起源于 13 世纪的法国，是一项宫廷游戏。目前，世界网球单项比赛有四大赛事：英国温布尔登网球锦标赛、美国网球公开赛、法国网球公开赛和澳大利亚网球公开赛，近年又增加了一项大满贯杯赛。世界网球团体比赛有戴维斯杯男子网球团体赛、联合会杯女子网球团体赛，都是以国家为单位参加的比赛。

我国的网球运动起步也不算晚，约在 1885 年传入上海、广州等几大城市，但当时仅在教会及教会学校中开展。从 1910 年旧中国第一届全运会开始，虽然我国也举办和参加了多次全国及国际比赛，但参加人数较少，运动水平较低。

新中国成立后，网球运动不断发展，技术水平迅速提高。1953 年在天津首次举办了包括网球在内的四项球类运动会（篮球、排球、网球、羽毛球）。1956 年举行了全国网球锦标赛。1980 年我国把女子网球列为第四届全国运动会的正式比赛项目。

近年来，网球运动不断发展、技术水平迅速提高，特别是我国女子网球运动员在国际赛事中的崛起，更使参加网球运动的人数迅猛增加，全国各地尤其在大专院校中形成了“网球热”。

一、著名网球协会

（一）国际网球联合会

国际网球联合会（International Tennis Federation，ITF），简称国际网联，1913 年在法国巴黎成立。现有会员 210 个，其中 145 个为正式会员，65 个为无表决权的联系会员。国际网联的正式用语为英语、法语和西班牙语，在文本有歧义时，以英语为准。1896～1924 年，网球为奥运会的比赛项目。此后，国际网联因运动员参赛资格问题与国际奥委会发生冲突，网球不再是奥运会的比赛项目，直到 1988 年才重新进入奥运会。国际网联的任务是制定、修改和实施网球比赛规则，在各级水平上促进全世界网球运动的发展，在国际上维护网球运动的利益，促进和鼓励网球教学，为国际赛事制定和实施规则，裁定国际网联认可的正式网球锦标赛，增强协会会员的影响力，维护联合会的独立，确定运动员的资格，管理业余、职业及业余–职业混合型比赛，合理使用联合会的资金，维护网球界的团结及监督这些规则的实行等。

（二）职业男子网球协会

可以译为职业男子网球协会，英文全称为 Association of Tennis Professional，缩写为 ATP。

ATP 系列赛又包括下面六种比赛：①大师杯赛（2009 年开始更名为“ATP 世界巡回总决赛”）；②世界双打锦标赛；③世界队国际锦标赛；④网球大师系列赛，也就是所谓的超九赛事；⑤国际黄金系列赛；⑥国际系列赛。国际系列赛是 ATP 最低级别的比赛，其总奖金分为 40 万美元、60 万美元、80 万美元和 100 万美元不等。而国际黄金系列赛的总奖金分为 80 万美元、100 万美元。网球大师系列赛的总奖金超过 100 万，具体奖金由各自的组委会来决定。挑战系列赛是 ATP 组织的除上述六种比赛外的另一系列赛事。挑战系列赛的总奖金分为以下几类：2.5 万美元、5 万美元、3.75 万美元加免费住宿和早餐、7.5 万美元、10 万美元、12.5 万美元加免费住宿和早餐、15 万美元。以参加一项 5 万美元的挑战赛为例，如果获得冠军，能拿到 50 分的 ATP 电脑排名分和 7200 美元的奖金。

（三）职业女子网球协会

职业女子网球协会（Women's Tennis Association，WTA）成立于 1973 年，球员总部设在美国佛罗里达州的圣彼得斯堡，其主要办公机构目前在康涅狄格州，另外在欧洲还有一个小的分支机构。WTA 巡回赛组织的总部设在美国康涅狄格州西南部的斯坦福德。体育科学部、医学部、巡回赛运作部和选手关系办公室设在美国佛罗里达州的圣彼得斯堡。WTA 巡回赛还在伦敦设有欧洲总部的办公室。WTA 由一个主席和一个董事会来管理，他们多数是现役球员，另外还有一些是商业顾问。董事会是整个网球运动的核心机构，为职业网球女子协会提供建议。像男子网球运动一样，WTA 的主要职责是负责所有球员的问题。球员们在职业女子网球协会中有各自的代理人，职业女子网球协会决定整个巡回赛的所有规则，并资助一些表演赛。WTA 的赛事系统很简单，分为 1～5 级。最低级 5 级的总奖金为 11 万美元，4 级的总奖金为 14 万美元，3 级的总奖金可以为 17 万美元和 22.5 万美元，2 级的总奖金为 58.5 万美元和 65 万美元，最高级 1 级的总奖金可以为 126.2 万美元、132.5 万美元、200 万美元。

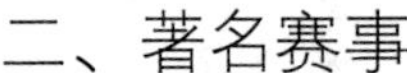

二、著名赛事

（一）网球四大满贯

1. 澳大利亚网球公开赛

澳大利亚网球公开赛（Australian Open）是网球四大满贯赛事之一，也是网球四大满贯赛事中每年最先登场的，通常于每年 1 月的最后两个星期在澳大利亚墨尔本举行。澳大利亚公开赛自 1905 年创办以来，至今已经有 100 多年的历史。不过与另外三项四大满贯赛事相比，澳大利亚网球公开赛还是最年轻的。目前，赛事由澳大利亚网球协会（Tennis Australia）主办。

2. 法国网球公开赛

法国网球公开赛（Roland Garros）通常在每年的 5～6 月举行，是每年继澳大利亚网球公开赛之后，排在第二个进行的大满贯赛事。法国网球公开赛规定每场比赛采用 5 盘 3 胜淘汰制，而且球场属于慢速红土场地，利于底线对抗，所以，一场比赛打上 4 个小时是很常见的。在这样的球场上，花这么长的时间去打一场比赛，球员要有超群的技术和惊人的毅力才行，因此很具有挑战性。

3. 温布尔登网球锦标赛

温布尔登网球锦标赛（Wimbledon The Championship）是现代网球史上最早的比赛，由全英俱乐部和英国草地网球协会于 1877 年创办。首次正式比赛在该俱乐部位于伦敦西南角的温布尔登总部进行，名为“全英草地网球锦标赛”。1922 年进行了两项改革，一是修建可容纳 1.5 万观众的中央球场，二是废除了“挑战赛”，从这一年起要取得冠军，球员必须从第一轮打起，男子必须连胜 7 场比赛，女子必须连胜 6 场比赛。1968 年国际网联同意职业选手参加该项比赛，同时组织者还募集巨额奖金，吸引全世界一流好手参加，故竞技水平逐年提高。比赛中精英荟萃，强手云集，竞争十分激烈，充分体现了网球技术的最高水平和发展趋势。到 2000 年为止，温布尔登网球锦标赛已举办了 114 届，其中由于两次世界大战停赛 10 次，若从 1877 年开赛算起，至今已有 100 多年的历史了。

4. 美国网球公开赛

美国网球公开赛（US Open），其历史仅次于温布尔登网球锦标赛，始创于 1881 年。美国网球公开赛的首届比赛，是于 1881 年在纽波特的一个赌场里进行的，现在那里是国际网球名人所在地。当时只是国内赛事，而且只有男子单打，女子比赛始于 1887 年。每年的 8 月底至 9 月初，在美国纽约举行比赛。1968 年美国网球公开赛被列为四大满贯赛事之一，设有 5 个单项的比赛，是每年四大满贯赛事中最后举行的大赛。美国网球公开赛的地位和高额奖金，以及中速硬地场地，吸引众多好手参加。虽然美国网球公开赛的影响比不上温布尔登网球锦标赛，却大于澳大利亚网球公开赛、甚至法国网球公开赛。

（二）WTA 四大皇冠明珠赛事

WTA 四大皇冠明珠赛事包括：①印第安威尔斯赛（硬地）；②迈阿密公开赛（硬地）；③马德里公开赛（红土）；④中国网球公开赛（硬地）。

第二节 网球基本技术

一、握拍方法

现在多采用东方式握拍法，也称“握手式”，这种握拍的动作很像是和球拍的柄握手。

（一）正手击球握拍法

如图 11-1 所示，用一手握拍颈，拍头向上置于身体前面，把握拍手的手掌平贴在拍弦上，再沿拍颈向下滑动，直到拍柄处，手指围绕拍柄握拢。

（二）反手击球握拍法

如图 11-2 所示，把手从正拍的握拍位置向左（对用右手者而言）转动 1/4，使大拇指上多肉的部位置于球拍柄的后部，击球时便能向着球推动球拍，另外四根手指稍张开，与拇指斜交于拍柄；另一只手扶着拍颈，便于很快转动球拍。

图 11-1

图 11-2

（三）反手击球的双手握法

反手击球的双手握法（右手为优势手为例），一般采用左手东方式正手握拍加右手东方式反手握拍，双手握紧球拍，拍面垂直或稍后仰。

二、准备姿势

两脚分开站立同肩宽，放松，屈膝，上体稍前倾，重心置于前脚掌上，以便能向击球方向起动。球拍指向正前方，几乎与地面平行，一只手托着拍颈，两眼注视对手或来球。

三、正手击球

正手击球是强有力的得分手段，在场上跑动范围大，运用机会较多，它可分挥拍、击球、跟进三个动作环节。

（一）挥拍

身体成准备姿势后，向后引拍，同时腰臂向后转动，拍头后摆，将拍面引到与身体平行，球拍高度齐膝，重心移到后脚。初学者往往容易犯引拍不足、不充分或不及时的错误。正手击球一般

都有较长的挥拍动作，从而可以产生强大的击球力量。

（二）击球

击球时，尽量让球跳到齐腰的高度，击球不要晃动手腕，应固定；击完球后，球拍应高于肩部，同时重心前移到前脚。应在体前出击球，并尽量延长送球的时间。

（三）跟进

击完球后，球拍继续向上挥动，握拍肘向前上方跟进伸出，上臂与上身应不少于 90°。如果击完球后，立即停止挥拍动作，那么球与拍面产生的摩擦力容易使球飞出场外，如图 11-3 所示。

图 11-3

练习方法：一人轻轻地把球抛给对方，另一人进行正手击球练习，力量可由小至大。如果动作固定了且掌握得比较好，可采用对墙练习或两人对练的方法。

四、反手击球

反手击球也可分为挥拍、击球、跟进三个动作环节（图 11-4）。

图 11-4

（一）挥拍

做好准备姿势后，侧身转体引拍，球拍应与腰保持齐平的高度，重心落在左脚，持拍肘贴近身体。

（二）击球

击球时，手腕固定；击球肘挥动自然，不要弯曲，充分展开；重心转移到击球方向上，力量要柔和。

（三）跟进

击完球后，球拍继续向前上方挥动，直至右臂与身体充分展开。

练习方法：同正手击球。

五、截击（上网）

截击有两个基本要点：一是在身体前迎击球；二是根据来球伸展球拍，只需要使用部分腕力小幅度挥动球拍。

（一）正手截击

身体转向右侧。拍头向上、向后，重心转向右脚；拍头尽量后引，手腕向后弯曲或后仰，重心逐渐前移，左臂抬起以保持身体平衡；重心充分转向来球，击球点在前脚之前，膝关节适度弯曲，身体重心下降，拍面向后略仰；迎接来球时球拍略向下移动。一般还击短球时用这种方法（图 11-5）。

（二）反手截击

身体向左转动，球拍引向上方，要高于来球；当来球逼近身体，双肩不能充分转向侧向球网时，球拍和身体重心要同时迎击来球。肘微曲，腕朝内收；触球时手腕紧张，击球点在前脚之前，膝弯曲，重心直接移向来球，球拍略后仰些，要控制击球的结束动作。一般还击短球时用这种方法（图 11-6）。

图 11-5

图 11-6

六、发球

（一）准备姿势

站在端线外，全身放松，两脚前后站立与肩同宽，重心在前脚上。很多运动员喜欢在发球准备时前后晃动身体，这是一种自我放松形式，这时双臂可自由下垂。

（二）抛球

准备好后，用身体平稳地把持球手臂向上带起来，然后把球平稳地向上抛出去。抛球时，持球手臂不要弯曲，球出手的位置大概在肩部的高度，此时身体重心正在向后脚过渡。切忌单纯靠手腕的力量把球抛出去，这样球不容易控制，增加发球难度。

（三）挥拍

抛出球后，持拍手臂抬起大幅度环绕向后引拍，肘尽量外展。此时重心过渡完毕，落在后脚上，腰部肌肉充分拉开，成弓形。

（四）击球

一旦向后引拍结束，即改为向前挥拍，准备击球。击球的关键在于击球点，理想的击球点在球拍向前挥到最高处。击球时，发力顺序由下朝上，最后汇聚到手腕，即从脚、腰、手臂到手腕，手腕的最后甩抖动作非常重要，不可忽视（图 11-7）。

图 11-7

七、接发球

接发球的方式是多种多样的，没有固定的格式，可用正手接发球，也可用反手接发球，还可以用挑高球或放小球等技术，但要记住以下三点。

（1）加强判断力。良好的判断力可以使自己提前进入准备状态，有充足的时间选择用什么技术接发球。所谓判断力是指在对方发球时，球一抛起来或一做挥拍动作，就能判断出对手发什么样的球和球将落的位置。

（2）重心偏前，在身前击球。判断好来球，就应立即采取行动。快速有力的起动取决于正确的重心位置。

（3）不要盲目追求接发球直接得分，以免造成无谓的失误而失分。

练习方法：接发球可以和发球一起练习，一人练习发球另一人练习接发球。

第三节　网球基本战术

一、发球战术

在比赛中发出稳定而有适当速度的球，有利于攻击对手的弱点，造成对手失误。发球一般是将球发到对手反手的角上，使对手不可能用反手做强有力的还击。当对手被迫失误或反手还击软弱时，他会向左或向右移动，试图用正手接发球，此时可乘机变换另一种发球战术，使其不适应。

（一）发球要有变化

发球时要有变化，动作要有隐蔽性，如可以发平击球、切削球、上旋球，有时亦可对准对手的身体发球。

（二）有效的第二发球

在一般情况下，第二发球的速度较慢。为了避免使自己处于被动局面，建议在第二发球时发快速切削球。

二、截击战术

截击是极具威胁的战术，运用得当往往容易直接得分。在练习或比赛中合理地运用截击战术可以控制场上的局势，使自己处于优势地位。

（一）截击的时机

最好的截击（上网）时机是在发球后。

（二）利用截击偷袭对方

利用截击偷袭战术，不仅可以充分调动对手消耗其体力，而且可以创造出极好的进攻机会甚至可以直接得分。在单打比赛中，截击偷袭的战术运用得比较多。当双方在后场进行长距离抽球时，尤其是当对手安于对抽时，可突然跨前几步打一个凌空浅球，使对手来不及营救。此时无需进到网前，而是在一次长抽之后悄悄地跨步进入无人区即可。突然打出的凌空球到达对手的面前时球速很快，往往使其不能按正常的节奏回击，以致其回球往往短而浅，这就为自身创造了上网截击得分的机会。

第四节　网球竞赛规则

一、发球

（一）发球前的规定

发球员在发球前应先站在端线后、中点和边线的假定延长线之间的区域里，用手将球向空中任何方向抛起，在球接触地面以前，用球拍击球（仅能用一只手的运动员，可用球拍将球抛起）。球拍与球接触时，就算完成球的发送。

（二）发球时的规定

发球员在整个发球动作中，不得通过行走或跑动改变原来站的位置，两脚只准站在规定位置，不得触及其他区域。

（三）发球员的位置

（1）每局开始，先从右区端线后发球，得或失一分后，应换到左区发球。

（2）发出的球应从网上越过，落到对角的对方前场方块区域内，或其周围的线上。

（四）发球失误

（1）未击中球。

（2）发出的球，在落地前触及固定物（球网、中心带和网边白布除外）。

（3）违反发球站位规定。

发球员第一次发球失误后，应在原发位置上进行第二次发球。

（五）发球无效

发球触网后，仍然落到对方发球区内，接球员未作好接球准备，均应重发球。

（六）交换发球

第一局比赛结束，接球员成为发球员，发球员成为接球员。以后每局结束，均依次互相交换，直至比赛结束。

二、通则

（一）交换场地

双方应在每盘的第一、第三、第五等单数局结束后，以及每盘结束双方局数之和为单数时，交换场地。

（二）失分

发生下列任何一种情况，均判失分。

（1）在球第二次着地前，未能还击过网。

（2）还击的球触及对方场区界线以外的地面、固定物或其他物件。

（3）还击空中球失败。

（4）故意用球拍触球超过一次。

（5）运动员的身体、球拍在发球期间触及球网。

（6）过网击球。

（7）抛拍击球。

（三）压线球

落在线上的球都算界内球。

三、双打

（一）双打发球次序

每盘第一局开始时，由发球方决定由何人首先发球，对方则同样地在第二局开始时，决定由何人首先发球。第三局由第一局发球方的另一球员发球。第四局由第二局发球方的另一球员发球。以下各局均按此秩序发球。

(二)双打接球次序

先接球的一方，应在第一局开始时，决定何人先接发球，并在这盘单数局，继续先接发球。双方同样应在第二局开始时，决定何人接发球，并在这盘双数局继续先接发球。他们的同伴应在每局中轮流接发球。

(三)双打还击

接发球后，双方应轮流由其中任何一名队员还击，如运动员在其同队队员击球后，再以球拍触球，则判对方得分。

四、记分方法

(一)一局

(1)每胜 1 球得 1 分，先胜 4 分者胜 1 局。

(2)双方各得 3 分时为平分，平分后，净胜两分为胜 1 局。

(二)一盘

(1)一方先胜 6 局为胜 1 盘。

(2)双方各胜 5 局时，一方净胜两局为胜 1 盘。

(三)决胜局记分制

在每盘的局数为 6 平时，有以下两种记分制。

(1)长盘制：一方净胜两局为胜 1 盘。

(2)短盘制(抢七)：决胜盘除外，除非赛前另有规定，一般应按以下办法执行：①先得 7 分者为胜该局及该盘(若分数为 6 平时，一方须净 2 分)。②首先发球员发第 1 分球，对方发第 2、3 分球，然后轮流发 2 分球，直到比赛结束。③第 1 分球在右区发，第 2 分球在左区发，第 3 分球在右区发。④每 6 分球和决胜局结束都要交换场地。

(四)短盘制的记分

(1)第 1 个球(0:0)，发球员 A 发 1 分球，1 分球之后换发球。

(2)第 2、3 个球(报 1:0 或 0:1，不报 15:0 或 0:15)，由 B 发球，B 连发 2 分球后换发球，先从左区发球。

(3)第 4、5 个球(报 3:0 或 1:2、2:1，不报 40:0 或 15:30、30:15)，由 A 发球，A 连发两球后换发球后换发球，先从左区发球。

(4)第 6、7 个球(报 3:3 或 2:4、4:2 或 1:5、5:1 或 6:0、0:6)，由 B 发 1 分球之后交换场地，若比赛未结束，B 继续发第 7 个球。

(5)比分打到 5:5、6:6、7:7、8:8……时，须连胜两分才能决定谁为胜方。但在记分表上则统一写为 7:6。

(6)决胜局打完之后，双方队员交换场地。

男子：戴维斯杯、四大满贯、奥运会决赛是 5 盘 3 胜制，其余比赛均为 3 盘 2 胜制。

女子：均为 3 盘 2 胜制。

五、场地规则

（一）球场

球场应为长 78 英尺（23.77 米）、宽 27 英尺（8.23 米）的矩形。中间由一条挂在最大直径为 1/3 英寸（0.8 厘米）粗的绳索或钢丝绳上的球网分开。

（二）球网

球网粗绳索或钢丝绳最大直径为 1/3 英寸（0.8 厘米），网的两端应附着或挂在两个网柱顶端，网柱应为边长不超过 6 英寸（15 厘米）的正方形方柱或直径为 6 英寸（15 厘米）的圆柱。网柱不能超过网绳顶端 1 英寸（2.5 厘米）。每侧网柱的中点应距场地 3 英尺（0.914 米），网柱的高度应使网绳或钢丝绳顶端距地面的垂直距离为 3 英尺 6 英寸（1.07 米）。在单双打两用场地上悬挂双打球网进行单打比赛时，球网应该由两根高度为 3 英尺 6 英寸（1.07 米）的单打支杆支撑，该支杆截面应是边长小于 3 英寸（7.5 厘米）的正方形方柱或直径小于 3 英寸（7.5 厘米）的圆柱。每侧单打支杆的中点应距单打边线 3 英尺（0.914 米）。球网需要充分拉开，以便能够有效填补两根支柱之间的空间，并有效打开所有网孔，网孔大小以能防止球从球网中间穿过为标准。球网中点的高度应该是 3 英尺（0.914 米），并且用不超过 2 英寸（5 厘米）宽的完全是白色的网带向下绷紧固定。球网上端的网绳或钢丝绳要用一条白色的网带包裹住，每一面的宽度在 2 英寸（5 厘米）到 2.5 英寸（6.35 厘米）之间。

（三）球场线

球场两端的界线叫底线，两边的界线叫边线。在距离球网两侧 21 英尺（6.4 米）的地方各画一条与球网平行的线，为发球线。球网与每一边的发球线和边线组成的场地再被发球中线分为两个相等的区域，为发球区。发球中线是一条连接两条发球线中点并与边线平行的线，线宽须为 2 英寸（5 厘米）。每一条底线都被一条长 4 英寸（10 厘米）、宽 2 英寸（5 厘米）的发球中线的假定延长线分为相等的两个部分，由一条短线分隔，该短线为“中点”，它与所处的底线成 90° 相连，自底线向场内画。除了底线的最大宽度可以不超过 4 英寸（10 厘米）以外，所有其他线的宽度均应在 1 英寸（2 厘米）到 2 英寸（5 厘米）之间。所有的测量都应以线的外沿为准。

（四）永久固定物

网球场地上的永久固定物不仅包括球网、网柱、单打支杆、网绳、钢丝绳、中心带及网带，以下物品也算永久固定物，如球场四侧的挡板、看台、环绕球场固定或可移动的椅子，以及所有场地周围和上方的配套设施，还有观众和处于各自预定位置的裁判、司网裁判、脚误裁判、司线员和球童。

如果广告位于球场后侧司线的椅子后面，则广告中不能包括白色或黄色。浅色只有在不干扰球员视线的情况下才允许使用［ITF 说明：①在戴维斯杯、联合会杯和国际网联主办的巡回赛中，对于底线后侧和边线两侧区域大小的具体要求分别包括在各项赛事的相关条款中。②对于俱乐部和业余选手，底线后侧场地距离至少为 18 英尺（5.5 米），边线侧面距离至少为 10 英尺（3.05 米）］。

六、比赛设备

（一）球

场上用球外部需要由纺织材料统一包裹，颜色为白色或黄色，接缝处须无缝线痕迹。用球质量要在 2 盎司（56.7 克）到 2.17 盎司（58.5 克）之间。在从 100 英寸（254 厘米）的高度向混凝土地面作自由落体运动时，反弹的高度应该在 53 英寸（134.62 厘米）到 58 英寸（147.32 厘米）之间。当在球上施加 18 磅（8.165 千克）的压力时，向内发生弹性形变应该在 0.22 英寸（0.559 厘米）到 0.29 英寸（0.737 厘米）之间，压缩后反弹形变的范围应该在 0.315 英寸（0.8 厘米）到 0.425 英寸（1.08 厘米）之间。这两种形变数据应该是以球的三个轴测试后得到的平均值。在每一种情况下任何两个数据之间的差异不能大于 0.03 英寸（0.076 厘米）。

如果在海拔 4000 英尺（1219 米）的高度进行比赛，就需要采用另外两种特殊用球。第一种是除弹跳高度要在 48 英寸（121.92 厘米）到 53 英寸（134.62 厘米）之间以外，还要使球的内压大于外部气压，其他方面则与上面的描述完全相同，这种球通常被称为增压球；第二种是球除弹跳高度要在 53 英寸（134.62 厘米）到 58 英寸（147.32 厘米）之间外，还要使球的内压大约等于外部的气压，并且能在指定的比赛场地的海拔高度保持 60 天以上，其他方面则与上面的描述完全相同，这种球通常被称为零压球或无压球。

所有关于球弹跳、尺寸和形变的测试，都需要符合有关的规定。

国际网球联合会将对任何关于某种球或样品是否符合上述标准，或是否可以被批准用于比赛的问题进行裁决。这种裁决有可能是国际网联本身主动进行的行为，也可以依据所有真正感兴趣的人或任何选手、器材生产厂商或国家网球协会，以及他们的会员申请来进行。这类申请与裁决应该按照国际网联的审查与听证程序来进行。

（二）球拍

不符合下列要求的球拍不允许在按照本规则进行的比赛中使用。

（1）球拍的击球面应该是平坦的，由连接在球拍框上的拍弦组成统一规则，拍弦在交叉的地方应该是相互交织或相互结合的；拍弦所组成的试样应该大体一致，中央的密度特别不能小于其他区域的密度。球拍的设计和穿弦应使球拍正反两侧在击球时性质大体保持一致。

（2）从 1997 年 1 月 1 日起，在职业比赛中使用的球拍拍框的总长度（包括拍柄）不能超过 27 英寸（73.66 厘米）。从 2000 年 1 月 1 日起，在非职业比赛中使用的球拍拍框的总长度（包括拍柄）不能超过 27 英寸（73.66 厘米）。在此之前，非职业比赛使用的球拍的最大长度为 32 英寸（81.28 厘米）。拍框的总宽度不能超过 12.5 英寸（31.75 厘米）。穿弦平面的总长度不能超过 15.5 英寸（39.37 厘米），总宽度不能超过 11.5 英寸（29.21 厘米）。

（3）拍框和拍柄都不能有附属物和装饰，除非该附属物仅仅并且非常明确是用来限制和防止球拍磨损、破裂、振动或是用来调整重量分布的，而且它的尺寸以及位置也必须是合理的。

七、球场种类

网球场可分为室外和室内，且有各种不同的球场表面，由经济因素决定。例如，草地球场是最基本的户外场地，但是其建成和保养费用太昂贵，所以现在由人造球场取代。另外，有一种在欧洲盛行的红土球场，法国网球公开赛即使用此种球场。

（一）草地球场

草地球场是历史最悠久、最具传统意味的一种场地。其特点是球在落地时与地面的摩擦小，球的反弹速度快，对球员的反应、灵敏、奔跑的速度和技巧等要求非常高。因此，草地往往被看成是“攻势网球”的天下，发球上网、随球上网等各种上网强攻战术几乎被视为在草地球场上制胜的法宝，底线型选手则在草地球场上难有成就。但是，由于草地球场对草的特质、规格要求极高，加之气候的限制以及保养与维护费用昂贵，因此很难被推广到世界各地。目前，每年为数不多的几个草地职业网球赛事时间都集中在 6 月、7 月，温布尔登锦标赛是其中最古老也是最负盛名的一项。

（二）红土球场

红土球场更确切的说法是“软性球场”，其最典型的代表就是法国网球公开赛使用的红土球场。另外，常见的各种沙地、泥地等都可称为软性球场。此种场地特点是球落地时与地面有较大的摩擦，球速较慢，球员在跑动中特别是在急停急回时会有很大的滑动余地，这就决定了球员必须具备比在其他场地上更出色的体能、奔跑和移动能力，以及更顽强的意志。在这种场地上比赛对球员的底线相持能力是一个极大的考验，球员一般要付出数倍的汗水及耐心在底线与对手周旋，获胜的往往不是打法凶悍的发球上网型选手，而是在底线艰苦奋斗的选手。

（三）硬地球场

现代大部分的比赛都是在硬地球场上进行的，硬地球场也是最普通、最常见的一种场地。硬地球场一般由水泥和沥青铺垫而成，其上涂有红色、绿色塑胶面层，其表面平整、硬度高，球的弹跳非常有规律，但球的反弹速度很快。许多优秀的网球选手认为，硬地网球更具“爆发力”，而且网球比赛使用的球场中硬地球场占主导地位。需要注意的是硬地不如其他质地的场地弹性好，地表的反作用强而僵硬，所以容易对球员造成伤害，而且这种伤害已使许多优秀的网球选手付出了很大代价。

（四）地毯球场

顾名思义，这是一种便携式可卷起的网球场，其表面是塑胶面层、尼龙编织面层等，一般用专门的胶水粘接于具有一定强度和硬度的沥青、水泥、混凝土底基的地面上即可，有的甚至可以直接铺展或粘接于任何有支持力的地面上，其铺卷方便、适于运输且有非常强的适应性，室内室外甚至屋顶都可采用。球的速度需视场地表面的平整度及地毯表面的粗糙程度而定。在保养上此种球场也是非常简单的，只要保持地面清洁、不破损、不积水（有相应的排水设施配套）就可以了。

第十二章
羽　毛　球

本章导读

羽毛球运动具有灵活、快速、多变的技术要求和球路千变万化的特点，运动过程中要做急停、起动、弯腰、后仰、起跳、转体等接连不断的动作，可促进人体运动系统和呼吸系统的功能改善，提高中枢神经系统的工作能力，培养人们勇敢、顽强、沉着、果断等优良品质。通过本章学习了解羽毛球运动的起源与发展，重大羽毛球赛事；掌握羽毛球基本技术；熟悉羽毛球基本战术；了解羽毛球运动竞赛规则。

第一节　羽毛球运动概述

羽毛球是一项隔着球网，使用长柄网状球拍击打平口端扎有一圈羽毛的半球状软木的室内运动。其依据参与的人数，可以分为单打与双打。相较于性质相近的网球运动，羽毛球运动对选手的体格要求并不很高，却比较讲究耐力，极适合东方人。

羽毛球运动的特点包括：①场地不大，室内室外都可以进行，适于普及；②器械简单经济，适于大众消费；③运动难度、强度不大，老少皆宜。

早在 2000 多年前，一种类似羽毛球运动的游戏就在中国、印度等国出现，中国叫打手毽，印度叫浦那，西欧国家则叫做毽子板球。现代羽毛球运动诞生在英国。1873 年，在英国格拉斯哥郡的伯明顿镇有一位叫鲍弗特的公爵，他在领地开游园会时，有几个从印度回来的退役军官向大家介绍了一种隔网用拍子来回击打毽球的游戏，人们对此产生了很大的兴趣。因这项活动极富趣味性，很快就在上层社会社交场风行开来。“伯明顿”（badminton）即成为英文羽毛球的名字。1893 年，英国 14 个羽毛球俱乐部组成羽毛球协会。羽毛球运动约于 1920 年传入中国，新中国成立后得到迅速发展，到 20 世纪 70 年代我国羽毛球队已跻身于世界强队之列。

在 1992 年巴塞罗那奥运会上羽毛球被列为正式比赛项目，设男、女单打和男女双打及混合打共 5 项比赛。

以下介绍一些重大的羽毛球赛事。

（1）汤姆斯杯，即世界男子团体羽毛球锦标赛，1948 年举行首届比赛，现为两年一届，在偶数年举行。比赛由三场单打、两场双打组成。

（2）尤伯杯，即世界女子团体羽毛球锦标赛，1956 年举行首届比赛，两年一届，在偶数年举

行。比赛由三场单打、两场双打组成。

（3）世界羽毛球锦标赛，即世界羽毛球单项锦标赛，设有男女单打、男女双打和混合双打五个比赛项目。1977 年起为三年一届，1983 年改为两年一届，在奇数年进行。2005 年改为每年一届，但奥运年不举办。

（4）苏迪曼杯，即世界羽毛球混合团体比赛。1989 年开始举办，两年一届，在奇数年举行，比赛由五个单项组成。

（5）世界杯羽毛球赛，属于邀请性比赛，由国际羽毛球联合会（简称国际羽联）邀请当年成绩优异的选手参加。球赛创办于 1981 年，1997 年停办，2005 年恢复举办，中国益阳市承办最后两届世界杯，2006 年后世界杯羽毛球赛正式停办。

（6）全英羽毛球锦标赛，由英格兰羽毛球协会于 1899 年创办，是世界历史上最悠久的羽毛球赛事。最初由英国和英联邦国家选手参加，现在已成为全球性的羽坛大会战。

（7）奥运会羽毛球比赛。羽毛球 1992 年成为奥运会正式比赛项目，只设 4 个单项比赛，无混双比赛。1996 年亚特兰大奥运会起增设混双项目，奥运会羽毛球赛冠军是世界羽坛的至高荣誉。

（8）世界羽联超级系列赛，世界羽联参照世界网球大奖赛办法组织的。始于 1983 年，由在全年不同时间和在不同国家举办的六个级别的系列赛组成，主要包括超级赛和大奖赛。2011 年提出 5 站超级顶级大满贯赛，在 12 站超级赛中获得积分最高的前 8 名/对选手参加年终举办的世界羽联超级系列赛总决赛，但在任一单项比赛中每个下属协会最多每队两名选手报名参加。

第二节　羽毛球基本技术

一、握拍

握拍可分为正手握拍法和反手握拍法两种。

（一）正手握拍法

虎口对着拍柄窄面内侧的小棱边，拇指和食指贴在拍柄的两个宽面上，食指和中指稍分开，中指、无名指和小指并拢握住拍柄。掌心不要紧贴拍柄，要留有一定空隙，拍柄与近腕部的小鱼际肌齐平，如图 12-1 所示。

（二）反手握拍法

在正手握拍的基础上，拇指和食指将拍柄稍向外转，拇指自然贴在拍柄内侧的宽面上，中指、无名指和小指并拢握住拍柄。柄端靠近小指根部，使掌心留出空隙，有利于击球发力。如图 12-2 所示。

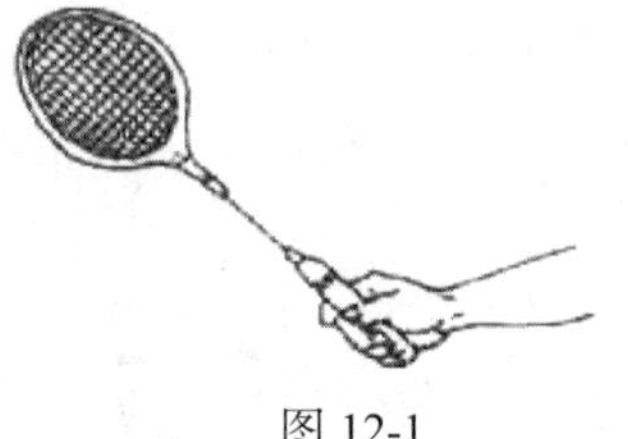

图 12-1

图 12-2

练习方法：在正确掌握要领的情况下，反复做正、反握拍不击球的交替练习；在练习时根据球路变化及时变换握法。

二、发球（以右手发球为例）

发球分正手发球和反手发球两种。

1. 正手发高远球

动作要领：站于靠中线一侧，离前发球线 1 米左右。左脚在前，右脚在后，身体斜对网，两脚与肩同宽，上体自然直立，重心落在右脚上，右手握拍并自然屈肘于身体右侧；左手拇指、食指、中指夹住球，举在身体右前方的胸腹部。发球开始，左手五指分开，使球落下，右臂后引，由上臂带动前臂，从右后方沿身体向左上方挥拍，在击球一刹那握紧球拍，由伸腕经前臂内旋到屈腕，向左前方发力击球。击球后，球拍顺势自左前上方缓冲挥动，身体重心也出右脚过渡到左脚，右脚跟稍提起，最后手收到胸前，如图 12-3 所示。

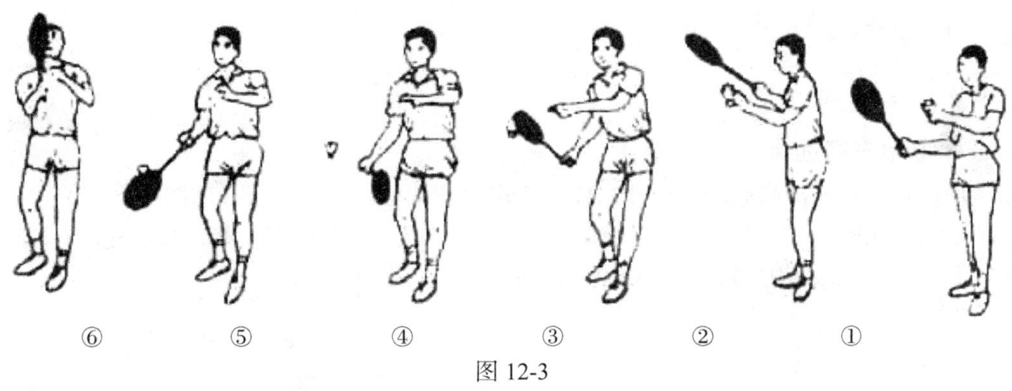

图 12-3

2. 发平高球

动作要领：方法基本同发高远球，只是飞行弧度较高远球低，速度较高远球快，所以在击球的一刹那，前臂加速外旋，带动手腕向前上方挥动，使球落在对方的后场底线。

3. 正手发网前球

动作要领：预备姿势同发高远球，发球时用力轻。主要靠前臂带动手腕向前切送，球拍握松，夹臂动作小，使球飞行弧线低，距离较短，刚好越网而过，落在对方前发球线附近。

4. 反手发球

准备姿势：面对球网，反手握拍，两脚前后站立，重心在前胸上。击球时，前臂带动手腕问前横切推送，用力要轻，如图 12-4 所示。

5. 接发球

单打站位离前发球线约 1.5 米处，在右发球区应站在靠中线的位置，在左发球区则站在中间位置；一般左脚在前，右脚在后，重心在前脚，后脚跟稍离地，双膝微屈，含胸收腹；球拍置于右身前，两眼注视来球。

双打准备姿势同单打。接发球时可站在离前发球线较近的地方；球拍要举得高些，利用网前

击球点高争取主动。

图 12-4

练习方法：①反复做无球的接发球动作练习；②两人一组，反复做发球和接球的组合练习。

三、后场击球技术

（一）高手击球

1. 正手原地击高远球

（1）动作要点：看准来球的方向和高度，快速合理地移动步法，选择球的降落点位置，使击球点在右肩稍前的上空；左脚在前肩对网，左脚在后，腿微屈，头后仰，重心落在右脚上；右手举拍于肩上方，“甩”臂屈腕把球击出，如图 12-5 所示。

图 12-5

（2）练习方法：①步法移动和挥拍击球动作的无球练习；②两人移动对打高远球练习。

（3）练习要求：在手臂自然伸直时，应用“抽鞭”动作把球“弹”出。

2. 反手击高远球

（1）动作要点：反手击球时，右脚以前交叉步法跨到左侧底线位，两腿微屈背对网，身体重心落在右脚上；球拍举到胸前，拍面朝上，提肘挥拍伸腕击球，如图 12-6 所示。

（2）练习方法：①反复做交叉步移动挥拍击球动作的无球练习；②移动练习反手击球动作。

（3）练习要求：击球后，右脚快速撤回中心位。

图 12-6

（二）吊球

吊球就是把对方击来的高远球，从后场还击到对方网前区的打法叫吊球，它是调动对方阵脚、组织战术配合的一种攻击技术。

1. 动作要点

（1）正手劈吊。正手吊的方法与正手击高远球的方法相似，区别在于击球力量小，拍面适当前倾，用球拍劈切完成吊球，如图 12-7 所示。

图 12-7

（2）反手切吊。反手吊球与反手击高远球的方法的不同点是：挥拍的速度快、力量小、拍面角度小（使反拍面略前倾），运用手腕的转力作明显的切击球动作，如图 12-8 所示。

图 12-8

2. 练习方法

（1）反复体会挥拍切击球动作的无球练习。

（2）两人对练劈切击球。

3. 练习要求

注意正确的劈切动作，不要往下拉拍。

（三）扣杀球

把高球在尽量高的击球点上，用大力挥击动作将球下压到对方场区内，称为扣杀球，也称扣球或杀球。

1. 动作要点

（1）正手扣杀球。动作方法基本与正手击高远球相似，不同的是击球的刹那需用全力。杀球前身体后仰成反弓，杀球时蹬腿收腹快挥臂，如图 12-9 所示。

图 12-9

（2）反手扣杀球。球在自己左侧上空，做反手握拍法，用反拍面扣杀，称为反手扣杀球。反手扣杀与反手击高远球的方法基本相同，不同点是：击球时，拍面一般控制在 75°～85°为宜，反拍面保持前倾，发力方向是前下方，如图 12-10 所示。

图 12-10

2. 练习方法

（1）反复体会挥拍扣杀球动作的无球练习。

（2）两人对练扣杀球练习。

3. 练习要求

移动选位步要稳，持拍臂不要太紧张，以免影响挥拍击球的力量和准确性。

四、前场击球技术

（一）网前搓球

在网前用球拍切击球托，使球旋转翻滚越过网顶的击球技术，称为搓球。搓球是网前技术中的高难击球技术，有较强的攻击性。

1. 动作要点

上网步要快，左脚蹬地，右脚向网前跨步成弓箭步，侧身对网，重心在右腿；手臂前伸，出手要快，击球点要高，拍面与网成斜面，如图 12-11 所示。

图 12-11

2. 练习方法

（1）配合脚步动作进行搓球动作练习。

（2）两人网前对搓球练习。

3. 练习要求

握拍的腕部和手指自然放松，不要用手臂发力。

（二）勾球

1. 动作要点

勾球主要是用前臂动作，以手腕和手指的力量击球，用力要适当，手腕还要控制好拍面角度。勾球时，要根据击球点的高低灵活握拍，方能随球应变。勾球可分为正手勾球和反手勾球，如图 12-12 所示。

图 12-12

2. 练习方法

（1）反复做无球的勾球动作练习。

（2）两人一组相互做勾球练习。

（三）推球

推球是把对方击来的网前球推击到对方的后场两底角去的技术动作，推球飞行的弧线较低平，速度较快。

1. 动作要点

（1）正手推球。站在网前的准备动作同搓球。推球时身体稍微往前移，右前臂往前伸，并带内旋，手腕和手指控制拍面角度；手腕发力并闪腕，食指向前压，小指、无名指徒然握紧拍柄，拍子急速地由右往前至左击球，使球沿边线飞向对方后场底角，如图 12-13 所示。

图 12-13

（2）反手推球。准备动作同搓球的准备动作。击球时，前臂往前伸，稍带外旋，手腕由外展到伸直闪腕，中指、无名指、小指突然握紧拍柄，拇、中、食指捻动发力。

2. 练习方法

（1）做无球推球动作练习。

（2）两人一组进行对练。

（四）扑球

扑球是当来球在网顶上空时，能以最快的速度上网扑压来球的技术动作。

1. 动作要领

（1）正手扑球。身体腾空跃起或右脚蹬跨的同时，前臂往前上方举起，球拍正对来球方向；击球时，随着手臂由屈至伸，手腕由后伸至向前闪动和手指的顶压，将球扑下，如图 12-14 所示。

（2）反手扑球。反手握拍，持于左侧前；击球时，手臂由屈至伸，手腕由微屈至后伸并用力闪动，拇指顶压，加速挥拍扑击；击球后，球拍随手臂回收至体前。

图 12-14

2. 练习方法

反复做无球的扑球动作练习；对练。

3. 练习要求

扑球后，注意腿部的缓冲动作，控制重心以免身体触网。

五、中场击球技术

中场击球技术有两边接杀球和平抽快挡（快打）等。

（一）接杀球

接杀球可分为正手接杀和反手接杀，并可在不同的位置打出挡直线、勾对角、反抽后场等技术。

（1）正手接杀挡直线网前球：用接杀的步法移至右场近边线，身体右倾，手臂右伸，前臂外旋，手腕外展，持拍准备接球；击球时，前臂内旋稍翻腕带动球拍由右下向前上方推送，把球推向直线网前。

（2）反手接杀挡直线网前球：用接杀球的步法移至左场区边线，身体左转前倾，右肩对网，右肘弯曲，手腕外展，引拍于左肩前上方；击球时，借对方来球的冲力，以前臂带动球拍由左上方向左前方用拇指的顶力挥拍轻击球托，把球挡回直线网前。

（二）平抽快挡

平抽和快挡（快打），都是双打经常运用的技术。如正手平抽：当对方击来右后场的低球时，快步向右后场移动选好位，最后一步以右脚向球落的方向跨步，侧身对网稍后仰，右臂屈肘举拍于肩上方，做“半圆式”的闪腕挥拍动作，将球击向对方。

六、步法移动

移动主要是从场中心位置起动到击球位置的脚步方法。移动的方法通常用垫步、交叉步、小碎步、并步、蹬转步、蹬跨步、腾空步等。运用这些步法又构成从中心位置到场区不同方位击球的组合步法——后退步、上网步、左右移动步法。自中心位置到击球位置的步数一般用一步、两步或三步。

（1）垫步：垫步一般用于调整步距。例如，后脚向前跟步，紧靠前脚落地，前一脚又马上向

前跨出。

（2）交叉步：一般用于击远球。左右脚交叉向前、向侧或向后移动。

（3）蹬跨步：一般用于上网击球和后场底线两角抽球。方法是在移动的最后一步左脚用力向后蹬地的同时，右脚向前方跨出一大步。

（4）腾空步：一般用于扑球、击高远球，上网、后退、两侧移动都可运用腾空步。例如，以领先的脚（或双脚）起跳扑球，或用右脚（或双脚）起跳到最高点击对方的高远球。

第三节　羽毛球基本战术

一、单打战术

（一）发球抢攻战术

从发球的第一拍起，争取控制对方，攻杀得分。这种战术，一般为发网前低球结合平快球、平高球，争取第三拍的主动进攻。

（二）攻后场战术

此战术是通过击高球、重复压对方的底线两角，造成对方的被动，然后寻找机会进攻。

练习方法：根据攻后场战术的特点，多练习击高球，吊远球。

（三）攻前场战术

对网前技术较差的对手，可运用此战术。先将其吸引到网前，然后再攻击其后场。

（四）攻对角线战术

此战术主要用于对付身体灵活性差、转体较慢的对手。不论是进攻还是防守，均应以打对角线球为主。

练习方法如下：

（1）根据对手的站位、回击球的习惯线路、反击能力、打法特点、心理状态等情况，练习不同的发球方法，以取得前几拍的主动权。

（2）根据各种战术的特点，有针对性地练习击球技术。

（3）找对手互相进行演练。

二、双打战术

双打的站位形式，一般有两人一前一后站位和两人分边（左右）站位两种形式。

（一）攻人战术

集中攻击对方中有明显弱点的人，并伺机攻击另一人因疏忽而露出的空当，或对此人进行偷袭。

（二）攻中路战术

当对方分边站位时，将球攻击到对方两人的中间；当对方前后站位时，可将球下压平推两边半场。这样可使对方防守时因互相争抢或互相让而出现失误。

（三）攻后场战术

如果对方后场扣杀能力差，本方可采用挑高球、推平球、接杀挑底线，把对方一人紧逼在底线两角移动；当对方被动还击时，则抓住机会大力扣杀；如另一对手后退支援时，即可攻网前空当。

练习方法如下：

（1）有针对性地练习发球站位法。

（2）以我为主的练习法。

（3）实际演练法。

第四节　羽毛球竞赛规则

一、场地

羽毛球场呈长方形，各条线宽均为 4 厘米，场地上空 12 米以内和四周 4 米以内不应有障碍物。球场中央网高 1.524 米，双打边线处网高 1.55 米。

羽毛球场地标准如下：羽毛球场为一长方形场地，长度为 13.40 米，双打场地宽为 6.10 米，单打场地宽为 5.18 米。球场上各条线宽均为 4 厘米，丈量时要从线的外沿算起。球场界限最好用白色、黄色或其他易于识别的颜色画出。 按国际比赛规定，整个球场上空空间最低为 9 米，在这个高度以内，不得有任何横梁或其他障碍物，球场四周 2 米以内不得有任何障碍物。任何并列的两个球场之间，最少应有 2 米的距离。球场四周的墙壁最好为深色，不能有风。

二、器材

球重 4.74～5.5 克，由 16 根羽毛插在半球形软木托上，球高 68～78 毫米，直径 58～68 毫米，分为 1～10 号。球拍框总长度不超过 68 厘米，宽不超过 23 厘米，拍弦面长不超过 28 厘米，宽不超过 22 厘米。

三、项目

男子单打、女子单打、男子双打、女子双打、混合双打、男子团体、女子团体。

单打由两名运动员在场地上将一个羽毛球相互交替击打，使球不落地。落地的一方为输，赢者加分。

双打由四名运动员在场地上进行，方法如上，但双打极讲究配合。

四、竞赛规则

（一）记分

（1）类似曾经的乒乓球记分方法，采用 21 分制，即双方分数先达 21 分者胜，3 局 2 胜。每局双方打到 20 平后，一方领先 2 分即算该局获胜；若双方打成 29 平后，一方领先 1 分，即算该局取胜。

（2）新制度中每球得分，并且除特殊情况（如地板湿了、球打坏了），球员不可再提出中断比赛的要求。但是，每局一方以 11 分领先时，比赛进行 1 分钟的技术暂停，让比赛双方进行擦汗、

喝水等。

（3）得分者方有发球权，如果本方得单数分，从左边发球；得双数分，从右边发球。在第三局或只进行一局的比赛中，当一方分数首先到达 11 分时，双方交换场区。

（二）站位

1. 单打

（1）发球员的分数为 0 或双数时，双方运动员均应在各自的右发球区发球或接发球。

（2）发球员的分数为单数时，双方运动员均应在各自的左发球区发球或接发球。

（3）如“再赛”，发球员应以该局的总的分数来确定站位。若总分为 15 分（单数），双方运动员均应在各自的左发球区发球或接发球；若总分为 16 分（双数），双方运动员均应在各自的右发球区发球或接发球。

（4）球发出后，双方运动员就不再受发球区的限制而自由击到对方场区的任何位置，运动员的站位也可以在自己这方场区的界内或界外。

2. 双打

（1）一局比赛开始，应从右发球区开始发球。

（2）只有接发球员才能接发球；如果他的同伴去接球或被球触及，发球方得一分。①在发球方得分为 0 或双数时，应该由发球方站在右侧的运动员发球，接发球方站在右侧的运动员接发球；发球方得分为单数时，则应站在左发球区的运动员发球或接发球。②每局开始首先接发球的运动员，在该局本方得分为 0 或双数时，都必须在右发球区接发球或发球；得分为单数时，则应在左发球区接发球或发球。③上述两条相反形式的站位适用于他们的同伴。

（3）任何一局的本方发球员失去发球权后，同时对手获得一分，接着由他们的对手之一发球，如此传递发球权。注意，此时双方 4 位运动员都不需要变换站位。

（4）运动员不得有发球错误和接发球的错误，或在同一局比赛中有两次发球。

（5）一局胜方的任一运动员可在下一局先发球，负方中任一运动员可先接发球。

（6）球发出后就不再受发球区的限制了。运动员可在本方场区自由站位和将球击到对方场区的任何位置。

（三）比赛

1. 交换场区

（1）以下情况运动员应交换场区：①第一局结束；②第三局开始；③第三局中或只进行一局的比赛进行至一方达到 11 分时。

（2）运动员未按以上规则交换场区，一经发现立即交换，已得分数有效。

2. 合法发球

（1）发球时任何一方都不允许非法延误发球。

（2）发球员和接发球员都必须站在斜对角线发球区内发球和接发球，脚不能触及发球区的界限；两脚必须都有一部分与地面接触，不得移动，直至将球发出。

（3）发球员的球拍必须先击中球托，与此同时整个球必须低于发球员的腰部。

（4）击球瞬间球杆应指向下方，从而使整个球筐明显低于发球员的整个握拍手部。

（5）发球开始后，发球员的球拍必须连续向前挥动，直至将球发出。

（6）发出的球必须向上飞行过网，如果不受拦截，应落入接发球员的发球区。

3. 羽毛球的违例

（1）发球不合法违例。

（2）发球员发球时未击中球。

（3）发球时，球过网后挂在网上或停在网顶。

（4）比赛时：①球落在球场边线外；②球从网孔或从网下穿过；③球不过网；④球碰屋顶、天花板或四周墙壁；⑤球碰到运动员的身体或衣服；⑥球碰到场地外其他人或物体（由于建筑物的结构问题，必要时地方羽毛球组织可以制定羽毛球触及建筑物的临时规定，但其国家组织有否决权）。

（5）比赛时，球拍或球的最初接触点不在击球者网的这一方（击球者击球后，球拍可以随球过网）。

（6）比赛进行中：①运动员球拍、身体或衣服触及网或网的支持物。②运动员的球拍或身体，以任何程度侵入对方场区。③妨碍对手，如阻挡对方紧靠球网的合法击球。

（7）比赛时，运动员故意分散对方注意力的任何举动，如喊叫、故作姿态等。

（8）比赛时：①击球时，球夹在或停滞在拍上紧接着又被拖带。②同一运动员两次挥拍连续击中球两次。③同一方两名运动员连续各击中球一次。④球碰球拍继续向后场飞行。

（9）运动员违反比赛连续性的规定。

（10）运动员行为不端。

4. 重发球

（1）与不能预见或意外的情况，应重发球。

（2）除发球外，球挂在网上或停在网顶，应重发球。

（3）发球时，发球员和接发球员同时违例，应重发球。

（4）发球员在接发球员未做好准备时发球，应重发球。

（5）比赛进行中，球托与球的其他部分完全分离，应重发球。

（6）司线员未看清球的落点，裁判员也不能做出决定时，应重发球。

（7）“重发球”时，最后一次发球无效，原发球员重发球。

5. 死球

（1）球撞网并挂在网上，或停在网顶上。

（2）球撞网或网柱后开始在击球这一方落向地面。

（3）球触及地面。

（4）“违例”或“重发球”。

6. 发球区错误

（1）发球顺序错误。

（2）从错误的发球区发球。

（3）在错误的发球区准备接发球，且对方球已发出。

7. 发球区错误的裁判方法

（1）如果错误在下一次发球击出前发现，应重发球；只有一方错误并输了这一回合，则错误不予纠正。

（2）如果错误在下一次发球击出前未被发现，则错误不予纠正。

（3）如果因发球区错误而“重发球”，则该回合无效，纠正错误重发球。

（4）如果发球区错误未被纠正，比赛也应继续进行，并且不改变运动员的新发球区和新发球顺序。

8. 比赛中的出界

单打的边线，是在边界的里面一条。

双打的边线就是最外面一条。

单打的前发球线，就是最前面的一条线。

后发球线就是底线，发球在这两条线之间才有效。

双打的前发球线和单打一样，都是最前面一条。

后发球线就底线前的那一条线，发球在这两条线之间才有效。

（四）裁判

（1）裁判长对比赛全面负责。

（2）临场裁判主持一场比赛并管理该球场及其周围。裁判员应向裁判长负责。

（3）发球裁判员应负责宣判发球员的发球违例。

（4）司线裁判对球在其分管线的落点宣判“界内”或“界外”。

（5）临场裁判员对其所分管职责内的事实的宣判是最后的裁决。

（6）裁判员应做到：①维护和执行羽毛球比赛规则，及时地宣报“违例”或“重发球”等；②对申诉应在下一次发球前作出裁决；③使运动员和观众能随时了解比赛的进程；④与裁判长磋商后撤换司线或发球裁判员；⑤在缺少临场裁判员时，对无人执行的职责作出安排；⑥在临场裁判员未能看清时，执行该职责或判“重发球”；⑦记录与规则有关的情况并向裁判长报告； ⑧将所有与规则有关的争议提交裁判长（类似的申诉，运动员必须在下一次发球击出前提出；如在一局比赛结尾，则应在离开赛场前提出）。

第十三章 乒　乓　球

本章导读

乒乓球运动在室内外都可以进行，不受年龄、性别、身体条件的限制，具有较高的锻炼价值。长期参加乒乓球运动可以发展人的灵敏性和协调性，增强上下肢活动能力，提高活动速度，改善人体器官、系统机能，增强体质，而且有利于培养人的机智果断、沉着冷静、勇于竞争等优良品质。通过学习本章，了解乒乓球运动的起源、重要比赛和我国乒乓球运动的地位；熟悉乒乓球运动的基本技术与基本战术；了解乒乓球运动比赛规则。

第一节　乒乓球运动概述

乒乓球是中国国球，是一种世界流行的球类体育项目。20 世纪 60 年代以来，我国选手取得世界乒乓球比赛的大部分冠军，甚至多次包揽整个赛事的所有冠军。它的英语官方名称是"table tennis"，乒乓球运动起源于英国，是从网球运动中产生的。

19 世纪后期，英国的一些大学生从网球中得到启示，在室内以餐桌作为球台，用书或两把高背椅子挂上一根线作为球网，采用软木或橡胶做成的球，手持羔皮纸贴成的长柄椭圆形空白球拍，在台子上将球打来打去。最初这种游戏不叫"乒乓球"，而叫"弗利姆-弗拉姆"（Flim-Flam），又称"高西马"（Goos-sime）。球台和球网的大小及高度均无统一规定，积分方法有 10 分、20 分、59 分或 100 分为一局的。发球的方法也无严格限制，既可以把球先击到本方台面再落到对方台面，也可以将球直接发到对方台面规定的地方或任何地方。1890 年左右，英格兰一位退休的越野跑运动员詹姆斯·吉布从美国带回了作为儿童玩具的赛璐珞球，产生了用这种小球来代替软木球和橡胶球来打乒乓球的想法。由于当时普遍使用的羔皮纸球拍击到球和球碰台后发出"乒乓"的声音，于是人们模拟其声音把它叫作"乒乓球"，其后也称"桌子上的网球"。

20 世纪初，乒乓球运动在欧洲和亚洲蓬勃发展起来。1926 年，在德国柏林举行了国际乒乓球邀请赛，后被追认为第一届世界乒乓球锦标赛，同时成立了国际乒乓球联合会（International Table Tennis Federation，ITTF）。

乒乓球运动的广泛开展，促使球拍和球有了很大改进。最初的球拍是块略经加工的木板，后来有人在球拍上贴了一层羊皮。随着现代工业的发展，欧洲人把带有胶粒的橡皮贴在球拍上。在 20 世纪 50 年代初，日本人又发明了贴有厚海绵的球拍。

在名目繁多的乒乓球比赛中。最负盛名的是世界乒乓球锦标赛，起初每年举行一次，1957 年后改为两年举行一次。

1904 年，上海一家文具店的老板王道午从日本买回 10 套乒乓球器材。从此，乒乓球运动传入中国。1926 年，国际乒乓球联合会正式成立，并决定举行第一届世界乒乓球锦标赛。几十年来，乒乓球运动的发展大约经历了三个阶段：初期，运动员使用的球拍虽形状各异，但都是木制的，击出的球速度慢，力量小，谈不上什么旋转；打法也单调，只是把球推来推去。

1936 年，第十届世界乒乓球锦标赛在匈牙利布格拉举行，大赛中出现了令人惊叹的局面。男子团体冠军争夺赛在罗马尼亚和奥地利进行。双方派出三名削球手，由于打法相同，双方水平又接近，且都用了蘑菇战术，不肯轻易挑板，而且企图从对手的失误中取胜。比赛从星期天 21 时开始进行，进行到 3 时还是 2∶2。当地规定，公共场所必须在 3 时关闭，还惹来了警察干涉，最终耗时 31 小时，奥地利才以 5∶4 战胜。

1903 年，英国人古德发明了胶皮球拍，有力地促进了乒乓球技术的发展。从 1926 年到 1951 年，世界各国选手大都使用表面有圆柱形颗粒的胶皮拍。击球时增加了弹性和摩擦力，可以使球产生一定的旋转，因而出现了削下旋球的防守型打法。这一打法在欧洲长久流行，不少运动员采用这种打法获得了世界冠军。这一时期乒乓球运动的优势在欧洲，其中匈牙利队成绩最突出，在 117 项次世界冠军中，他们获 57 项，占欧洲队的一半。但这种球拍只能以制造下旋为主，人人皆此，磨来守去，即使夺得了冠军也毫无意义。

20 世纪 50 年代初，奥地利人发明了海绵球拍，日本运动员首先在世界比赛中使用，并一举夺取第十九届世界锦标赛的四项冠军，打破了欧洲运动员的垄断地位。由于日本运动员利用这种球拍创造的远台长抽进攻型打法，具有正手攻球力量大、速度快、发球抢攻威胁大等优点，因而速度慢、旋转弱、攻击力不强的欧洲防守型打法被逐渐取代，使日本夺得了乒乓球运动的优势。1952～1959 年，在 49 项世界冠军中，日本队夺得 24 次项次，占 47%，这是乒乓球运动水平的第一次大提高。

1959 年，容国团获得了第二十五届世界乒乓球锦标赛男子单打冠军后，中国运动员开始登上了国际乒坛，逐渐形成了以“快、准、狠、变”为技术风格的直拍近台快攻打法。在 1961 年第二十六届世界锦标赛中，中国队既过了欧洲关，又战胜了远台长抽加秘密武器——“弧圈球”打法的日本选手，第一次夺得了男子团体世界冠军，并连续获得第二十七、二十八届男子团体冠军。中国近台快攻的优点是站位近，速度快，动作灵活，正反手运用自如，比日本远台长抽打法又大大前进了一步。60 年代，中国乒乓球技术水平位于世界前列，乒乓球运动的优势由日本转移到中国。这是乒乓球运动水平的第二次大提高。

在日本、中国乒乓球运动发展的同时，欧洲运动员从失败中总结经验教训，经过近 20 年的努力，终于取日本弧圈球技术和中国近台快攻打法之长，创造出适合他们的先进打法，即以弧圈球为主结合快攻的打法，代表人物是匈牙利的克兰帕尔和约尼尔。以快攻为主结合弧圈球的打法，是以正反手快攻为主要技术，用反手快拨快攻力争主动，以正手拉弧圈球寻找机会扣杀为得分手段，代表人物是瑞典的本格森、捷克的奥洛夫斯基等。这两种打法的特点是放置较强，速度快，能拉能打，低拉高打，回旋余地较大。乒乓球运动又推进到放置和速度紧密结合的新高度。这是乒乓球运动水平的第三次大提高。

20 世纪 70 年代以来，由于国际交往和学习研究的加强，各种打法互取长短，使乒乓球技术得到了更快的发展和提高。比如，我国近台快攻、直拍快攻结合弧圈球、横拍快攻结合弧圈球等打法和技术，均有所发展和创新，在国际比赛中取得了优良的成绩。现在，乒乓球已发展成为各国人民喜爱的运动项目之一。国际乒乓球联合会亦已拥有226个会员协会，是世界上较大的体育组织之一。由国际乒联和各大洲乒联举办的世界锦标赛、世界杯赛、洲际比赛及各种规模和形式的国际比赛不胜枚举。

第二节 乒乓球基本技术

一、握拍法

（1）直握拍法：以食指第二关节和拇指第一关节扣压拍前，虎口贴住拍柄，其他三指自然弯曲重叠，中指第一关节压拍后中线处（图 13-1）。以拇指第一指节与食指第二指节扣住拍柄，虎口贴于拍柄后面；其余三指自然弯曲，重叠，以中指第一指节侧面顶在拍后面拍柄延长线1/3处；用中指、虎口、食指、 拇指调节拍形。

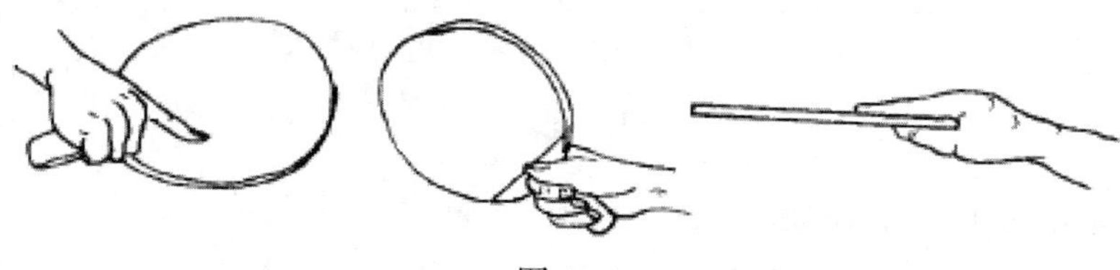

图 13-1

优点：手腕灵活，正手换反手时不换拍面，摆速较快。

缺点：板形不易固定，反手不好发力，左右照顾面小。

（2）横拍握法：虎口贴住拍，中指、无名指、小指握住拍柄，拇指放在正面，食指自然伸直置于背面（图 13-2）。

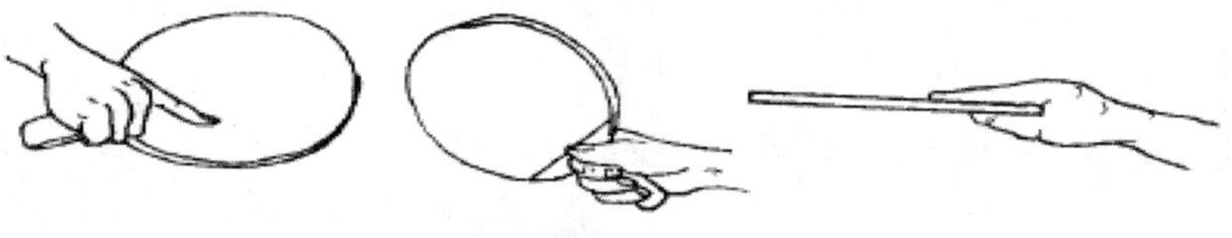

图 13-2

优点：板形固定，反手易发力，左右照顾面大。

缺点：手腕不太灵活，正手换反手时要换拍面，影响摆速。

图 13-3

二、准备姿势

两脚分开与肩同宽，脚掌平行，两膝微屈，重心放在两前脚掌中间；上体稍前倾，含胸收腹，使后背呈弧形；两臂自然弯曲，放在体前，持拍手在右侧前，拍呈横状；头部正直，两眼平视。正确观察，灵活移动，及时准备作击球动作（图 13-3）。

三、基本站位

（1）快攻打法：离台40～50厘米，左脚稍前或两脚平行站立，位于反手位1/3处。

（2）弧圈打法：离台 70 厘米，左脚稍前或两脚平行站立，位于反手位 1/3 处。

（3）削球打法：离台 100 厘米左右，两脚平行站立，位于中间稍偏左处。

四、步法

步法移动是击球的基本环节之一。比赛中每一次击球都需求移动来取得合适的击球位置，它是争取主动、摆脱被动的重要方法。常用的步法有以下几种。

（1）单步：以一脚前脚掌为轴，另一脚向前、后、左、右不同的方向移动一步。在来球角度不大，小范围内使用（图 13-4）。

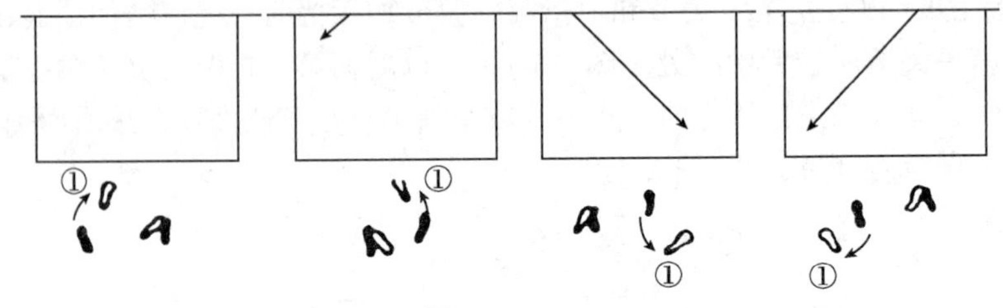

图 13-4

（2）跨步：来球同侧脚先向侧跨一大步，后跟着地，另一脚随即跟进移动。这常用来对付来球急、角度大、离身体稍远的球（图 13-5）。

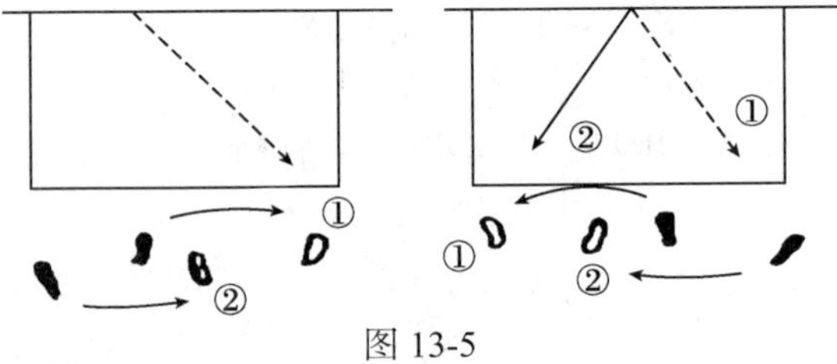

图 13-5

（3）跳步：一脚用力蹬地，使两脚离开地面，同时向左、右或前后跳动。快攻型打法用它来侧身（图 13-6）。

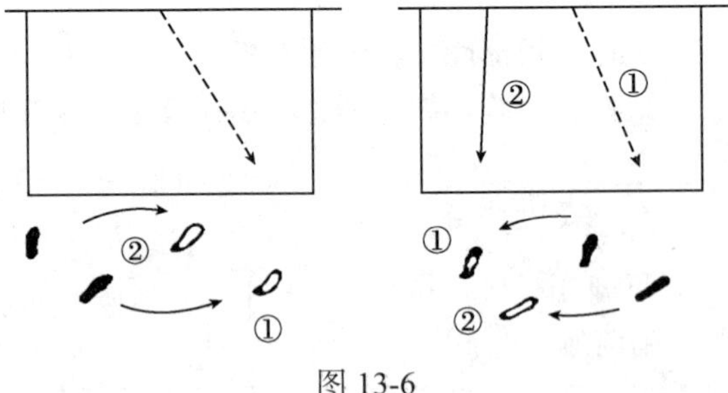

图 13-6

（4）并步（换步）：来球侧方的脚先向近侧方靠一步，然后近侧方的脚再向来球方向迈一步。在小范围内移动，常使用此步法（图 13-7）。

（5）交叉步：来球反方向脚向来球方向移动一小步，另一脚迅速向来球方向迈一步。主要用于对付离身体较远的来球，如快攻在侧身进攻后扑空当常用此步法（图 13-8）。

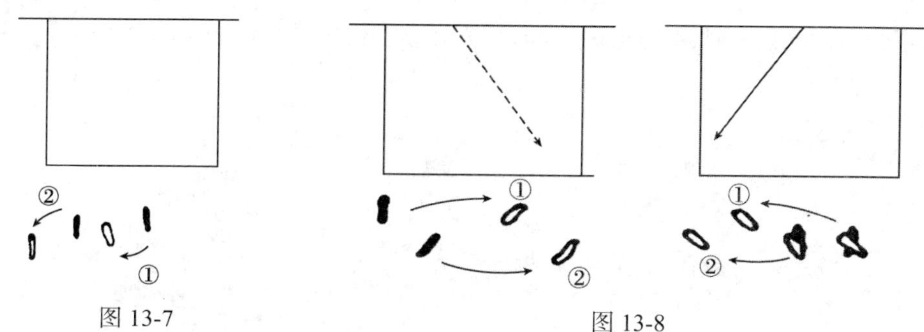

图 13-7　　图 13-8

动作难点：判断及时，脚快蹬，步法灵活移重心。

动作口诀：站位步幅宽于肩，上体稍倾膝微屈。两脚着地微提跟，步法灵活随球移。

练习步骤：①听教师口令或看手势进行步法练习。②结合挥拍进行各种步法练习。③对墙拍球步法练习。④在素质练习中进行步法练习。

易犯错误：①蹬地不及时，起动慢和不到位。②步法移动时失重心，没有保持身体平衡。

纠正方法：①反复做站位和步法的模仿练习。②用口令提示快提脚，增强下肢力量和脚的灵巧性练习。

五、发球

1. 发平击球

（1）动作要领：正手发平击球时，两脚开立，右脚稍后，身体稍向右转，左手掌心托球置于腹前右侧，右手持拍置于身体右侧。当球被向上轻轻抛起时，执拍手向后引拍，待球降至网高时，上臂带动前臂，由后向前挥拍平击球的中部或中部偏上位置。击球后，手臂顺势前挥。球击出后的第一落点在本方球台中区附近。反手发平击球时，左脚稍后，身体稍向左转，引拍至身体左侧，左手掌心托球，置于腹前左侧。当球被轻轻上抛时，持拍手后摆引拍成半横状，待球降至近于网高时，执拍手前臂以肘关节为轴，由后向前挥拍平击球的中部位置。其他要领同正手平发球。

（2）动作要点：前臂与手腕配合向前下方发力击球，击球后的第一落点应落在本方球台中段。

（3）练习方法：徒手练习抛发动作；进行台上练习。

（4）练习要求：抛球不宜高，在身体的远端击球。

2. 正手发下旋加转球与不转球

（1）动作要领：准备姿势与正手发平击球相似。发加转球时，持拍手向后上方引拍，当球由上向下回落时，前臂迅速由后向前下方作弧形挥摆，待球比网稍高时，用球拍的左侧偏下部用力摩擦球的中下部。

（2）动作要点：前臂与手腕配合发力，摩擦球的中下部；发不转球时，减少拍面后仰角度，并稍加前推力量。

3. 侧身正手发左侧上或下旋球

（1）动作要领：站位左半台，右脚稍后。发左侧上旋球时，当球上抛后，持拍手向右上方引拍，手腕略为外展，拍面近乎垂直，待球下降至与网同高时，手臂由右上方向左下方摆动，手腕快速向左上方兜动，用球拍从球的中部向左上方摩擦；发左侧下旋球时，引拍动作与发左侧上旋球时相似，当球下降至比网稍高时，手腕快速向右下方转动，使球拍从球的中下部向左下方摩擦（图13-9）。

图 13-9

（2）动作要点：触球时，前臂由右向左上方挥动，使球拍从球的中部略偏下向左上方摩擦，发左侧下旋球时，前臂由右向左下方挥动，使球拍从球的中下部向左下方摩擦。手腕要配合发力。

4. 反手发右侧上或下旋球

（1）动作要领：站位中间偏左。准备姿势与反手发平击球相似。发右侧上旋球时，当球上抛后，持拍手向右上方引拍，拍柄略向下，拍面近乎垂直，待球由上向下回落与网同高位置时，前臂与手腕同时发力，向左下方挥动，触球瞬间手腕快速向右上方兜动，使球拍从球的中部略偏下向右上方摩擦；发右侧下旋球时，触球瞬间手腕快速向右下方转动，使球拍从球的中下部向右下方摩擦。

（2）动作要点：发右侧上旋球时，前臂由左向右上方挥动，触球中部略偏下向右上方摩擦；发右侧下旋球时，拍面稍后仰，从球的中下部向右侧下摩擦,充分利用手腕转动来配合前臂发力。

（3）动作难点：发球手法，发球的隐蔽性和准确的第一落点。

（4）动作口诀：伸掌抛球向上空，球落击法有多种，上下侧旋擦球面，长短轻急力不同。

（5）练习步骤：①徒手模仿练习，体会发球时的抛球手动作、挥拍路线、发球动作要领等技术环节。②进行先斜线后直线、先单线后复线、先定点后不定点的练习。③练习发各种旋转性能的球，以提高发球的质量。④练习用同一手法发不同旋转性能和不同落点的球。

（6）易犯错误：①球没有抛起。②拍面接球时的前倾不适当。③击球点过高或过低。

（7）纠正方法：①反复练习将球抛起后再击球，以防犯规。②模仿练习，发多球练习。③两人一组，一人发球，一人推挡练习。

六、接发球

接发球的基本方法是由推、搓、削、拉、攻等各种技术综合组成的。接发球的站位，根据发球方的位置可适当调整自己的基本站位。如对方站在球台右角发球，则自己的站位应该偏右些，因为来球到右方的角度比较大，反之，则偏左。并要与自己的打法特点，结合起来。

（1）动作难点：正确判断来球的旋转性能、飞行弧度和落点，拍面后仰。

（2）动作口诀：准备姿势接发球，来球旋转反向送。上旋推挡下旋搓，长抽短吊争抢攻。

（3）练习步骤：先用固定的技术接单一发球，再用不同技术接各种不同性能、落点来球，并在此基础上再练习控制落点的变化。

（4）易犯错误：①判断不准确，造成接球失误；②移动不到位，影响接球质量；③接球时紧张，心理压力大，怕失误。

（5）纠正方法：①进一步掌握了解动作要领；②两人一组，一人发球，一人接发球；③根据对方发球手型和球的运行轨迹，果断决定还击的手法。

七、攻球方法

（一）推挡

1. 挡球

（1）动作要领：两脚平行站位，身体靠近球台。击球前，上臂贴近身体，前臂约与台面平行，球拍置于腹前，略高于台面呈半横状。拍面近乎垂直。击球时，调整好拍形，在来球上升前期触球中部或中上部，借来球的反弹力将球挡回。击球后迅速还原，准备下一次击球。

（2）动作要点：球拍横状立，手臂前伸迎球、上升期击球中部，借来球反弹力将球挡回。

2. 快推

（1）动作要领：站位近台偏左，两脚平行站立或右脚稍后。上臂和肘关节靠近身体右侧旁。击球前前臂稍向后引。击球时，前臂向前推出，同时配合食指压拍，拇指放松，使拍面前倾，在来球的上升前期击球的中上部。击球后，手臂顺势前送。

（2）动作要点：稍后撤引拍，前臂向前推出，配合转腕下压。

3. 推下旋球

（1）动作要领：击球时，拍面与台面近乎垂直，在来球上升后期或高点期击球，触球瞬间前臂和手腕向前下方发力，同时拇指压拍，使拍面稍后仰，摩擦球的中下部。

（2）动作要点：击球时，拍面稍后仰，推击球的中下部，向前下方用力。

（3）动作难点：正确的拍面、身体的协调配合和准确的线路落点。

（4）动作口诀：推挡一般用反手，动作犹似反手攻。前臂发力向前下，倾拍推挡球上中。

（5）练习步骤：①徒手挥拍模仿推挡练习，体会击球动作要领。②两人台上一推一挡，限定路线。③两人台上对推斜线、中路和直线。④两人台上练习，一人一点推两点，另一人两点推挡一点，互换练习。

（6）易犯错误：①推球时拍前倾不移。②判断来球不准，拍形掌握不好。③推挡时，指、腕握拍紧张，影响推挡质量。

（7）纠正方法：①多做空拍练习，增加推挡力量和速度。②空拍做转腕和拍前倾练习。③多球练习，提高判断能力，加强速度和不同落点练习。

（二）正手攻球

正手攻球站位近、动作小、速度快，易争取主动，是比赛中有利的得分技术。

（1）动作要点：离台 40～50 厘米，左脚稍前；小臂横摆至体侧，拍形基本垂直或稍前倾，拍子呈半横状，使拍面正对来球路线，身体重心移至右脚。在球从台上弹起时，以大臂带动小臂，向前上方挥拍，经弧形挥向额前，同时右脚蹬地，重心前移；击球时，拍形稍前倾，在球的上升期或高点期击球的中上部，以小臂发力为主，同时拇指压拍，手腕配合小臂内旋，腰配合转动；击球后，小臂放松，挥拍至额前，重心随挥拍动作移至左脚，接着迅速还原，如图 13-10 所示。

图 13-10

（2）易犯错误：抬肘；击球时向上翻肘；吊拍、撇拍；击球时小臂没有内旋；击球点过于靠后；发力方向不对。

（3）练习方法：徒手练习；结合推挡练习。

（4）练习要求：初学者练习时注意力量宜小不宜大，速度宜慢不宜快，弧线宜高不宜低，距离宜长不宜短。

（三）搓球

1. 慢搓

（1）反手慢搓动作要领：反手慢搓。两脚开立，身体离台稍远，手臂自然弯曲，向左上方引拍。击球时，前臂内旋配合转腕动作，向前下方用力，拍面后仰，在来球下降期摩擦球的中下部。

（2）正手慢搓动作要领：两脚开立，右脚稍后，两膝微屈，身体稍向右转，离台稍远。击球前，向右上方引拍，拍面后仰。击球时，前臂和手腕向左前下方挥动，在来球下降期摩擦球的中下部。

（3）慢搓动作要点：击球时，拍面后仰，提臂引拍后向前下方用力，在下降期摩擦球的中下部。

2. 快搓

（1）反手快搓动作要领：两脚开立，两膝微屈，身体靠近球台。击球时，拍面稍后仰，前臂配合手腕转动动作向前下方切动，在来球上升期摩擦球的中下部，将球快速搓出。

（2）正手快搓动作要领：两脚平行或右脚稍前，两膝微屈，身体靠近球台。击球前，右手向右上方引拍，拍面稍后仰。击球时，前臂和手腕向左前下方切动，在来球上升期摩擦球的中下部，将球搓出（图 13-11）。

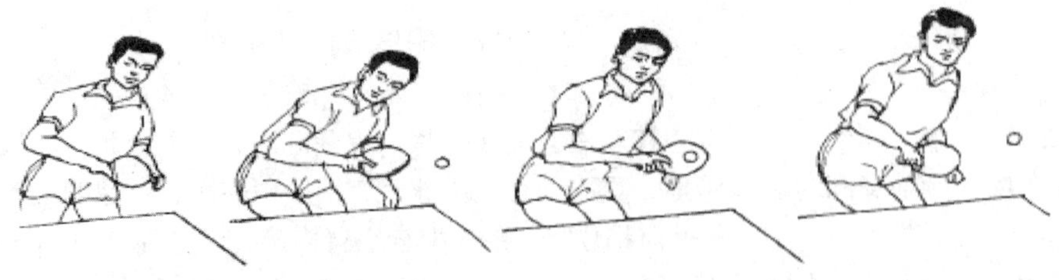

图 13-11

（3）快搓动作要点：击球时拍面稍后仰，手臂要迅速前伸迎球。向前下方切动，在上升期摩擦球的中下部。

（4）动作难点：前臂和手腕的挥拍路线和用力方法。

（5）动作口诀：球拍稍仰后平送，摩擦向前球下冲。手腕配合小臂动，球转速度靠腕动。

（6）练习步骤：①徒手做模仿搓球动作练习。②自己向球台抛球，并将球搓回对方球台。③一人发下旋球，一人回搓。④两人对搓中路直线，再对搓斜线。

（7）易犯错误：①引拍不够致使击球的前臂由上向下动作不明显。②击球时拍面后仰不够。③前臂前送力量不够，击球后动作停止。④击球点离身体过远，重心偏后，击球部位不准。

（8）纠正方法：①持拍练习前臂和手腕向上再向下做切的动作模仿。②在下降期搓对方发来的下旋球，体会拍面后仰前送动作。③两人对练慢搓，体会击球后小臂继续前送的动作。④两人近台站立对练慢搓，在下降期击准球的中下部。

（四）拉球

拉球站位近、动作小、速度快，是变下旋球为上旋球的重要技术。

动作要点：基本上与正手攻球相同，但有以下不同。

（1）向右下方引拍，使拍低于球。

（2）拍形垂直或稍前倾，在球的下降期摩擦击球的中部或中上部，以小臂发力为主，手腕为辅，向上前方发力（向上大于向前）。

（3）腰腿配合向上用力。

易犯错误：引拍太高；用大臂发力；拍形过多后仰形成托球。

纠正方法：发下旋球搓中拉；用削球陪练，连续拉球。

练习要求：初学者应注意练习时两脚应采取侧站位，击球时挥拍速度应达到最大值。

（五）弧圈球

弧圈球站位可远可近，动作幅度比拉球稍大，速度可快可慢，可拉上旋球、下旋球及任何出台的球，是现代乒乓球运动最主要的得分手段。

（1）动作要点：在拉球的基础上加大引拍幅度，加大摩擦球的距离和爆发力，如图 13-12 所示。

图 13-12

（2）易犯错误：撞击多，摩擦太少；肩部太紧张；力量分散不集中。

（3）纠正方法：与拉球相同。

第三节　乒乓球基本战术

乒乓球的战术灵活多变，没有一个固定的模式，在一个回合当中常常会用到多个组合战术。战术运用得当，在比赛中会事半功倍；战术运用成功，可以战胜较强于我方的对手。然而，无论什么组合战术，都离不开以下几个基本的战术。

乒乓球的基本战术，即乒乓球运动员为争取比赛胜利，综合运用技术、心理和身体素质的方法。战术是以技术为基础的，技术越高，就越能更好地完成战术的要求，技术掌握得越全面，战术才能越多样化。反过来，战术的变化和发展，又可以促进技术的不断革新和提高，二者是密切相关和相互促进的。战术的运用，各类型打法有不同的特点。现对单打快攻类打法和双打的基本战术运用加以介绍。

一、单打快攻类打法的基本战术

1. 发球抢攻

发球抢攻是快攻类打法。发球抢攻是利用发球争取主动、先发制人的一项主要战术，是比赛中重要的得分手段。

（1）反手发侧上（下）旋至对方正手近网处，配合发反手斜线急球，伺机抢攻。

（2）反手发急球到对方反手或中路，配合近网轻短球，进行抢攻或抢推。

（3）侧身用正手发左侧上（下）旋球到对方左角底线，配合发近网短球或直线长球，侧身进行抢攻。

（4）正手发转与不转球至对方左方或中路近网处，配合发急球，伺机进行抢攻或抢拉。

（5）正手发急球（奔球）至对方中路或右方大角，配合发左侧上（下）旋直线球或近网短球后，进行侧身抢攻或反手攻。

2. 对攻

对攻是指快攻类打法。在相持阶段时，双方都企图利用速度、旋转、落点的变化和轻重力量，借以控制对方，达到力争主动的一种重要手段。

（1）紧压反手、结合变线、伺机抢攻，这是我国左推右攻打法常用的对抗战术。

（2）调右压左，这是用来对付推攻和侧身攻特长较突出的运动员的一种战术。

（3）加力或减力推压中路及两角，伺机抢攻。这是对付两面拉弧圈球打法的主要战术。

（4）连续推压中路或正手，伺机抢攻。这是对付两面攻（拉）或横拍反手较强者常采用的一种战术。

（5）被动防御和“打回头”。在被动时，可采用正、反手中远台对攻，宜打相反球路；还可采用放高球过渡，伺机正手打回头，化被动为主动。

3. 拉攻

这是对付削球打法的主要战术。

（1）拉反手后侧身突击斜线，然后扣杀中路或两大角。这是拉攻常用的战术，而侧身攻斜线又是直拍快攻类打法的主要特点。

（2）拉不同落点后突击中路或直线，然后扣杀两大角。中路防守是削球手普遍的弱点。

（3）拉对方中路左、右，伺机突击两角再扣杀空当。这是对付以逼角为主或控制落点较好的削球手时所采用的一种战术。

（4）拉对方正手，找机会突击中路，然后连续扣杀两角。当不太适应对方来球或对付削球控制落点较好时，可采用此战术。

（5）长短球和拉搓结合。对站位较远，以稳健削球打法为主者，可采用此战术。

（6）攻中防御。在拉攻过程中，遇到对方反攻时，必须加强积极防御，作好对攻准备。

4. 搓攻

搓攻是快攻类打法对付攻球或削球时的辅助战术。搓攻主要是利用旋转和落点的变化，为进攻创造机会。在对付弧圈球时，搓球运用不宜过多，搓球应以快搓和搓近网短球来控制对方。同时，应抢先突击或拉起，以免处于被动地位。

（1）以快搓加转短球为主，结合快搓转或不转的长球至对方反手，或突然搓对方正手大角，伺机突击或抢先拉起，是对付攻球打法的战术。

（2）快搓转或不转球至不同落点，伺机突击中路或两角，是对付削球打法的主要战术。

5. 接发球

接发球是属于“前三板”战术运用的范围，它对整个比赛能否获得主动起着重要的作用。快攻类打法应积极利用快速多变的各种手段去接发球，并尽可能与个人打法特点密切结合起来，以便更充分地发挥自己的特长。

（1）以快搓短球为主，结合快搓底线长球控制对方，然后争取主动先拉或突击起板。

（2）用拉球或推挡控制对方反手为主，配合突然变正手或中路。

（3）对付各种侧旋、上旋或下旋的不转球，在位置比较好的情况下可以大胆采用接发球抢攻战术。短球可用“快点”，长球可用快攻或快拉。抢攻时宜用中等力量攻击对方中路和正手。

二、双打的基本战术

双打战术的运用必须根据双打配对的两位选手的思想风格、技术特点来确定，尽量充分发挥配对者各自的优势和特长。常用的基本战术如下。

（1）发球抢攻。发球时，发球员根据同伴抢攻的需要和对方接发球的水平，可用手势暗示同伴发球的种类和落点，取得默契配合，争取发球抢攻战术的成功。

（2）接发球抢攻。接发球时，首先要判断清楚来球的旋转性质，并根据来球落点的高低大胆进行抢攻或抢冲，主要是攻击对方空当。

（3）连续攻击对方一点，再突袭另一点。把对方调至某一角，让其两人挤在一起，再攻击相反的方向。

（4）交叉攻两角，伺机扣杀空当。调动对方，打乱对方的移位路线和击球节奏，然后，伺机攻击对方空当。

（5）紧逼追身，扣杀两角。专门向对方的身体进攻，使对方移位困难和被动，伺机扣杀两角。

（6）控制强手、主攻弱手。对强手应主动攻击或控制，使其难以发挥技术特长；而对弱手应作为重点的攻击对象，力求在弱手身上直接得分或取得进攻的机会。

第四节　乒乓球基本竞赛规则

一、球台

（1） 球台的上层表面叫做比赛台面，应为与水平面平行的长方形，长 2.74 米，宽 1.525 米，高 7 厘米。

（2）比赛台面不包括球台台面的侧面。

（3）比赛台面可用任何材料制成，应具有一致的弹性，即当标准球从离台面 30 厘米高处落至台面时，弹起高度应约为 23 厘米。

（4）比赛台面应呈均匀的暗色，无光泽，沿每个 2.74 米的比赛台面边缘各有一条 2 厘米宽的白色边线，沿每个 1.525 米的比赛台面边缘各有一条 2 厘米宽的白色端线。

（5）比赛台面由一个与端线平行的垂直的球网划分为两个相等的台区，各台区的整个面积应是一个整体。

（6）双打时，各台区应由一条 3 毫米宽的白色中线，划分为两个相等的“半区”。中线与边线平行，并应视为右半区的一部分。

二、球网装置

（1）球网装置包括球网、悬网绳、网柱及将它们固定在球台上的夹钳部分。

（2）球网应悬挂在一根绳子上，绳子两端系在高 15.25 厘米的直立网柱上，网柱外缘离开边线外缘的距离为 15.25 厘米。

（3）整个球网的顶端距离比赛台面 15.25 厘米。

（4）整个球网的底边应尽量贴近比赛台面，其两端应尽量贴近网柱。

三、球

（1）球应为圆球体，直径为 38 毫米。

（2）球重 2.5 克。

（3）球应用赛璐珞或类似的材料制成，呈白色、黄色或橙色，且无光泽。

四、球拍

（1）球拍的大小、形状和重量不限，但底板应平整、坚硬。

（2）底板厚度至少应有 85%的天然木料，加强底板的黏合层可用诸如碳纤维、玻璃纤维或压缩纸等纤维材料，每层黏合层不超过底板总厚度的 7.5%或 0.35 毫米。

（3）用来击球的拍面应用一层颗粒向外的普通颗粒胶覆盖，连同黏合剂厚度不超过 2 毫米；或用颗粒向内或向外的海绵胶覆盖，连同黏合剂厚度不超过 4 毫米。①“普通颗粒胶”是一层无泡沫的天然橡胶或合成橡胶，其颗粒必须以每平方厘米不少于 10 颗，不多于 50 颗的平均密度分布于整个表面。②“海绵胶”即在一层泡沫橡胶上覆盖一层普通颗粒胶，普遍颗粒胶的厚度不超过 2 毫米。

（4）覆盖物应覆盖整个拍面，但不得超过其边缘。靠近拍柄部分及手指执握部分可不予以覆盖，也可用任何材料覆盖。

（5）底板、底板中的任何夹层、覆盖物及黏合层均应为厚度均匀的一个整体。

（6）球拍两面不论是否有覆盖物，必须无光泽，且一面为鲜红色，另一面为黑色。拍身边缘上的包边应无光泽，不得呈白色。

（7）意外的损坏、磨损或褪色，造成拍面的整体性和颜色上的一致性出现轻微的差异。只要未明显改变拍面的性能，可以允许使用。

（8）比赛开始时及比赛过程中运动员需要更换球拍时，必须向对方和裁判员展示他将要使用的球拍，并允许他们检查。

五、比赛相关定义

（1）"回合"：球处于比赛状态的一段时间。

（2）"球处比赛状态"：从发球时，球被有意向上抛起前，静止在不执拍手掌上的一瞬间，到该回合被判得分或重发球。

（3）"重发球"：不予判分的回合。

（4）"一分"：判分的回合。

（5）"执拍手"：正握着球拍的手。

（6）"不执拍手"：未握着球拍的手。

（7）"击球"：用握在手中的球拍或执拍手手腕以下部分触球。

（8）"阻挡"：对方击球后，处于比赛状态的球尚未触及本方台区也未超过比赛台面或其端线，即触及本方运动员或其穿戴的任何物品。

（9）"发球员"：在一个回合中，首先击球的运动员。

（10）"接发球员"：在一个回合中，第二个击球的运动员。

（11）"裁判员"：被指定管理一场比赛的人。

（12）"裁判助理"：被指定在某些方面协助裁判员工作的人。

（13）运动员"穿或带"的任何物品，包括他在一个回合开始时穿或带的任何物品。

（14）球从突出台外的球网装置之下或之外经过，或回击的球越过球网后又回弹过网，均应视作已"超过或绕过"球网装置。

（15）球台的"端线"包括端线两端的无限延长线。

六、合法发球

（1）发球开始时，球自然地置于不执拍手的手掌上，手掌张开，保持静止。

（2）发球员须用手将球几乎垂直地向上抛起，不得使球旋转，并使球在离开不执拍手的手掌之后上升不少于16厘米，球下降到被击出前不能碰到任何物体。

（3）当球从抛起的最高点下降时，发球员方可击球，使球首先触及本方台区，然后越过或绕过球网装置，再触及接发球员的台区。在双打中，球应先后触及发球员和接发球员的右半区。

（4）从发球开始，到球被击出，球要始终在台面以上和发球员的端线以外，而且不能被发球员或其双打同伴的身体或衣服的任何部分挡住。

（5）运动员发球时，应让裁判员或助理裁判员看清他是否按照合法发球的规定发球。①如果没有助理裁判，裁判员对运动员发球合法化有怀疑，在一场比赛中第一次出现时将进行警告，不罚分。②在同一场比赛中，如果该运动员或其双打同伴发球动作的正确性再次受到怀疑，不论是否出于同样的原因，均判接发球方得 1 分。③无论是否第一次或任何时候，只要发球员明显没有按照合法发球的规定发球，接发球方都将被判得 1 分，无须警告。

（6）运动员发球时，有责任让裁判员或副裁判员看清他是否按照合法发球的规定发球。①如果裁判员怀疑发球员某个发球动作的正确性，并且他或者副裁判员都不能确信该发球动作不合法，一场比赛中此现象第一次出现时，裁判员可以警告发球员而不予判分。②在同一场比赛中，如果运动员发球动作的正确性再次受到怀疑，不管是否出于同样的原因，不再警告而判失 1 分。③无论是否第一次或任何时候，只要发球员明显没有按照合法发球的规定发球，他将被判失 1 分，无须警告。

（7）运动员因身体伤病而不能严格遵守合法发球的某些规定时，可由裁判员作出决定免于执行。

为了使发球运动员保证符合新规则，有以下几点注意事项。

（1）不执拍手（发球中的执球手）及其手臂向上抛球后，要立即放到边上去。也就是说，不执拍手臂不能置于球与接球方之间的任何地方，必须置于接球方看球的视线之外。

（2）如果发球方能想象出球和两个网柱连线向上到头部高度所形成的三角区，那么，发球员在开始向上抛球后，身体或服装的任何部分都不能进入这一区域（或在这一区域停留）。这可以保证球与接球方之间的规定区域没有遮挡物。这是使发球合法化的简单方法。

（3）正手发球时，运动员要学会以最快速度把不执拍手拿开，才能发出合法的、开放的、清晰的球。

七、合法还击

对方发球或还击后，本方运动员必须击球，使球直接越过或绕过球网装置，或触及球网装置后，再触及对方台区。

八、比赛次序

（1）在单打中，首先由发球员合法发球，再由接发球员合法还击，然后两者交替合法还击。

（2）在双打中，首先由发球员合法发球，再由接发球员合法还击，然后由发球员的同伴合法还击，再由接发球员的同伴合法还击，此后，运动员按此次序轮流合法还击。

九、重发球

回合出现下列情况应判重发球：

（1）如果发球员发出的球，在越过或绕过球网装置时，触及球网装置，此后成为合法发球或被接发球员或其同伴阻挡。

（2）如果接发球员或同伴未准备好时，球已发出，而且接发球员或其同伴均没有企图击球。

（3）由于发生了运动员无法控制的干扰，运动员未能合法发球、合法还击或遵守规则。

（4）裁判员或副裁判员暂停比赛。

（5）在双打时，运动员错发、错接。

可以在出现下列情况时暂停比赛：

（1）由于要纠正发球、接发球次序或方位错误。

（2）由于要实行轮换发球法。

（3）由于警告或处罚运动员。

（4）由于比赛环境受到干扰，以致该回合结果有可能受到影响。

十、一分

除被判重发球的回合，下列情况运动员得1分：

（1）对方运动员未能合法发球；

（2）对方运动员未能合法还击；

（3）运动员在发球或还击后，对方运动员在击球前，球触及除球网装置以外的任何东西；

（4）对方击球后，该球越过本方端线而没有触及本方台区；

（5）对方阻挡；

（6）对方连击；

（7）对方用不符合四（3）条款的拍面击球；

（8）对方运动员或他穿戴的任何东西使球台移动；

（9）对方运动员或他穿戴的任何东西触及球网装置；

（10）对方运动员不执拍手触及比赛台面；

（11）双打时，对方运动员击球次序错误；

（12）执行轮换发球法时，接发球运动员或其双打同伴，包括接发球一击，完成了13次合法还击。

十一、一局比赛

在一局比赛中，先得11分的一方为胜方。10平后，先多得2分的一方为胜方。

十二、一场比赛

（1）每场比赛由单数局组成。

（2）一场比赛应连续进行，但在局与局之间，任何一名运动员都有权要求不超过2分钟的休息时间。

十三、发球、接发球和方位的选择

（1）选择发球、接发球和这一方、那一方的权力应由抽签来决定，中签者可以选择先发球或先接发球，或选择先在某一方。

（2）当一方运动员选择了先发球或先接发球，或选择先在某一方后，另一方运动员应有另一个选择的权力。

（3）在获得每2分之后，接发球方即成为发球方，依此类推，直至该局比赛结束，或者直至双方比分都达到10分或者实行轮换发球法，这时，发球和接发球次序仍然不变，但每人只轮发1

分球。

（4）在双打的第一局比赛中，先发球方确定第一发球员，再由先接发球方确定第一接发球员。在以后的各局比赛中，第一发球员确定后，第一接发球员应是前一局发球给他的运动员。

（5）在双打中，每次换发球时，前面的接发球员应成为发球员，前面的发球员的同伴应成为接发球员。

（6）一局中首先发球的一方，在该场下一局应首先接发球。在双打决胜局中，当一方先得 5 分时，接发球方应交换接发球次序。

（7）一局中，在某一方位比赛的一方，在该场下一局应换到另一方位。在决胜局中，一方先得 5 分时，双方应交换方位。

十四、发球、接发球次序和方位的错误

（1）裁判员一旦发现发球、接发球次序错误，应立即暂停比赛，并按该场比赛开始时确立的次序，按场上比分由应该发球或接发球的运动员发球或接发球；在双打中，则按发现错误时那一局中首先有发球权的一方所确立的次序进行纠正，继续比赛。

（2）裁判员一旦发现运动员应交换方位而未交换时，应立即暂停比赛，并按该场比赛开始时确立的次序及场上比分对运动员应站的正确方位进行纠正，再继续比赛。

（3）在任何情况下，发现错误之前的所有得分均有效。

十五、轮换发球法

（1）如果一局比赛进行到 10 分钟仍未结束（双方都已获得至少 9 分时除外），或者在此之前任何时间应双方运动员要求，应实行轮换发球法。①当时限到时，球仍处于比赛状态，裁判员应立即暂停比赛。由被暂停回合的发球员发球，继续比赛。②当时限到时，球未处于比赛状态，应由前一回合的接发球员发球，继续比赛。

（2）此后，每个运动员都轮发 1 分球，直至该局结束。如果接发球方进行了 13 次合法还击，则判发球方失 1 分。

（3）轮换发球法一经实行，或一局比赛进行了 10 分钟，该场比赛剩余的各局都必须实行轮换发球法。

十六、间歇

除了一方选手提出要求外，比赛应该继续进行。

（1）在局与局之间，不超过 1 分钟的间息时间；

（2）每局比赛中，每得 6 分后，或决胜局交换方位时，有短暂的时间擦汗。

第十四章 健美操

本章导读

健美操运动对心肺功能的锻炼效果非常好，具有很好的减脂效果，还避免了像跑步、骑自行车等其他有氧运动项目的枯燥，使运动的过程充满了乐趣。通过学习本章，了解健美操的发展概况及分类，熟悉健美操运动基本技术动作及健美操竞赛规则。

第一节 健美操运动概述

一、健美操的概念与分类

健美操是融体操、音乐、舞蹈、美学于一体，通过徒手、手持轻器械和专门器械的练习，达到健身、健美和健心的目的，是一项具有竞技性、娱乐性和观赏性的新兴的体育运动项目。健美操具有健身、健美、健心、益智和娱乐五大功能。

目前，世界健美操和我国健美操种类繁多，归纳起来可分为健身健美操、竞技健美操。健身健美操也称大众健美操，是集健身、娱乐、防病于一体的群众性普及性健身运动。不同的年龄结构都可以参加学习和锻炼。健身健美操的主要目的在于健身。这类健美操动作较简单，重复次数多，实用性强，不受场地、时间的限制，可根据练习者的需求提供内容多样、形式多变的成套练习。1998年，国家体育总局颁布《全国健美操大众锻炼标准》，2003年开始推广第二套规定动作，2009年开始推广第三套规定动作。

竞技健美操是健美操的高级技术阶段。它是根据竞赛规则与规程的要求组编的一套有较高艺术性、以比赛取得优异成绩为主要目的的竞技健美操。竞技健美操只进行自编动作的比赛，自编动作必须符合规则要求。我国大型竞技健美操比赛有全国健美操锦标赛、全国大学生健美操锦标赛、冠军赛、精英赛等。它与健身健美操最大的不同点是，动作编排受规则的制约，在人数、性别、时间、场地以及动作难度的选择、编排、完成上都有严格的规定，因此对参与者的技术水平、身体素质、体能要求、表现力和心理稳定性等都有较高的要求。

表演健美操包括爵士健美操、拉丁健美操、舞蹈健美操及健美团体操等，主要目的是在表演中充分展示健美操的价值和魅力，并且陶冶情操、净化心灵，促进健美操活动的广泛开展。

二、我国的健美操发展概况

早在 2000 多年前，中国古代导引图上，就彩绘着 44 个不同性别、不同年龄、栩栩如生、做着各种不同姿势的人物，有站、立、蹲、坐等基本姿势，有臂屈伸、方步、转体、跳跃等各种动作，几乎和当今的健美操动作相仿。新中国成立后，1951 年我国首次推广第一套广播体操，至今已是第九套，都是把肢体活动与音乐节奏融为一体的健身体操。现代健美操在我国的兴起应该是 20 世纪 70 年代末 80 年代初。1983 年人民体育出版社出版了体育报增刊《健与美》。从 1984 年起，中央电视台相继播放了孙玉昆创编的“女子健美操”马华“健美 5 分钟”美国健身术” “动感组合”等，为健美操在我国的宣传与普及起到了积极的引导作用。1986 年 4 月 6 日在广州举办了首届“全国女子健美操邀请赛”。高校健美操运动的开展一直处于比较领先的地位。1987 年 5 月由康华健美研究所、北京体育学院、中央电视台等五单位联合举办了我国首届正式的竞技健美操比赛——长城杯健美操邀请赛。竞技健美操近几年在我国发展也很快，除全国健美操锦标赛外，全国体育大会、全国大学生运动会也都有健美操比赛。

1992 年，中国健美操协会、中国大学生体协健美操分会成立。

1995 年，推出《健美操运动员技术等级制度》，首次派队参加世锦赛。

1998 年，推出《健美操指导员技术等级制度》和《全国健美操大众锻炼标准》。

2000 年，推出健美操协会会员制。

2003 年，举办首届北京国际健身大会。

2004 年，第八届健美操世界锦标赛上，我国健美操健儿夺得了六人操铜牌，为我国争得了荣誉。

2008 年，第十届健美操世界锦标赛上，我国健美操健儿夺得了六人操金牌。

三、国际健美操组织

国际体操联合会健美操委员会（FIG）：国际体操联合会成立于 1881 年，原有体操、艺术体操等项目，于 1994 年接受健美操项目为其所属的一个项目委员会，并从 1995 年开始举办 FIG 健美操世界锦标赛。

国际健美操联合会（IAF）：成立于 1983 年，总部设在日本，目前有成员国近 30 个。每年举办健美世界杯赛。

国际健美操与健身联合会（FISAF）：成立于 20 世纪 80 年代中期，总部设在澳大利亚，有会员国 40 多个，除每年举办健美操专业比赛外，还组织各种健美操培训班，并颁发国际健身指导员证书。

国际健美操冠军联合会（ANAC）：成立于 1990 年，总部设在美国，每年举办 ANAC 世界健美操冠军赛。1985 年，美国首次举行阿洛别克（Aerobic）健美操比赛，它标志着健美操向竞技运动项目转变。

第二节　健美操基本动作

一、基本动作

基本动作是健美操练习和进行群众性健身锻炼的基础，通过基本动作练习，可以掌握正确的动作技术，加大动作幅度，培养良好的动作形态。基本动作练习是按人体生理解剖结构分部位进行的，是一项专门性的练习，练习者可根据需要加以选择。

二、基本动作练习时应注意的事项

1. 动作的规范性

（1）练习时肢体的位置、方向及运动的轨迹一定要准确；

（2）注意动作速度、肌肉力度和动作幅度的适宜度。

2. 动作的弹性

（1）动作弹性是健美操基本特点之一；

（2）练习时要控制肌肉的收缩与放松；

（3）在高冲击有氧练习和力量性练习时，应注意调整呼吸。

3. 动作的节奏感

（1）良好的节奏感是肌肉控制能力的表现；

（2）重视节奏感的培养。

三、健美操的手形

健美操常用的几种手形：健美操的手形是从芭蕾舞、现代舞、迪斯科、武术中吸收和发展的。手形是手臂动作的延伸表现，运用得当会使健美操动作更加丰富多彩，生动活泼，更具有感染力。常用的手形如图 14-1 所示。

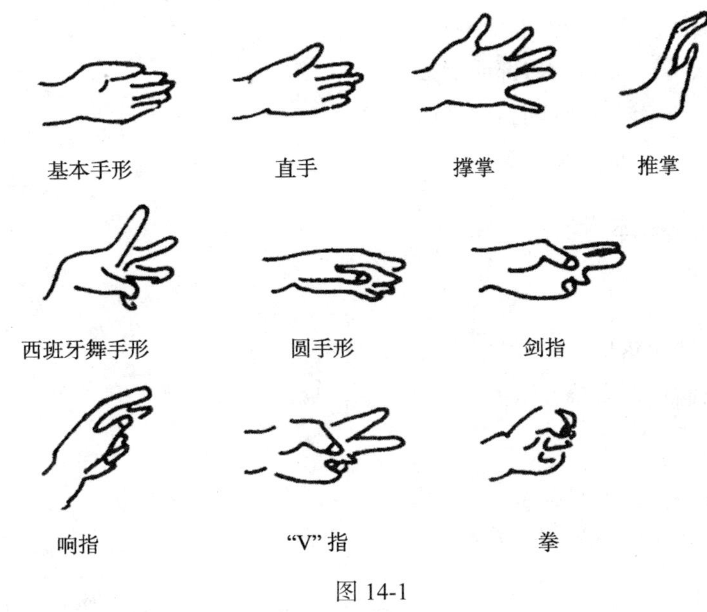

图 14-1

（1）基本手形：拇指指关节弯曲内扣，其余四指并拢伸直。

（2）直手：五指伸直互相并拢。

（3）撑掌：五指用力分开并伸直。

（4）推掌：手掌用力上屈，五指自然弯曲。

（5）西班牙舞手形：五指分开，小指内旋，拇指稍内收。

（6）圆手形：拇指与中指靠扰，食指稍分开，无名指和小指向中指靠拢并稍向内扣成弧形。

（7）剑指：拇指与无名指、小指相叠，中指、食指并拢伸直。

（8）响指：无名指与小指屈握，拇指与中指、食指摩擦后，中指击打大鱼际处产生响声。

（9）“V”指：拇指与小指、无名指相叠，食指与中指伸直并尽力分开。

（10）拳：拇指握四指。

四、上肢动作

（1）举：臂伸直向某方向抬起。

（2）摆动：以肩关节为轴，手臂在180°以内的运动。

（3）绕和绕环：以肩关节为轴，手臂在180°～360°的运动为绕，大于360°以上的圆周运动为绕环。

（4）屈臂：前背与上臂角度不断减小。

（5）伸臂：前臂与上臂角度不断增大。

（6）屈臂摆动：屈肘在体侧自然地摆动。

（7）上提：直臂或屈臂由下至上抬起。

（8）下拉：臂出上举或则上举拉至身体两侧。

（9）胸前推：立掌，臂由肩部向前推。

（10）肩上推：立掌，屈臂由肩部向上推。

（11）冲拳：屈臂握拳，由腰间猛力向前冲拳。

（12）交叉：两臂重叠成“X”形。

五、健美操的基本步伐

（一）踏步

两腿依次抬起，依次落地，保持膝、踝关节的弹性。

技术要点：下落时，踩、膝、做关节依次有弹性地缓冲。

（二）一字步

左脚向正前方迈步。右脚并左脚，膝盖微微弯曲。左脚向正后方退一步。右脚并左脚还原。

技术要点：向前迈步时，先脚跟着地，过渡到全脚掌；前后均要有并腿过程，每一拍动作膝关节始终有弹性地缓冲。

（三）V 字步

左脚向左前45°方向迈步。右脚向右前45°方向迈步，两脚在一条直线上。左脚向后迈步还原到起始位置。右脚并左脚还原。

技术要点：两腿膝、踝关节始终保持弹动状态，分开后成分腿半蹲，重心在两腿之间。

（四）漫步

左脚向前迈步，重心前移，右脚自然后踢。右脚原地落下，左脚向上抬起。左脚向后迈步，重心后移，右脚顺势抬起。

技术要点：落地时，踝、膝关节有弹性地缓冲。

（五）后踢腿起

一腿站立，另一腿向后屈膝，放下腿还原。小腿交替向后踢。

技术要点：抬起腿要有控制，保持上体正直；支撑腿保持弹性，两腿并拢，脚跟靠近臀部。

（六）侧并步

左脚向侧迈步。移重心到左脚，左腿自然弯曲，右脚侧点地。

技术要点：第一步脚跟先落地，身体重心快速随着脚步而移动，保持膝、踝关节的弹动。

（七）迈步点地

左脚向侧迈一步，屈膝半蹲。移重心至左脚，右脚侧点地。

技术要点：支撑腿始终保持屈膝站立，并且随动作有弹性的屈伸。

（八）迈步吸腿

左脚向侧迈一步，吸右腿抬起。

动作要点：支撑腿保持屈膝弹动，上体保持正直。

（九）迈步后屈腿

左脚向左侧迈一步，屈右小腿。

技术要点；摆腿时上体顺势前倾、后倒或侧倾。

（十）侧交叉步

左脚向侧迈一步，脚后跟着地。右脚并左脚，在左脚后交叉。左脚再向侧迈一步，脚尖点地。右脚并左脚，屈膝点地。

（十一）脚尖点地

前点、侧点、后点。

（十二）脚跟前点地

一腿屈膝，另一腿伸出脚跟点地。

（十三）吸腿

一腿伸直，另一腿屈膝抬起，大腿平行与地面，小腿自然下垂。

动作要点：支撑腿保持屈膝弹动，上体保持正直。

（十四）半蹲

分腿半蹲，双腿分开稍宽于肩，脚尖稍外开，屈膝时膝盖朝脚尖方向弯曲。

技术要点：半蹲时，后腿膝关节向下，大腿垂直于地面，重心在两脚之间。

（十五）弓步

两腿前后开立，半蹲时后腿膝关节向下，双腿垂直于地面，重心在两腿之间。

技术要点：两腿夹紧，重心上提时，腹部收紧，落下时屈膝缓冲。

六、竞赛规则对基本步伐的要求

踏步：传统的低强度步伐，要求以脚尖-脚跟落地圆滑。

后踢腿跑：相对于踏步是高强度动作，要求髋和膝在一条线上，脚在后。

弹踢腿跳：低的膝关节和髋关节运动、伸展要有控制（不生硬）高强度。

吸腿跳：上体（头至臀）正直吸腿，膝关节至少 90°。脚尖必须伸直正确的落地技术（脚尖过渡到脚跟），高、低或超低强度。

踢腿跳：只在髋部运动前或侧（允许一些向外旋转）支撑腿可轻微弯曲踢起腿必须伸直（脚可蹦直或弯曲）高、低或超低强度。

开合跳：分腿时，髋部外开，膝关节在同方向弯曲并腿时，脚可平行落地或外开并腿动作不可突然（要有控制）落地必须缓冲，高强度或超低强度（蹲）。

弓步跳：上体（重心）必须在两腿之间，脚向前和平行（不能外翻）膝关节在主力腿的脚上面，幅度可变化如脚后跟不需要着地，高、低或超低冲击力。

第三节　全国健美操大众锻炼标准

（一）一级测试套路

一级测试套路如图 14-2 所示。

1. 有氧操部分

（1）组合一：4×8×2。①8 次踏步；②8 次走步；③动作同②；④4 次半蹲；5～8 动作同 1～4，但方向相反。

（2）组合二：4×8×2。①4 次侧并步；②4 次连续两次侧并步；③2 次交叉步；④1～4 '1 次交叉步，5～8 '2 次迈步后屈腿；5～8 动作同 1～4，但方向相反。

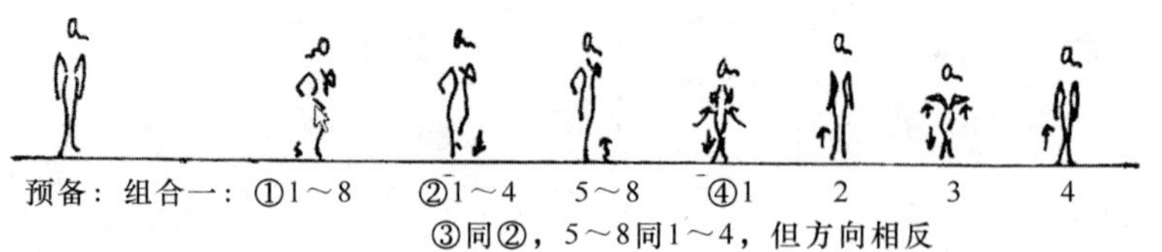

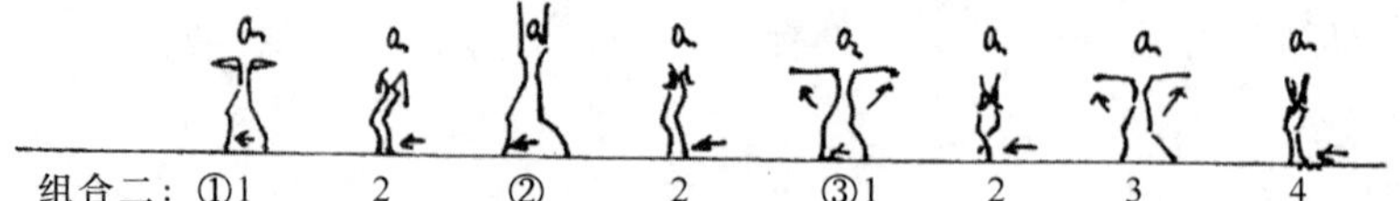

①3～4同1～2，但方向相反；②3～4同1～2；③5～8同1～4，但方向相反
5～8同1～4。5～8同1～4，但方向相反

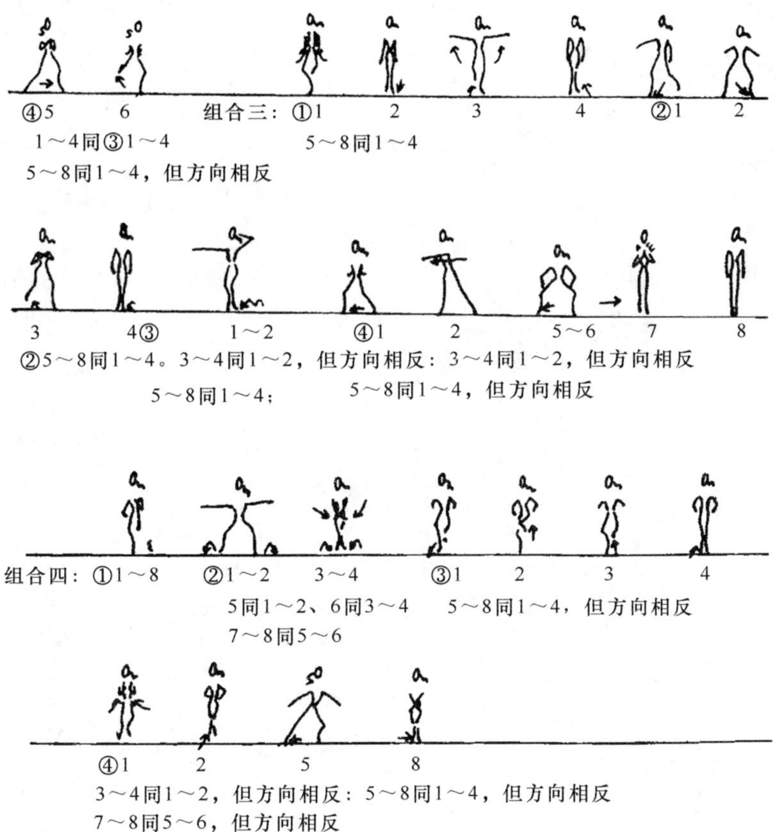

图 14-2

（3）组合三：4×8×2。①2 次一字步；②2 次 V 字步；③4 次小马跳；④1～4 '2 次迈步侧点地，5～8 '1 次半蹲；5～8 动作同 1～4，但方向相反。

（4）组合四：4×8×2。① 8 次跑步；② 2 次开合跳；③ 2 次迈步吸腿；④1～4 '2 次前点地，5～8 连续两次侧点地；5～8 动作同 1～4，但方向相反。

2. 力量练习部分

12+（16×8）4 预备动作。

5～8 从站立到屈腿仰卧。

①～④4 次仰卧收腹；⑤过渡动作：2 吸右腿，3～4 右腿并左腿，两手上举 5～8 向左转体 180° 成俯卧；⑥～⑨4 次背肌，起上体，举单臂；⑩过渡动作：成跪撑；⑪～⑭4 次跪单腿单臂平衡（核心稳固性练习）；⑮向左转体成站立；⑯结束动作。

（二）二级测试套路

二级测试套路如图 14-3 所示。

1. 有氧操部分

（1）组合一：4×8×2。①2 次一字步；②向前 / 向后走三步点地；③2 次 V 字步；④1～4 侧交叉步，5～8 '2 次侧并步；5～8 动作同 1～4，但方向相反。

（2）组合二：4×8×2。①1～2V 字步前半部分，3～6 左右摆髋 4 次，7～8V 字步后半部分；②2 次上步踢腿；③1～4 侧交叉步，5～8 左右侧点地；④1～4 左腿吸腿两次，5～8 换右腿；5～8

动作同 1～4，但方向相反。

2. 力量练习部分

12+（16×8）

1～4 预备姿势，5～8 从站立到屈腿仰卧。

①～④4 次仰卧收腹。⑤过渡动作：1～2 吸左腿，双手侧伸于地上，3～4 换吸右腿，手同上，5～8 向左转体 180° 成俯卧。⑥～⑨4 次背肌单臂单腿起；⑩过渡动作。1～2 双臂伸直。3～4 收回。5～6 成肘撑。7～8 击掌，十指交叉握住，核心稳定性练习。⑪肘膝撑地成跪俯撑。⑫伸直左腿。⑬换右腿。⑭双腿伸直。⑮1～2 还原成俯撑，3～4 双手撑地，5～8 撑起，向后移坐臀部。⑯左转 270°，起立，结束动作。

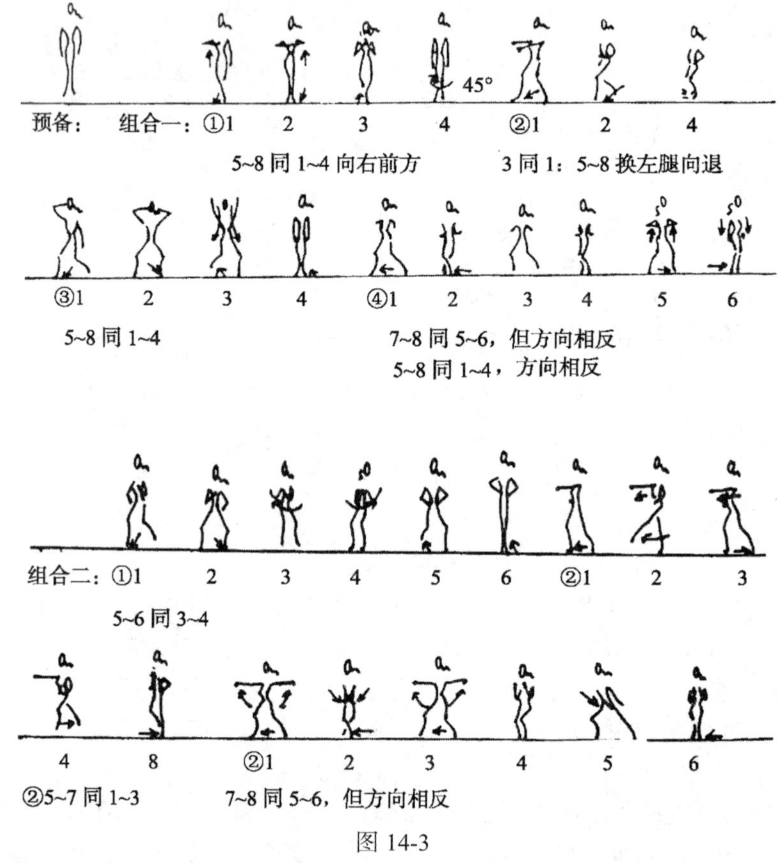

图 14-3

（三）三级测试套路

三级测试套路如图 14-4 所示。

1. 有氧操部分

（1）组合一：4×8×2。①4 次侧并步 L 形；②向前 / 向后走三步吸腿；③2 次一字步；④1～4 向后一字步，5～8 迈步吸腿；⑤～⑧动作同①～④，但方向相反。

（2）组合二：4×8×2。①～②4 次侧交叉步；③2 次迈步连续两次吸腿；④1～6 '3 次侧并步后退，7～8 左腿侧点地接后屈腿；⑤～⑧动作同①～④，但方向相反。

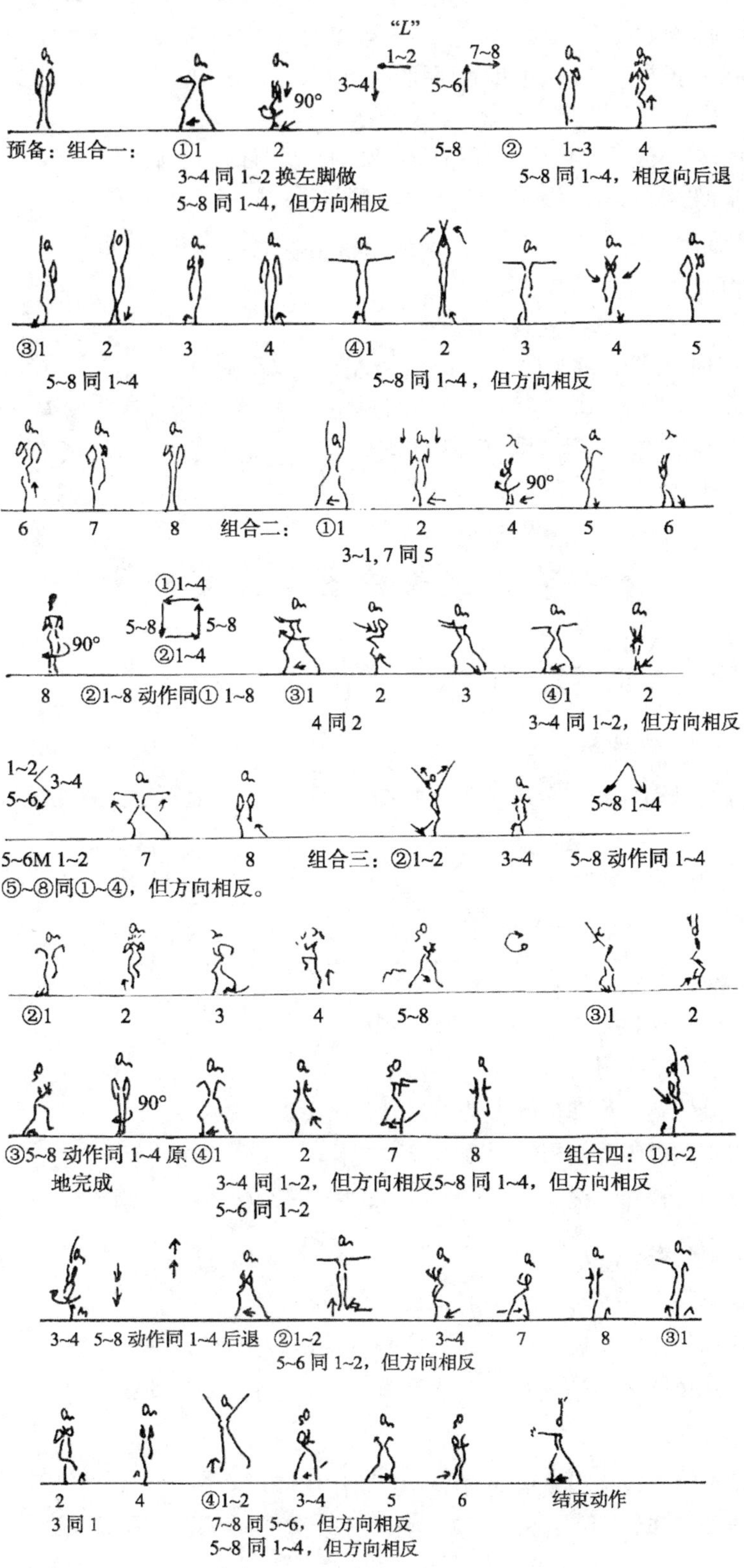
"L"
1~2
3~4
7~8
5~6
90°
预备：组合一： ①1 2 5-8 ② 1~3 4
3~4 同 1~2 换左脚做
5~8 同 1~4，但方向相反
5~8 同 1~4，相反向后退
③1 2 3 4 ④1 2 3 4 5
5~8 同 1~4
5~8 同 1~4，但方向相反
6 7 8 组合二： ①1 2 4 5 6
3~1, 7 同 5
①1~4
5~8
5~8
②1~4
8 ②1~8 动作同① 1~8 ③1 2 3 ④1 2
4 同 2
3~4 同 1~2，但方向相反
1~2
3~4
5~6
5~8 1~4
5~6M 1~2 7 8 组合三：②1~2 3~4 5~8 动作同 1~4
⑤~⑧同①~④，但方向相反。
②1 2 3 4 5~8 ③1 2
③5~8 动作同 1~4 原地完成 ④1 2 7 8 组合四：①1~2
3~4 同 1~2，但方向相反5~8 同 1~4，但方向相反
5~6 同 1~2
3~4 5~8 动作同 1~4 后退 ②1~2 3~4 7 8 ③1
5~6 同 1~2，但方向相反
2 4 ④1~2 3~4 5 6 结束动作
3 同 1
7~8 同 5~6，但方向相反
5~8 同 1~4，但方向相反

图 14-4

(3)组合三：4×8×2。①2 次漫步；②1～4 '2 次迈步吸腿跳，5～8 '4 次走步；③1～4V 字步右转 90°，5～8V 字步；④4 次迈步后屈腿，单单双，第 7 拍左腿后交叉；5～8 动作同 1～4，但方向相反。

(4)组合四：4×8×2。①4 次小马跳；②2 次侧并步跳向前 / 后漫步；③2 次连续弹踢腿跳前交叉；④1～4 侧步摆腿跳接 1/2 漫步，5～8 '2 次侧并步；5～8 动作同 1～4，但方向相反。

2. 力量练习部分

12＋(16×8)。

1～4 预备动作，5～8 从站立到屈腿仰卧。

①～④4 次仰卧收腹。⑤过渡动作：1～2 吸左腿，双手胸前交叉，3～4 换吸右腿，两手上举；5～8 向左转体 180° 成俯卧；⑥～⑨4 次背肌两头起。⑩过渡动作：成跪俯撑。⑪～⑭4 次跪俯卧撑。⑮1～4 向右转体 180° 成屈腿坐，5～8 分腿 90° 坐，右臂前伸。⑯1～4 左手撑地，臀部抬起，5～8 起立，结束动作。

第四节　健美操基本竞赛规则

一、健身健美操竞赛规则简介

(一)竞赛性质与种类

性质：全国健美操锦标赛、全国健美操联赛、全国健美操冠军赛大众组比赛及各类健身健美操比赛。

种类：比赛分明星赛、组合赛、集体赛三种。

(二)参赛项目与人数

明星赛：男子单人，女子单人(参赛人员资格不限)。

组合赛：混双(1 男 1 女)、3 人(性别不限)。

集体赛：5～8 人(性别不限)。

参加组合赛与集体赛的运动员的参赛项目和组别不得重复。

比赛所设的组别，由组委会根据参赛情况在规程中决定分组内容。

更换运动员：如有特殊情况需更换运动员时，需持有效证明，经组委会批准方可。

(三)运动员年龄与分组

明星赛：18～35 岁(不分组别，并且运动员可兼报组合赛和集体赛)。

青年组组合赛和集体赛：18～35 岁，比赛分院校组、行业组、俱乐部组、风采组。

中年组组合赛和集体赛：36～50 岁。比赛分院校组、行业组、俱乐部组、大师组。

(四)竞赛内容

竞赛内容为符合规则及规程要求的自编成套动作比赛。

明星赛的决赛增加 30 秒个人特色、魅力表演(表演形式不限)。

（五）成套动作的时间

计时由第一个可听到得声音开始（包括提示音），到最后一个可听的声音结束。

明星赛的成套动作时间为 1 分 20 秒～1 分 30 秒。

组合赛的成套动作时间为 1 分 50 秒～2 分 10 秒。

集体赛的成套动作时间为 2 分 20 秒～2 分 30 秒。

（六）比赛音乐

参赛队自备比赛音乐，并将音乐录制在高质量的 CD 光盘第一曲；青年组每 10 秒 24～26 拍；中年组每 10 秒 22～24 拍。

（七）比赛场地

比赛场地：集体赛 10 米 × 10 米，组合赛和明星赛 7 米 × 7 米的健美操比赛地板或地毯，标记带为 5 厘米宽的红色或黑色带，标记带为场地的一部分。

（八）着装与仪容

运动员须穿适合运动的服装（如背心，短袖和长袖的紧身服，上下连体、分体等服装均可）和全白色的运动鞋；着装整洁、美观、大方，不允许使用悬挂饰物如皮带、飘带和花边等。不准戴任何首饰和手表。女运动员的头发必须梳系于后，发不遮脸，允许化淡妆。

（九）比赛程序

比赛程序：组合赛和集体赛分为预赛和决赛。凡参赛队均须参加预赛，参加预赛的队数决定进决赛的数量（按国际体联的竞赛规程执行）。

明星赛采用初赛、复赛淘汰制。初赛为形体展示及集体跟操（由领操员带领），选出 20 名参加复赛；复赛为自选套路展示，选出 10 名参加决赛；决赛为 30 秒的个人特色、魅力表演（表演以充分体现肢体语言的动作为主，如街舞、拉丁舞、瑜伽、健美操难度动作等。表演不受“违例动作”限制）选出 5 名为颁发特别奖。

（十）裁判组的组成

设高级裁判组 3 人，裁判长 1 人，艺术裁判 3～5 人，完成裁判 3～5 人，视线裁判 2 人，辅助裁判若干人（基层比赛可以不设高级裁判组）。

（十一）奖励

明星赛复赛录取前 10 名，授予健身健美操十佳明星荣誉证书；决赛录取前 5 名，按照规程规定颁发特别奖（如最佳风采奖、最佳魅力奖、最佳形体奖、最佳活力奖、最佳创编奖）。

组合赛和集体赛决赛录取前八名。

二、高校健美操竞赛规则简介

高校健美操竞赛规则一般参照《中国健身健美操竞赛规则》、国家体育总局颁发的《美操竞赛规则》和国际体操联合会颁发的《竞技健美操竞赛规则》三个版本。

（1）运动员年龄：18～35 岁。

（2）竞赛内容：符合规则和规程要求的自编成套动作。

（3）成套动作的时间：成套动作的时间为 2 分 30 秒～3 分（计时由动作开始到动作结束）。

竞技健美操的时间为 1 分 50 秒～2 分。

（4）比赛音乐：音乐速度每 10 秒 22～26 拍；成套动作允许有 2×8 拍的音乐前奏。在成套动作结束时音乐应同时停止；参赛队需自备比赛音乐，并将音乐录在高质量空白磁带的 A 面起始部分。

（5）参赛人数与更换运动员：每队 4～6 人，性别不限。如有特殊情况需更换运动员时，应持有效证明，经组委会批准方可。

（6）比赛场地：比赛场地为 10 米×10 米的地板或地毯，标记带为 5 厘米的红色或黑色带，标记带是场地的一部分。

（7）服装：运动员需穿适合运动的健美操服和运动鞋，着装整洁、美观、大方，不允许使用悬垂饰物，如皮带、飘带和花边等；女运动员的头发需梳系于头后，头发不得遮住脸部；允许化淡妆，禁止佩戴首饰。

（8）比赛程序与记分方法：比赛分为预赛和决赛，凡参赛队均需参加预赛，预赛前八名进入决赛，不足八名时，递减一名录取。比赛中得分高者名次列前，如遇得分相等，则艺术分高者名次列前，再相等，则名次并列，无下一名次。

（9）裁判组的组成：裁判组由裁判长 1 人、艺术裁判 3～5 人、完成裁判 3～5 人、视线裁判 2 人、辅助裁判若干人组成。

（10）评分方法：①比赛采用公开示分方法，裁判员评分精确到 0.1 分，运动员得分精确到 0.01 分。②成套动作的评分因素包括艺术分 10 分和完成分 10 分，总分 20 分。各组裁判员评分去掉最高分与最低分，所剩分数或所剩分数的平均分为运动员的艺术分及完成分，两个分数相加为总分，从总分中减去裁判长的减分为最后得分。

（11）奖励：比赛录取前八名，不足时递减一名录取或根据规程评出一、二、三等奖，可授予奖杯、奖旗、奖状、证书等。

第十五章 健 美

本章导读

人们在追求健康的同时，也在追求身体的健美，通过长期进行健美锻炼，能够发展肌肉，增强力量，促进健康，增强体质，改善体形体态。本章主要介绍健美运动概况、人体健美标准、健美训练的主要方法、发达主要肌肉群的动作练习方法与健美竞赛规则等。

第一节 健美运动概述

健美指人的健康强壮的身体所显现出的审美属性，指肌肉、骨骼、血液、肤色充满着生命的活力，是人们追求人体美的一个综合标准，无论其外部形式或内部结构都是匀称、协调、充满生机的。任何行动都能显示出全身各部分的协调和谐、自然舒展、生机盎然、神采奕奕。

健美是与人的形体美密切相连的，健美是形体美的基础。人体有对称的造型、均衡的比例、流畅的线条、坚强的骨骼、匀称的四肢、丰满的躯体、弹性的肌肉、健康的肤色，这是形体美不可缺少的条件。健美还要求具有充沛的精神、愉快的情绪、青春的活力。

美的人体应该是健、力、美的结合。美的人体应该是健康的，没有健康的身体，就没有人的形体美。只有健康、匀称的人体形象，才能表现出富有生命力的美，显示出生机勃勃和充沛的精力，才能成为人的本质力量的承载体。要造就健美的体型，应积极参加体育锻炼和适当的体力劳动，因为健美可以通过后天锻炼获得。人的身体结构是十分完善的，具有极大的可塑性，必要的营养和经常参加劳动，坚持体育锻炼，是促进健美的条件，它能使肢体各个部位得到匀称的发展，肌肉会结实而富有弹性，关节灵活，体型完善，面色红润。

早在古希腊时代的运动健将就用举重物来锻炼身体，并得到强壮健美的体型，这些健美的运动员，被雕塑家“记录”下来并留存至今。这是健美运动的早期萌芽。

19 世纪晚期，德国人山道首创了通过各种姿态来展示人体美，而且为现代健美运动的发展奠定了基础，所以他被公认为“国际健美运动的创始人”和“世界上第一位健美运动员”。

在现代，现代的健美运动是以展示人体美为特征。男子的健美标准是：身材高大而强壮，肌肉发达而均衡，肩宽臂圆，体力充沛，体质健康等。女子健美标准是：体型匀称，姿态优雅，胸部丰满，肩圆腰细，肤色光洁润泽等。健美要与心灵美相结合，有了健康美好的心灵，才能有健康美好的情绪，才能有健康美好的姿态动作和健康美好的行为，只有心灵美，才能有真正的健美。

作为体育运动的健美，即竞技健美，是指健美运动员将各自的身材展示予裁判团，由裁判团根据他们外观符合审美的程度进行评分。 肌肉的展现是通过减脂、涂油、皮肤晒黑（或晒黑油），并结合现场灯光效果使肌肉群的轮廓更加清晰。知名的健美运动员包括阿诺德·施瓦辛格（Arnold Schwarzenegger）、 多利安·耶茨（Dorian Yates），罗·佛里格诺（Lou Ferrigno）、 弗朗哥·哥伦布（Franco Columbu）、弗兰克·赞恩（Frank Zane）、李·哈尼（Lee Haney）、罗尼·库尔曼（Ronnie Coleman）、杰·卡特（Jay Cutler）和德克斯塔·杰克逊（Dexter Jackson）。

国际健美联合会现有 169 个会员国，亚健联有 36 个会员国，是最大的国际和亚洲单项体育组织之一，健美运动也是最为普及的运动项目之一。随着人类健康水平的不断提高，健美这一延缓人体肌肉衰老速度最为有效的运动项目越来越受到人们的青睐。随着全民健身计划的实施，中国的健美运动也以日新月异的面貌在各地蓬勃开展。

中国于 1985 年 11 月加入国际健美联合会（IFBB），1986 年，中国举重协会成立分支机构健美运动委员会。国内现有 30 个省（自治区、直辖市），四个行业体协和国家体委的六所直属体院开展健美运动。健美项目已列入我国大学体育统编教材。为推动和发展我国大众健身健美运动水平，中国健美协会每年举办一届全国健美锦标赛、中国健身小姐大赛、全国健美俱乐部排位赛、沙滩健美暨健身风采大赛。根据健身市场发展的需要，协会还定期举办等级健身指导员培训班，健美教练员、裁判员培训班，对具有一定规模的健美组织实行等级评定。

第二节　健美基本要素与标准

综合古今中外美学专家对人体健美的理解，结合我国民族体质和体型现状，归纳出人体健美的基本标准如下。

一、基本标准

（1）骨骼发育正常，关节不显得粗大凸出；

（2）肌肉发达均匀，皮下有适当的脂肪；

（3）五官端正，与头部比例配合协调；

（4）双肩对称，男宽女圆；

（5）脊柱正视垂直，侧视曲度正常；

（6）胸廓隆起，正背面都略呈倒放的三角形；女子乳部丰满而不下垂，侧看有明显曲线；

（7）女子腰略细而结实，微呈圆柱形，腹部扁平；男子偶腹肌垒块隐现；

（8）臀部圆满适度；

（9）腿长，大腿线条柔和，小腿后面的腓肠肌稍突出；

（10）足弓较高。

二、标准体重

（一）中国男子标准体重计算公式

（1）标准体重（kg）＝身高（cm）−105。

（2）标准体重（kg）＝身高（cm）−100−（身高−150）÷ 4 。

（二）中国女子标准体重计算公式

（1）标准体重（kg）＝［身高（cm）−100］×0.85。

（2）标准体重（kg）＝身高（cm）−100−（身高−150）÷2。

无论男女，体重超过一定的限度即属于肥胖，具体分为三度：超过标准体重 20%～30%为轻度肥胖；超过 30%～50%为中度肥胖；超过 50%为重度肥胖。

三、身高和各部位围度的比例

（一）身高和主要部位围度的比例

根据表 15-1 中指数推算出不同身高者身体主要部位的标准围度，计算方法是：围度（cm）＝身高（cm）×指数。

表 15-1　标准围度指数表

性别	胸围/身高	上臂围/身高	大腿围/身高
男	0.53	0.17	0.30
女	0.51	0.15	0.30

（二）男子颈、臂、腿围的比例

健美的男性，其颈、臂（屈肘时上臂围）、小腿的围度应是相等的。

（三）女子身高与其他围度的比例

（1）上、下身比例以肚脐为界应为 5∶8。

（2）颈围和小腿围相等。

（3）腰围＝胸围−20 厘米。

（4）小腿围＝大腿围−20 厘米。

四、健美运动员技术等级标准

（1）健美大师（国际级运动健将）：获得世界锦标赛前八名者。

（2）健美先生、小姐（运动健将）：凡符合下列条件之一者，可申请授予健美先生（小姐）称号。①获世界锦标赛 9～10 名者。②获亚洲锦标赛前四名者。③获国际健联批准的六国以上参加的国际邀请赛前三名者。④在全国比赛中获得第一名者，连续两年获得全国比赛前两名者。

（3）一级健美士（一级运动员）：获全国比赛 2～6 名者。

（4）二级健美士（二级运动员）。凡符合下列条件之一者，可申请授予二级健美士称号：①获省、自治区、直辖市比赛前六名者。②获地、州、市比赛前两名者。

（5）三级健美士（三级运动员）。凡符合下列条件之一者，可申请授予三级健美士称号：①获地、州、市比赛第三名者。②获县级比赛第一名者。

上述比赛均须有同级 10 人以上参加，方可授予等级称号。

第三节　主要肌肉群锻炼方法

尽管健美运动可以采用各种徒手练习，如各种徒手健美操、韵律操、形体操及各种自抗力动作，这些主要用于女子健美训练，借以减肥和改善体形体态，提高韵律感。而采用各色各样轻重不同的运动器械来进行的练习和训练是必不可少的，如杠铃、哑铃、壶铃等举重器械，单杠、双杠等体操器械，以及弹簧拉力器、滑轮拉力器、橡筋带和各种特制的综合力量练习器等，主要目的是发达身体各部位肌肉，通过器械训练时，器械的轻重，动作的做法、次数、组数、速度等方面，就都有特殊的要求和安排。

一、发展背部肌肉（斜方肌）的方法

（一）颈后推

作用：主要发达斜方肌、三角肌、肱三头肌。

要领：身体直立，挺胸收腹，将杠铃从颈后推起至两臂完全伸直。可坐着练习，也可采用各种握距练习（图 15-1）。

（二）实力推

作用：同上。

要领：身体直立，挺胸收腹，将杠铃从胸全推至两臂完全伸直（图 15-2）。

图 15-1　　图 15-2

（三）颈屈伸

作用：主要发达斜方肌。

要领：上体稍前屈，两手扶腿，头上套一皮带圈，系重物，作颈屈伸（图 15-3）。

（四）耸肩

作用：主要发达斜方肌。

要领：身体直立，正握杠铃，然后向上提肩将杠铃提起。肩提至最高点稍停，再还原（图 15-4）。

图 15-3 图 15-4

（五）前上举

作用：主要发达三角肌、斜方肌。

要领：身体直立、正握杠铃，然后直臂前上举至头两侧。也可用哑铃等其他器械练习（图 15-5）。

（六）提肘拉

作用：主要发达斜方肌、三角肌及肱二头肌。

要领：身体直立，正握杠铃，然后提肘将杠铃贴身向上拉至近下颌，稍停，再还原。可采用各种器械和各种握距练习（图 15-6）。

图 15-5 图 15-6

二、发展背部肌肉（背阔肌）的方法

（一）俯立拉

作用：主要发达背阔肌、斜方肌、三角肌。

要领：上体前屈近 90°，抬头，正握杠铃。然后两臂从垂直姿势开始，屈臂将杠铃拉近小腹后还原。上拉时肘靠近体侧，上体固定，不屈腕。可采用各种握距练习，也可采用各种器械练习（图 15-7）。

（二）引体向上

作用：主要发达背阔肌、肱二头肌、胸大肌。

要领：正握或反握单杠，做引体向上，头要高过杠，体不要摆动或蹬腿，脚上可系重物练习（图 15-8）。

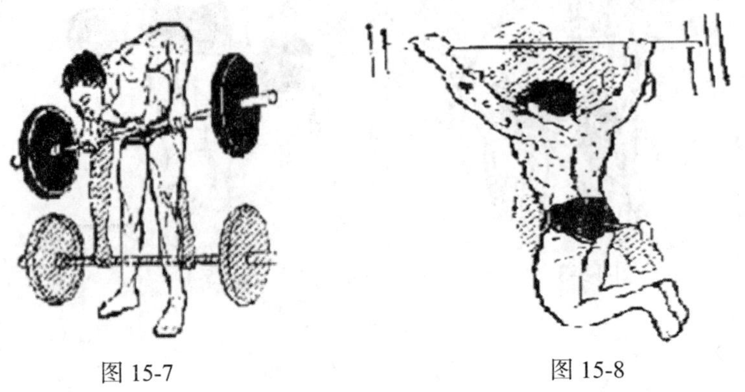

图 15-7　　图 15-8

（三）引体拉

作用：同上。

要领：坐凳上，上体正直，两手握弹簧杆，然后拉杆至颈后或胸前（图 15-9）。

三、发展胸部肌肉（胸大肌、胸小肌）的方法

（一）卧推

作用：主要发达胸大肌、肱三头肌以及三角肌。

要领：仰卧在凳上，两手正握杠铃与肩同宽。先屈臂刚杠铃于胸部，再将杠铃从胸上推起至两臂完全伸直。上推路线要垂直，放回胸部时慢些，最好有同伴保护。可选用不同仰卧斜度与不同握距练习（图 15-10）。

图 15-9

图 15-10

（二）俯卧撑

作用：主要发达胸大肌、肱三头肌、三角肌。

要领：俯撑在平地上或俯卧架上，然后屈臂将身体下降至最低限度，再伸直两臂将身体撑起。伸臂时两肘夹紧，人体始终挺直上下。初练者可用头高脚低的姿势练习，力大者可用脚高头低或背上加重练习。两手可采用较窄或较宽的距离支撑（图 15-11）。

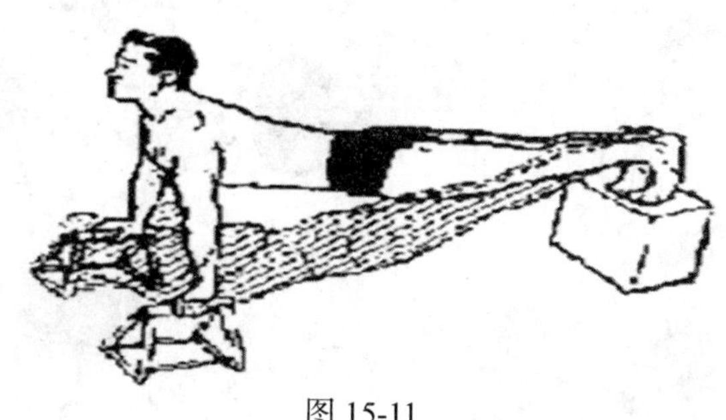

图 15-11

（三）仰卧扩胸

作用：主要发达胸大肌、三角肌。

要领：仰卧在凳上，两手各持一哑铃做向体侧放低与上举动作。放低时可稍屈肘，充分扩胸，上举时臂伸直。可采用不同斜度练习（图 15-12）。

（四）仰卧头后拉

作用：主要发达胸大肌、背阔肌、三角肌。

要领：仰卧在凳上，两足固定，两臂伸直或稍屈，然后将杠铃从头后向上拉起。可采用各种斜度练习和其他器械练习（图 15-13）。

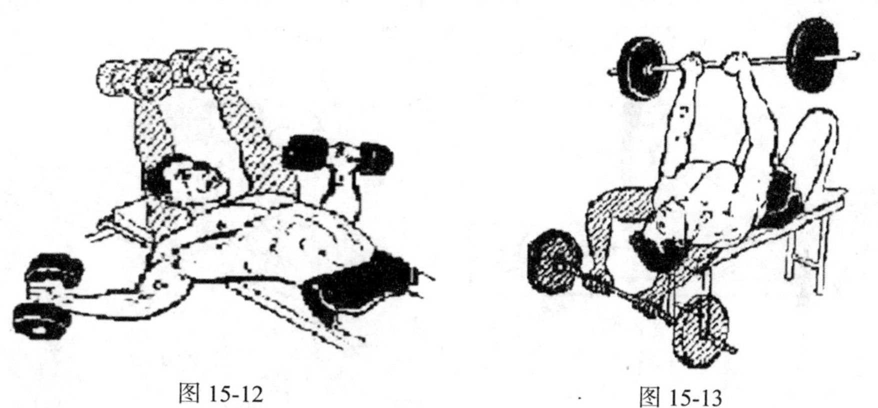

图 15-12　　图 15-13

（五）双杠臂屈伸

作用：主要发达胸大肌、背阔肌、肱三头肌。

要领：支撑在双杠上，作臂屈伸，将身体降低与撑起。屈臂时尽量降低身体，撑起时臂要完全伸直。腰上可吊着重物练习（图 15-14）。

四、发展腹部肌肉（腹直肌、腹内斜肌、腹外斜肌）的方法

（一）负重转体

作用：主要发达腹内外斜肌以及骶棘肌。

要领：身体直立，颈后负杠铃，两足固定，然后向左或向右转体至极限（图 15-15）。

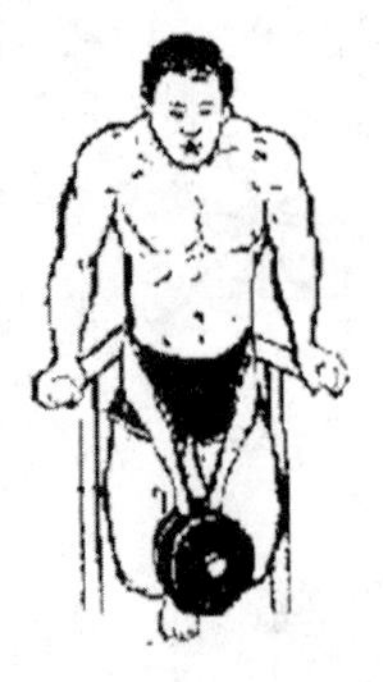

图 15-14

图 15-15

（二）仰卧动作

作用：主要发达腹直肌、髂腰肌。

要领：仰卧在凳上或斜板上，山羊上，两足固定，两手抱头，然后屈上体坐起，再还原。腹肌力量差者可平卧两臂靠近体侧或抱胸练习。腹肌力量强者可头后加重练习（图 15-16）。

（三）斜卧转体起坐

作用：主要发达腹直肌，腹内、腹外斜肌。

要领：仰卧在斜板上，两足固定，然后屈上体同时左转或右转至肘部触异侧腿，再还原（图 15-17）。

图 15-16

图 15-17

（四）斜卧举腿

作用：主要发达腹直肌、髂腰肌。

要领：仰卧在斜板上，两手抱凳，然后两腿伸直或稍屈向上举至成垂直。可在单杠上做（图 15-18）。

五、发展腰部肌肉的方法

（一）弓身

作用：主要发达骶棘肌，以及臀大肌、股三弦肌。

要领：身体直立，颈后负杠铃，腰背挺直，然后屈上体至最低限度，再还原。杠铃不要移动，可稍屈膝或坐着练习（图 15-19）。

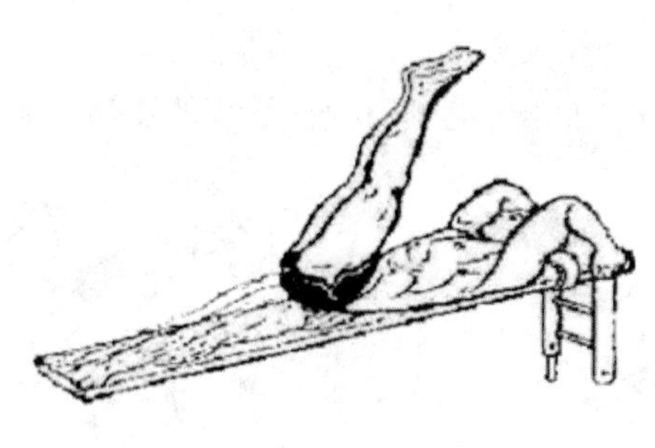
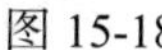

图 15-18

图 15-19

（二）坐举腿

作用：主要发达髂腰肌、腹直肌及股四头肌。

要领：坐凳上，两手在体后扶凳，然后两腿并拢上举至极限；上体不后仰；也可两腿交替练习；也可在腿面上放重物练习（图 15-20）。

（三）转体侧拉

作用：主要发达骶棘肌，腹内、外斜肌及臀大肌。

要领：身体直立，两手正握杠铃，膝伸直，然后向左屈上体将杠铃放低与拉起，再向右屈上体将杠铃放低与拉起，再向右屈上体将杠铃放低与拉起。可采用壶铃和其他器械练习（图 15-21）。

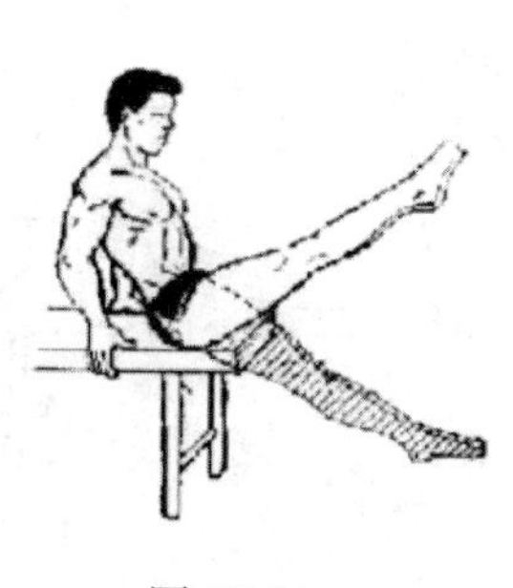

图 15-20

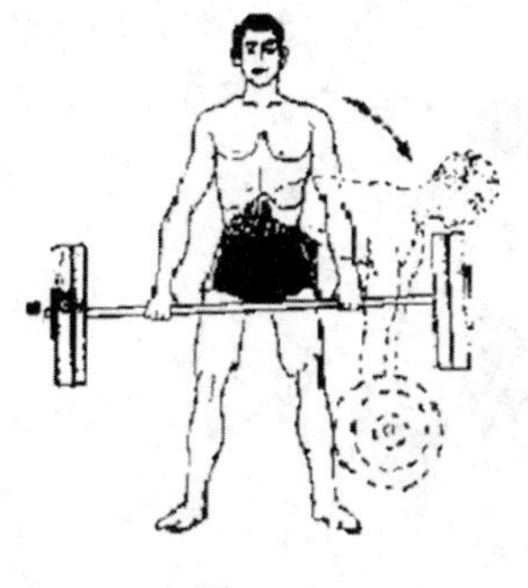

图 15-21

六、发展肩部肌肉（三角肌）的方法

（一）直立飞鸟

作用：主要发达三角肌、斜方肌、胸大肌、大圆肌。

要领：身体直立，两手各持一哑铃前平举，然后扩胸至极限，再还原（图 15-22）。

（二）交替上举

作用：主要发达三角肌、肱三头肌、斜方肌。

要领：身体直立，两手各持一哑铃于体侧肩旁，然后做交替上举，可坐着练习（图 15-23）。

（三）前上举

作用：主要发达三角肌、斜方肌。

要领：身体直立、正握杠铃，然后直臂前上举至头两侧，也可用哑铃等其他器械练习（图 15-24）。

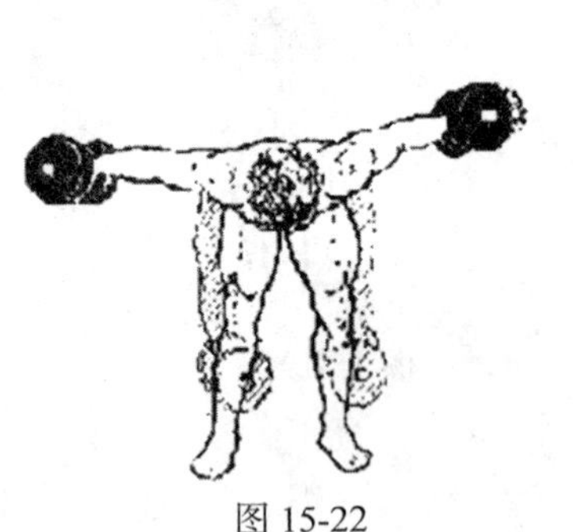
图 15-22

图 15-23

图 15-24

七、发展上臂前部肌肉（肱二头肌）的方法

（一）臂固定弯举

作用：主要发达肱二头肌、旋前圆肌、旋前方肌。

要领：坐凳上，或俯卧在凳上，上臂固定做弯举（图 15-25）。

（二）屈体弯举

作用：主要发达肱二头肌、旋前圆肌、旋前方肌。

要领：上体前屈，反握杠铃做弯举。举至胸前稍停顿，再还原，上体固定（图 15-26）。

图 15-25

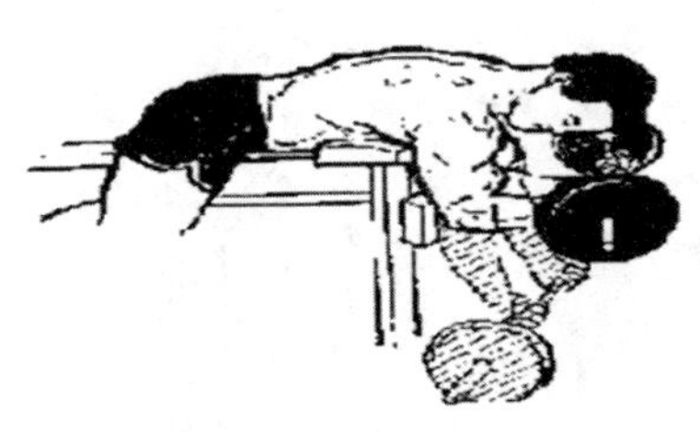
图 15-26

图 15-27

（三）弯举

作用：主要发达肱二头肌、肱肌、肱桡肌等。

要领：身体直立，正握或反握杠铃，然后屈前臂将杠铃举至胸前。可坐着练习，也可采用哑铃等其他器械练习（图 15-27）。

八、发展上臂后部肌肉（肱三头肌）的方法

（一）仰卧撑

作用：主要发达肱三头肌、大圆肌等。

要领：仰卧在支撑凳上，然后做前臂屈伸，使身体下降与撑起。身体成一线上下（图 15-28）。

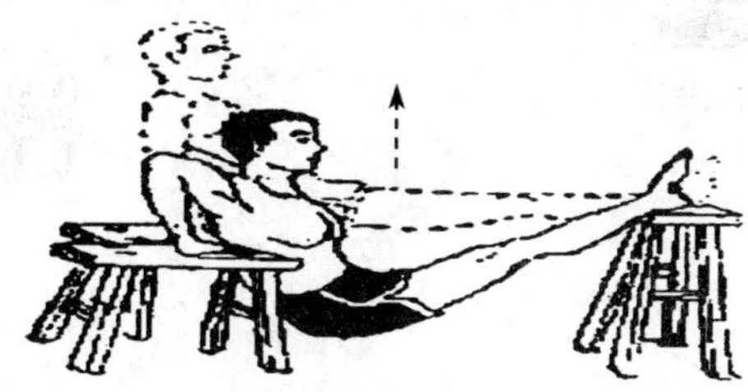

图 15-28

（二）颈后臂屈伸

作用：主要发达肱三头肌、旋前圆肌、肱桡肌等。

要领：身体直立，两手正握或反握杠铃，上臂固定在头侧，然后作肘屈伸动作将杠铃向头后放低与向上举起；可坐着或采用其他器械练习；做时要保持肘向上（图 15-29）。

（三）俯立臂屈伸

作用：主要发达肱三头肌、肱桡肌。

要领：上体前屈与地面平行，一手扶凳，一手持哑铃，上臂固定在体侧，然后做前臂伸，将哑铃放低与向上举，前臂伸直同时翻腕（图 15-30）。

图 15-29

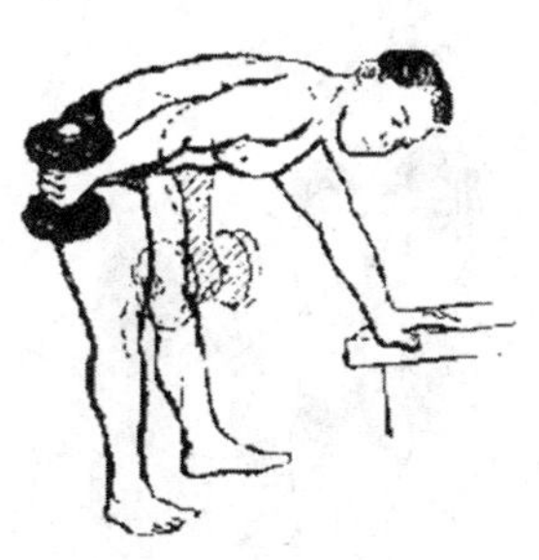

图 15-30

九、发展前臂肌肉（屈手和伸手肌群）的方法

（一）卷棒

作用：主要发达桡侧、尺侧腕屈、伸肌等。

要领：身体直立，两臂前平举，两手握棒，棒中系绳，绳上挂重物，然后向前或向后卷棒，将重物卷起反卷还原。卷动幅度要大（图 15-31）。

（二）腕屈伸

作用：同上。

要领：身体直立，两手正握或反握杠铃作腕屈伸。前臂固定，腕屈伸至最高点，稍停顿，再还原；可坐着练习，也可采用哑铃做交替腕屈伸（图 15-32）。

图 15-31

图 15-32

十、发展大腿前部肌肉（股四头肌）的方法

（一）深蹲

作用：主要发达股四头肌及臀大肌。

要领：身体直立，挺胸收腹，颈后或胸上负杠铃做下蹲起立；可做各种角度的半蹲，也可采用各种距练习（图 15-33）。

（二）侧蹲

作用：主要发达股四头肌、臀大肌。

要领：颈后负杠铃，挺胸收腹，两腿八字开，然后一腿做屈膝下蹲，一腿向侧伸直，再还原。两腿交替练习（图 15-34）。

图 15-33

图 15-34

十一、发展小腿后部肌肉（小腿三头肌）的方法

（一）足尖蹲

作用：主要发达小腿三头肌、股四头肌及臀大肌。

要领：身体直立，挺胸收腹，两足八字开，足掌着地，足跟提起，颈后或胸上负杠铃，然后做下蹲起立。练习时足跟不着地（图 15-35）。

（二）负重提踵

作用：主要发达小腿三头肌。

要领：身体直立，颈后负铃，两脚掌垫木上，然后提踵站起，稍停再还原。可采用其他器械练习（图 15-36）。

图 15-35

图 15-36

十二、发展颈部肌肉（颈阔肌、胸锁乳突肌）的方法

（一）自我抱头抗力

作用：主要发达胸锁乳突肌、斜方肌。

要领：

（1）身体直立，两手手指交叉握抱头后，然后臂、颈同时用力，使头慢慢上抬后仰（图 15-37）。

（2）坐凳上，用一条毛巾固定在额头上或头后，然后臂、颈同时用力，使头慢慢下低或上抬（图 15-38）。

图 15-37

图 15-38

（二）斜卧颈屈伸

作用：主要发达胸锁乳突肌等。

要领：仰卧在斜板上，两足固定，肩贴板面，然后用力低头眼视脚尖，可在凳上练习（图 15-39）。

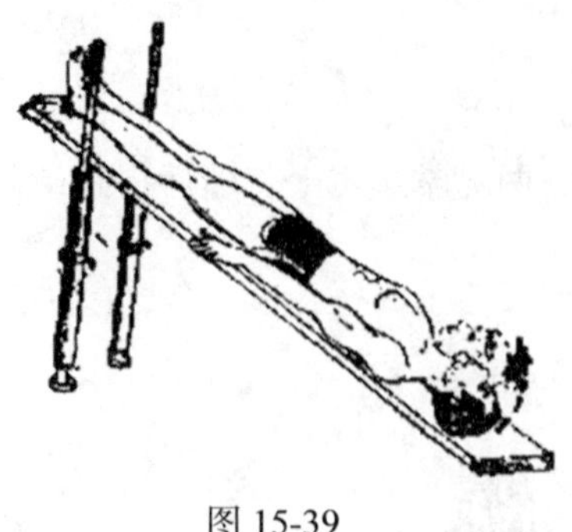

图 15-39

第四节 健美竞赛规则

（一）竞赛性质

国际健美比赛有职业健美运动员和业余健美运动员两种比赛。这些比赛包括：①世界和亚洲健美锦标赛；②奥林匹亚先生比赛；③奥林匹亚小姐比赛；④世界健美明星阿诺德·施瓦辛格创立的“阿诺德国际健美大奖赛”。

我国健美比赛：①全国健美锦标赛；②全国健美冠军赛；③全国健美精英大赛；④中国健美先生、健美小姐大赛。

（二）竞赛项目

男子个人、女子个人、男女混合双人、女子双人（国际比赛不设）、集体造型表演（男女比例不限，每队 5～8 人）。

全国健美冠军赛设“男子全场冠军”“女子全场冠军”比赛和“单项特别奖”评选赛，即“最佳表演奖”“最佳动作配乐奖”“男子最佳小腿肌奖”“女子最佳腹肌奖”。

（三）竞赛级别

男子按体重分为下列八个级别：

（1）羽量级，体重在 60 千克以下；

（2）雏量级，体重在 60.01～65 千克；

（3）轻量级，体重在 65.01～70 千克；

（4）轻中量级，体重在 70.01～75 千克；

（5）次中量级，体重在 75.01～80 千克；

（6）中量级，体重在 80.01～85 千克；

（7）轻重量级，体重在 85.01～90 千克；

（8）重量级，体重在 90 千克以上。

女子按体重分为下列四个级别：

（1）雏量级，体重在 48 千克以下；

（2）轻量级，体重 48.01～52 千克；

（3）中量级，体重在 52.01～57 千克；

（4）重量级，体重在 57 千克以上。

男子青年分三个级别：

（1）轻量级，体重在 65 千克以下；

（2）中量级，体重在 65.01～70 千克；

（3）重量级，体重在 70 千克以上。

男女混合双人和元老赛不分体重级别。

（四）竞赛动作

运动员自然直立，头部正直，两眼平视，两臂下垂于体例，两脚左右开立，各部位肌肉不得故意收缩。

1. 男子个人的七个规定动作

（1）前展双肱二头肌。面向裁判员直立，两脚自然开立，抬起两臂，弯曲肘部与肩齐高，两手握拳，拳心向下，收缩肱二头肌及全身肌肉。

（2）前展双背阔肌。面向裁判员直立，两脚自然开立，以两手握拳或张开的方式置于低腰部，然后用力伸展背阔肌，同时收缩全身前面的肌肉。

（3）侧展胸部（左右侧不限）。运动员选择较好的一只手臂侧向裁判员站立，以右侧为例：右手弯起，紧握拳，左手握住右手腕，右腿屈膝以脚尖点地，挺起胸部，用力弯曲右臂，使右臂肱二头肌收缩隆起，同时收缩腿部肌肉，尤其是股二头肌和小腿肌。

（4）后展双肱二头肌。背向裁判员直立，弯曲双臂与腕部（动作与前展双肱二头肌相同）。然后一脚以脚尖着地提起脚跟向后支撑，用力收缩全部手臂以及肩部肌肉、上下背肌、大腿、小腿肌肉。

（5）后展双背阔肌。背向裁判员直立，将双手置于腰部，肘部张开，一脚以脚尖着地，提起脚跟向后支撑，将背阔肌尽力伸展，用力收缩小腿肌。

（6）侧展肱三头肌（左右不限）。侧向裁判员站立，双手置于身后，再以双手指互勾或者以后面的手握着前面的手的手腕，靠向裁判员的这条腿必须屈膝以足尖着地，用力收缩前侧手臂展示肱三头肌，并提起胸部，用力收缩腹肌及大、小腿肌。

（7）前展腹部和腿部。面向裁判员直立，将双手置于头后，一只腿向前伸出，收缩腹部肌肉，身体向前微倾似含胸拔背的动作，同时收缩前伸腿的肌肉。

2. 女子个人的五个规定动作

（1）前展双肱二头肌。面向裁判员直立，双手上举过头手臂与躯干成 45°，两手张开放松或者握拳，右腿向右方伸直，收缩肱二头肌、腹肌、大腿肌、小腿肌。

（2）侧展胸部（左右不限）。侧向裁判员直立，前腿向前屈膝脚跟提起，前面的手臂弯成 90°，掌心向上。其他要领与男子侧展胸部要领相同。

（3）后展双肱二头肌。背向裁判员直立，双臂上举过头成 45°，两手张开放松或者握拳，一条腿向后侧伸出，脚跟提起，收缩肱二头肌、上背肌群、骶棘肌、大腿肌、小腿肌。

（4）侧展肱三头肌。侧向裁判员站立，要领与男子侧展肱三头肌要领相同。运动员也可选择较好的一只臂展示肌肉，右（或左）侧对裁判员，前腿向后伸直，两臂于身后，收缩肱三头肌、胸

肌。腹肌、大腿肌、小腿肌。

（5）前展腹部和腿部。

3. 男女混合双人的五个规定动作

要求与男子个人和女子个人规定动作相同。

4. 自由造型

自由造型运动员应从前、后、左、右四个面来显示体形和肌肉。动作数量：男子不得少于 15 个；女子不得少于 20 个。每个造型应有短暂的停留。自由造型是运动员能否表现出艺术化及舞台舞蹈化动作，来展示其肌肉发达程度的表演。

（五）竞赛时间

（1）“自选动作”（即自由选型）比赛时间。男子个人、集体造型为 60 秒；女子个人为 90 秒；男女混合双人、女子双人为 120 秒。

（2）其他各项比赛时间。根据裁判长的信号开始、转换或结束动作。一般在 1.5 分钟左右，最多不超过 2 分钟。运动员走上比赛台后，应有礼貌地自然站直，面向裁判员。表演结束后，仍应是自然站立姿势，向裁判员鞠躬示礼后，立即离开赛台。

（六）竞赛规程

1. 男女个人竞赛

预赛：全体运动员按号序入场，排成一行或多行，由裁判长指挥，分别做四个转向。然后运动员按 5 人为一组，男子做四个规定动作，女子做五个规定动作。裁判员以“×”号为记，选出其认为最佳的 15 名运动员。记录员根据裁判员选定的名单，统计出“×”号最多的 15 名运动员参加复赛。如计算 15 名时，遇有相等的“×”号者，须再进行“比较淘汰”，直至选定入选人数为止。

复赛：第一轮运动员按号序逐一入场，在自备音乐伴奏下做自选动作。第二轮全体运动员按号序入场，自然站立，由裁判长指挥做向后转两次，随即站到裁判长示意的位置。裁判长根据裁判员提出的比较号码，进行规定动作的比较，每组一般不超过 3 人，直至比较结束。

决赛：运动员按号序逐一上场做自选动作，然后全体运动员入场，由裁判长指挥集体做规定动作。最后在大会备用音乐伴奏下，全体运动员做不定位的自选动作。

2. 男女混合双人竞赛

预赛：与男女个人竞赛相同。

复赛：第一轮运动员逐一进场，在裁判长指挥做五个规定动作,随即站到赛台后部或两侧，等候比较。根据裁判员提出的运动员赛号，进行五个规定动作的分组比较。比较结束裁判员在第一轮评分表内打分。第二轮运动员按号序逐对入场做自选动作。裁判员在第二轮评分表内打分。在计算时，将两轮评出的有效名次分相加，即为运动员的复赛得分。根据分数高低选出参加决赛的六对运动员，遇得分相同时，则以小分值多者名次列前。

决赛：运动员按号序逐对入场，做自选动作。做完退场，然后按号序令前三对一组上场，做五个规定动作，再三对一组做规定动作。裁判员在决赛评分表内打分。记录员把决赛分和复赛分相加，即为运动员的决赛总分。

3. 集体造型复赛

集体造型表演赛每对不得少于三人参加，时间为 60 秒，按国家规定的省、市、自治区标准排列，逐队上场表演。裁判员在集体造型评分表内打分。

4. 女子双人竞赛

女子双人表演赛只进行复赛和决赛，表演时间为 90 秒。

复赛：运动员逐队上场，在自备音乐的伴奏下做自选动作。裁判员在女子双人比赛评分表内打分。记录员收回评分表，计算名次。选出六对参加决赛，即为运动员的决赛得分。

决赛：运动员逐队上场做自选动作，记录员计算名次分时，应将复赛和决赛两轮得分相加。

5. 单项特别奖

1）最佳表演奖

（1）全体入场，介绍运动员，集体做五个规定动作退场。

（2）逐一上场，做自由造型。

2）最佳动作配乐奖

（1）全体入场，介绍运动员，集体做向右的四个转向退场。

（2）逐一上场，做自由造型。

3）女子最佳腹肌奖

（1）全体入场，介绍运动员，不退场。

（2）前展腹部肌肉。

（3）从左右 45°的侧面展示腹部肌肉。

4）男子最佳小腿肌奖

（1）全体入场，介绍运动员，不退场。

（2）集体做向右的四个转向。

（3）从内外侧展示左小腿。

（4）从内外侧展示右小腿。

（5）从后面展示左右小腿。

（6）突出展示小腿的自由造型。

（七）运动员服装

（1）男运动员必须穿规定式样的比赛三角裤。

（2）女运动员必须穿单色不耀眼的、能完全显露出腹部和背部肌肉的“比基尼”赛服。不能带有花纹图案、商标和任何附加的装饰品，也不能带有金、银闪光色。

（3）男女混合运动员的比赛服颜色必须是一致的深色。

（4）运动员的号码牌必须牢固地挂在或缝在比赛裤的左前侧。

（5）运动员在比赛中不准穿鞋、袜，不准戴手表、手镯、脚镯、项链、耳环、假发和其他装饰物；身上不准贴胶布或裹绷带；身上不准有人工刺青。女运动员的头发不能披下超过肩部。

（6）运动员可以在全身进行人工上色，但必须在预赛前 24 小时就用上。

（7）运动员可以在全身涂少量的油，如植物油，不准用带颜色油。

（八）裁判评分标准

1. 男子个人

（1）肌肉，指全身结构统一的发达肌群，包括围度、力度和密度，约占评分比重的 60%。

（2）匀称、平衡的骨架，端正而又比例协调的人体外观，以及布局观对称的肌肉形态，约占

评分比重的10%。

（3）造型。用肌肉控制的能力，以展示身体各部肌群的动作。规定动作要规范，自由造型要连贯流畅具有艺术感，气质要与音乐、动作融为一体，整套动作要有鲜明个性，约占评分比重的10%。

（4）仪表与气势。运动员的形象、姿态、发型以及赛场表现，约占评分比重的10%。

（5）皮肤。全身皮肤健康情况，有无文身、斑痕及着色不当，约占评分比重的10%。

2. 女子个人

（1）体格健康、强壮，约占评分比重的20%。

（2）骨架匀称、举止优雅，约占评分比重的20%。

（3）肌肉发达、线条清晰，四肢比例合适、肌肉分布匀称，约占评分比重的40%。

（4）气质高雅，仪态端庄，约占评分比重的 20%。

3. 男女混合双人

（1）体型和肌肉发达水平是否和谐。

（2）表演的动作在姿势、节奏、幅度、体位、舞台气势等方面是否和谐。

（3）准确完成规定动作，做到动作配合默契。

（4）自由造型整齐一致，此起彼伏，你追我进、左右对称、前后呼应、刚柔相济。

4. 女子双人

参考男女混合双人评分依据。

5. 集体造型

队形变化连贯，精神振作，肌肉发达程度与体格匀称，表演富有创造性，造型具有艺术性以及整体性的舞台艺术感。

6. 最佳表演奖（男、女个人，混双，女双）

（1）成套动作编排合理、流畅。

（2）动作有创新。

（3）造型具有鲜明的个性。

（4）肌肉清晰、匀称。

（5）从四个侧面展示形体。

7. 最佳动作配乐奖（男、女个人，混双，女双）

（1）动作与音乐融为一体。

（2）音乐段完整。

（3）肌肉匀称、清晰。

8. 男子最佳小腿肌奖

（1）整体匀称，有雕塑感。

（2）与全身肌肉比例协调。

9. 女子最佳腹肌奖

（1）腹肌整体匀称，沟纹清晰。

（2）肌肉条纹与肌肉布局整齐有力度。

第十六章 体育舞蹈

本章导读

体育舞蹈，又称“国际标准舞”，由社交舞转化而来，是体育与艺术高度结合的一项体育项目，是一种男女为伴的步行式双人舞的竞赛项目。它分两个项群[标准舞（摩登舞）和拉丁舞]，十个舞种。体育舞蹈是一种具有反映现实、追求未来，不断创新风格的舞蹈，也是集艺术、体育、音乐、舞蹈于一体的具有独特观赏价值的舞蹈。

第一节　体育舞蹈概述

一、体育舞蹈的发展过程

体育舞蹈的发展经历了原始舞蹈—公众舞—民间舞—宫廷舞—社交舞—新旧国际标准交际舞等发展阶段。体育舞蹈的前身就近来说是社交舞，也称交际舞、交谊舞。

体育舞蹈又称国际标准交谊舞，简称国标舞。英文“ballroom dancing”，意为欧洲贵族在宫廷举行的交谊舞会。法国革命后，ballroom dancing 流传至民间至今，成为现代国际社会流行的集竞技与艺术于一体的新型国际性体育项目。

国际标准交谊舞源于古代的土风舞，经历圈舞、对舞、行列舞、集体舞等演变过程，逐渐成为流传广泛的社交舞蹈。19 世纪 20 年代后，英国皇家舞蹈教师协会对原舞种、舞步和服姿等进行了规范整理，制定出比赛办法，开始形成国际标准交谊舞，并于 1947 年在德国柏林举行第一届世界标准交谊舞锦标赛。现今，国际标准交谊舞已发展成为艺术性高、技巧性强的竞技性项目。

20 世纪 30 年代，国际标准交谊舞传入我国，从 20 世纪 80 年代开始开展体育舞蹈运动并迅速普及，曾先后与日、美、英等国家进行交流。1986 年，文化部宣布成立了中国国际标准交谊舞学会，1987 年首届全国国际标准交谊舞比赛和 1988 年“全国第二届国标舞大赛”的举办，为体育舞蹈在我国的长期发展、对外交流、学术研究起到了积极的推动作用，1994 年中国国标舞学会正式加入了国际舞蹈运动联合会（IDSF），为我国体育舞蹈走向世界奠定了基础。

体育舞蹈距今已有 70 多年历史，其总部设在伦敦，并于 1950 年开始定期举行摩登舞大赛，1960 年增加拉丁舞大赛，一直延续至今。体育舞蹈从诞生那天起，就因为音乐、舞姿等因素受到各界人的喜爱、各种舞蹈大赛的举办，使得体育舞蹈更加风靡全球。体育舞蹈不但成为体育专业院

校专业教育的项目，而且在综合院校也深受学生喜爱。1998 年经中国文联批准将国际标准舞纳入“荷花奖”评奖项目，强调了国际标准舞的艺术属性，从此，国际标准舞（体育舞蹈）被正式纳入专业舞蹈评奖行列，这一切都为我国的体育舞蹈艺术事业灌注了新鲜血液，这些举措也极大地推动了体育舞蹈在我国的发展。

现在，每年国内都会举行体育舞蹈或国际标准舞锦标赛，近几年来我国承办了一些国际邀请赛（或公开赛），使中国的体育舞蹈技术与学术水平有了显著提高。

二、体育舞蹈的种类

体育舞蹈按舞蹈的风格和技术结构，分为标准舞（摩登舞）和拉丁舞两类。

（一）标准舞（摩登舞）

标准舞包括华尔兹、探戈、狐步、快步和维也纳华尔兹五种舞。

1. 华尔兹

华尔兹（waltz）又称圆舞，起源于德国，现代舞蹈中历史最悠久、生命力最强的舞蹈形式，3/4 拍圆舞 17 世纪进入维也纳宫廷，18 世纪被誉为“欧洲宫廷舞之王”。华尔兹音乐节奏为 3/4 拍，舞曲速度 30 小节/分钟左右，每小节 3 拍，跳 3 步。该舞种特点是动作流畅、典雅大方、行如流水、波浪起伏有序、旋转性强，具有“舞中之王”之美誉。华尔兹的基本技术主要有升降、摆荡、倾斜、反身等技术。

2. 探戈

探戈（tango）舞起源于非洲中西部的民间舞蹈探戈诺舞，后传入欧洲，融汇欧洲民间舞蹈，尤其受西班牙民间舞蹈的影响，在原来豪放洒脱的基础上，注入优雅含蓄的情趣，形成了西班牙探戈、意大利探戈和英国皇家式探戈。体育舞蹈中探戈舞就是欧洲式的“闪视”探戈。

舞曲节奏为 2/4 拍，速度为 33 小节/分钟左右，该舞种特点是动作潇洒奔放，静动闪视，顿挫有力，无升降、摆荡。该舞站位要求细腻严格，其脚法有全脚掌、脚内侧、前脚掌内侧、脚跟、脚尖等；头部要求快速左右闪动，目光左右闪视，同时配合上身的转动是该舞种的另一独特的地方。

3. 狐步

狐步（slow foxtrot）舞起源于美国的黑人舞蹈，1914 年美国演员哈利·福克斯模仿马在慢步行走时的动作，设计出了一种舞蹈形式，因此人们称狐步为福克斯流，后传至欧洲大陆及英国，现在国际上跳的狐步舞是由英国的约瑟芬·宾莉改编的。音乐节奏 4 / 4 拍，舞曲速度为 30 小节 / 分钟左右、每小节 4 拍。该舞种特点是步幅平滑、舞步流畅优雅，动作严谨而轻松，给人以不慌不忙的感觉，行如狐狸走步一般。

狐步的脚法和脚性与华尔兹相同，在舞蹈时，上身随着升降而沿 S 形的轨迹左右转动，下降不转、上升转动，以此保持身体平衡。

4. 快步

快步（quick step）舞从美国民间舞“P. E. E. P BOODY”改编而成。早期快步舞吸收了快狐步动作，后又引入芭蕾舞的小动作，使动作更显轻快灵巧。现在跳的基本都是英国式的快步舞。音乐节奏 4/4 拍，舞曲的速度 50 小节 / 分钟左右，每小节 4 拍，是一种欢快活泼的舞蹈。

该舞蹈特点是节奏明快、舞步轻松自由、简单易学，在节奏上成为最具魅力的舞蹈，其脚和身体的技术聚集了华尔兹、探戈和狐步的精华。

5. 维也纳华尔兹

维也纳华尔兹（Viennese waltz）起源于奥地利，由北部山区农民庆祝丰收的伦德列尔舞蹈演变而来，是历史最悠久的舞蹈。该舞蹈音乐节奏为 3 / 4 拍，舞曲速度为 60 小节/分钟左右，每小节 3 拍，第 1 拍为强拍，3 拍或者 6 拍组成一个舞步，步法不多，以不停旋转为主。

该舞种特点是动作舒展大方，连绵起伏，节奏清晰，旋律活泼，动作优美，舞步轻快、流畅，旋转性强，深受人们喜爱。

（二）拉丁舞

拉丁舞又称拉丁风情舞或自由社交舞。拉丁舞是大众民间舞蹈，随意、休闲、放松是它的特点，有较大的自由发挥空间，它是拉美人民在漫长的历史长河中形成的具有鲜明特点的激情、浪漫而又富有活力、火热的艺术表现形式，深受拉美人民的喜爱，成为他们生活中必不可少的重要组成部分。

拉丁舞包括伦巴、恰恰、桑巴舞、斗牛舞、牛仔舞。它们分别起源于不同的国家和地区，20 世纪初期在英国被规范和发展并很快在许多国家流行起来。后来，经过英国皇家舞蹈教师协会的统一规范使其成为一种国际赛事，一直延续至今；其中比较有名的赛事有英国“黑池”舞蹈节、英国国际锦标赛、英国国际公开赛、德国世界舞蹈运动锦标赛等。

（1）伦巴（rumba），起源于古巴，音乐为 4/4 拍，速度每分钟 27 小节左右。伦巴舞的特点是：音乐缠绵，舞态柔美，舞步动作婀娜款摆。古巴人习惯头顶东西行走，以胯部向两侧的扭动来调节步伐，保持身体平衡。伦巴的舞步秉承了这一特点。原始的舞蹈风格，融进现代的情调。动作舒展，缠绵妩媚，舞姿抒情，浪漫优美，配上缠绵委婉的音乐，舞蹈充满浪漫情调。

（2）恰恰（cha cha），起源于墨西哥，音乐为 4/4 拍，速度每分钟 31 小节左右。音乐有趣，节奏感强，舞态花俏，舞步利落紧凑，在全世界广流行。

（3）桑巴舞（samba），起源于巴西，音乐为 4/4 或 2/4 拍，速度每分钟 51 小节左右。桑巴舞，音乐热烈，舞态富有动感，舞步摇曳多变，深受人们的喜爱。

（4）斗牛舞（paso doble）。起源于法国，发展于西班牙，它的音乐为 2/4 拍，速度每分钟 62 小节左右。斗牛舞音乐雄壮、舞态豪放、步伐强悍振奋，是人们对它情有独钟的原因。

（5）牛仔舞（jive），起源于美国，是由一种叫“吉特巴”的舞蹈发展而来，牛仔舞剔除了“吉特巴”中所有的难度动作，增加了一些技巧。最早对牛仔舞的记载是由伦敦舞蹈教师 Victor Silvester 于 1944 年在欧洲出版的一本介绍牛仔舞的书。波普、摇滚、美国摇摆舞都对牛仔舞有着一定的影响。

牛仔舞是一种节奏快、耗体力的舞。在比赛中牛仔舞之所以被安排在最后跳是因为选手们必须让观众觉得在跳了前四个舞之后他们仍不觉得累，还能很投入地迎接新的挑战。它流行于美国南部。牛仔舞手脚的关节放松、自由地舞蹈，身体自然晃动，脚步轻松地踏着，且不断地与舞伴换位，转圈旋转。其音乐节拍为 4/4 拍，速度每分钟 43 小节左右，也正是因为它的音乐欢快、舞态风趣、

步伐活泼轻盈的特点，得到了越来越多人的认可。

第二节　体育舞蹈的基础知识

一、标准舞的基本知识

（1）舞程线：是指选手在跳体育舞蹈时，为了更好地展现各种舞步的优美姿态，同时为了避免撞倒，选手必须按照逆时针方向前进、行步的一种路线。

（2）脚法：是指脚落地时的动作要领，比如，“跟掌”即脚后跟先着地，脚掌再着地；“尖掌”则指脚尖先着地，脚掌再着地；“掌”即第二步的横移是近似于全脚的前掌落地，并伴随反向的倾斜。

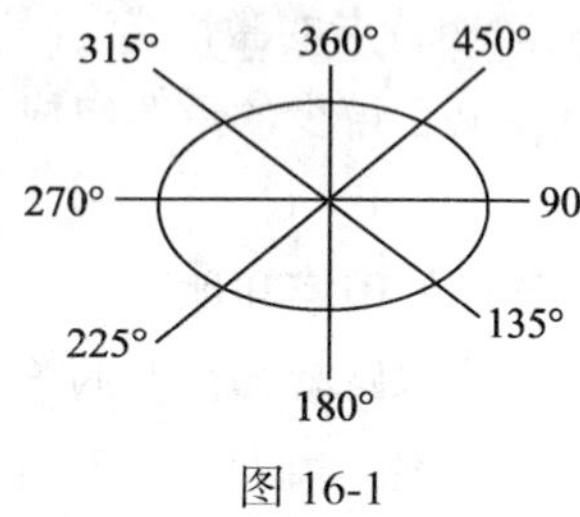

图 16-1

（3）方位：指在一个舞步刚开始或结束时，双脚在舞池中所指的方向，并非身体所面对的方向。

（4）转度：指身体向左向右的旋转，旋转一周为 360°，1/8 周为 45°，1/4 周为 90°，旋转 3/8 为 135°，旋转 1/2 周为 180°，旋转 5/8 周为 225°，3/4 周为 270°，7/8 周为 315°，不同的动作有不同的转度（图 16-1）。

（5）升降：是指身体重心的上下起伏。升——提踵将人放在最高，降——屈膝下降，在保证身体姿势不变形的条件下尽可能将身体降低。它的基本规律是降—升—升。

（6）倾斜：是指身体的倾斜，如向左倾斜即身体向左微屈，身体右侧拉长，但是人始终保持向上的挺拔。

二、华尔兹舞步的单元练习

（1）华尔兹舞步左右并脚转步见表 16-1。

表 16-1　华尔兹舞步左右并脚转步

步数	节奏	要点	脚法	方位	升降	倾斜
1	1	男：左脚正前方进步	跟掌	脚面向舞程线	降	
		女：右脚正后方退步	尖掌	脚面向舞程线	降	
2	2	男：右脚经左脚横步	掌	脚面向舞程线	上升	左
		女：左脚经右脚横步	掌	脚面向舞程线	上升	右
3	3	男：左脚并于右脚	掌	脚面向舞程线	升至结尾降	左
		女：右脚并于左脚	掌	脚面向舞程线	升至结尾降	右
4	1	男：右脚正后方退步	尖掌	脚面向舞程线	降	
		女：左脚正前方进步	跟掌	脚面向舞程线	降	
5	2	男：左脚经右脚横步	掌	脚面向舞程线	上升	右
		女：右脚经左脚横步	掌	脚面向舞程线	上升	左
6	3	男：右脚并于左脚	掌	脚面向舞程线	升至结尾降	右
		女：左脚并于右脚	掌	脚面向舞程线	升至结尾降	左

（2）华尔兹舞步左右转步见表 16-2。

表 16-2 华尔兹舞步左右转步

步数	节奏	要点	脚法	方位	升降	转度	倾斜
1	1	男：左脚前进	跟掌	面对斜中央	降至结尾升	开始左转	
		女：右脚后退	尖掌	背对斜中央	降至结尾升	开始右转	
2	2	男：右脚经左脚横步	掌	背对斜墙壁	继续上升	1/4	左
		女：左脚经右脚横步	掌	面对斜墙壁	继续上升	1/4	右
3	3	男：左脚并于右脚	掌	背对舞程线	升至结尾降	1/8	左
		女：右脚并于左脚	掌	面对舞程线	升至结尾降	1/8	右
4	1	男：右脚后退	尖掌	背对舞程线	降至结尾升	开始右转	
		女：左脚前进	跟掌	面对舞程线	降至结尾升	开始左转	
5	2	男：左脚经右脚横步	掌	指向斜墙壁	继续上升	3/8	右
		女：右脚经左脚横步	掌	背向斜墙壁	继续上升	3/8	左
6	3	男：右脚并于左脚	掌	面对斜墙壁	升至结尾降		右
		女：左脚并于右脚	掌	背对斜墙壁	升至结尾降		左

（3）华尔兹舞步迂回步见表 16-3。

表 16-3 华尔兹舞步迂回步

步数	节奏	要点	脚法	方位	升降	转度	倾斜
1	1	男：右脚前进并交叉于反身位置	跟掌	脚面向斜墙壁	结尾上升		
		女：左脚（同男士）	跟掌	脚背向斜墙壁	结尾上升		
2	2	男：左脚经右脚横向前	掌	脚背向墙壁	继续上升	左转 1/8	左
		女：右脚经左脚横向前	掌	脚面向墙壁	保持上升		右
3	3	男：左脚横步	跟掌	脚面向墙壁	结尾下降		左
		女：右脚横步	跟掌	脚面向斜墙壁	继续上升	1/8	
4	1	男：左脚沿右后退	跟掌	脚面向斜墙壁	结尾上升	左转 1/8	
		女：右脚外侧前进	尖掌	脚背向斜墙壁	结尾上升	1/4	
5	2	男：右脚横步稍后	掌	脚背向斜中央	继续上升	左转 1/2	
		女：左脚横步稍前	掌	脚面向斜墙壁	继续上升	左转 1/4	
6	3	男：左脚横步成迂回位	跟掌	脚指向斜墙壁	结尾下降		
		女：右脚横步成迂回位	跟掌	背向舞程线	结尾下降		

（4）华尔兹舞步帚形步见表 16-4。

表 16-4 华尔兹舞步帚形步

步数	节奏	要点	脚法	方位	升降	转度	倾斜
1	1	男：左脚前进	跟掌	面对斜墙壁	降至结尾升	不转	
		女：右脚后退	尖掌	背对斜墙壁	降至结尾升	不转	
2	2	男：右脚经左脚横步	掌	背对斜墙壁	继续上升		左
		女：左脚经右脚横步	掌	指向斜中央	继续上升	1/4	右
3	3	男：左脚并于右后交叉	跟掌	背对舞程线	升至结尾降		左
		女：右脚并于左脚	掌	脚面向斜中央	升至结尾降		右

（5）华尔兹舞步踌躇换步见表16-5。

表16-5　华尔兹舞步踌躇换步

步数	节奏	要点	脚法	方位	升降	转度	倾斜
1	1	男：左脚后退	尖掌	脚背向舞程线	降至结尾升		
		女：右脚前进	跟掌	背面向舞程线	降至结尾升		
2	2	男：右脚横步	掌	脚面向斜中央	继续上升	右转3/8	左
		女：左脚横步	掌	脚前向斜中央	继续上升		右
3	3	男：左脚无重量靠近右脚	掌	脚面向斜中央	升至结尾降	1/8	左
		女：右脚无重量靠近左脚	掌	脚背向斜中央	升至结尾降	1/8	右

三、标准舞的基本走步

走步（walk）：所有标准舞之基础，尤其对狐步舞特别有帮助。

走步的Timing：ONE代表起动到一步的极限。&（AND）代表重心完全到达新重心脚。所以ONE是半拍，&也是半拍，合计等于一拍的时间。

1. 前进走步（walk forward）

&：上身保持轻松而挺直，重心置于任一脚，膝盖放松（尚未弯曲）。

ONE：重心脚掌抓地，稍微屈膝推身体前进，此时重心脚的脚跟渐渐离地，身体移动并保持在前进脚及重心脚之间，至一步之极限时，此时，后脚趾及前脚跟着地。

&：后脚趾推身体继续前进至前脚位置，前脚掌着地之际，身体重心移至前脚而成为新的重心脚。而刚才后脚推身体前进以后，脚会稍离地，摆荡此时已移至重心脚旁，这动作称为“经过”。

TWO：由“经过”到一步之极限，重复ONE的动作。其中一直保持身体在两脚之间等速移动，尤其在经过时不可停下。

2. 退后走步（walk backward）

&：上身保持轻松而挺直，重心置于任一脚，膝盖放松（尚未弯曲）。

ONE：重心脚推地，稍微屈膝推身体后退，重心脚掌渐渐离地，后退脚之脚踝及膝盖打直，脚背与地板垂直。身体保持在两脚之间，至一步之极限时，此时后脚趾及前脚跟着地。

&：身体继续后退，后脚跟着地，成为新重心脚。前脚此时已拉回至重心脚旁，这动作称为“经过”。

TWO：重复ONE的动作。其中一直保持身体在两脚之间等速移动。

依上法&ONE、&TWO重复练走步，因无升降，应尽量平顺。至于如何平顺呢？由起动到一步之极限时，身体重心在两脚之间，刚好是一步极限的一半，这时前脚跟着地，脚尖翘起，这段时间是ONE。身体重心继续移动，前脚掌应缓缓踏下，身体重心移到前脚的同时，前脚掌也踏实成为新重心脚，这段时间是&。

前进脚的足着点（foot walk），先是脚跟离地，从脚掌然后脚跟滑过地板。当重心脚掌抓地使脚跟渐渐离地之际，前进脚保持以脚跟滑到一步之极限。后退脚的足着点。在一步之极限后，前脚以脚跟轻轻接触地面拉回。

探戈的走步，原则上与上述走步相同，但Timing不同且有下列特性：

（1）重心稍低，双膝微曲，且固定曲度，在移动中没升降。

（2）因腰左扭，每一左脚前进均在反身位置，每一右脚前进均右肩引导，所以连续走步须向左曲转。

（3）前进脚离地板直接置入位置（其他舞科为滑过地板前进）。

（4）因没有摆荡，每步比其他舞科短。

（5）站立并脚时，男士双脚并齐，右脚稍为滑退；女士双脚并齐，左脚稍为滑进。

走步的 Timing：ONE 扭腰左转是半拍；TWO 左脚跨到一步之极限，重心到左脚踏实，右脚（稍延迟）经过，也是半拍，合计是一拍。

1. 前进走步

ONE：上身轻松而挺直，双膝微弯，由腰左扭。重心脚（右脚）屈膝使身体前进，左脚跟离地。

TWO：左脚跟离地然后全脚离地前进，以脚跟直接置入反身位置，且在下一节拍之前，尽量延迟后脚上前。

ONE：腰继续左扭，重心脚维持屈膝，延迟之后脚开始上前到经过。

TWO：右脚由右肩引导，以脚跟直接置入位置。如此 ONE、TWO，重复走成前进左曲路线。

2. 后退走步

ONE：上身轻松而挺直，双膝微弯，由腰左扭。重心脚（左脚）屈膝使右脚以脚尖后退滑向反身位置（男士扭腰时女士已开始滑退）。

TWO：右脚以脚掌外缘滑退，以脚跟置入反身位置，前脚掌离地收回经过。

ONE：腰继续左扭，重心脚维持屈膝再推左脚后退。

TWO：左脚由左肩引导，以脚掌内缘、脚跟之顺序置入位置。

如此 ONE，TWO，重复走成后退左曲路线。

足着点：

（1）所有的前进步及侧行的前两步，均脚离地直接以脚跟置入位置，然后全脚着地。

（2）在所有反身位置下后退的步子，为脚掌外缘、脚跟。

（3）在所有肩膀引导下后退的步子，为脚掌内缘、脚跟。

（4）向侧的步子各有不同的变化，依舞步决定。

四、拉丁舞基本知识

1. 基本姿势

双脚并立，头、肩、胯在一条直线上，两眼平视，脖子拉直，下颚微收，挺胸。两肩下沉使身体的中段向上挺拔，臀部稍内收，双膝伸直，同时使两肩与身体中段相互顶压，大小腿肌肉向反方向拉紧。

2. 要诀

要学好拉丁舞。除了掌握好基本步法外，还应该使身体释放生命力，即应该具备以身体的动作带动脚步移动且移动后姿势由内向外延伸的——灵魂；以音乐、表情、眼神和身体动作传达的——性感；连续旋转皆由身体中心向外发出的——平衡。另外，男士的引导以前胸、侧腰和后背的移动带领女士跟随。只有如此，才能够表达拉丁舞真正的精髓。

3. 拉丁舞姿态

1）伦巴舞和恰恰舞

（1）两脚自然轻松的靠拢站好。

（2）挺胸、脊柱骨伸直，不可耸肩。

（3）任一脚向侧跨出一步，支撑重心的另一只脚伸直，并将体重全部移到这只上面，以使骨盆可往旁边方移动，因而感觉上重量放在支撑脚的脚跟，其膝盖要向后锁紧。至于骨盆移动的幅度要以不影响上身的姿态为原则。

2）桑巴舞和牛仔舞

（1）两脚自然轻松的靠拢站好。

（2）挺胸、腰杆伸直，不可耸肩。

（3）任一脚向外跨出一步，支撑重心的另一只脚伸直，并将体重全部移到这只上面，使重量前移至前脚掌，而后脚跟仍不离地板，并且支撑脚的膝盖不可向后锁紧。某些舞步则是例外，如森巴舞中的分式摇滚步、后退缩步和卷褶步，以及牛仔舞里鸡走步。

由于西班牙斗牛舞，没有骨盘或臀部的运动，其姿势与上述各种拉丁舞的不同处如下。

（1）骨盘向前微倾。

（2）重量由两个脚掌很均匀的承受。

（3）当脚伸直时，膝盖不可向后扣紧。有一个例子除外，那就是西班牙舞姿。

4. 方位

在图表之下的方位是用来说明，在舞室中舞者的身体所面对或背对的方向而言。当我们以肩引导（侧行）时，方位的正确与否十分重要。

在伦巴舞、恰恰舞和牛仔舞是非前进式之舞蹈，森巴舞与西班牙斗牛舞则为前进式之舞蹈。

5. 转度

在跳拉丁舞时，两脚从不平行，除非两脚并拢时，才会平行。像这样的脚部转动，大半是向外转，其不过是脚带着全部或部分的体重而转，是属于“被动式的转动”或脚部的因应动作。由于在跳舞脚部转动与上身的转量多半不同，最典型的例子是森巴舞中帚形步的第 2 步，在伦巴舞和恰恰舞中，抑制前进走步，以及在伦巴舞和恰恰舞中所有的后退走步，所以当跳完某个舞步时，其脚部带动的重心和身上所面对的方向不同时，是以其上身的转量为准，而非脚部。在伦巴舞和恰恰舞中，后退走步本身的率动下，那只带动重心的脚会大约有 1/16 圈的外转。这种因为要让身体重心稳定而造成的转动，被称为“被动式的转动”。

6. 拉丁舞的穿着方式

就好像“波西米亚风”并不是波西米亚那个地方的人怎么穿衣打扮一样，起源于南美的拉丁舞衍变出拉丁风情舞后，也变成了一种超越空间、需要意会的时尚概念。无论是奔放热辣的拉丁舞表演（ballroom）、放纵暧昧的酒吧拉丁舞 PARTY（salsa），还是健身房里简洁明快的拉丁健身舞，甚至是一些以腰胯部的 8 字形摆动为基础的随意舞动，人们都愿意统而称之为“拉丁”，因为，它们张扬着共同的特点：热情而煽动，性感而不扭捏，快乐而极具感染力。

五、恰恰舞的单元步练习

（1）恰恰舞扇形步如表 16-6 所示。

表 16-6 恰恰舞扇形步

步数	节奏	要点	转度
1	2	男：左脚正前方前进	
		女：右脚正后方后退	
2	3	男：重心回至右脚	
		女：重心回至左脚	
3～5	4&1	男：左脚向左追步	左转 1/8
		女：右脚向右追步	
6	2	男：右脚正后方回退	右转 1/4
		女：左脚正前方前进，松开左手	
7	3&	男：重心回至左脚	
		女：右脚向前	左转 1/2
8～10	4&1	男：右脚向右追步	
		女：向后锁步	

（2）恰恰舞阿列马那步如表 16-7 所示。

表 16-7 恰恰舞阿列马那步

步数	节奏	要点	转度
1	2	男：左脚正前方前进	
		女：右脚向后靠近左脚	
2	3	男：重心回到右脚	
		女：左脚正前方前进	
3～5	4&1	男：左脚向左小追步	左转 1/8
		女：右脚向前锁步	
6	2	男：右脚正后方退步	右转 3/8
		女：左脚向前	
7	3&	男：重心回至左脚	
		女：重心回至右脚	左转 1/2
8～10	4&1	男：右脚向右小追步	
		女：左脚向左追步	

（3）恰恰舞纽约步如表 16-8 所示。

表 16-8 恰恰舞纽约步

步数	节奏	要点	转度
1	2	男：左脚向前	右转 1/4 成并肩位
		女：右脚向前	左转 1/4 成并肩位
2	3	男：重心回至右脚	2～5 开始右转 1/4
		女：重心回至左脚	2～5 开始右转 1/4
3～5	4&1	男：左脚向左追步	
		女：右脚向右追步	
6	2	男：右脚向前	右转 1/4 成并肩位
		女：左脚向前	左转 1/4 成并肩位
7	3&	男：重心回至左脚	7～10 左转 1/4
		女：重心回至右脚	右转 1/4
8～10	4&1	男：右脚向右追步	
		女：左脚向左追步	

（4）恰恰舞定点转如表 16-9 所示。

表 16-9 恰恰舞定点转

步数	节奏	要点	转度
1	2	男：左脚向前	右转 1/4
		女：右脚向前	左转 1/4
2	3	男：右脚向前	右转 1/2
		女：左脚向前	左转 1/2
3～5	4&1	男：左脚向左追步	右转 1/4
		女：右脚向右追步	左转 1/4

（5）恰恰舞曲棍步如表 16-10 所示。

表 16-10 恰恰舞曲棍步

步数	节奏	要点	转度
1	2	男：左脚向前	
		女：右脚靠近左脚	
2	3	男：重心回到右脚	
		女：左脚向前	
3～5	4&1	男：左脚向左追步	
		女：右脚向前锁步	
6	2	男：右脚向后小步	
		女：左脚向前	左转 1/8
7	3&	男：重心回至左脚	7～10 右转 1/8
		女：右脚向前	右转 1/2
8～10	4&1	男：右脚向前锁步	
		女：左脚向后锁步	

（6）恰恰舞手接手如表 16-11 所示。

表 16-11 恰恰舞手接手

步数	节奏	要点	转度
1	2	男：左脚向后	左转 1/4
		女：右脚向后	右转 1/4
2	3	男：重心回到右脚	2～5 完成右转 1/4
		女：重心回到左脚	2～5 完成左转 1/4
3～5	4&1	男：左脚向左追步	
		女：右脚向右追步	
6	2	男：右脚向后	右转 1/4
		女：左脚向后	左转 1/4
7	3&	男：重心回至左脚	7～10 完成左转 1/4
		女：重心回到右脚	7～10 完成右转 1/4
8～10	4&1	男：右脚向右追步	
		女：左脚向左追步	

第三节 体育舞蹈竞赛规则

国内比赛主要分职业、业余及专业院校三大组别。

根据国际通行设项办法，主要以年龄分组设项。

所有选手都可以参加国内各种比赛，专业组指体育舞蹈或国标舞专业招生的院校学生，但参加过职业组、专业组的选手不得参加业余组的比赛。

一、比赛场地

赛场的地面应平整、光滑。比赛场地长 23 米，宽 15 米，标准舞及拉丁舞中桑巴舞、斗牛舞按逆时针方向运行，交换舞程线时应过中心线。

二、服装和仪容的基本要求

标准舞，男选手穿燕尾服，头发不得超过衣领，女选手穿不过脚踝的长裙。拉丁舞服装应有拉美风格，男女选手服装必须搭配协调，男选手不得佩戴头饰，女选手穿露背短裙。

三、评判内容

“时值”是指每一个舞步的时间值正好与音乐合拍，“基本节奏”是指舞步在规定的时间内完成并且保持舞步之间正确的时间关系。

（1）时值和基本节奏。裁判必须规定选手是否按时值和基本节奏进行表演，观察理解其适应能力和在舞蹈中对音乐的理解与表现，若表演与节奏不符，也应按违反第一项处理。

（2）步法技巧。裁判必须评估选手正确表现舞步的脚法，如每一步脚着地点是脚掌、脚跟或脚趾等，以及脚步移动的控制与表达力。

四、裁判方法

（1）评判工作自选手进入比赛位置时开始，只有当音乐停止时方告结束，在整个舞蹈表演过程中，裁判必须由此给选手打分并在必要时修正分数。

（2）若音乐尚未结束而选手停止表演，则该项舞蹈的分数列为最后一位，决赛中的规则相同。

（3）裁判必须在规定时间内对选手的特定舞种表演进行单独评判。考虑任何其他因素（如名气、以往表现或在其他舞种中的表现等）都是不允许的。

（4）裁判无须向选手解释评分结果。在比赛过程中或两轮比赛之间，不允许裁判和任何人讨论参赛选手或他们的表现。

（5）对于所有舞种，选手的时值和基本节奏是裁判打分的首要因素，因此，若选手重复犯此错误，则该项舞蹈得分列为最后一位。

第十七章

游　　泳

本章导读

游泳既是人类的生存技能之一，也是一项很好的健身运动，它能锻炼身体，塑造体形，减轻体重，是减肥的有效途径。同时，它对心血管系统的改善与提高呼吸系统功能有着良好的促进作用，也对人体皮肤有着健康保养作用。通过学习本章，了解游泳运动起源与发展，主要的游泳技术；掌握蛙泳及爬泳技术动作要领；熟悉游泳的卫生及安全救护。

第一节　游泳运动概述

一、游泳的发展过程

竞技游泳从第一届奥运会（1896 年）起就被列为奥运会正式项目。发展到现在，各种锦标赛、国际大型比赛不断推动着竞技游泳的发展，使它的技术动作更完善，创造了一个又一个优异的成绩。

历史与发展自古至今，无论是为了捕猎、逃避猛兽或是遇上海难时得以自救，游泳都是一门重要的求生技能之一。远在公元前 2500 年，古埃及已有类似爬泳的活动。古罗马人兴建的巨大浴池，更是上流社会人士余暇游泳及社交活动之场所。早期的游泳活动，只被视为贵族子女教育及士兵训练的一个重要部分，直至 18 世纪末期，工人阶级参与游泳的时间及机会增多后，游泳才开始成为一种普及的活动。

竞技游泳源于英国及大洋洲，后来传入其他国家，19 世纪中期至 20 世纪初，世界各国的游泳比赛开始普遍起来，游泳总会亦相继成立。英国业余游泳总会（前身为都会游泳总会）于 1869 年成立，是第一个成立的国家游泳总会。在 1850～1860 年间，英国与大洋洲已有游泳比赛。当国际奥林匹克运动会于 1894 年 6 月 16 日在巴黎成立时，游泳已被列为 1894 年的奥运项目之一。至于国际业余游泳联会（FINA），则成立于 1908 年。

二、主要的游泳技术

（1）蛙泳：是第一个作为比赛的泳式，而且自由泳及蝶泳也是从中发展出来的。在 20 世纪 40 年代及 50 年代，由于很多日本泳手利用规例的漏洞在长距离比赛中潜泳，从而获取利益，游泳规则于 1956 年便有所更改，只容许泳手在起跳后及转池后，在水面下只可做一次划手及蹬腿动作。为了减低水的阻力及加强推进力，蛙泳的划手及蹬腿动作曾有过多次的改革，不过，基本泳姿就一直都没有多大的出入。

（2）自由泳：澳大利亚人韦利士于 1850 年使用了一种双手在水面前移的泳姿，这可算是捷泳的雏形。其后，英国泳手约翰·特拉真于 1873 年采用了一种用胸泳再配合双手交替前爬的泳式，后来大洋洲人李察卡尔又根据特拉真及亚历韦咸的泳式，创造了一种“浅打水”的踢腿方法。自此之后，腿的踢法就只有少许的变化。

（3）仰泳：早期的背泳只是仰浮在水面上，然后再用胸泳的踢腿推进。1900 年的奥林匹克运动会，开始有泳员使用手部在水面上过头前移的泳式，踩踏式的踢腿方式，则要到 1912 年的奥运会才开始出现。

（4）蝶泳：蝶泳的划手方法是由德国泳手 Erich Rademacher 首次在 1926 年的胸泳比赛中使用，当时，他仍使用胸泳的踢腿方式。1952 年的奥林匹克运动会之后，国际业余游泳联会（FINA）决定将此泳式与胸泳分开，因而增加了蝶泳，而且泳员更可以采用海豚式的踢腿方法。

三、奥运会游泳比赛项目

（1）男子游泳：50 米自由泳、100 米自由泳、200 米自由泳、400 米自由泳、1500 米自由泳、100 米仰泳、200 米仰泳、100 米蛙泳、200 米蛙泳、100 米蝶泳、200 米蝶泳、200 米混合泳、400 米混合泳、4×100 米自由泳接力、4×200 米自由泳接力、4×100 米混合泳接力；跳水：3 米跳板、10 米跳台、双人 3 米跳板、双人 10 米跳台；水球：1 项。

（2）女子游泳：50 米自由泳、100 米自由泳、200 米自由泳、400 米自由泳、800 米自由泳、100 米仰泳、200 米仰泳、100 米蛙泳、200 米蛙泳、100 米蝶泳、200 米蝶泳、200 米混合泳、400 米混合泳、4×100 米自由泳接力、4×200 米自由泳接力、4× 100 米混合泳接力。

第二节　游泳基本技术的学练方法

一、熟悉水性

熟悉水性是游泳教学中的一个重要环节，对于初学者来说，它是一个不可逾越的重要阶段。这一阶段应是了解和体会水的特性，逐步适应水环境，即习惯水的浮力、压力和阻力，习惯游泳时身体姿势的改变，消除怕水心理，培养对游泳的兴趣，并掌握一些水中活动的基本技能，如水中行走、呼吸、浮体和滑行等，为进一步学习和掌握各泳式技术打下良好的基础。

在熟悉水性阶段，所教的动作都比较简单，练习起来则比较单调，容易产生枯燥的感觉。因此，应注意教学手段的多样化，多采用游戏、比赛的形式来组织教学，以活跃课堂气氛，调动学生练习的积极性。

熟悉水性与其后各泳式技术的学习并不是截然分开的。在初步掌握了水中活动的基本技能后，就可以逐步开始学习各式游泳技术，在学习各式游泳技术的过程中再进一步熟悉水性。

（一）水中行走

水中行走是熟悉水性的第一步。练习的目的，是使初学者初步体会并适应水的浮力和阻力，

初步掌握在水中站立和行走时维持身体平衡的方法，消除怕水心理。

1. 水中行走的基本要求

水中行走一般在齐腰深的水中进行。迈步时，身体应略往行进方向倾斜，大腿略为抬起，小腿和脚提起来后往行进方向伸出，下踏站稳后再抬另一腿；两臂在体侧轻轻拨水保持平衡。开始行走时步子不宜太大，速度不宜太快，身体重心的移动要与腿的动作协调一致。

2. 练习方法

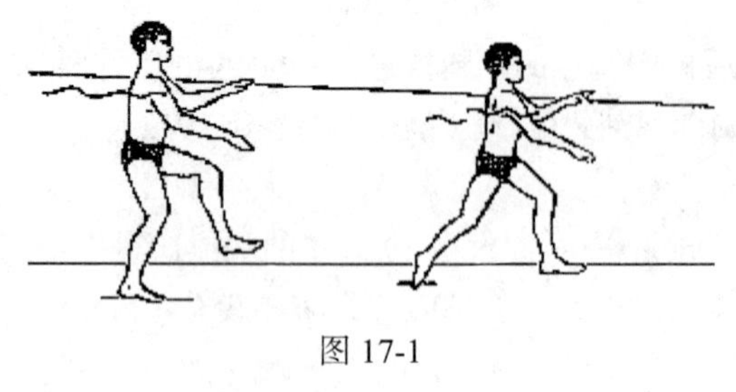

图 17-1

第一，侧对池壁，手扶池边，向前、向后迈步行走（图 17-1）面向池壁，手扶池边，向左、向右迈步行走。

第二，集体手拉手，在游泳池中向前、向后、向侧行走。

第三，在游泳池中，做向各个方向的跳跃式行走。

第四，在游泳池中，进行各种水中行走的游戏或比赛。

（二）呼吸

呼吸训练是熟悉水性阶段的重点内容。许多初学者在游泳时老是抱怨“吸不到气”，这不仅是因为没有掌握好具体泳式中特殊的呼吸技巧，根本的是没有掌握好水中呼吸的基本方法。只有闯过了呼吸关，才能把握住打开游泳世界大门的金钥匙。

1. 呼吸的基本要求

游泳时的呼吸，要用口在水面上吸气；吸气后脸浸入水中稍闭气；然后用口和鼻在水中缓慢呼气，并一直呼出水面。由于脸部大部分时间是浸在水中，抬头吸气的时间比较短，因而要求在口露出水面时不停顿地迅速把气吐尽，并借此动作将附着在口、鼻周围的水吹开，然后立即快速吸气。呼气要尽，吸气要深，呼与吸之间不能停顿。总的来说，水中的呼吸要按照“快吸、稍闭、慢呼、猛吐”这一特殊的节律进行。

2. 练习方法

（1）水中闭气。扶池边或拉同伴的手，深吸气后闭气，慢慢下蹲，把头浸入水中，睁开眼睛，停留片刻后起立，在水面上换气（图 17-2）。反复练习，逐渐延长每次水下闭气的时间。可以采用比赛的办法，看谁闭气时间长。

（2）水中呼气。扶池边或拉同伴的手，深吸气后闭气，慢慢下蹲，把头浸入水中，睁开眼睛。稍停片刻后，用口、鼻慢慢呼气，直至呼尽，然后起立在水面上用口吸气（图 17-3）。反复练习，逐渐习惯这种有控制的呼气动作。

（3）连贯呼吸。站立水中，上体略前倾，两腿略下蹲，两手扶池边或扶大腿。水面上吸气后，低头将脸浸入水中；闭气片刻，然后开始呼气，并向上抬头；当口露出水面时，不停顿地迅速将气吐尽，紧接着快速吸气。连续练习，体会“快吸、稍闭、慢呼、猛吐”的要领（图 17-4）。开始时可慢速进行，而后适当加快速度，做到连贯而有节奏。每组做 20～30 次呼吸，或持续 1～2 分钟，反复进行。

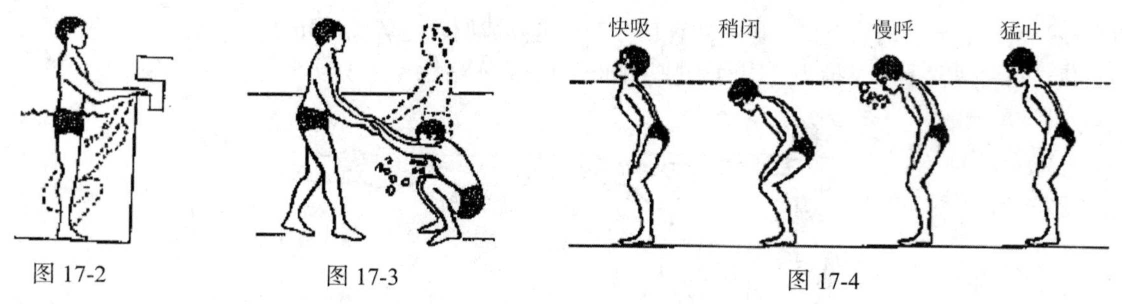

图 17-2　图 17-3　图 17-4

3. 呼吸时常见的错误与纠正方法

（1）“假呼吸”。呼气不尽，吸气不深，大部分空气只是在口腔和气管之间流动，没有真正进入肺部实现气体交换，所以总感觉憋得难受。纠正时应强调“呼尽气再深吸”。

（2）“憋一下”。气呼完后没有紧接着快速吸气，而是先憋了一下，再吸气。在游泳中若憋一下，身体会因来不及吸气而沉入水中。纠正时应强调“呼完紧接着吸”。

（3）“含水”。吸气后口没有合拢，在水下口张开向外呵气，结果口内总是充满着水，无法充分换气，还容易发生呛水。纠正时应强调“水下把口合拢”。

（4）“抽吸”。吸气时口缩得很小往里抽气，好像是通过一根细吸管来吸气。这种方法吸气慢，来不及完成快速换气。纠正时应强调“张大口用力快吸气”。

（三）浮体

要学会游泳，首先要能浮起来，并能从漂浮状态中平稳地站立下来。通过浮体练习，可以进一步熟悉水性，体会水的浮力，适应身体无固定支撑的悬浮姿势，初步掌握在水中控制身体平衡的能力，进一步消除怕水心理，增强学会游泳的信心。

1. 浮体的基本要求

在做浮体练习前，应先学习漂浮后的站立方法，以保证练习的安全。

要使身体漂浮起来，首先是要吸足气，并保持屏息；其次是要放松。做浮体动作时，应使人体像一个充满气的皮球浮在水面上。吸气不足则胸腔没有充分扩张，或是在浮体的过程中把气呼出，或是身体紧张肌肉僵硬，都无法使人体的平均密度变小，因而很难漂浮起来。

2. 练习方法

（1）抱膝浮体。水中原地站立，深吸气后闭气下蹲，低头屈腿抱膝团身，双膝尽量贴近胸部，前脚掌轻蹬池底，身体就会自然漂浮于水中。练习时，要睁开眼睛。站立时，两臂前伸下压，抬头，同时两腿下伸，脚触池底站稳；两臂在体侧拨水保持平衡（图 17-5）。

图 17-5

（2）展体浮体。水中开立，略下蹲，两臂放松自然前伸。深吸气后闭气，身体前倒并低头，

两脚轻轻蹬池底后，两腿上摆，自然伸直稍分开，身体成俯卧姿势漂浮于水中。站立时，先收腹屈腿屈膝，然后两臂下压，抬头，同时两腿下伸，脚触池底站稳（图 17-6）。

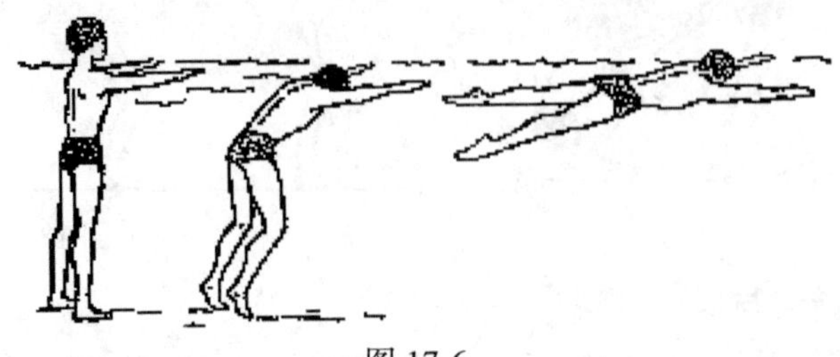

图 17-6

（四）滑行

滑行训练是熟悉水性阶段的重点内容，它可以帮助初学者掌握在漂浮状态下维持身体平衡的能力，体会游泳的基本身体姿势，为以后学习各泳式技术打下基础。

1. 滑行的基本要求

滑行应力求熟练，做到既滑得远，又滑得稳。滑行中，要注意保持良好的流线型身体姿势，腰、腹部肌肉要适度紧张，臂、腿伸直并拢，头夹在两臂之间，使身体伸展成一直线，以利于减小滑行阻力。注意不要过分抬头或低头，不要屈髋、屈膝或勾脚尖。

滑行时，要尽量延长闭气时间，努力增长滑行距离。

2. 练习方法

（1）提双腿蹬壁滑行。两脚并拢背对池壁站立水中，两臂并拢前伸。深吸气后闭气低头，上体前倒成俯卧姿势浸入水中，头夹在两臂之间。此时，两腿同时轻蹬池底向上屈膝收腿，迅速将两脚掌贴在池壁接近水面处，臀部提高至水面。两腿随即用力蹬壁，全身充分伸展成流线型，贴近水面向前滑行。当滑行速度慢下来时，先收腹屈腿屈膝，然后两臂下压并抬头，两腿同时下伸，脚触池底站稳（图 17-7）。

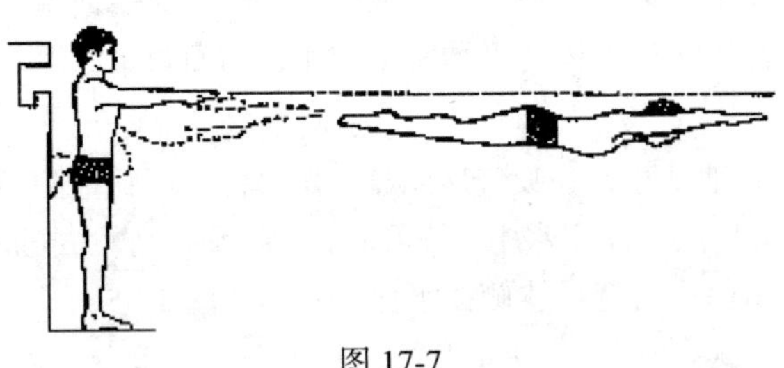

图 17-7

（2）依次提腿蹬壁滑行。背对池壁站立水中，一臂前伸，另一手拉住池槽。前伸臂一侧的腿站立池底，抓槽臂一侧的腿屈膝上提使脚掌贴在池壁接近水面处。深吸气后闭气低头，上体前倒成俯卧姿势浸入水中。此时，支撑腿迅速屈膝上提将脚贴在池壁上，臀部尽量提高并靠近池壁。抓池槽之手随即松开，臂迅速前伸与另二臂并拢，头夹在两臂中间，两腿接着用力蹬壁，全身充分伸展成流线型，贴近水面向前滑行（图 17-8）。

（3）蹬底滑行。两腿并拢站立水中，两臂前伸并拢。深吸气后上体前倒，一腿向前迈出，略屈膝下蹲。头和肩浸入水中后，两脚掌依次用力蹬池底，两腿随即伸直上浮并拢，使身体成流线型向前滑行（图 17-9）。

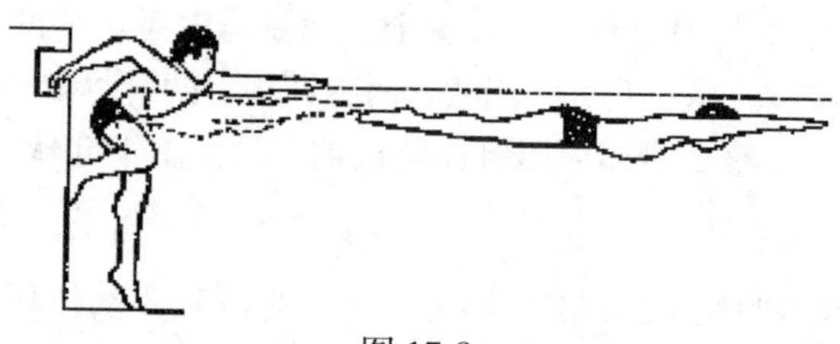

图 17-8

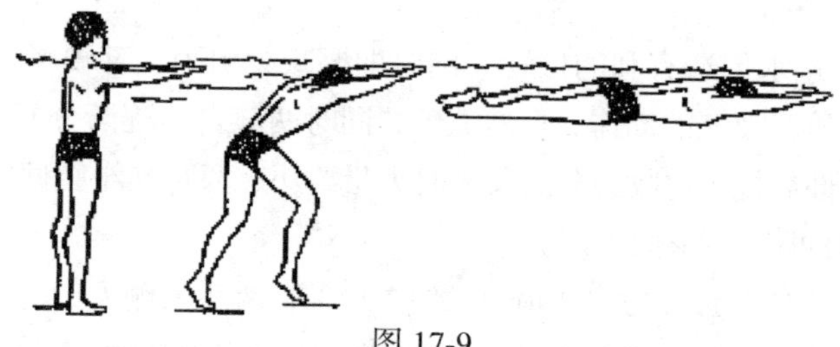

图 17-9

（4）助力滑行。帮助者站在侧前方，练习者先做蹬壁滑行或蹬底滑行。当滑行速度减慢时，帮助者先抓住练习者的双手用力前拉，然后再抓住双脚用力前推，以帮助延长滑行距离（图 17-10）。

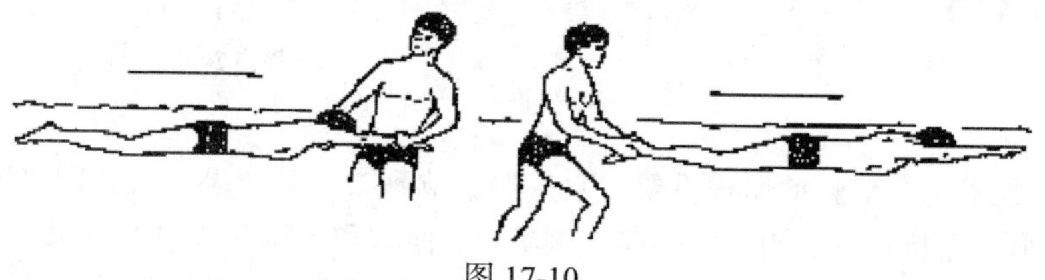

图 17-10

3. 滑行时常见的错误与纠正方法

（1）“漂离池壁”。蹬壁滑行开始时，身体过于前扑，腿收不紧，脚贴不上池壁，或单、双腿过早蹬伸，都会使身体漂离池壁，造成蹬不到壁或滑行不远。纠正时应强调上体前倒低头入水是在原位进行的翻转动作，腿要收紧，全身像一个被压紧的弹簧紧贴在池壁上。

（2）“向上窜”。蹬壁滑行开始时，上体没有前倒入水，脚贴壁的位置太低，臀部提不高，造成蹬腿时身体向前上方跃出水面。纠正时应强调“上体前倒至水中，臀部提高到水面”。

二、蛙泳动作技术

蛙泳是一种模仿青蛙游泳动作的一种游泳姿势，也是最古老的一种泳姿，早在 2000～4000 年前，在中国、罗马、埃及就有类似这种姿势的游泳。18 世纪中期，在欧洲，蛙泳被称为“青蛙泳”。蛙泳的速度比较慢，在 20 世纪初期的自由泳比赛中（不规定姿势的自由游泳），蛙泳不如其他姿势快，使得蛙泳技术受到排挤。在当时的游泳比赛中，一度没有人愿意采用蛙泳技术参加比赛，随后国际泳联规定了泳姿，蛙泳技术才得以发展。

蛙泳的技术环节分为四步。

（一）蛙泳身体姿势

蛙泳在游进之中，身体不是固定在一个位置上，而是随着手、腿的动作在不断变化。当一个动作周期结束后，身体应展胸、稍收腹、微塌腰，两腿并拢，两臂尽量伸直，颈部稍紧张，头置于两臂之间，眼睛注视前下方。整个身体应以身体的横轴为轴做上下起伏的动作。

（二）蛙泳腿部技术

蛙泳的腿部动作是推动身体前进的主要动力之一。它的主要动作环节可分为收腿、翻脚、蹬夹水和滑行四个阶段，这四个环节是紧密相连的完整动作。

1. 收腿

收腿是为了翻脚、蹬水创造有利的位置，同时即要减少阻力，又要考虑到手腿配合因素的需要。开始收腿时，两腿随着吸气的动作，自然放下，同时两膝自然逐渐分开，小腿向前回收，回收时两脚放松，脚跟向臀部靠拢，边收边分。收腿时力量要小，两脚和小腿回收时要收在大腿的投影截面内，以减少回收时的阻力（图 17-11）。

收腿结束后，大腿与躯干成 120°～140°（图 17-12），两膝内侧大约与髋关节同宽。大腿与小腿之间的角度为 40°～45°，并使小腿尽量成垂直姿势，这样能为翻脚、蹬水做好有利的准备。

图 17-11

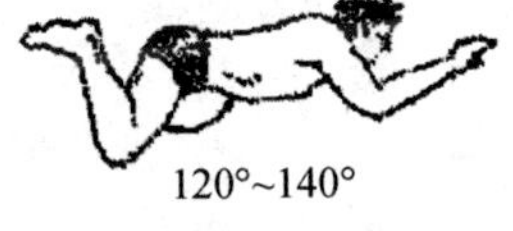

120°~140°

图 17-12

2. 翻脚

在蛙泳腿的技术中，翻脚动作很重要，它直接影响到蹬水的效果。收腿即将结束时，脚仍向臀部靠近，这时膝关节向内扣，同时两脚向外侧翻开，使脚和小腿内侧对好蹬水方向，这样能使对水面加大，并为大腿发挥更大力量做好积极准备。

图 17-13

收腿与翻脚、蹬水是一个连续的完整动作过程。正确的翻脚动作，是在收腿未结束前就已开始，在蹬水开始完成。如果翻脚后，腿稍有停滞，则会破坏动作的连贯性并增大阻力（图 17-13）。

3. 蹬夹水

蛙泳腿部动作效果的好坏，完全取决于蹬夹水技术的正确与否。蹬水应由大腿发力，先伸髋关节，这样使小腿保持尽量垂直对水的有利部位，向后做蹬夹水的动作，其次是伸膝关节和踝关节（图 17-14）。

蹬夹水的动作实际是一个连续的完整动作，只是蹬水在先，夹水在后。实际上在翻脚的动作中，两膝向内，两脚向外已经为蹬夹水固定住唯一的方向（图 17-15）。

图 17-14

图 17-15

蹬夹水效果的好坏不但取决于腿部关节移动的路线和方向，以及蹬夹水是对水面积的大小，最主要的是取决于两腿蹬夹水的速度和力量的变化，蹬夹水的速度是从慢到快，力量是从小到大的。

4. 滑行

蹬夹水结束后，脚处于水平面的最低点，这是身体随着蹬水的动力向前滑行，腰部下压，双脚接近水面，准备做下一个循环动作（图 17-16）。

图 17-16

（三）蛙泳手臂技术

蛙泳手臂划水动作可以产生很大的推动力，掌握合理的手臂划水技术，并且使之与腿和呼吸动作协调配合，能有效地提高游进速度。它的主要动作可分为开始姿势、滑下（也可叫作“抱水”或“抓水”）、划水、收手和向前伸臂几个阶段。这几个阶段也是紧密相连的完整动作。

1. 开始姿势

当蹬水动作结束时，两臂应保持一定的紧张，自然向前伸直，并与水面平行，掌心向下，手指自然并拢，是身体成一条直线，形成较好的流线型。

2. 滑下（抓水）

从开始姿势起，手臂先前伸，并使重心向前，同时肩关节略内旋，两手掌心略转向外斜下方，并稍屈手腕，两手分开向侧斜下方压水，当手掌和前臂感到有压力时，就开始划水。抓水动作一方面能给划水创造有利条件，另一方面还能造成身体上浮和前进的作用。抓水的速度，根据个人的水平不同而不同，水平较高者抓水较快，反之则慢。

3. 划水

当两手做好抓水动作、两臂分制成 40°～45°时，手腕开始逐渐弯曲，这时两臂两手逐渐积极地做向侧、下、后方的屈臂划水动作。 划水时，手的运动应该分为两个部分，前一部分：手向外—向下—向后运动，水流从大拇指流向小拇指一边。后一部分：手向内—向下—向后运动，水流从小拇指流向大拇指一边。 在划水中，前臂和上臂弯曲的角度是在不断变化的，其标准是以能发挥出最好的力量为准则。在整个划水过程中肘关节的位置都比手高。手运动的路线，不应到肩的下后方，而应在肩的前下方。其速度是从慢到快，至收手时应达到最快速度。

4. 收手

收手是划水阶段的继续。收手时，收的运动方向为向内、向上、向前。手的迎角大致为 45°。由于前臂外旋，掌心逐渐转向内（图 17-17）。收手动作应有利于做快速向前的伸手动作，并且肘关节要有意识的向内夹的动作。当手收至头前下方时，两手掌心时由后转向内—向上的姿势，这使大臂不应超过两肩的横向延长线。在整个收手动作过程中，手的动作应积极、快速、圆滑，收手结束时，肘关节应低于手，大、小臂的角度小于 90°。

5. 向前伸臂

向前伸臂是由伸直肘关节、肩关节来完成的，掌心由开始的向上逐渐转向内，双掌合在一起向前伸出，在最后结束前逐渐转向下方。 蛙泳整个臂部的动作路线无论是俯视或仰视都是椭圆形的，并且是一个连贯、力量从小到大，速度从慢到快的完整过程。

（四）蛙泳配合技术

手臂滑下（抓水）的同时，开始逐渐抬头，这时腿保持自然放松、伸直的姿势。手臂划水时，头抬至眼睛出水面，腿还是不动。只有收手时才开始收腿，并稍向前挺髋，这时头抬至口出水面，并进行快速、有力的吸气。伸手臂的同时低头，用鼻或口鼻进行呼气，并且在手臂伸至将近 1/2

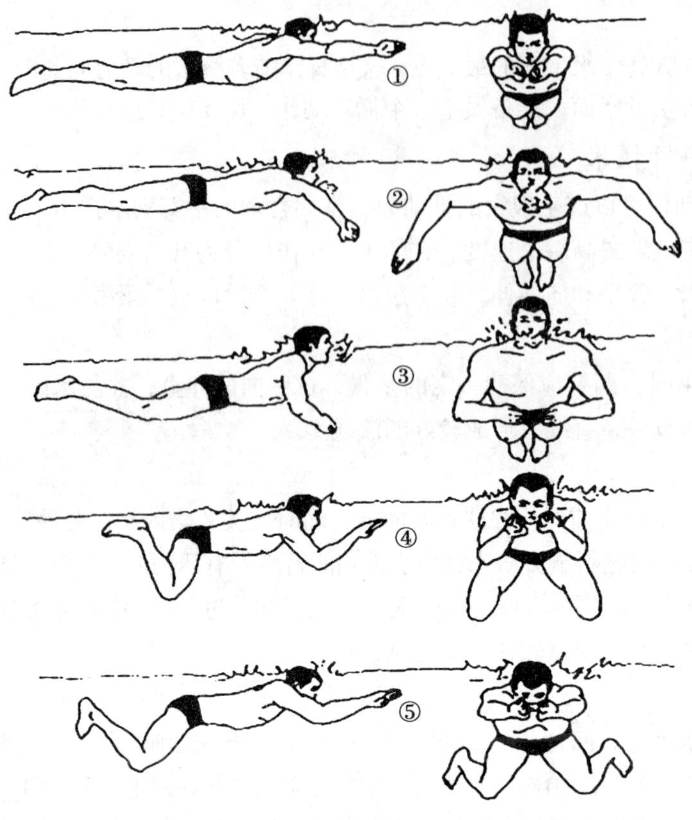

图 17-17

处时，进行蹬夹水的动作，之后，让身体伸展滑行一段距离，蹬速度降低时进行第二个周期的动作。

在蛙泳的游进过程中，一般都是一个周期一次呼吸，这样有利于机体的有氧供应，从而降低疲劳速度。需要注意：在抬头吸气前，必须要将体内的废气全部吐完，这样才能吸进新鲜氧气。

（五）动作难点

腿部动作的翻脚和鞭状蹬夹水动作是蛙泳技术的难点。腿部动作的技术要做到慢收快蹬，翻脚充分，鞭状蹬腿。臂部技术要做到屈臂划水和划水路线不超过肩。在完整配合技术中要注意动作的节奏和连贯性。

（六）练习步骤

1. 腿部动作

（1）站立（陆地）：单腿练习，分四拍，即收腿、手搬脚上翻、蹬夹、停顿。

（2）俯卧（陆地或水中）：体会收、翻、蹬夹、停的动作。

（3）水中：手扶浮板，做腿部练习。

2. 臂部动作

（1）站立（陆地或水中）：体前屈 90°，做臂划水动作。

（2）水中：腿夹浮板，做划臂练习。

3. 完整动作配合练习

（1）站立（陆地）：臂上举，用单腿按节拍做。两臂向两侧外划；内收的同时收腿，收腿结束后即翻脚；向上伸直臂时，翻脚的一腿向下做弧形蹬夹水动作。

（2）水中：蹬边滑行后，不呼吸，做腿、臂和抬头配合动作。然后，做多次臂、腿动作与一次呼吸配合。

（七）易犯的错误与纠正的方法

（1）蹬腿时没有翻脚。纠正方法：讲解示范，明确动作要领；反复做分解动作的练习，体会慢收、翻脚、快蹬的节奏；在别人的帮助下做翻脚动作练习。

（2）平收腿、蹬腿过髋、蹬夹脱节或只蹬不夹。纠正方法：讲解示范，明确动作要领；要求两膝并着收腿或在陆上做模仿练习，体会收、翻和弧形蹬夹动作。

（3）收、蹬腿时脚的位置太低。纠正方法：腰部肌肉适度紧张，使身体平卧水面，积极收小腿，少收大腿。

（4）划水路线太后，两臂划水太宽。纠正方法：强调两臂划水时抬头吸气，要求高肘屈臂划水。

（5）吸不到气。纠正方法：强调吸气前先在水中呼气，口露出水面用口吸气，臂开始划水就抬头吸气；多做臂划水与呼吸配合的练习。

三、爬泳动作技术

爬泳俗称自由泳。游爬泳时，人在水中成俯卧姿势，两腿交替上下打水，两臂轮流划水，动作很像爬行，所以人们称之为“爬泳”。爬泳是四种竞技游泳技术中速度最快的一种姿势，在游泳比赛的自由泳项目中（不规定泳姿的比赛），运动员都采用这种姿势，所以通常人们也称之为“自由泳”。爬泳的起源历史悠久，从我国和世界其他国家的古代遗迹中，都可以发现类似于今天的爬泳技术的游泳姿势。

（一）爬泳身体姿势

游爬泳时，身体要尽量保持俯卧的水平姿势。但是为了取得更好的动作效果，头部应自然稍抬，两眼注视前下方，头的1/3露出水面，水平面接近发际，双腿处于最低点，身体纵轴与水平面成3°～5°的仰角（图17-18）。

爬泳游进中，身体可以围绕身体纵轴做有节奏的转动，转动的角度一般为35°～45°（图17-19）。如果速度加快，角度就会相对减少。

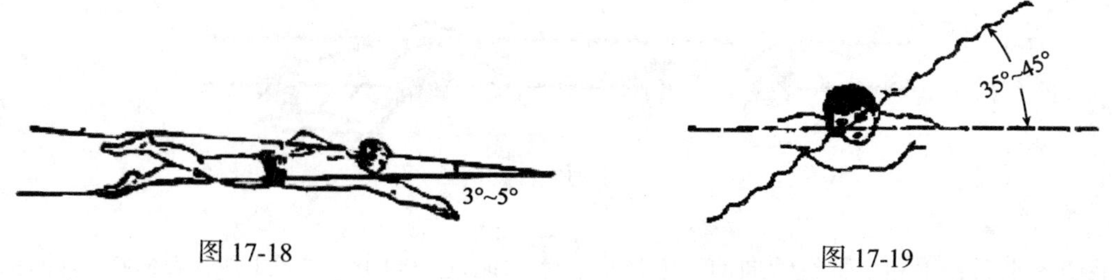

图 17-18　　图 17-19

这种转动是由于划臂、转头和吸气而形成的自然转动，并不是有意识地做转动。转动所带来

的好处有以下几点。①便于手臂的出水和空中移臂，并缩短移臂的转动半径。②有助于手臂在水中抱水和划水，使手臂划水的最有力部分更接近于身体中心的垂直投影面。由于臀部随身体轻度的转动，腿打水时，产生部分侧向打水动作，可以抵消移臂时造成身体侧向偏离的影响，维持身体平衡。③便于呼吸。

（二）爬泳腿部技术

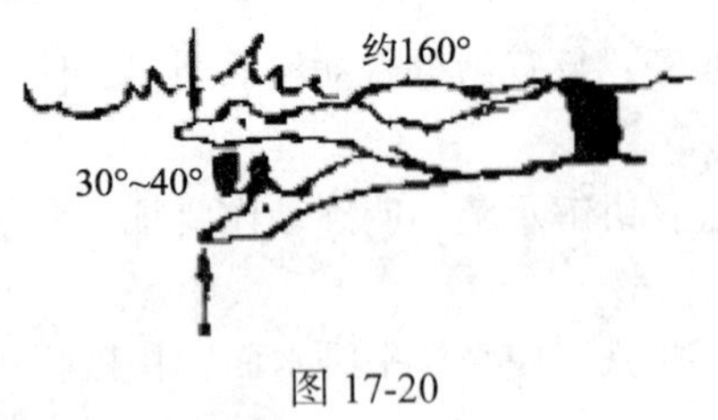

图 17-20

在爬泳技术中，大腿动作除了产生推动力外，主要起着维持身体平衡的作用，它能使下肢抬高，以及协调配合双臂有力地划水。爬泳时腿的打水动作，几乎与水平面成垂直方向进行，从垂直面看，两腿分开的距离为 30～40 厘米，膝关节弯曲的角度约为 160°（图 17-20）。

游进中，腿向上打水时，脚应接近水平；向下打水时，不应超过身体在水中的最低部位。正确的打水动作是脚稍向内旋，踝关节自然放松，向上和向下的打水动作应该从髋关节开始，大腿用力，通过整个腿部，最后到脚，形成一个“鞭状”打水动作。向下打水的效果最大，因此应用较大的力和较快的速度进行；而向上则要求放松、自然，尽量少用力，并且速度相对要慢。

从腿向上动作开始，当大腿带动小腿，从下直腿向上移至踝关节、膝关节、髋关节与水平面平行时，大腿稍向上而终止移动，并开始向下打水。当大腿开始向下打水时，由于惯性的作用，此时小腿和脚仍继续向上移动，而使膝关节弯曲形成一个大约 160°。这使小腿和脚达到了最高点，由于大腿继续向下移动，而带动小腿和脚完成向下打水动作。当大腿向下打水到最低点并向上抬起时，小腿和脚与大腿仍保持一个角度，并继续向下移动打水，直至完全伸直为止，才随大腿向上移动，开始第二个循环动作。

（三）爬泳手臂技术

爬泳的臂部动作是推动身体前进的主要动力。它分为入水、抱水、划推水、出水和空中移臂等几个阶段，这几个阶段在划水动作中是紧密相连的一个完整动作。

1. 入水

臂入水时，肘关节略屈，并高于手臂，手指自然伸直并拢，向前斜下方插入水。注意手掌向外，动作自然放松。

手入水的位置应在肩的延长线上，或在身体的中线和肩的延长线之间。入水的顺序为手—小臂—大臂（图 17-21）。

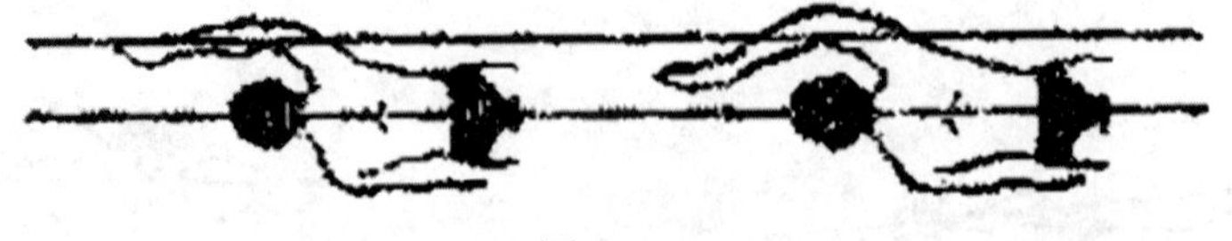
图 17-21

手切入水后，手和小臂继续向前下方伸展，手由向前—向下—稍有向内的运动变为向前—向下—稍向外的运动。

2. 抱水

臂入水后，应积极插向前下方，此时小臂和大臂应积极外旋，并屈腕、屈肘。在形成抱水的动作中，开始手臂是直的，当手臂划下至与水平面成 15°～20°时，应逐渐屈肘，使肘关节高于手。在划水开始前，也就是手臂约与水面成 40°时，肘关节屈至 150°左右（图 17-22）。

图 17-22

抱水动作主要是为划水做准备，因此它是相对放松和缓慢的。抱水就好像用臂去抱一个大圆球一样。抱水时，手的运动路线为向后—向下—向外。

3. 划推水

手臂在前方与水平面成 40°起之后方与水平面成 15°～20°的运动过程都是划水动作。它分为两个阶段：从抱水结束到划至与水面垂直之前称为“拉水”，过垂直面后称为“推水”。

拉水时，应保持高肘姿势，手向内—向上—向后运动。当拉水结束时，手在体下接近中线，这时，肘关节弯曲的角度为 90°～120°，小臂由外旋转为内旋，掌心由向内后方方向变为向外后方（图 17-23）。

向后推水是通过屈臂到伸臂来完成的。在退水过程中，手是向外—向上—向后的运动。肘关节要向上、向体侧靠近，并且手掌始终要与水平面保持垂直。 整个划推水过程，手掌的运动路线并不是始终在一条直线上和同一平面上，实际上是一个较复杂的三度曲线。从身体的额状面来看是一个“S”形，从身体的矢状面来看是一个“W”形（图 17-24）。

在整个划水过程中，肩部应配合手臂进行向前—向下—向后的合理转动，这样有利于加长划水路线和加大划水力量。

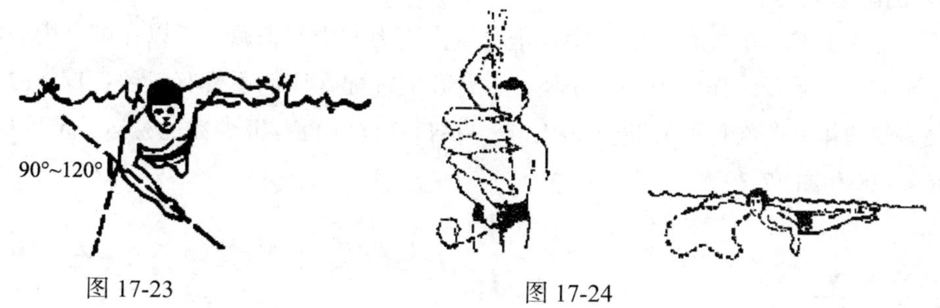

图 17-23

图 17-24

4. 出水

在划水结束后，臂由于惯性的作用而很快地靠近水面，这时，由大臂带动肘关节做向外上方的“提拉”动作，将小臂和手提出水面。小臂出水动作要比大臂稍慢一些，掌心向后上方（图 17-25）。

图 17-25

手臂出水动作应迅速而不停顿，但同时应该柔和，小臂和手掌应尽量放松。

5. 空中移臂

臂在空中前移的动作是手臂出水的继续，不能停顿，一臂的动作应该放松自如，尽量不要破坏身体的流线型，要和另一臂的划水动作协调一致，并且要注意节奏。在整个移臂过程中，肘部应始终保持比手部高的位置（图 17-26）。

图 17-26

（四）爬泳配合技术

爬泳的配合技术分为两臂的配合技术、两臂和呼吸的配合技术以及完整的配合技术。

1. 两臂配合技术

爬泳两臂的正确配合是保障前进速度均匀性的重要条件，并且还有利于发挥肩带力量积极参与划水。根据划水时两臂所处的位置，可以把手臂的配合技术分为四种：前交叉、中交叉、中前交叉和后交叉。一般优秀运动员都采用中前交叉的技术。

2. 两臂和呼吸的配合技术

爬泳时呼吸和手臂的配合为一次呼吸 N 次划水（$N > 2$）。吸气时，头随着肩、身体的纵向转动转向一侧，使头在低于水面的波谷中吸气。此时，同侧臂正处在出水转入移臂的阶段（图 17-27）。

图 17-27

移臂时，头转向正常位置。同侧臂入水时，开始慢慢呼气，并逐渐用力加快呼气的速度。

3. 完整的配合技术

此即呼吸、手臂和腿的配合。因为手臂是产生推进力的主要来源，所以在配合中，呼吸和腿的动作都应该服从于手臂动作的需要。呼吸、手臂和腿的配合比例主要有三种：1 : 2 : 2（即一次呼吸，两次手臂动作，两次打腿的动作）；1 : 2 : 4；1 : 2 : 6。也有极少数优秀运动员采用 1 : 2 : 8 的技术（图 17-28 和图 17-29）。

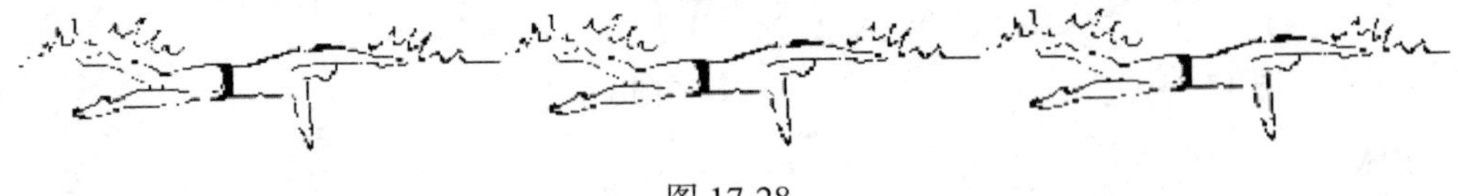

图 17-28

两腿鞭状打水和臂沿着“S”形路线屈臂划水及呼吸，是爬泳技术中的重点和难点。

（五）练习方法

1. 腿部练习

（1）坐姿：双手后撑做直腿打水动作，后放松膝、踝关节，体会鞭状打水动作。

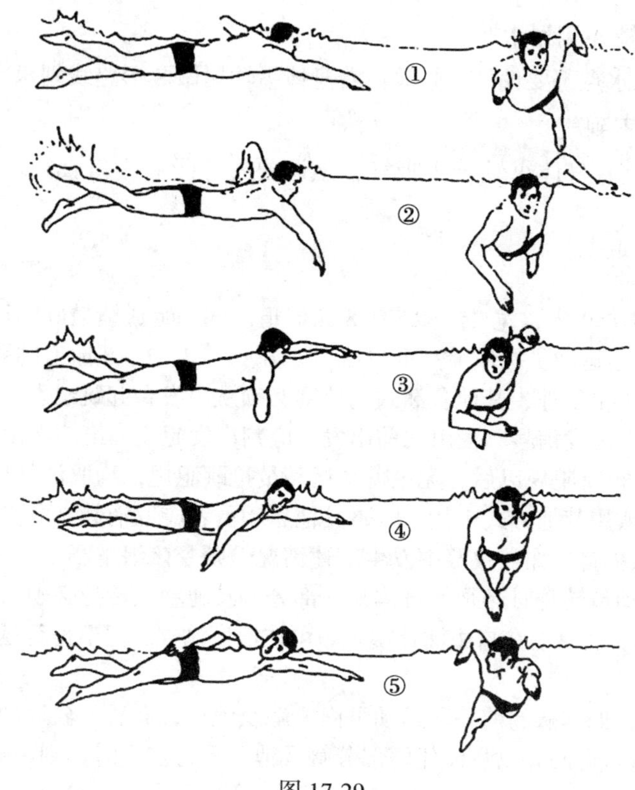

图 17-29

（2）水中：双手扶池槽做固定打水练习。进而扶浮板打水练习。

2. 臂部练习

（1）站立（陆地或水中）：上体前倾 90°做双臂轮流入水—抱水—划水—出水—移臂—入水模仿练习。

（2）水中：配合走动做（1）动作，待掌握节奏后用两腿夹浮板做划水练习。

3. 臂和呼吸的练习

（1）站立（陆地或水中）：上体前倾 90°双臂轮流练习，同时转头配合做呼吸动作。

（2）水中：边走边划臂边做转头呼吸动作。

（六）完整配合练习

（1）在水中滑行两腿打水，同时做臂腿配合练习。

（2）在（1）的动作基础上配合呼吸练习。

（七）易犯的错误及纠正的方法

1. 小腿打水

纠正方法：强调大腿带动小腿和脚打水，用直腿打水进行纠正。

2. 臂入水后向下压，划水时抹水

纠正方法：强调不要过早用力向下划水，强调臂入水后屈臂高肘、掌心对准向后向划水。

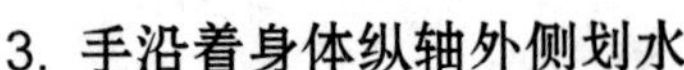

3. 手沿着身体纵轴外侧划水

纠正方法：要求入水点不要偏外，强调沿着身体纵轴屈做S形路线划水。

4. 抬头吸气或吸不到气

纠正方法：强调沿着身体纵轴转头吸气，强调要先呼吸后用口吸气。

四、游泳比赛通则

（1）正式的泳池长50米，宽25米，有8条泳道。同一组成绩最好的运动员（接力队），应该排在第4泳道上，其他运动员按成绩高低以5、3、6、2、7、1、8泳道的顺序安排。

（2）除仰泳在水中出发外，其他各泳式的比赛必须从出发台起跳出发。

（3）运动员如在“出发信号”发出之前出发，应判出发犯规。第一次出发抢跳犯规，应召回重新出发。第一次出发抢跳犯规以后，无论哪个运动员抢跳犯规，均取消其比赛资格或录取资格。

（4）游出本泳道或用其他方式干扰、阻碍其他运动员者应取消其录取资格，受影响的运动员可补测成绩或直接进入决赛。如在决赛中发生上述情况，则令该组重赛。

（5）比赛中，运动员转身时必须使身体某一部分触及池壁。转身必须从池壁完成，不得在池底跨越或行走，否则即算犯规。在自由泳比赛中，可在池底站立，但不得跨越或行走，否则即算犯规。

（6）接力比赛时，如本队的前一名运动员尚未触及池壁，而后一名运动员即离台出发，应算犯规，但如该运动员重新返回并以身体任何部分触及池壁再行游出时，则不算犯规。

五、各泳式的比赛规定

（一）蛙泳

（1）出发和每次转身后，从第一次手臂动作开始，身体应保持俯卧姿势，两肩应与水面平行。

（2）两臂、两腿的所有动作都应同时在同一水平面上进行，不得有交替。

（3）两手应一起在水面、水下或水上由胸前伸出，并在水面或水下向后划水。除出发和每次转身后的第一次划水动作外，两手向后划水不得超过臀线。

（4）在蹬腿过程中，两脚必须做外翻动作，不允许做剪夹、震颤式或向下的海豚式打水动作，只要不做向下的海豚式打腿动作，允许两脚露出水面。

（5）在每次转身和达到终点时，两手应在水面、水上或水下同时触壁，触壁前两肩与水面平行。在触壁前时最后一个向后划水动作结束后，头可以潜入水中，但在触壁前的一个完成不完整的配合动作中，头应部分地露出水面。

（6）在每个以一次划臂和一次蹬腿顺序完成的完整动作周期内，运动员头的某一部分应露出水面，只有在出发和每次转达身后，运动员可在全身没入水中时，做一次手臂充分的向后划至腿部的动作和一次蹬腿动作，但在第二次划臂至最宽点并在两手向内划水前，头必须露出水面。

（二）自由泳

（1）在自由泳比赛中，可采用任何泳式。

（2）转身和到达终点后，可采用身体任何部位触及池壁。

第三节　游泳的卫生与安全救护

一、游泳的安全卫生常识

不论是刚学游泳的人还是经常参加游泳的活动者，都要准备一些必需的用具，这样才能使游泳活动称心如意地进行。

合身的游泳衣裤：游泳衣裤必须合身。如果太大，在游泳时容易兜水，以致加大身体负重和阻力，影响游泳动作。因此游泳衣裤要以穿在身上感到舒适为宜。至于质量，中老年人应选择纯毛或棉毛制品，以深色为宜。年轻人可选择海滩式的尼龙游泳衣裤，颜色以鲜艳的为好，这样可增添美感。

合适的游泳帽：游泳时应戴游泳帽，特别是女性，可以防止头发散乱。有时水质不好还可以防止头发变黄。游泳帽应选带有松紧的尼龙制品或橡胶制品，不能太大，否则容易脱落。

游泳眼镜：如果水质不干净，游泳时细菌很容易进入眼内，以致产生红眼病等。为了预防眼病，需要戴游泳眼镜进行游泳。对于初学游泳的人来说，戴游泳眼镜还可以纠正在水中睁不开眼睛的毛病。

耳塞：在游泳时水流入耳朵是难以避免的。耳朵进水后很不舒服，有时会引起疼痛以致影响听力。为了防止水进入耳朵，应备有耳塞。

浮体物品：初学游泳者，最好自备一些浮体物品，如救生圈（衣）、泡沫塑料打水板等。但自备这些物品时，要时时检查救生衣、圈有无漏气，以防发生事故。

浴巾和拖鞋：浴巾和拖鞋是游泳者必备的用品。在游泳的间歇或游完后上岸，用毛巾擦干身体，披上浴巾，穿上拖鞋，既可以保暖，防止感冒，又比较卫生。在冬泳时，更是不可缺少。

鼻夹：游泳时，由于水波常会把水冲入鼻孔，产生呛水、咳嗽，尤其是初学游泳者，为了防止水进入鼻孔，最好准备一个鼻夹，它可强制用嘴吸气，而不用鼻吸气，可以避免呛水。

热身运动：应该热身 10～15 分钟，活动关节及各部位肌肉，防止入水过冷而抽筋。 游泳前进行温水沐浴后再入水，就不会感觉很冷。因为温水沐浴（在 30～40°C）能够带走身上的部分热量，这样会使你的体温接近水池中的温度（一般为 27°C 左右）。

二、游泳的安全注意事项

（1）牢固树立起安全第一的观念，克服麻痹大意思想，确保生命安全。下水之前要摸清游泳场所的水情，在天然浴场游泳要选择地势平坦，无淤泥、水草、急流漩涡及污染的地方；不要在浅水区跳水；不要在池边奔跑嬉闹；游泳时发生头晕、恶心、抽筋等情况要马上出水；游泳时要结伴而行，不独自行动，最好要带上游泳圈等救生设备。

（2）有下列情况之一者均不得参加游泳：①患病期间；②有开放性创口者；③饮酒、饱食、饥饿、体力不济时；④女生月经期间未采取措施时。

（3）游泳前要做好准备活动。准备活动的量不宜过大，略感肌肉、韧带活动开，身体微热即可。然后，用冷水淋浴全身，待适应后即可下水。

（4）量力而行。要根据各人的水性及体力，不好强逞能，初学者要在浅水区，会游泳者也要合理安排运动量，如在天然浴场，不要远游，以免体力不济时发生溺水事件。

（5）游泳结束后应在水中放松后再出水，并马上擦干身体，穿衣保暖。

三、游泳常见问题及处理办法

（1）抽筋。如果心理紧张、水太凉或待在水里时间太长，都可能抽筋。下水前的准备活动应当充分，在水里时间别太长。一旦出现抽筋，千万不要慌乱。比如，脚趾抽筋，那就马上将腿屈起，用力将足趾拉开、扳直；小腿抽筋，先吸足一口气，仰卧在水面，用手扳住足趾，并使小腿用力向前伸蹬，让收缩的肌肉伸展和松弛；手指抽筋时，手握成拳头，然后用力张开，如此反复，即可解脱。

（2）恶心、呕吐。鼻子呛进脏水就会这样，赶快上岸，后用手指压中脘、内关穴，如果有仁丹，也可以含上一粒。为预防肠炎，还可吃几瓣生蒜。皮肤发痒出疹主要是由皮肤过敏所致，立即上岸，服一片息斯敏或扑尔敏，很快就会好转。

（3）头痛。原因可能是慢性鼻炎、呛水或身体寒冷、暂时性脑血管痉挛而引起供血不足。这时应迅速上岸，用大拇指在头顶百会穴、太阳穴及列缺穴按揉，然后用热毛巾敷头，再喝一杯热开水，即可好转。

（4）腹痛、腹胀。刚吃过饭或空腹游泳即会产生腹痛腹胀。这时应上岸仰卧，用拇指尖点压中脘、上脘和足三里，同时口服 3～5 毫升十滴水，并用热毛巾敷腹部。

（5）耳痛、耳鸣。可能是耳朵里灌水或鼻子呛水，排水方法有：①将头歪向耳朵进水的一侧，用力拉住耳垂，用同侧腿进行单足跳。②对准耳道，用手把耳朵堵严压紧，左耳进水就把头歪向左边，然后迅速将手拔开，水即会被吸出。③用消毒棉签送入耳道内将水吸出。

（6）头晕、脑涨。主要原因是游泳时间过长，血液聚集于下肢，脑缺血，机体能量消耗较大，身体过度疲劳。立即上岸休息，全身保温，并适当喝些淡盐水。

（7）眼睛痒痛。可能是由水不洁净引起。上岸后应马上用清洁的淡盐水冲洗眼睛，然后用氯霉素或红霉素眼药水点眼，临睡前最好再做一下热敷。

四、基本救护常识

（一）水上救护技术

（1）间接救护。采用救生圈、套杆、绳索、船只等器材，或者根据具体情况因地制宜，利用各种现有器材进行救护，如木棍、木头、木板、门板等一些可以浮起的东西，以便及时救起溺者。一般游泳水平较差者最好采用这种救护方法。

（2）直接救护。直接救护是在没有救护器材，或救护器材不能发挥作用的情况下采用的方法。在进行水面观察，发现溺水者后，救护员应看清方位立即跳入水中进行救护。直接救护技术由入水、游进与接近溺水者、解脱、拖运（又称拖带），出水和岸上急救等部分组成。直接救护技术是游泳救护员必须掌握的，也是游泳救护中最重要的环节。

（二）急救技术

急救技术即救护上岸后根据溺水者的情况采取相应的急救措施。一要分秒必争；二要掌握急救程序：先清除口鼻呼吸道的异物，然后再进行腹部控水、人工呼吸等措施。

第十八章

武　　术

本章导读

武术是打拳和使用兵器的技术，是把踢、打、摔、拿、跌、击、劈、刺等动作按照一定规律组成徒手的和器械的各种攻防格斗功夫、套路和单势练习。武术具有极其广泛的群众基础，是中国人民在长期的社会实践中不断积累和丰富起来的一项宝贵的文化遗产。通过学习本章，了解武术的概念、起源、特点及锻炼价值；熟悉武术的基本功与基础练习；掌握简化（二十四式）太极拳、初级长拳、初级剑技术动作。

第一节　武术概述

武术是我国民族体育的主要内容之一，运动形式有套路和对抗等，几千年来为我国人民锻炼身体或自卫御敌的一种方法，其中有的项目已列入竞技运动，如长拳、太极拳、南拳、剑术、刀术、枪术、棍术等。

中国武术分为传统武术和竞技武术，竞技武术是由传统武术演化而来的体育运动，而传统武术则是由古代战争和街头打架所发展出来的徒手和器械格斗术。其内容有踢、打、绊、拿、柔术等。传统的中国武术又被称为国术，其本质是一种格斗。它与普通的体育运动不同，体育运动是一种健身游戏，而格斗却是一种生存游戏。当然，目前流行的竞技武术是一种体育运动，因为国标武术是竞技和表演性质的，本质上接近于体育。传统武术具有极其广泛的群众基础，是中华民族在长期的社会实践中不断积累和丰富起来的一项宝贵的文化遗产。竞技武术则划分为散打和套路，散打又叫散手，是武术的擂台形势式，套路则为武术的表演形式。

一、武术的特点

（一）寓技击于体育之中

武术最初作为军事训练手段，与古代军事斗争紧密相连，其技击的特性是显而易见的。在实用中，其目的在于杀伤、制限对方，它常常以最有效的技击方法，迫使对方失去反抗能力。这些技击术至今仍在军队、公安系统中被采用。 武术作为体育运动，技术上仍不失攻防技击的特性，而是将技击寓于搏斗与套路运动之中，而搏斗运动集中体现了武术攻防格斗的特点，在技术上与实用技击基本上是一致的，但是从体育观念出发，它受到竞赛规则的制约以不伤害对方为原则。例如，在

散手中对武术中有些传统的实用技击方法做了限制，而且严格规定了击打部位和保护护具，短兵中使用的器具也做了相应的变化，而推手则是在特殊技术规定下进行竞技对抗的。因此，可以说武术的搏斗运动具有很强的攻防技击性，但又与实用技击有所区别。

套路运动是中国武术的一个特有的表现形式，不少动作在技术规格、运动幅度等方面与技击的原形动作有所变化，但是动作方法仍然保留了技击的特性。即使因连接贯穿及演练技巧上的需要，穿插了一些不一定具有攻防技击意义的动作，然而就整套技术而言，主要的动作仍然是以踢、打、摔、拿、击、刺诸法为主，是套路的技术核心。它的攻防技击特性是通过一招一式来表现的，汇集百家；它的技击方法是极其丰富的，在散手、短兵中不宜采用的技术方法，在套路运动中仍有所体现。

（二）形神兼备的民族风格

武术既讲究形体规范，又求精神传意。内外合一的整体观，是中国武术的一大特色。所谓内，指心、神、意等心志活动和气总的运行；所谓外，即手眼身步等形体活动。内与外、形与神是相互联系统一的整体。比如，五禽操就是一种模仿虎、鹿、熊、猿、鸟五种动物的奇妙功夫，其精髓就是：“外动内静、动中求静、动静兼备、有刚有柔、刚柔并济、练内练外、内外兼练。”

武术“内外合一，形神兼备”的特点主要通过武术功法和投法来体现。“内练精气神，外练筋骨皮”是各家各派练功的准则，如太极拳主张身心合修，要求“以心行气，以气运身”。形意拳讲究“内三合，外三合”，大洪拳、少林拳也要求精、力、气、骨、神内外兼修。此外，武术套路在技术上往往要求把内在精气神与外部形体动作紧密相合，完整一气，做到“心动形随”“形断意连”“势断气连”。以“手眼身法步，精神气力功”八法的变化来锻炼心身。这一特点反映了中国武术作为一种文化形式在长期的历史演进中备受中国古代哲学、医学、美学等方面的渗透和影响，形成了独具民族风格的练功方法和运动形式。

（三）广泛的适应性

武术的练习形式、内容丰富多样，有竞技对抗性的散手、推手、短兵，有适合演练的各种拳术、器械的对练，还有与其和适应的各种练功方法。不同的拳种和器械有不同的动作结构、技术要求、运动风格和运动量，分别适应人们不同年龄、性别、体质的需求，人们可以根据自己的条件和兴趣爱好进行选择练习，同时它对场池、器材的要求较低，俗称“拳打卧牛之地”，练习者可以根据场地的大小变化练习内容和方式，即使一时没有器械也可以徒手练参、练功。一般来说，受时间、季节限制也很小。 较之不少体育运动项目，具有更为广泛的适应性，武术能在广大民间历久不衰，与这一特点不无关系，利用这一特点可为现代群众性体育活动提供方便，使武术进一步社会化。

二、武术运动的锻炼价值

武术具有强体健身、防身自卫、修身养性、娱乐身心等方面的作用，是增强全民体质、振奋民族精神的有效手段之一。

（一）改善人体机能，增强体质

武术运动不仅能使人们在形体上得到锻炼，而且能使人们的身心得到全面锻炼。武术谚语云：“内练精神气，外练筋骨皮。”又云：“外练筋骨皮，内练一口气。”据近几年来我国有关部门所进行的武术研究，都证明经常练习武术能收到“壮内强外”的效果。儿童和青少年从事武术锻炼能促进生长发育，体格健美；中老年人从事武术锻炼能推迟衰老，延年益寿。总之，武术对外能利关节，强筋骨，壮体魄；对内能理脏腑，通经络，增精神，使身心得到全面发展。

（二）提高防身自卫能力

武术的核心是攻防技术，“防身自卫”是武术的基本作用之一。通过武术锻炼，可以掌握各种踢、打、摔、拿、击、刺等攻防技击方法，提高身体的灵活性和反应能力，增长劲力和抗击打能力，防身自卫，克敌制胜。

（三）娱乐身心，陶冶情操

武术具有一定的审美价值。它的审美价值主要体现在技击美和技艺美两个方面。武术的技击美，是通过实战搏斗动作的攻防实效、套路演练动作的攻防含意表现出来的；武术的技艺美，是通过充分发挥人体运动能力，表现出来的武术姿势美和运动规律美。人们通过对武术美的感受，使其审美需求获得某种满足，从而起到娱乐身心的作用；同时，还能诱发和提高审美情趣，从而起到陶冶情操的作用。

（四）磨炼意志，振奋民族精神

拳术谚语云：“冬练三九，夏练三伏。”这就要求练武者不仅要有吃苦耐劳的精神，而且还要常年不懈、持之以恒地进行练习。练武不仅能培养人们坚忍不拔、顽强不屈的意志，也是一种修身养性的良好健身手段。武术教育历来重视“武德”，以“尚武崇德”作为武术教育的基本原则之一。“尚武”，指要求习武者坚持不懈地进行武术锻炼，不断增强体魄，提高攻防技术。“崇德”，指要求习武者具有手德、口德和公德，也就是说，习武者不能以武力伤人，不以语言中伤他人，不做扰乱社会公德的事。提倡“尚武崇德”，不仅能增强人们的体质，振奋民族精神，还有益于社会主义精神文明建设。

第二节　武术的基本功与基础练习

一、武术的基本手形

如图 18-1 所示，武术的基本手形主要有以下三种。

（1）拳。四指并拢卷握，拇指紧扣食指和中指的第二指节。拳握紧，拳面平，直腕。

（2）掌。四指并拢伸直，拇指弯曲紧扣于虎口处；掌指向上成 90°，小指一侧向前。

（3）勾。五指第一指节捏拢在一起，屈腕，指尖向上或向下。

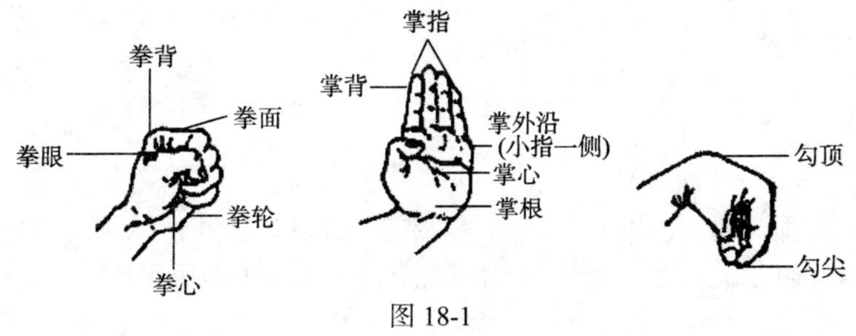

图 18-1

二、手法练习

（一）原地和行进间冲拳

（1）动作要点：分俯拳和立拳两种，俯拳拳心向下，立拳拳眼向上。两脚左右开立，与肩同宽；两拳抱于腰间，肘尖向后，拳心向上；挺胸、收腹、立腰，右拳从腰间向前猛力冲出，同时转腰、顺肩，在肘关节过腰后右前臂内旋，力达拳面，臂要伸直，高与肩平；左肘向后牵拉。

（2）练习要求：出拳要快速有力，做好拧腰、顺肩、急旋前臂动作。

（3）练习步骤：①先慢做，不要用全力，注意动作的准确性，然后再逐步过渡到快速有力的冲拳；②结合各种步型、步法和腿法做冲拳练习。

（4）易犯错误和纠正方法：①冲拳时肘外展，使拳从肩前冲出——强调肘贴肋运行，使拳内旋冲出；②冲拳无力。注意紧握拳和肩下沉——冲拳时，前臂要内旋，动作要快速；③冲拳过高或过低——可在自己面前设一与肩同高的目标，向目标冲击。

（二）原地和行进间推掌

（1）动作要点：预备姿势与冲拳同。右拳变掌，前臂内旋，以掌根为力点向前猛力推击，同时转腰、顺肩，臂要伸直，高与肩平；左肘向后牵拉。

（2）练习要求：挺胸、收腹、立腰。出掌要快速有力，同时还要做好拧腰、顺肩、沉腕、翘掌等动作。

（3）练习步骤、易犯错误和纠正方法与冲拳同。

三、肩臂练习

图 18-2

（1）动作要点：面对肋木或二人对面站立，距离一大步，两脚左右分开与肩同宽。两手抓握肋木或扶同伴双肩，上体前俯、挺胸、塌腰，并做下振压肩动作，如图 18-2 所示。

（2）练习要求：两臂、两腿要伸直，振幅应逐步加大，压点集中于肩部。增加助力时应由小到大。

四、腰部练习

（1）动作要点：向前俯腰。由两脚开立逐渐过渡到并脚，两手逐步过渡到抱小腿。

（2）练习要求：腿要直，腰尽量平。还可以进行涮腰和下桥练习。

五、腿部练习

（一）压腿

1. 正压腿

（1）动作要点：面对肋木，并步站立；一腿提起，脚跟放在肋木上，脚尖勾起，踝关节屈紧，两手扶按膝上；两腿伸直，立腰，收髋；上体前屈，并向前向下做压振动作。左右压腿交替进行，如图 18-3 所示。

图 18-3

（2）练习要求：直体向前、向下压振，逐步加大振幅和提高被压腿的高度。先以前额、鼻尖触及脚尖，然后过渡到下颌触及脚尖。

（3）练习步骤：①压腿前应先做肌肉和关节的放松活动，压腿后可把被压的腿屈膝抱在胸前，然后松开做“控腿”练习，以提高腿部控制能力；②压至有疼痛感觉时可以停住不动，进行静力压练习；③压腿后可做踢腿、摆腿动作。压腿、控腿、踢腿和摆腿可交替进行。

（4）易犯错误和纠正方法：①两腿不直——首先要明确压腿的意义和作用，认识压腿后出现腿痛是正常现象，在做压振动作前，应先查看身体姿势是否符合收胯、正髋的要求，然后用手或用外来的压力下压膝部；②上体不正（收不住髋）——先做低压腿，被压腿异侧的肩、胸部前俯，并用双手抱住脚掌。

2. 侧压腿

（1）动作要点：侧对肋木，右腿支撑，脚尖稍外撇；左腿举起，脚跟放在肋木上，脚尖勾起，踝关节紧屈；右臂屈肘上举，左掌附于右胸前；两腿伸直，立腰，开髋；上体向左侧压振。左右交替练习，如图 18-4 所示。

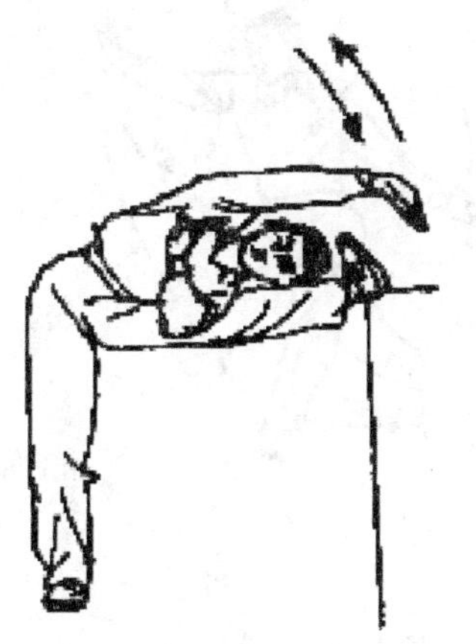
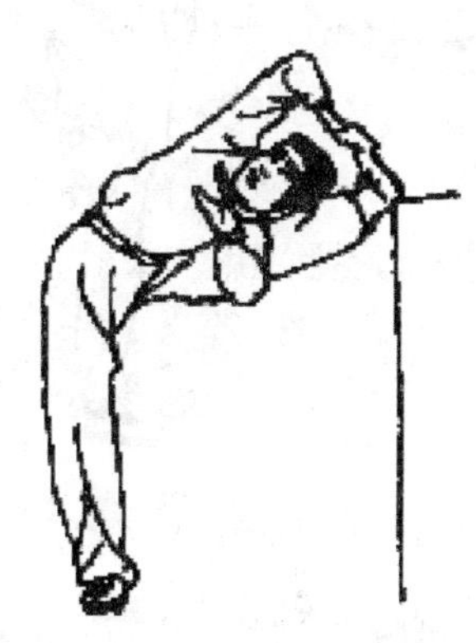

图 18-4

（2）练习要求：①同正压腿的（1）、（2）点；②逐步过渡到上体侧卧在被压腿上。

（3）练习步骤：均与正压腿同。

（4）易犯错误和纠正方法：①两腿不直——纠正方法与正压腿同。②上体前侧屈，处于

正、侧压腿之间——支撑脚的脚尖外展，被压腿尽量向前送髋，向里掖左肩，右臂上举并向头后侧振。

（二）踢腿

踢腿是武术练习中的重要内容，也是表现基本功训练水平的主要方面之一。腿部的柔韧性、灵敏性和控制腿部的力量，都比较集中地从踢腿上表现出来。踢腿的方法有直摆性的正踢腿和侧踢腿。

1. 正踢腿

（1）动作要点：两脚并立，两手成立掌；左腿向前上半步，左腿支撑，右脚勾起脚尖向前额快踢；两眼向前平视。左右交替进行，如图 18-5 所示。

（2）练习要求：挺胸、立腰。踢腿时，脚尖勾起绷落或勾起勾落。踢起时快速收腹，过腰后加速，讲究寸劲。

练习步骤：①可先练压腿和摆腿，然后再练踢腿；②可先踢低腿，适当放慢速度，然后过渡到按照规范要求完成动作；③可先手扶肋木，原地踢一条腿，然后再踢另一条腿；④左右交替地在行进间踢腿。

易犯错误和纠正方法：①俯身弯腿——收下颌，头上顶，讲究立腰，两臂外撑以固定胸廓。可先踢低腿，并适当放慢速度。②拔脚跟或送髋——上步可小一些，上踢时支撑腿挺膝，脚趾抓地。可先踢低腿。③踢腿速度缓慢无力——用手扶肋木，按口令要求的速度踢，左右交替。

2. 侧踢腿

（1）动作要点：预备姿势与正踢腿同。右脚向前上半步，脚尖外展；左脚脚跟稍提起，身体略右转，左臂前伸，右臂后举；随即，左脚脚尖勾紧向左耳侧上踢，同时右臂屈肘上举亮掌，左臂屈肘立掌附于右肩前或垂于胸前；眼向前平视。踢左腿为左侧踢，踢右腿为右侧踢，如图 18-6 所示。

图 18-5　　　　图 18-6

（2）练习要求：挺胸、立腰、开髋、侧身和快收腹。

练习步骤与正踢腿同。

（3）易犯错误和纠正方法。①参看正踢腿（1）、（2）。②侧身不够——支撑腿外展，上体正直，努力向耳侧踢。

六、基本步型

（一）弓步

（1）动作要点：两腿前后开立一大步，前腿弓，后腿绷直，挺胸、塌腰，眼向前看，如图 18-7 所示。

（2）练习要求：后腿用力蹬直。

（二）马步

（1）动作要点：两脚开立宽于肩，屈膝成 90°，两膝内扣双脚尖向前，挺胸塌腰双手抱拳于腰两侧，如图 18-8 所示。

图 18-7

图 18-8

（2）练习要求：蹲裆式尽量低。

（三）仆步

（1）动作要点：一腿全蹲，全脚掌着地；另一腿伸直平仆，亦全脚掌着地，脚尖内扣，上体尽量挺直，如图 18-9 所示。

图 18-9

（2）练习要求：不得半蹲。

（四）虚步

（1）动作要点：两脚前后开立，后退屈膝半蹲全脚着地；前腿屈膝，脚尖内扣点地，如图 18-10 所示。

（2）练习要求：尽量低姿势。

（五）歇步

（1）动作要点：两腿前后交叉，双腿下蹲，上体直立，如图 18-11 所示。

图 18-10

图 18-11

（2）练习要求：不得坐下，大腿撑劲。

第三节　武术技术

一、太极拳

太极拳是综合了明代各家拳法，结合古代导引、吐纳之术，汲取古代中医学说、阴阳学说的经典理论而形成的一种优秀拳种。它以掤、捋、挤、按、采、挒、肘、靠、进、退、顾、盼、定为基本技法，练习时体现了心静体松、呼吸自然、轻灵沉着、圆活连贯、上下相随、虚实分明、柔中寓刚、以意导动等运动特点。目前流传较广的有陈式、杨式、武式、吴式、孙式等特色鲜明的太极拳流派。十六式太极拳是由中国武术段位制编写组创编的二段位考核的规定套路，也是太极拳的入门基础套路。本套路精选了十六个动作，由八式太极拳原地运动形式向行步运动形式过渡。学习此套路对进一步熟悉太极拳是基本要领、基础动作有着重要作用，初学者要特别重视掌握太极拳行步演练的基本方法和要领。二十四式简化太极拳是 1956 年国家体委组织有关人员按照由简入繁、由易到难的原则，对已在群众中流行的太极拳进行改编、整理而成的。它改变了以往套路中先难后易的动作顺序，去掉了过多的重复动作，保留了原套路的主要结构和技术内容，便于初学者掌握，且适合不同年龄阶段的人练习，深受广大群众喜爱。以下是简化（二十四式）太极拳动作说明。

起势前，身体自然站立。两脚并拢，两手垂于大腿外侧；头项正直，口闭齿扣，胸腹放松；眼平视前方（图 18-12）。

（一）起势

（1）左脚开立：左脚向左分开，两脚平行同肩宽（图 18-13①）。

（2）两臂前举：两臂慢慢向前平举，自然伸直，两手心向下（图 18-13②）。

（3）屈腿按掌：两腿慢慢屈膝半蹲，同时两掌轻轻下按至腹前（图 18-13③）。

图 18-12

①

②

③

图 18-13

（二）左右野马分鬃

1. 左野马分鬃

（1）抱球收脚：上体稍右转，右臂屈抱于右胸前，左臂屈抱于腹前，成右抱球；左脚收至右脚内侧成丁步（图 18-14①）。

（2）弓步分手：上体左转，左脚向左前方迈出一步，成左弓步；同时两掌前后分开，左手心斜向上，右手按至右胯旁，两臂微屈（图 18-14②）。

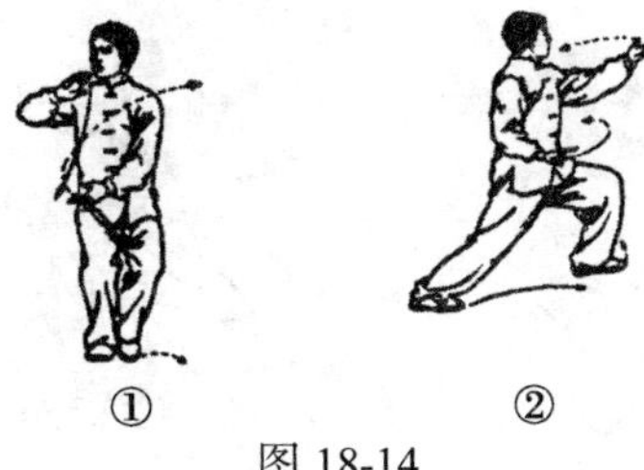

①　②

图 18-14

2. 右野马分鬃

（1）抱球收脚：重心稍后移，左脚尖翘起外撇；上体稍左转，左手翻转在左胸前屈抱，右手翻转前摆，在腹前屈抱，成左抱球；重心移至左腿，右脚收至左脚内侧成丁步（图 18-15①）。

（2）弓步分手：同前弓步分手，唯左右相反（图 18-15②）。

3. 左野马分鬃

同右野马分鬃，只是左右相反（图 18-16）。

①　②　①　②

图 18-15　图 18-16

（三）白鹤亮翅

（1）跟步抱球：上体稍左转，右脚向前跟步，落于左脚后同时两手在胸前屈臂抱球（图 18-17①）。

（2）虚步分手：上体后坐并向右转体，左脚稍向前移动，成左虚步；同时右手分至右额前，掌心向内，左掌按至左腿旁，上体转正；眼平视前方（图 18-17②）。

①　②　①　②

图 18-17　图 18-18

（四）左右搂膝拗步

1. 左搂膝拗步

（1）收脚托掌：上体右转，右手至头前下落，经右胯侧向后方上举，于头同高，手心向上，左手上摆，向右划弧落至右肩前；左脚收至右脚内侧成丁步；眼视右手（图 18-18①）。

（2）弓步搂推：上体左转，左脚向左前方迈出一步成左弓步；左手经膝前上方搂过，停于左腿外侧，掌心向下，指尖朝前，右手经肩上向前推出，右臂自然伸直（图 18-18②）。

图 18-19

2. 右搂膝拗步

（1）收脚托掌：重心稍后移，左脚尖翘起外摆，上体左转，右脚收至左脚内侧成丁步；右手经头前划弧至左前肩，掌心向下，左手向左上方划弧上举，于头同高，掌心向上；眼视左手（图 18-19①）。

（2）弓步搂推：同前弓步搂推，唯左右相反（图 18-19②）。

3. 左搂膝拗步

动作与右搂膝拗步相同，唯左右相反（图 18-20）。

（五）手挥琵琶

（1）跟步展臂：右脚向前收拢半步落于左脚后；右臂稍向前伸展（图 18-21①）。

（2）虚步合手：上体稍向右回转，左脚稍前移，脚跟着地，成左虚步；两臂屈肘合抱，右手与左肘相对，掌心向左（图 18-21②）。

图 18-20　　图 18-21

（六）左右倒卷肱

1. 右倒卷肱

（1）退步卷肱：上体稍右转，两手翻转向上，右手随转体向后上方划弧上举至肩上耳侧，左手停于体前；上体稍左转；左脚提起向后退一步，脚前掌轻轻落地；眼视左手（图 18-22①）。

（2）虚步推掌：上体继续左转，重心后移，成右虚步；右手推至体前，左手向后、向下划弧，收至左腰侧，手心向上；眼视右手（图 18-22②）。

2. 左倒卷肱

（1）退步卷肱：同前退步卷肱，唯左右相反（图 18-23①）。

（2）虚步推掌：同前虚步推掌，唯左右相反（图 18-23②）。

图 18-22　　图 18-23

3. 右倒卷肱

同前右倒卷肱（图 18-24）。

4. 左倒卷肱

同前左倒卷肱（图 18-25）。

图 18-24　　图 18-25

（七）左揽雀尾

（1）抱球收脚：上体右转，右手向侧后上方划弧，左手在体前下落。两手呈右抱球状；左脚收成丁步（图 18-26①）。

（2）弓步掤臂：上体左转，左脚向左前方迈成左弓步；两手前后分开，左臂半屈向体前掤架，右手向下划弧按于右胯旁，五指向前；眼视左手（图 18-26②）。

（3）转体摆臂：上体稍向左转，左手向左前方伸出，同时右臂外旋，向上、向前伸至左臂内侧，掌心向上（图 18-26③）。

（4）转体后捋：上体右转，身体后坐，两手同时向下经腹前向右后方划弧后捋，右手举于身体侧后方，掌心向外，左臂平屈于胸前，掌心向内；眼视右手（图 18-26④）。

（5）弓步前挤：重心前移成左弓步；右手推送左前臂向体前挤出，两臂撑圆（图 18-26⑤）。

（6）后坐引手：上体后坐，左脚尖翘起；左手翻转向下，右手经左腕上方向前伸出，掌心转向下，两手左右分开与肩同宽，两臂屈收后引，收于腹前，手心斜向下（图 18-26⑥）。

（7）弓步前按：重心前移成左弓步；两手沿弧线推至体前（图 18-26⑦）。

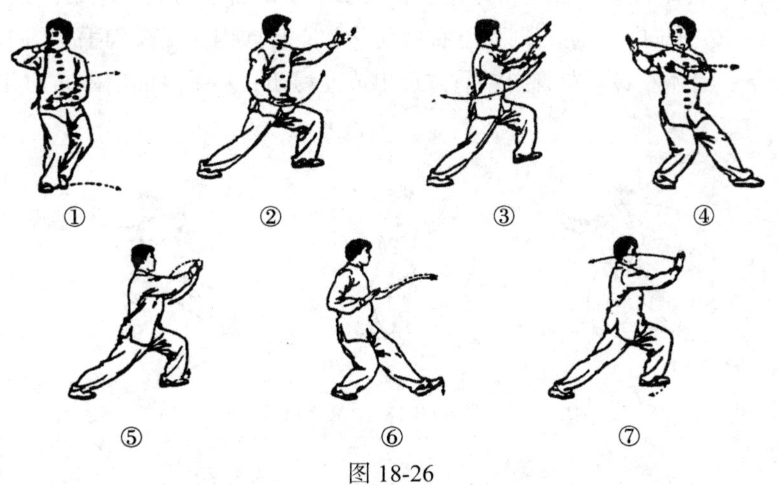

图 18-26

（八）右揽雀尾

（1）转体分手：重心后移，上体右转，左脚尖内扣；右手划弧右摆，两手平举于身体两侧；

头随右手移转（图 18-27①）。

（2）抱球收脚：左腿屈膝，重心左移，右脚收成丁步；两手呈左抱球状（图 18-27②）。

（3）弓步掤臂：同前弓步掤臂，唯左右相反（图 18-27③）。

（4）转体摆臂：同前转体摆臂，唯左右相反（图 18-27④）。

（5）转体后捋：同前转体后捋，唯左右相反（图 18-27⑤）。

（6）弓步前挤：同前弓步前挤，唯左右相反（图 18-27⑥）。

（7）后坐引手：同前后坐引手，唯左右相反（图 18-27⑦）。

（8）弓步前按：同前弓步前按，唯左右相反（图 18-27⑧）。

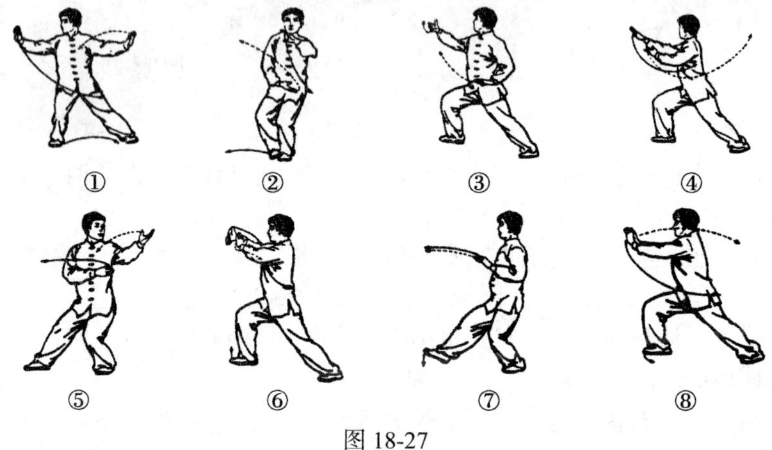

图 18-27

（九）单鞭

（1）转体运臂：上体左转，左腿屈膝，右脚尖内扣，两手向左划弧，掌心向外，右手向左划弧至左肘前，掌心转向上；眼随左手运转（图 18-28①）。

（2）勾手收脚：上体右转，右腿屈膝，左脚收成丁步；右手向上向左划，至身体右前方变成勾手，腕高与肩平，左手向下、向右划弧至右肩前，掌心转向内；眼视勾手（图 18-28②）。

（3）弓步推掌：上体左转，左脚向左前方迈出成左弓步；左手经面前翻掌向前推出（图 18-28③）。

图 18-28

（十）云手

（1）转体松勾：上体右转，左脚尖内扣；左手向下、向右划弧至右肩前，掌心向内，右勾手松开变掌（图 18-29①）。

（2）左云收步：上体左转，重心左移，右脚向左脚收拢，两腿屈膝半蹲，两脚平行向前成小开立步；左手经头前向左划弧运转，掌心渐渐向外翻转，右手向下、向左划弧运转，掌心渐渐转向内；视线随左手运转（图 18-29②、③）。

（3）右云开步：上体右转，重心右移，左脚向左横开一步，脚尖向前；右手经头前向右划弧运转，掌心逐渐由内转向外，左手向下、向右划弧，停于右肩前，掌心渐渐翻转向内；视线随右手运转（图 18-29④）。

①　②　③　④

图 18-29

（4）左云收步：同前左云收步（图 18-30）。

（5）右云开步：同前右云开步（图 18-31）。

（6）左云收步：同前左云收步（图 18-32）。

①　②　①　②

图 18-30　图 18-31　图 18-32

（十一）单鞭

（1）转体勾手：上体右转，重心右移，左脚跟提起；右手向左划弧，至右前方掌心翻转变勾手；左手向下向右划弧至右肩前，掌心转向内；眼视勾手（图 18-33①）。

（2）弓步推掌：同前弓步推掌（图 18-33②）。

（十二）高探马

（1）跟步翻手：后脚向前收拢半步；右手勾手松开，两手翻转向上，肘关节微屈（图 18-34①）。

（2）虚步推掌：上体稍右转，重心后移，左脚稍向前移成左虚步；上体左转，右手经头侧向前推出；左臂屈收至腹前，掌心向上（图 18-34②）。

（十三）右蹬脚

（1）穿手上步：上体稍左转，左脚提收向左前方迈出，脚跟着地；右手稍向后收，左手经右手背上方向前穿出，两手交叉，左掌心斜向上，右掌心斜向下（图 18-35①）。

（2）分手弓步：重心前移成左弓步；上体稍右转，两手向两侧划弧分开，掌心皆向外；眼

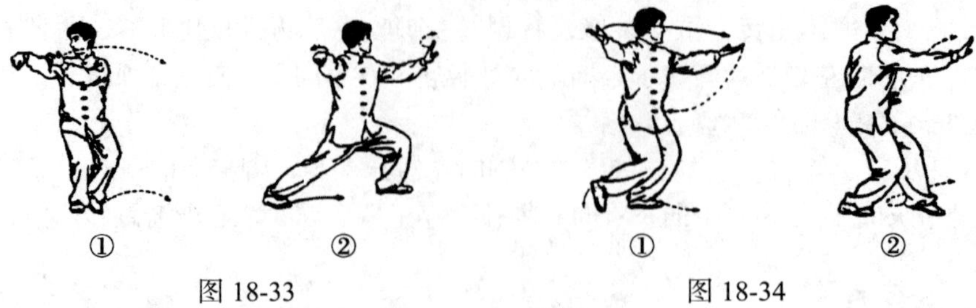

①　②　①　②

图 18-33　图 18-34

视右手（图 18-35②）。

（3）抱手收脚：右脚收成丁步；两手向腹前划弧相交合抱，举至胸前，右手在外，两掌心皆转向内（图 18-35③）。

（4）分手蹬脚：两手手心向外撑开，两臂展于身体两侧，肘关节微屈，腕与肩平；左腿支撑，右腿屈膝上提，脚跟用力慢慢向前上方蹬出，脚尖上勾，膝关节微屈，右腿与右臂上下相对，方向为右前方约 30°；眼视右手（图 18-35④）。

①　②　③　④

图 18-35

（十四）双峰贯耳

（1）屈膝并手：右小腿屈膝回收，左手向体前划弧，与右手并行落于右膝上方，掌心皆翻转向上（图 18-36①）。

①　②

图 18-36

（2）弓步贯拳：右脚下落向右前方上步成右弓步；两手握拳经两腰侧向上、向前划弧摆至头前，两臂半屈成钳形，两拳相对，同头宽，拳眼斜向下（图 18-36②）。

（十五）转身左蹬脚

（1）转体分手：重心后移，左腿屈坐，上体左转，右脚尖内扣；两拳松开，左手向左划弧，两手平举于身体两侧，掌心向外；眼视左手（图 18-37①）。

①　②　③

图 18-37

（2）抱手收脚：重心右移，右腿屈膝后坐，左脚收至右脚内侧成丁步；两手向下划弧交叉合抱，举至胸前，左手在外，两手心皆向内（图 18-37②）。

（3）分手蹬脚：同前分手蹬脚，唯左右相反（图 18-37③）。

（十六）左下势独立

（1）收脚勾手：左腿屈收于右小腿内侧；上体右转，右臂稍内合，右手变勾手，左手划弧摆至右肩前，掌心向右；眼视勾手（图 18-38①）。

（2）仆步穿掌：上体左转，右腿屈膝，左腿向左前方伸出成左仆步；左手经右肋沿左腿内侧向左穿出，掌心向前，指尖向左；眼视左手（图 18-38②）。

（3）弓腿起身：重心移向左腿成左弓步；左手前穿并向上挑起，右勾手内旋，置于身后（图 18-38③）。

（4）独立挑掌：上体左转，重心前移，右腿屈膝提起成左独立步；左手下按于左胯旁，右勾手下落变掌向体前挑起，掌心向左，高与眼平，右臂半屈成弧（图 18-38④）。

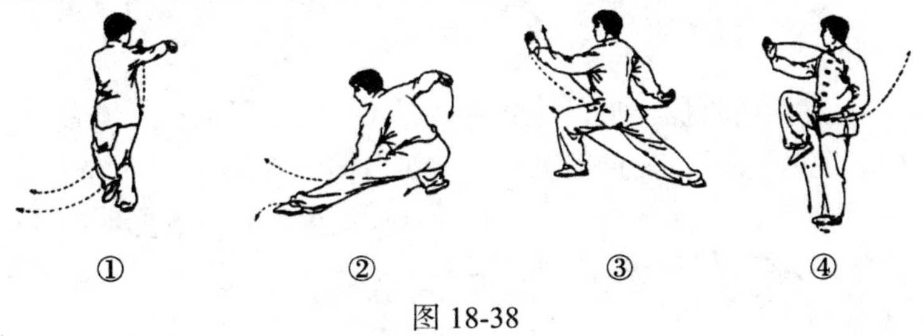

图 18-38

（十七）右下势独立

（1）落脚勾手：右脚落于左脚右前方，脚前掌着地，上体左转，左脚以脚掌为轴随之扭转；左手变勾手向上提举于身体左侧，高与肩平，右手划弧摆至左肩前，掌心向左；眼视勾手（图 18-39①）。

（2）仆步穿掌：同前仆步穿掌，唯左右相反（图 18-39②）。

（3）弓步起身：同前弓步起身，唯左右相反（图 18-39③）。

（4）独立挑掌：同前独立挑掌，唯左右相反（图 18-39④）。

图 18-39

（十八）左右穿梭

1. 右穿梭

（1）落脚抱球：左脚向左前方落步，脚尖外撇，上体左转；两手呈左抱球状（图 18-40①）。

（2）弓步架推：上体右转，右脚向右前方上步成右弓步；右手向前上方划弧，翻转上举，架于右额前上方，左手向后下方划弧，经肋前推至体前，高与鼻平；眼视左手（图 18-40②）。

2. 左穿梭

（1）抱球收脚：重心稍后移，右脚尖外撇，左脚收成丁步；上体右转，两手在右肋前上下相抱（图 18-41①）。

（2）弓步架推：同前弓步架推，唯左右相反（图 18-41②）。

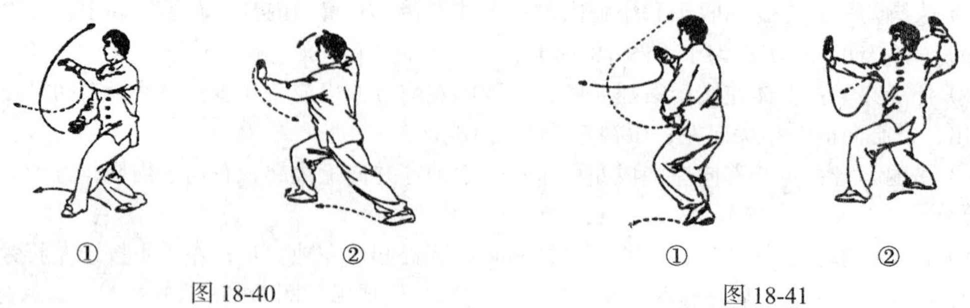

图 18-40　　图 18-41

（十九）海底针

（1）跟步提手：右脚向前收拢半步，随之重心后移，右腿屈坐；上体右转，右手下落屈臂提抽至耳侧，掌心向左，指尖向前，左手向右划弧下落至腹前，掌心向下，指尖斜向右（图 18-42①）。

（2）虚步插掌：上体左转向前俯身，左脚稍前移成左虚步；右手向前下方斜插，左手经膝前划弧搂过，按至左大腿侧；眼视右手（图 18-42②）。

（二十）闪通臂

（1）提手收脚：上体右转，恢复正直；右手提至胸前，左手屈臂收举，指尖贴近右腕内侧；左脚收至右脚内侧（图 18-43①）。

（2）弓步推掌：左脚向前上步成左弓步；左手推至体前，右手撑于头侧上方，掌心斜向上，两手分展；眼视左手（图 18-43②）。

图 18-42　　图 18-43

（二十一）转身搬拦锤

（1）转体扣脚：重心后移，右腿屈坐，左脚尖内扣；身体右转，右手摆至体右侧，左手摆至头左侧，手心均向外；眼视右手（图 18-44①）。

（2）坐腿握拳：重心左移，左腿屈坐，右腿自然伸直；右手握拳向下、向左划弧停于左肋前，拳心向下，左手举于左额前；眼向前平视（图 18-44②）。

（3）踩脚搬拳：右脚提收至左脚内侧，再向前迈出，脚跟着地，脚尖外撇；右拳经胸前向前搬压，拳心向上，高与胸平，肘部微屈，左手经右前臂外侧下落，按于左胯旁；眼视右拳（图

18-44③）。

（4）转体收拳：上体右转，重心前移，右拳向右划弧至体侧，拳心向下，左臂外旋，向体前划弧，拳心斜向上（图 18-44④）。

（5）上步拦掌：左脚向前上步，脚跟着地；左掌拦至体前，掌心向右，右拳翻转收至腰间，拳心向上；眼视左掌（图 18-44⑤）。

（6）弓步打拳：上体左转，重心前移成左弓步；右拳向前打出，肘微屈，拳眼向上，左手微收，掌指附于右前臂内侧，掌心向右（图 18-44⑥）。

① ② ③ ④ ⑤ ⑥

图 18-44

（二十二）如封似闭

（1）穿手翻掌：左手翻转向上，从右前臂下向前穿出；同时右拳变掌，也翻转向上，两手交叉举于体前（图 18-45①）。

（2）后坐收掌：重心后移，两臂屈收后引，两手分开收至胸前，与胸同宽，掌心斜相对；眼视前方（图 18-45②）。

（3）弓步按掌：重心前移成左弓步；两掌经胸前弧线向前推出，高与肩平，与肩同宽（图 18-45③）。

① ② ③

图 18-45

（二十三）十字手

（1）转体扣脚：上体右转，重心右移，右腿屈坐，左脚尖内扣右手向右摆至头前，两手心皆向外；眼视右手（图 18-46①）。

（2）弓腿分手：上体继续右转，右脚尖外撇成侧弓，右手继续划弧至身体右侧，两臂侧前举，手心皆向外；眼视右手（图 18-46②）。

① ② ③ ④

图 18-46

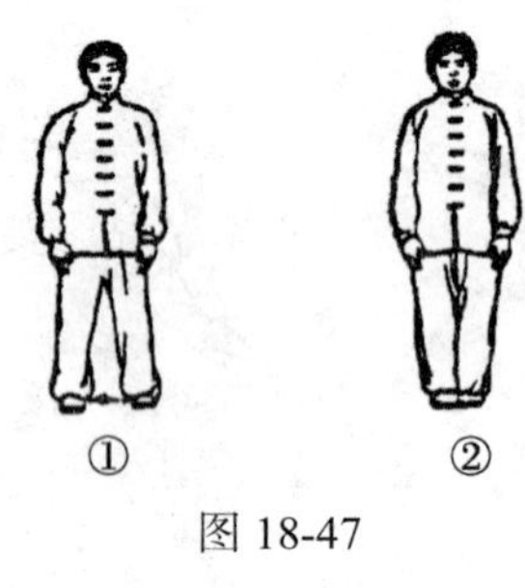

① ②

图 18-47

（3）交叉搭手：上体左转，重心左移，左腿屈膝侧弓，右脚尖内扣；两手划弧下落，交叉上举成斜十字形，右手在外，掌心皆向内（图 18-46③）。

（4）收脚合抱：上体转正，右脚提起收拢半步，两腿慢慢直立；两手交叉合抱于胸前（图 18-46④）。

（二十四）收势

（1）翻掌分手：两臂内旋，两手翻转向下分开停于身体两侧；眼视前方（图 18-47①）。

（2）并脚还原：左脚轻轻收回，恢复成预备姿势（图 18-47②）。

二、长拳

长拳是一种姿势舒展、动作灵活、快速有力、节奏鲜明，并由窜、蹦、跳跃闪展腾挪和跌扑滚翻等动作组成的套路运动。在技击上讲究长击速打、主动出击、以快制慢、以刚为主。其运动特点是撑拔舒展、劲顺击长、快速有力、灵活多变、蹿蹦跳跃、腿法较多，节奏鲜明、气势磅礴。长拳在技击方法上以踢、打、摔、拿为主，基本技法讲究手法、眼法、身法、步法、精神、气、力、功的内外和谐与统一。初级长拳是长拳套路的基本形式之一，是武术练习者掌握基本技术的典型套路之一，它内容丰富、结构严谨、造型优美、动作朴素，较全面地体现了长拳的运动特点和技击规律，是进一步学习武术其他内容的基础性套路。初级长拳动作说明如下。

（一）起势

1. 预备势

（1）直立，两脚并拢，眼看前方（图 18-48①）。

（2）屈肘，两手握拳抱于腰侧，拳心向上，同时头向左转（图 18-48②）。

2. 高虚步上撑掌

（1）右脚向右斜前方上步，左腿蹬直成右弓步；同时左拳变掌，手心向上，向右斜前方穿出，略高于肩，眼看左掌（图 18-49①）。

（2）上动略停，左脚蹬地，右腿迅速蹬直，左脚移至右脚前，脚尖点地成虚步；同时左掌拳收回腰侧，右拳变掌沿耳侧向头上撑出，掌心向上，掌指朝左，头向左摆转；眼看左前方（图 18-49②）。

（二）第一段

1. 弓步冲拳

左脚向左上一步呈半马步；同时左拳向左以左前臂为着力点弧线向外格挡，然后收回腰侧；

图 18-48 图 18-49

右腿蹬直，左腿屈膝成左弓步；同时，右掌变拳下落至腰侧，拳心朝上，随即向前冲出，高于肩平，拳心朝下；眼看冲拳方向（图 18-50）。

2. 蹬腿冲拳

右腿蹬地屈膝提起，脚尖屈勾，猛力向前蹬出，脚与腰平；同时右拳收至腰侧，左拳向前冲出与肩平，拳心朝下；眼看前方（图 18-51）。

3. 顺弓步冲拳

右脚向前落步、屈膝，左腿迅速蹬直成右弓步；同时左拳收至腰侧，右拳向前冲出，拳心朝下。眼看右拳前方（图 18-52）。

4. 并步砸拳

左脚略向左转，右脚蹬地，左腿屈膝，重心移至左腿上，右腿屈膝提起向左脚内侧震脚成并步半蹲势；同时，左拳变掌移至小腹前，掌心朝上，右拳向头上举起，拳背朝下砸于左掌心。眼看右拳（图 18-53）。

图 18-50 图 18-51 图 18-52 图 18-53

5. 马步上架冲拳

（1）双腿用力蹬地跳起，上体右转，右臂稍屈肘经脸前向头上架起；左拳抱至腰侧（图 18-54①）。

（2）上动不停，身体右后转 180°，左、右脚迅速分开落地成马步；同时，左拳向左冲出，拳心朝下。眼看冲拳方向（图 18-54②）。

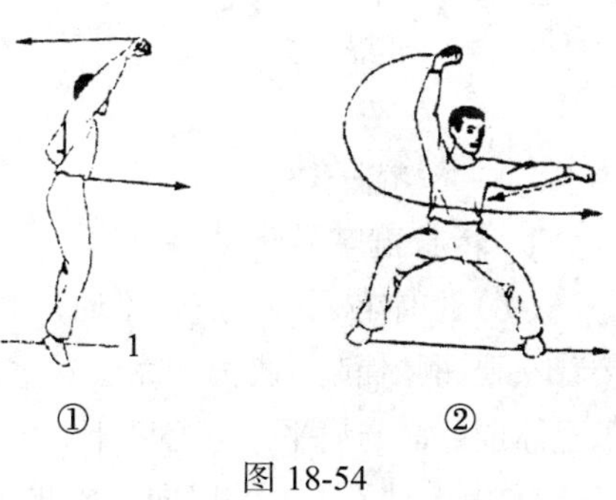

图 18-54

6. 上步弓步推掌

右脚蹬地，重心移至左腿上，右腿向左脚前方上步，随即左腿蹬直成右弓步；同时左拳收至腰侧，右拳变掌收

至腰侧，然后向前推出。眼看推掌方向（图 18-55）。

7. 弓步双摆掌

左脚蹬地，上体左后转成左弓步；左拳在身前往右伸至右肩处变掌，与右掌一起从右向上、向左弧形绕臂至左侧方成双摆掌，左掌直臂平举，右臂屈肘使掌心靠近左肘。两掌指均朝上。眼看摆掌方向（图 18-56）。

8. 弓步勾手撩掌

（1）左腿屈膝全蹲，右腿伸直成仆步，上体随之右转俯身；同时左掌内旋，反臂成勾手，勾尖朝上略高于肩；右掌内旋，拇指朝下，手心朝外，从体前向右脚处横搂。眼看右掌（图 18-57①）。

（2）上动不停，右掌继续向身后搂去，至身后反臂成勾手，勾尖经下、向前直臂撩起，成仰掌前举略低于肩，眼看左掌（图 18-57②）。

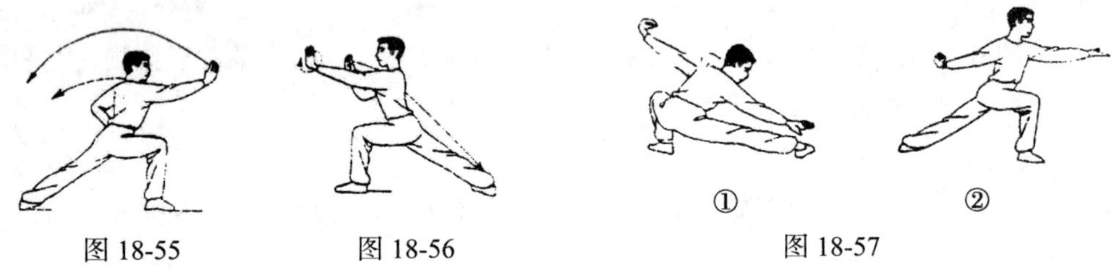

图 18-55　　图 18-56　　图 18-57（①、②）

9. 斜拍脚

重心前移，右腿蹬直，左腿屈膝提起，左脚面绷平向右前上方弹踢，高与肩平；同时左掌收至腰侧抱拳，右勾变掌从后向上向前绕行，绕过头部时，掌心朝下，向左脚面拍击；眼看左脚（图 18-58）。

10. 弓步上架推掌

左脚向前落步屈膝，右腿蹬直成左弓步；同时右掌内旋举至头上方成架掌，掌心朝上，左拳变掌由腰侧向前推出，掌指朝上；眼看推掌方向（图 18-59）。

图 18-58　　图 18-59

（三）第二段

1. 转身盖掌弓步冲拳

（1）上体右后转，右脚蹬地，重心移至左腿，右膝迅速提起，脚尖外展，随即向前屈膝震脚，接着左腿屈膝提起，脚内侧靠于右膝内侧；同时右掌变拳收至腰间，左掌从左经上向前直臂摆动下压至体前，高与肩平，掌心朝下，掌指朝右。眼看前方（图 18-60①）。

（2）上动不停，左脚向前落步屈膝，右腿蹬直成左弓步；同时右拳向前擦左掌背冲出，拳心朝下，左臂屈肘，左掌背贴于右上臂下侧，掌心朝下。眼看冲拳方向（图 18-60②）。

2. 提膝推掌

左脚蹬地，重心后移至右腿上，左腿屈膝提起，右脚蹬直站立；同时右拳收至腰侧，左掌顺右臂下沿向前推出，掌指朝上，眼看推掌方向（图 18-61）。

图 18-60

图 18-61

3. 大跃步前穿

（1）左脚向前落步，两腿微屈；左掌向左后下方摆动，右拳变掌向左膝前方下按，指尖向左。眼看右掌（图 18-62①）。

（2）右腿屈膝向前提起，左腿立即猛力蹬地向前跃出；两臂向前向上划弧摆起。眼看左掌（图 18-62②）。

（3）右腿落地全蹲，左腿随即向前铲出成仆步，右掌变拳抱于腰侧，左掌由上向右、向下划弧于右胸前成摆掌。眼看前下方（图 18-62③）。

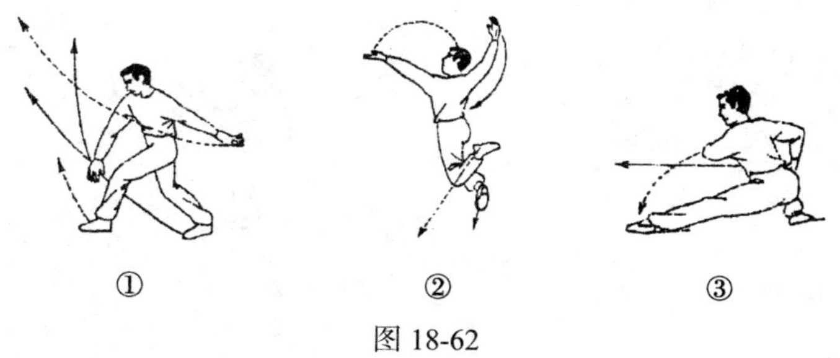

图 18-62

4. 弓步连环冲拳

（1）上动不停，右腿蹬直成左弓步；左掌经左脚面向后弧线搂手至腰间抱拳，右拳向前冲出，拳心朝下。眼看前方（图 18-63①）。

（2）接着，右拳收回腰侧，左拳迅速向前冲出，拳心向下；眼看左方（图 18-63②）。

5. 右拍脚

左腿伸膝站起，右腿屈膝前提；左拳变掌举至前上方，右拳变掌向前向上摆击左掌心。(图 18-64①）随即右腿提起并向前弹踢，脚面绷平，高与肩平，右掌向下迎击踢起的右脚面。眼看右脚（图 18-64②）。

6. 弓步顶肘

（1）上动不停，上体稍左转，同时右腿屈膝下蹲，右脚扣在左膝后，左膝微屈；两臂随即屈肘下落停于左胸前，右掌变拳，拳心朝下，左掌握住右拳面。眼看右拳（图 18-65①）。

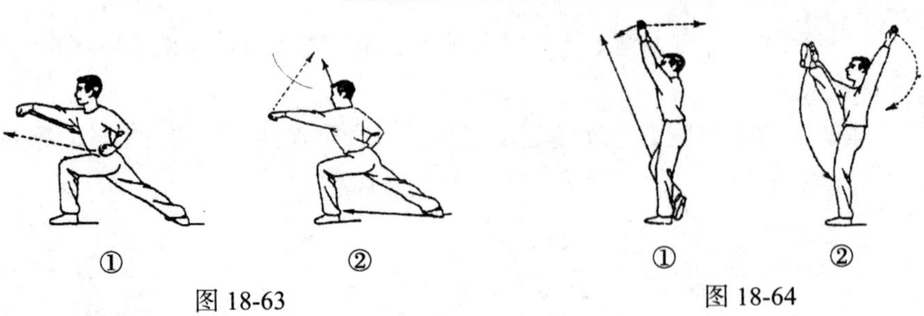

图 18-63 图 18-64

（2）接着，右腿向右上一步、屈膝，左腿蹬直成右弓步；左掌推右拳，以右肘尖向右顶出，高与肩平。眼看顶肘方向（图 18-65②）。

7. 转身弓步撩掌

上体左后转，同时两脚以脚跟为轴碾地左转，左腿屈膝，右腿蹬直成左弓步；左掌从胸前向下向左前摆，右拳变掌向上、向右绕臂。然后以掌心为力点经下、向前撩起成仰掌，略低于肩，左掌按于右前臂上面，掌心向下。眼看右掌（图 18-66）。

8. 高虚步亮掌

左腿蹬伸，重心移至右腿上，上体右转，左脚收至右脚前，脚尖点地成虚步；右臂经下、向右后绕环，在头的右上方屈肘抖腕成亮掌，掌心朝前，掌指朝左；同时，左臂向左平伸抖腕成挑掌，高与肩平。眼看左方（图 18-67）。

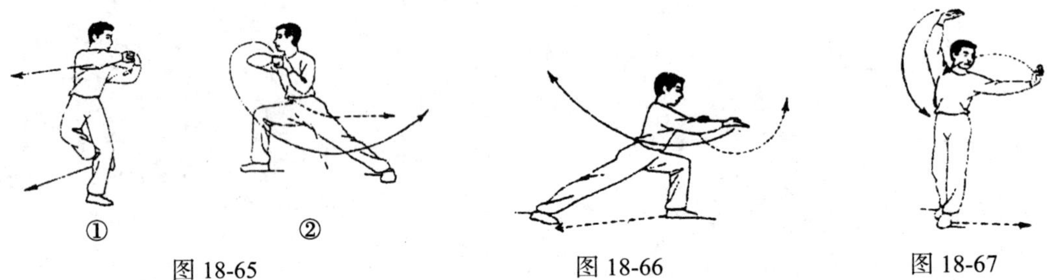

图 18-65 图 18-66 图 18-67

（四）第三段

1. 弓步架冲拳

（1）右腿屈膝全蹲，左腿向左伸出成仆步；同时右掌变拳下落到腰间抱拳，左掌经上向右绕至右胸前成摆掌。眼看前方（图 18-68①）。

（2）上动不停，右腿猛力蹬直，左腿屈膝成左弓步；左掌同时向头上屈肘横架，掌心朝前；右拳向前冲出，拳心朝下。眼看冲拳方向（图 18-68②）。

2. 提膝挑掌

左掌由前向下按在右腕上，右拳同时变掌，屈肘与左掌交叉，眼看两掌。接着，两掌同时向下分开，两臂左右绕行至与肩平，抖腕成挑掌，掌指朝上；同时左腿用力蹬地并屈膝提起，重心移至右支撑腿上；眼看左掌前方（图 18-69）。

3. 击步腾空飞脚

（1）左脚向前落步，重心前移，左腿微屈；同时两掌均经上向胸前落成交叉；接着左腿蹬地向前跳起，在空中右脚向左脚击碰，两掌经下向左右分开；高与肩平（图 18-70①）。

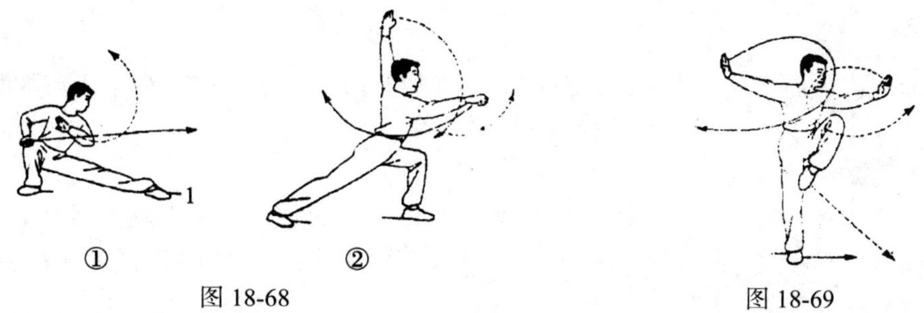

图 18-68 图 18-69

（2）右脚落地，左脚向前落步；上体微后倾，右脚迅速先前跨步，左臂上举，眼看前方（图 18-70②）。

（3）上动不停，左脚离地屈膝向前摆起，右脚蹬地跳起，身体腾空；右掌同时向前上摆击左掌心，掌心向前（图 18-70③）。

（4）在空中，右脚面绷平向前弹踢；右掌迅速下落，在肩前迎击踢起是右脚面（图 18-70④）。

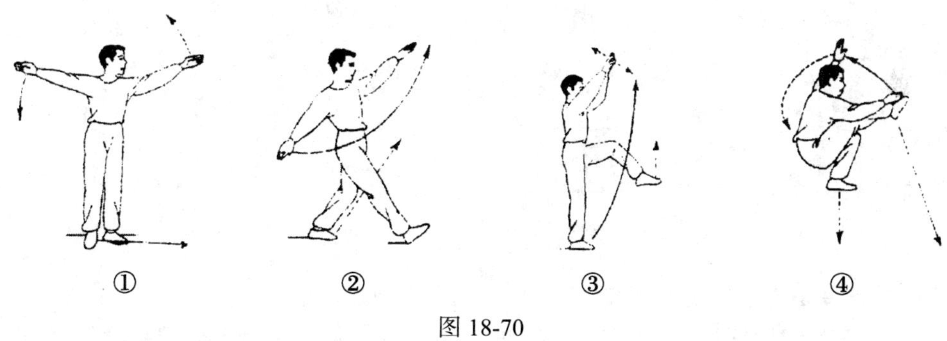

图 18-70

4. 仆步穿手亮掌

（1）左脚落地，上体左转，右脚在右侧落地，右腿蹬直，左腿屈膝成左弓步；同时左掌变拳收至腰侧，右掌随身体左转从右向左横击，掌心朝上。眼看右掌（图 18-71①）。

（2）上动不停，左腿蹬直，右腿屈膝成右弓步，上体侧身右倒；左拳变掌顺右臂向左上穿出，掌心朝上，右臂在胸前屈肘经下向右绕行。眼看右掌（图 18-71②）。

（3）上动不停，右腿屈膝全蹲，左腿伸直成仆步；左掌同时经下向身后反臂屈腕成勾手，勾尖朝上，右掌从下向上绕行，到右上方抖腕亮掌，掌心朝前。眼平视左方（图 18-71③）。

图 18-71

（五）第四段

1. 弓步摆掌

右腿蹬直，左腿屈膝成左弓步，上体左转；同时右臂屈肘下落，右手摆掌于左胸前；眼看右掌（图 18-72）。

2. 丁步摆掌

上动稍停，上体右转，右腿屈膝，重心移至右腿上，左腿收至右腿左侧，脚尖在右脚弓侧点地成丁步；同时，右臂伸肘，右掌经前向右平摆，到腰侧成抱拳；左勾变掌随上体右转向右平摆，于右胸前成摆掌，眼看左方（图 18-73）。

3. 上步里合腿

（1）左脚向左上步，脚尖外展；左臂伸肘，左掌向左前平搂，拇指朝下，掌心朝后。眼看左掌（图 18-74①）。

（2）上动不停，重心移至左腿上，右脚蹬地，随即直腿向左前上方里合踢摆，高过肩部，脚掌朝左；左掌外旋在额左前方击拍右脚掌（图 18-74②）。

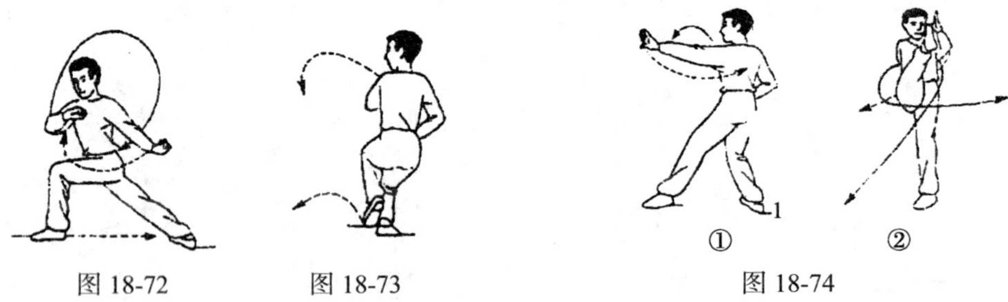

图 18-72　　图 18-73　　图 18-74

4. 弓步勾手推掌

上动不停，右脚向后落步，左腿屈膝成左弓步；左掌从体前经下向后摆至身后成勾手，勾尖朝上，右拳变掌向前推出，指尖朝上；眼看推掌方向（图 18-75）。

5. 转身左拍脚

（1）右臂向上、向右、向下抡摆，两脚以左脚尖、右脚跟为轴，向右后转体 180°；同时左勾手变掌，由下向左，再经上向前抡摆（图 18-76①）。

（2）左腿伸直向前踢摆，脚面绷平；左掌变拳收至腰侧，右掌由体后经上向前击拍左脚面，掌指朝左（图 18-76②）。

图 18-75　　图 18-76

6. 右拍脚

（1）左脚向前落步，左拳变掌经后向上摆至头上，右掌变拳收至腰侧（图 18-77①）。

（2）右腿伸直向前上踢摆，脚面绷平，左掌由上向前下击拍右脚面，掌指朝右（图 18-77②）。

7. **腾空飞脚**

（1）右脚向前落地，两腿稍屈，重心偏后（图 18-78①）。

（2）左脚蹬地，屈膝前摆，同时右拳变掌向前上摆击左掌心（图 18-78②）。

（3）接着右脚猛力蹬地跳起，左腿继续上摆，右腿在空中伸膝弹踢，脚面绷平，右手向下迎击右脚面，左臂上举（图 18-78③）。

① ② ① ② ③

图 18-77 图 18-78

8. **弓步架冲拳**

（1）左脚落地，右脚向前上一步；右掌变拳收至腰侧，左掌从后向前下抡摆至腹前，掌心朝上，眼看左掌（图 18-79①）。

（2）左腿蹬直，右腿屈膝，成右弓步；左掌向上方摆至头上成架掌，掌心朝前，同时右拳向前冲出，眼看冲拳方向（图 18-79②）。

9. **转身歇步推掌**

上体左转，两脚同时左转，左脚向右脚后退步，两腿全蹲成歇步；同时右拳变掌直臂向上、向左至胸前屈肘盖掌，然后收至腰侧抱拳，左掌与右掌同时直臂下落并收回腰间，掌心朝上，在右臂盖掌时迅速向前推出，掌指朝上（图 18-80）。

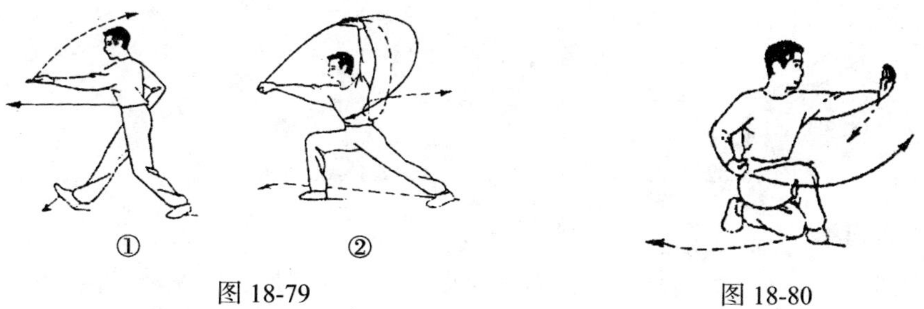

① ②

图 18-79 图 18-80

10. **退步抡臂仆步拍脚**

（1）两腿蹬地，重心略起，右脚往后退步成左弓步；右拳变掌直臂向前下伸出，掌指朝下，同时左掌回收至右臂下（图 18-81①）。

（2）接着，上体右转，两脚同时右转，右腿屈膝，左腿蹬直成右弓步；右臂向前、经上、向右抡劈，左臂向下、向左抡臂；眼看右掌方向（图 18-81②）。

（3）上动不停，左臂从左经上向前抡臂一周停在斜后上方，右臂向下向身后抡臂一周；当两臂抡摆至左臂在前，右臂在后（半圈）时，左腿屈膝全蹲，右腿伸直成仆步，右掌向下击拍右脚面；眼看右掌（图 18-81③）。

图 18-81

11. 弓步上冲拳

（1）左腿蹬直，右腿屈膝成弓步；右掌收至腰侧抱掌，左掌经上向前下盖掌，与肩平，掌指朝右；眼看左掌（图 18-82①）。

（2）上体左转，左臂屈肘于右胸前摆掌，右拳沿耳侧向头上方冲出；眼看左前方（图 18-82②）。

12. 提膝上架

右腿蹬地提膝，重心移至左腿上，左腿站立成支撑腿；同时右拳向前、向下，经后向上抡臂，屈肘架于头右上方，拳心朝前，左掌屈肘下压，停于胯左侧，掌心朝下，掌指朝右。眼看左方（图 18-83）。

13. 并步砸拳

左腿屈膝下蹲，右脚向下震脚，成半蹲；同时左掌移至腹前手心朝上，右拳背向下砸于左掌心上。眼看右拳（图 18-84）。

图 18-82　图 18-83　图 18-84

14. 虚步架栽拳

（1）左腿向右横上一步，右拳从前向右后抡摆，左掌变拳屈肘向左前格挡，拳心朝后，同时上体右转；眼看右拳（图 18-85①）。

（2）左脚蹬地，重心移至右腿，并屈膝半蹲，左脚向右脚内侧前方上半步以脚尖点地成左虚步；同时右臂向上屈肘架于头右上方，拳心朝前，左拳随之向下屈肘栽于左膝上面，拳眼朝后。眼看左斜前方（图 18-85②）。

（六）收势

1. 弓步双穿掌

左脚向后退一步成右弓步；右拳变掌，经后下落收于腰侧，掌心朝上，掌指朝前，同时左拳变掌向左、经后收于腰侧，掌心向上，掌指朝前，两掌同时向胸前穿出，掌心朝上。眼看穿掌方向（图 18-86）。

①　②

图 18-85　图 18-86

2. 并步按掌

（1）右脚向后退一步，左腿屈膝；两掌同时经下向两侧摆臂，掌背朝后。眼看右掌（图 18-87①）。

（2）上动不停，左脚后退向右脚靠拢成并步；两臂继续由两侧向上摆臂，掌心向上，摆臂过肩后即向里屈肘，掌心朝下，掌指相对，向下按掌，停于腹前。眼看左方（图 18-87②）。

（3）脸转向正前方，眼平视前方；两掌直臂下垂，成并步站立（图 18-87③）。

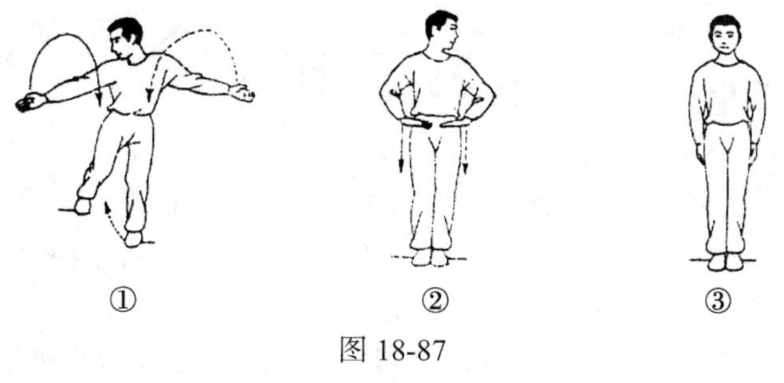

①　②　③

图 18-87

三、剑术

剑术在我国有悠久的历史，早在商周时期剑术就成为战争的武器之一，随着社会的发展，在唐宋时期剑成为一种象征性的武器，朝表演和健身的方向发展。剑在武术中属于短兵器，有长穗剑、短穗剑、单手剑、双手剑等多种运动形式，其运动特点是轻快洒脱、身法矫捷、刚柔相兼，富有韵律，气势恢弘、潇洒飘逸，古人曾有“动如游龙，行如飞凤”的溢美之词来形容剑术的运动风格。初级剑为单手剑，包括刺、撩、点、崩、挂、劈、截等剑法，结合基本步型、步法、眼法，采取各种平衡、转向和跳跃、行走等动作组成套路，具有结构简单、动作轻快灵活、飘逸优美的特点。练习时要求刚柔相济、吞吐自如，自始至终均要求做到“形神兼备，身剑合一”。

初级剑动作说明如下。

（一）预备势

身体正直，并步站立；左手持剑，手背朝前，右手握成剑指，手背朝上，两臂在体侧下垂，两肘微上提；眼向左平视（图 18-88）。

1. 压把穿指

（1）上身半面向右转，右脚向右上一步，成右弓步；同时，手剑指从身体右侧经胸前屈肘上举，到左肩后向前方平伸指出，拇指一侧在上；眼视剑指（图 18-89①）。

（2）身体右转，左手持剑由左侧直臂上举，经头部前上方向右侧划弧，至身前时，拇指一侧朝下作反臂上举；同时右手剑指屈肘收于右腰侧，手心朝上（图 18-89②）。

（3）左脚向右脚并步，左手持剑随之下落，垂于身体左侧；同时，右手剑指向右侧平伸指出，拇指一侧在上；眼视剑指（图 18-89③）。

图 18-88　　图 18-89

2. 转身平指

（1）上体左转，左脚向左上一步，成左弓步；同时，左手持剑屈肘经胸前向上、向前弧形绕环，平举于身体左侧（图 18-90①）。

（2）左脚伸直站立，右脚向前并步；左手持剑随之从身前下落至左侧；同时右手剑指屈肘沿右耳侧向前平伸指出，拇指一侧在上；眼视剑指（图 18-90②）。

3. 弓步分指

（1）左手持剑由右手剑指上面向前平伸穿出，拇指一侧在下，右手剑指顺左臂下面屈肘收于左肩前，并且屈腕使手指朝上；上体右转，右脚向右侧跨步，成右弓步；眼向左平视（图 18-91①）。

（2）上体右转，右手剑指经身前向右侧平伸指出，拇指在上；眼视剑指（图 18-91②）。

图 18-90　　图 18-91

4. 虚步接剑

右脚前脚掌内扣，上体左转，重心落于右腿，左腿随之移回半步，成左虚步；同时，左手持剑向胸前屈肘，手心朝外，右手剑指也向胸前屈肘，手心朝内，准备接握左手之剑；眼视剑尖（图 18-92）。

（二）第一段

1. 弓步直刺

右手接握左手之剑，左脚向前上半步成左弓步；同时，右手持剑向身前平伸直刺，拇指一侧在上，左手成剑指随之伸向身后平举，拇指一侧在上；眼视剑尖（图 18-93）。

2. 回身后劈

左脚不动，膝部伸直，右脚向前上一步，膝略屈，上体右转；同时，右手持剑经上向后劈剑，高与肩平，拇指一侧在上，左手剑指随之由下向前上弧形绕环，在头顶上方屈肘侧举，拇指一侧在下；眼视剑尖（图 18-94）。

图 18-92　　图 18-93　　图 18-94

3. 弓步平抹

左脚向左前方上一步，成左弓步；同时，左手剑指由胸前下落，经左下向上弧形绕环，在头顶上方屈肘侧举，拇指一侧在下，右手持剑（手心转向上）随之向前平抹，剑尖稍向右斜；眼视前方（图 18-95）。

4. 弓步左撩

（1）上体左转，右腿屈膝在身前提起；同时，右手持剑手臂外旋使剑由前向上、向后划弧，至后方时，屈肘使手腕、前臂贴紧腹部，手心朝内，左手剑指随之由头顶上方下落，附于右手腕部；眼视剑身（图 18-96①）。

（2）右腿继续向右前方落步，成右弓步；同时右手持剑由后向下、向前反手撩起，小指一侧在上，左手剑指随右手运动，仍附于右手腕处；眼视剑尖（图 18-96②）。

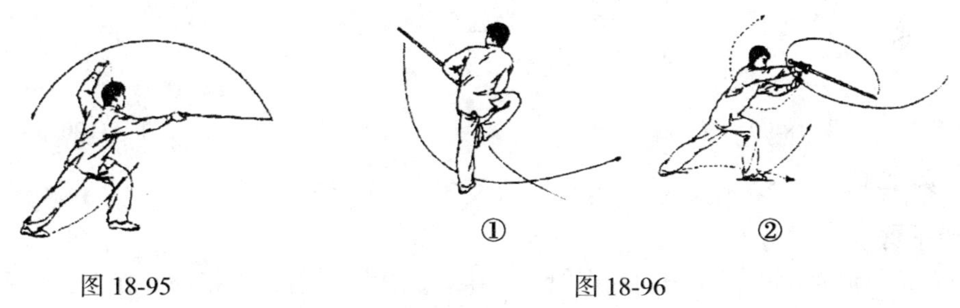

图 18-95　　图 18-96

5. 提膝平斩

左脚向前上一步，右手手腕向左上翻转，屈肘，使剑向左平绕至头部前上方，右腿随之屈膝提起；右手继续转手腕，使剑向右平绕至右方后（手心朝上），再用力向前平斩，左手剑指由下向左、向上弧形绕环，屈肘横举于头部左上方；眼视前方（图 18-97）。

6. 回身下刺

右腿向前落步，上体右转；同时，右手持剑手腕反屈，向后下方直刺，剑尖低于膝，拇指一侧在上，左手剑指向前上方伸直，拇指一侧在上；眼视剑尖（图 18-98）。

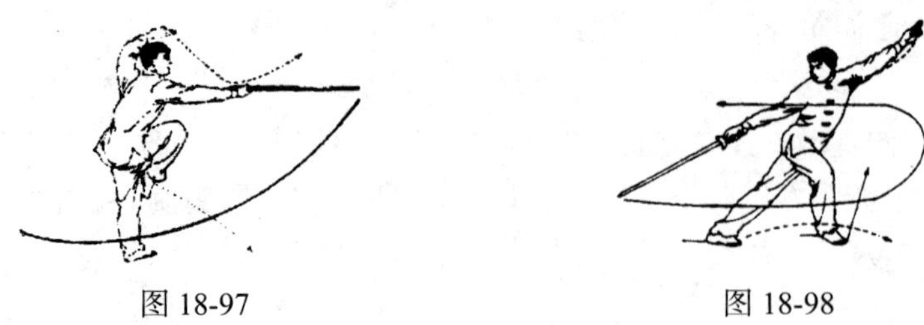

图 18-97　　图 18-98

7. 挂剑直刺

（1）左脚向前上一步，左腿伸直站立，右腿随之在身前屈膝提起；右手持剑使剑尖向左，向上抄挂，左手剑指屈肘附于右手腕处（图 18-99①）。

（2）接着，以左脚前脚掌碾地，上体右转；右手持剑使剑向下插，左手剑指仍附于右手腕处；眼视剑尖（图 18-99②）。

（3）上动不停，右脚向身后跨一大步，上体右后转右脚落地成右弓步；同时，右手持剑向前直刺，剑尖与肩同高，拇指一侧在上，左手剑指随之向后平伸，拇指一侧在上；眼视剑尖（图 18-99③）。

8. 虚步架剑

（1）右脚尖外撇，上体右转，左脚向前收半步，两膝均略屈成交叉步；同时，右手持剑反手向后上方屈肘上架，左手剑指屈肘经左肩前附于右手腕处；眼平视左前方（图 18-100①）。

（2）右腿屈膝不动，左脚向前进一步成左虚步；同时，右手持剑向后牵引至头顶右上方，左手剑指向前平伸指出，手心朝下；眼视剑指（图 18-100②）。

①　②　③　①　②

图 18-99　　图 18-100

（三）第二段

1. 虚步平劈

上体向右转，成右虚步；在转向的同时，右手持剑向下平劈，拇指一侧在上，右手剑指随即向上屈肘，手心向右上方；眼视剑尖（图 18-101）。

2. 弓步下劈

左脚向左前方上步，成左弓步；同时，右手持剑屈腕向左平绕一圈后向前下方劈剑，剑尖高与膝平，左手剑指随之由右腋下向左、向上绕环，在头顶上方屈肘侧举，上体略前倾；眼视剑尖（图 18-102）。

3. 带剑前点

（1）右脚向左脚靠拢，以前脚掌虚着地面，两腿均略屈膝下蹲；右手持剑向上屈腕，使剑向右耳际带回，肘微屈，左手剑指随之由前下落，附于右手腕处；眼平视右前方（图 18-103①）。

（2）右脚向右前方跃一步，左脚随之跟进，向右脚并步屈膝，以脚尖点地成丁步；同时，右手持剑向前点击，拇指一侧在上，左手剑指随即屈肘向头顶上方侧举，手心朝上；眼视剑尖（图 18-103②）。

图 18-101 图 18-102 图 18-103

4. 提膝下截

（1）右腿伸直，左腿退步后屈膝，上体后仰；右臂外旋手心朝上，使剑向右、向后上方弧形绕环，左手剑指不动（图 18-104①）。

（2）上动不停，右臂内旋使手心朝下，继续使剑向左、向前下方划弧下截；同时，上体向前探倾，左腿屈膝提起；眼视剑尖（图 18-104②）。

5. 提膝直刺

（1）左脚向前落步，脚尖外撇；右臂屈肘，将剑柄收抱于胸前，手心朝内，剑尖高与肩平，左手剑指随之下落，屈肘按于剑柄上；眼视剑尖（图 18-105①）。

（2）右腿向身前屈膝提起，左腿伸直站立；右手持剑向前平直刺出，拇指一侧在上，同时左手剑指向后平伸指出，手心朝下；眼视剑尖（图 18-105②）。

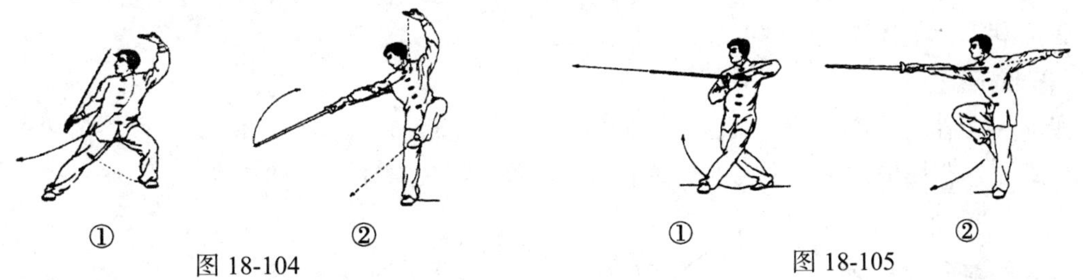

图 18-104 图 18-105

6. 回身平崩

（1）右脚向前落步，成交叉步；右手持剑，屈肘向胸前收回，剑身与右前臂成水平直线，左手剑指，经左耳侧屈肘前落，附于右手心上面；眼视剑尖（图 18-106①）。

（2）上体稍向右转，左腿挺膝伸直，右腿略屈膝；同时，右手持剑使剑的前端用力向右平崩，手心仍向上，左手剑指屈肘向额部左上方侧举；眼视剑尖（图 18-106②）。

图 18-106 图 18-107

7. **歇步下劈**

右脚蹬地起跳，左脚向左跃步横跨一步，落地后，成歇步；在跃步的同时，右手持剑向上举起，并在成歇步时向左下劈，左手剑指随着下劈动作，下按于右手腕上面；眼视剑身（图 18-107）。

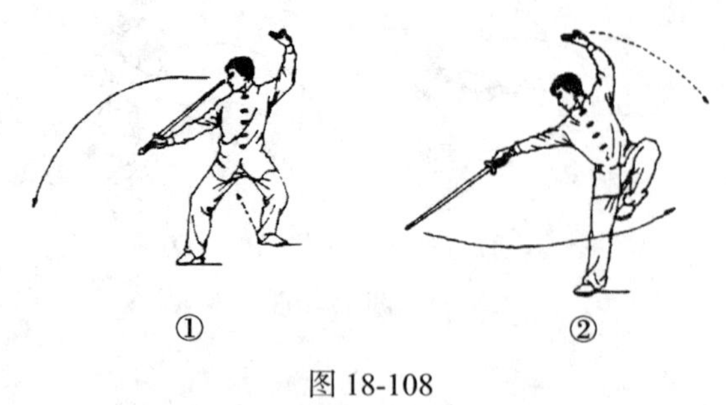

① ②

图 18-108

8. **提膝下点**

（1）两脚前脚掌碾地，上体右后转动，两腿边转边站立起来；右手持剑平绕一周。当剑绕至上体左侧时，上体稍向左后仰，左手剑指离开右手腕向上屈肘侧举；眼视前下方（图 18-108①）。

（2）上动不停，右腿伸直站立，左腿屈膝提起，上体向右下探俯；同时右手持剑向前下点击，拇指一侧在上；眼视剑尖（图 18-108②）。

（四）第三段

1. **并步直刺**

（1）上体向左后转，右脚掌碾地；同时右臂内旋屈腕，使剑尖指向转身后的身前，左手向正前方指出，手心朝下；眼视剑指（图 18-109①）。

（2）左脚向前落步，右脚随之跟进半步，两腿均屈膝半蹲；同时，右手持剑向前平伸直刺，左手剑指顺势附于右手腕处；眼视剑尖（图 18-109②）。

2. **弓步上挑**

右脚上步，成右弓步；右手持剑直臂向上挑举，剑尖向上，手心朝左，左手剑指仍向前平伸指出，手心朝下，上体稍微前倾；眼视剑指（图 18-110）。

3. **歇步下劈**

左脚向前上步，屈膝全蹲，成歇步；同时，右手持剑向前下劈，拇指一侧在上，剑尖与踝关节同高，左手剑指屈肘附于右手腕内侧，上体稍前俯；眼视剑身（图 18-111）。

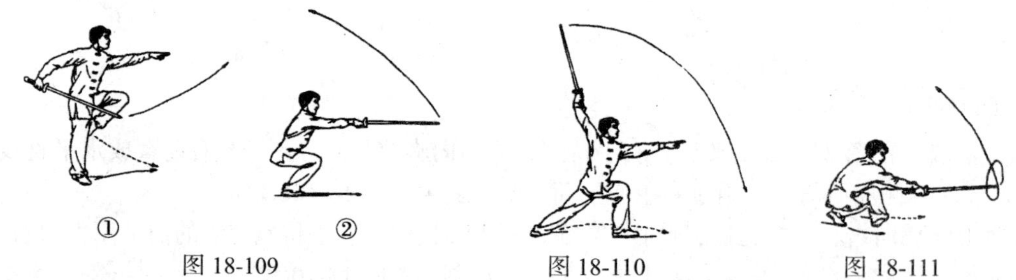

① ②

图 18-109　　图 18-110　　图 18-111

4. **右截腕**

两腿以前脚掌碾地，使上身右转，左脚前脚掌虚着地面，成左虚步；右臂内旋，右手持剑使剑的前端下刃向前上方划弧翻转，再向右后上方托起，左手剑指仍附于右手腕，两肘均微屈；眼视剑的前端（图 18-112）。

5. **左截腕**

左脚向前上半步，上体左转，右脚随之向前上一步，两腿均屈膝，成右虚步；同时右臂外旋，使剑身的前端向左前方划弧翻转，手心朝上，剑身与地面平行，左手剑指随之离开右手腕，屈肘向上侧举；眼视剑的前端（图 18-113）。

6. 跃步上挑

（1）左脚经身前上一步，右脚随之在身后离地，小腿后屈；同时，右臂屈肘使剑由右向上、向左划弧，右手靠近左胯旁，手心朝内，左手剑指下落附于右腕上；眼视剑尖（图 18-114①）。

（2）左脚蹬地，右脚向右侧跃步，落地后屈膝略蹲，左脚随之离地屈膝从身后伸向右侧方，形成望月式平衡，上体向左侧倾俯；在右脚跃步的同时，右手持剑由左胯旁向下、向右划弧，当剑到达右侧方时，臂外旋并向拇指一侧屈腕，使剑向上挑击，左手剑指即向左上方屈肘横举，拇指一侧在上；眼视右侧方（图 18-114②）。

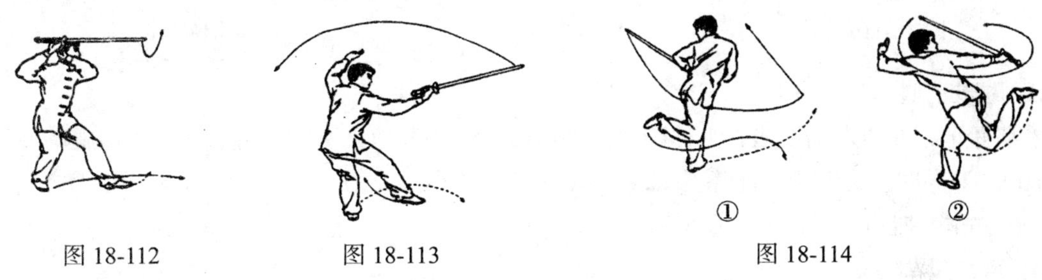

图 18-112　图 18-113　图 18-114

7. 仆步下压

（1）右手持剑使剑尖从头上经过，经身后、向右弧形平绕，当绕至右侧时，屈肘将剑柄收抱于胸前下方，手心朝上；同时右膝伸直，左腿屈膝提于身前，左手剑指不变（图 18-115①）。

（2）左腿向左侧落步，成右仆步；同时，右手持剑用剑身平面向下带压，剑尖斜向右上方，左手剑指经身前下落按在右手腕上，上体前探；眼向右平视（图 18-115②）。

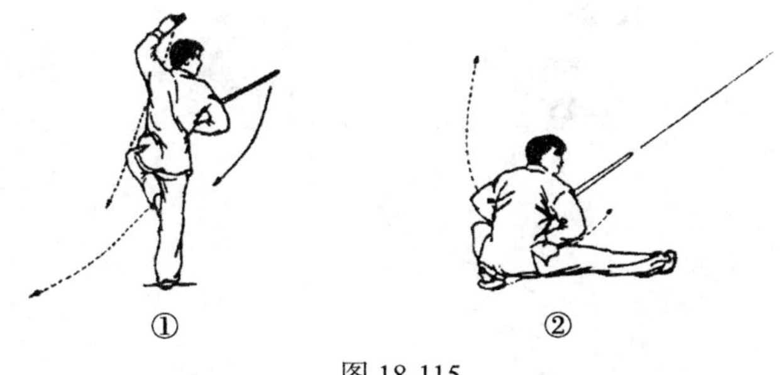

图 18-115

8. 提膝直刺

左脚蹬地，屈膝提于身前，右腿挺直站立；同时，右手持剑向身前平伸直刺，拇指一侧在上，左手剑指屈肘在左侧上举，拇指一侧在下；眼视剑尖（图 18-116）。

（五）第四段

1. 弓步平劈

上体左后转，左脚向左后侧落一大步，成左弓步；同时，右手持剑向身前平劈，剑尖略高于肩，左手剑指向右逆时针划弧一圈，架于头左上方；眼视剑尖（图 18-117）。

2. 回身后撩

右脚向前上一步，膝微屈，左脚随之离地，小腿向上弯曲；上体前俯，腰向右拧转；右手持剑向后反撩，剑尖斜向下方，拇指一侧在下，左手剑指前伸成侧上举，拇指一侧在下；眼视剑尖（图18-118）。

图 18-116　　图 18-117　　图 18-118

3. 歇步上崩

右脚蹬地，左脚向前跃步，上体随之向右后转，左脚落地，右脚在身后落步，两腿均屈膝全蹲，成歇步；同时，右手持剑直臂下压，手腕向拇指一侧上屈，使剑尖上崩，左手剑指随之屈肘在头左上方侧举，拇指一侧在下；眼视剑身（图 18-119）。

4. 弓步斜削

（1）上体右转，右脚随之向前上步，成右弓步；右手持剑臂外旋使手心朝上，左手剑指随之从身前下落，按在剑柄上，上体向右前倾；眼视前方（图 18-120①）。

（2）右手持剑由后向前方斜面弧形上削，手心斜向上；同时，左手剑指伸向后方，拇指一侧在上；眼视剑尖（图 18-120②）。

①　　②　　①　　②

图 18-119　　图 18-120

5. 进步左撩

（1）上体向左转，成左弓步；右手持剑使手心朝内经面前边转身边向左划弧，剑至体前时，左手剑指附于右手腕里侧；眼视剑尖（图 18-121①）。

（2）上体向右后转，左腿随之向前上步，以前脚掌着地面；同时右手持剑反手向下、向前向上划弧撩起，剑至前上方时，肘部略屈，剑尖高与肩平，左手剑指仍附于右手腕上；眼视剑尖（图 18-121②）。

6. 进步右撩

（1）右手持剑直臂向上、向右后方划弧，左手剑指随势收于右肩前；眼视剑尖（图 18-122①）。

（2）右脚随之向左脚前上一步，前脚掌虚着地面；同时，右手持剑由右向下、向前划弧抡臂撩起，剑尖高与头平，左手剑指随之由右肩前向下、向前、向后上方绕环，屈肘侧举于头左上方；眼视剑尖（图 18-122②）。

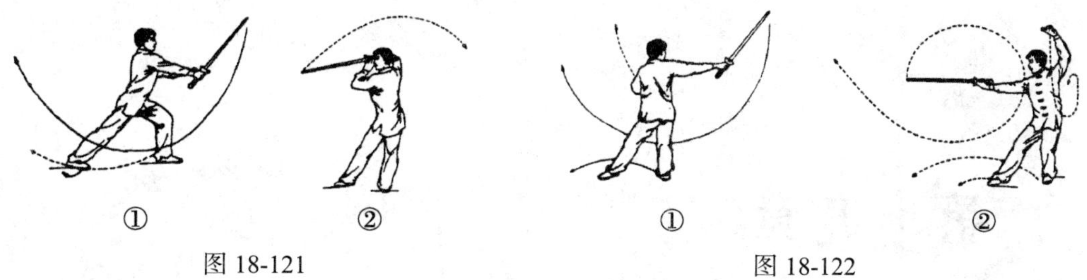

图 18-121　　图 18-122

7. 坐盘反撩

右脚踏实后向前上一小步，左脚从右脚后向右侧插一步，成坐盘式；同时，右手持剑向上、向左、向下、再向右上方反手绕环斜上撩，剑尖高过头顶，左手剑指随之经体前向下、向后上方划弧，屈肘横举于左耳侧，拇指一侧在上，上体向左前倾俯；眼视剑尖（图 18-123）。

8. 转身云剑

（1）右脚蹬地，两腿站起，上体向左后转，身体重心落于右腿；同时，右手持剑随身体转动一周后屈肘使剑平举，拇指一侧在下，左手剑指附于右腕处；眼视剑尖（图 18-124①）。

（2）上动不停，上体后仰，右手持剑向左、向后、向右、向前弧形云绕一周，剑至身前时，右手手心朝上，松把，使剑尖下垂，左手剑指放开，拇指一侧朝上，准备接握右手之剑；此时重心前移，左脚踏实，右腿伸直，上体前倾；眼视左手（图 18-124②）。

（六）收势

1. 虚步持剑

右手将剑柄交于左手后即握成剑指，左手接剑后反握住剑柄向身体左侧下垂；此时右脚向右前方上步，脚尖里扣，屈膝略蹲，上体随之左转，左脚随之向前移步，以前脚掌虚着地面，成左虚步；在上体左转的同时，右手剑指随之由身后向上屈肘侧举于头右上方，手心朝上；眼向左平视（图 18-125）。

2. 并步站立

右腿伸直，右脚向左脚靠拢，并步站立；右手剑指下落于身体右侧，手心朝下，恢复成预备势；眼平视前方（图 18-126）。

图 18-123　　图 18-124　　图 18-125　　图 18-126

第十九章

跆拳道

本章导读

跆拳道（taekwondo）是朝鲜半岛较普遍流行的一项技击术，是一项运用手脚技术进行格斗的朝鲜民族传统体育项目。它由品势（特尔）、搏击、击破、特技、跆拳舞五部分内容组成。跆拳道是一门经过创新发展起来的独特武术，具有较高的防身自卫及强壮体魄的实用价值。它通过竞赛、品势和功力检测等运动形式，使练习者增强体质，掌握技术，并培养坚韧不拔的意志品质。

第一节 跆拳道运动概述

跆拳道运动是一项起源于朝鲜半岛的古老而又新颖的竞技体育运动，是朝鲜民族在长期的生产和生活基础上逐渐形成和发展起来的一项手脚并用、以腿法为主、技击与技巧相结合的传统体育项目。

跆拳道是从 20 世纪 70 年代起在国际上迅速发展起来的一项新型武技，1966 年，第一个国际组织——国际跆拳道联盟（ITF）成立。1973 年 5 月，世界跆拳道联盟（WTF）在汉城成立。1980 年，国际奥委会正式承认了 WTF。跆拳道在 1988 年被列入奥运会示范比赛项目；在 1992 年和 1996 年被列入奥运会试验比赛项目；在 2000 年正式成为奥运会比赛项目，设男女各 4 个级别。

跆拳道练习者身穿专用的白色跆拳道服，腰系代表不同段位的腰带进行训练或比赛。跆拳道水平高低是由练习者的级别和段位体现的，水平越高，其段位也就越高。跆拳道的段位分为初级的十级至一级和高级的一段至九段。其中十级至七级为初学者，系白色腰带，六级至四级系蓝色腰带，三级至一级系红色腰带。进段后都以黑腰带表示，一段至三段被认为是黑带新手的段位，四至六段属于高水平的段位，七段到九段是授予那些有很高学识造诣的杰出人物或对跆拳道运动有杰出贡献的人的段位。黑带的段位是通过黑带上的特殊标记区分的。

一、跆拳道的礼仪

跆拳道中的“礼仪”是跆拳道基本精神的具体体现。跆拳道练习虽然是以双方格斗的形式进行，但是不管它怎样激烈，由于双方都以提高技艺和磨炼意志品质为目的，所以在双方各自内心深处都必须持有向对方表示敬意和学习的心理。因此在练习或比赛前后都一定要向对方敬礼，即跆拳道运动始终倡导的“以礼始，以礼终”的尚武精神。敬礼动作的具体要求是：面向对方直体站立，向前屈腰 5°，头部前屈 45°，同时两手紧贴两腿，两脚跟并拢。由于跆拳道是练习者精神和身体的综合训练，使练习者在艰苦的磨炼中培养出理想的人格和体魄，并能真正掌握防身自卫的本领，所以对练习者精神锻炼一环中就必须包括“礼仪”的教育和熏陶，并且在训练之余，无论是在学校或家中谈话、用餐、打电话、介绍他人或访问亲友时，都要按一定礼节进行，将礼仪意识带到练习者生活、学习及工作的各个方面，培养克己礼让、宽厚待人和恭敬谦逊的道德品质。

二、跆拳道的特点

（一）以腿为主，以手为辅，主要关节武器化

在跆拳道技术方法中，占主导地位的是腿法。腿法技术在整体运用中约占 3/4，因为腿的长度和力量是人体中最长、最大的，其次才是手。腿的技法有很多种形式，可高可低、可近可远、可左可右、可直可曲、可转可旋，威胁力极大，是比赛时得分和实用制敌的有效方法。其次是手法，手臂的灵活性很好，可以自如地控制完成防守和进攻动作，同时也可以变化为拳、掌、肘、肩的多种用法，进行实战。

（二）方法简捷，刚直相向，少用躲闪防守法

不论是在比赛中还是实战中，跆拳道的进攻方法都是十分简捷而实效的。对抗双方都是直接接触，以刚制刚，用简捷硬朗的方法直接击打对方，或拳或腿，速度快，变化多；防守时很少用躲闪方法，追求刚来刚往、硬拼硬打，防守动作直接以格挡为主，随即是连续的反击动作。

（三）内外兼修，方法独特，以功力验水平

跆拳道理论认为，经过专门训练，人的关节部位能产生不可思议的威力，特别是拳、肘、膝和脚四个部位，尤以脚和手为甚。长期专门练习跆拳道，可以使人达到内外合一的程度，即内功和外力达到统一的巅峰。可通过对木板、砖瓦等物体的击打来测量验定练习者的功力水平。

三、跆拳道的锻炼价值

（一）修身养性，培养人优秀的意志品质

跆拳道练习推崇“以礼始，以礼终”的尚武精神，练习中要以“礼义廉耻，忍耐克己，百折不屈”为宗旨，因此，可以培养人顽强果断、吃苦耐劳的精神，磨炼人坚韧不拔、积极向上的品质，养成人礼让谦逊、宽厚待人的美德，造就人热爱祖国、勇于献身的思想，为社会和国家培养具有优秀品质的建设者。

（二）强体防身，练就人健全的体魄

跆拳道运动刚强激烈、对抗性强，可使人强筋壮骨，提高各关节的灵活性及肌肉的伸展性和收缩能力，提高人的速度、反应、灵敏、力量和耐力素质，提高人体内脏器官的机能和神经系统的灵活性，增强人体的击打和抗击打能力。通过攻防练习，可以学习和掌握实用技击术和防身自卫的能力，为保护自身安全和维护社会秩序学习真正的本领。

（三）观赏竞技，享受对搏艺术的美感

跆拳道运动变化多端，尽现人体机能特点的腿法技术，在对抗中高来低往，表现得淋漓尽致，

不仅给人以美的享受，还能激发人的斗志，鼓舞人奋发向上的精神，陶冶人的道德情操，使人在欣赏跆拳道竞技比赛的同时，潜移默化地受到良好的意志品质教育。

第二节 跆拳道基本技术及练习手段

一、拳的基本进攻技术

拳法是跆拳道实战中最基本而又非常重要的技术，跆拳道的拳法根据攻击部位的不同，分为上拳、中拳、下拳三类。

（1）上拳，亦叫高拳，指用来攻击头部、颈部的拳法。故出拳时不能低于本人肩部位置。

（2）中拳，指用来攻击胸部、上腹部的拳法。出拳时，以稍低于肩或齐胸高为准。

（3）下拳，指用来攻击小腹部位的拳法。出拳时，应攻击肚脐以下位置。

拳的握法：四指并拢卷紧，拇指压在食指和中指第二指关节处（图 19-1）。①正拳，用食指和中指的指掌关节处，作向前和屈肘向上的攻击（图 19-2）；②柔拳，用拳轮作以上向下，从外向里的攻击（图 19-3）；③平贯拳，指的第二指节弯曲，指尖紧掌，拇指扣于虎口，用第二指节击对手面部或颈部（图 19-4）；④指关节，中指或食指从正常的拳中凸出，用此拳攻击面部、太阳穴、两肋（图 19-5）。

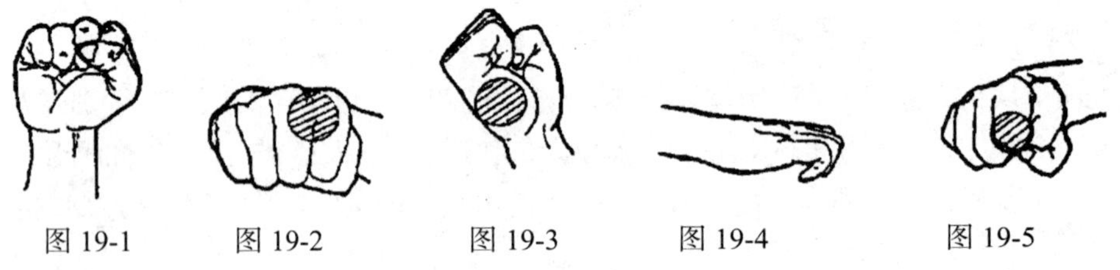

图 19-1 图 19-2 图 19-3 图 19-4 图 19-5

二、掌的基本进攻技术

掌法在跆拳道实战中也是非常多见的。虽然正式的跆拳道比赛不准使用掌法，但在实战格斗、防身自卫中具有非同寻常的攻击效果,因而练好掌法对增强实战格斗和防身自卫能力有着重要的意义。掌法有如下五种。

（1）手刀。四指并拢伸直，拇指屈曲贴靠食指的掌指关节处的掌外沿，常用小指侧的掌外沿进行砍击（图 19-6）。

（2）掌根。将五指的第二关节全部弯曲扣紧，拇指的第二关节可稍稍放升，犹如熊掌，主要用第三关节前的各指扒击对手面部或下颏（图 19-7）。

（3）贯手。与手刀相似，但要求中间两指微屈，用中指无名指插击，分为纵插、仰插、俯插等几种（图 19-8）。

（4）弧型手。拇指展开微屈，四指并拢，第一指关节微屈掌成弧形，主要用于砍击颈部，有时也用于防守（图 19-9）。

（5）剪形指。伸展食指与中指，两指略微分开，拇指压于无名指的第二指关节处，用于插击两眼（图 19-10）。

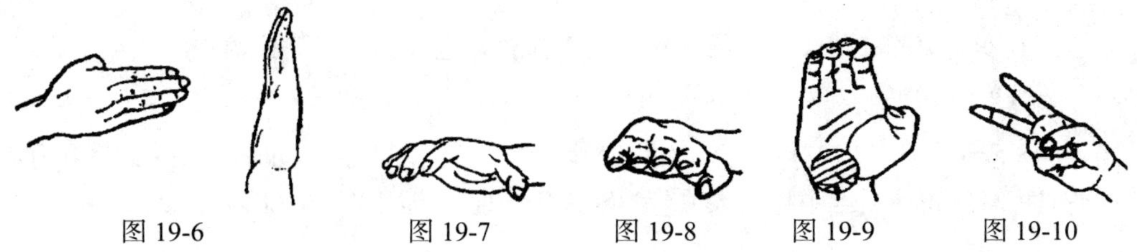

图 19-6 图 19-7 图 19-8 图 19-9 图 19-10

三、肘、膝的基本进攻技术

（一）肘

肘法多用于在近距离时攻击对手头部、面部、胸、腹部等部位，肘的使用部位是肘的滑尖部，由于它的骨质结构特点，打击力度较大，受击者极易受伤，故在比赛中禁止使用。

肘法的使用较为灵活，在这里只对其中两种做简单介绍。

（1）挑肘。屈肘夹紧，以肩关节为轴，用肘尖由下往上挑击对手下颚（图 19-11），挑肘时要拧腰顺肩，加强速度和力度。

（2）顶肘。一手成掌，一手握拳，使用时重点要用掌用力推击另一手之拳面（图 19-12），以增加顶肘的力量。

图 19-11

图 19-12

（二）膝

跆拳道的膝法主要是在近距离中采用撞膝。因膝部的击打威力较大，故亦被禁止在比赛中使用。

（1）双手抓住对手的头或双肩下压，使其身体前倾（图 19-13）。

（2）屈膝上提，用膝部冲撞对手的头部或腹部。撞膝时，两臂的下压和膝的上顶要协调一致，产生合力，以获得最好击打效果（图 19-14）。

图 19-13

图 19-14

四、脚踢的基本进攻技术

跆拳道以其变幻莫测、优美潇洒的腿法闻名于世，被世人称为踢腿技术中的“王中之王”。

（一）前踢

如图 19-15 所示，从基本姿势开始，右脚蹬地，髋关节向左旋转，同时右腿以髋关节为轴屈膝上提到水平或稍高位置；然后小腿以膝关节为轴快速向前上方踢出，力到脚尖。

图 19-15

练习要求：膝关节夹紧，小腿松弛有弹性；髋前送和腿踹直回收要快且放松。

（二）侧踢

如图 19-16 所示，右脚蹬地，右腿以髋关节为轴屈膝提起，两手握拳置于体侧；随即左脚以前脚掌为轴外旋 180°，髋关节向左旋转，右腿以膝关节为轴向前蹬伸，右脚快速向右前上方直线踢出，力点在脚跟；发力后按原路返回成实战姿势。

练习要求：起腿时大小腿、膝关节夹紧；踢出发力时头、肩、腰、髋、膝、腿和踝成一条直线。

图 19-16

（三）后踢

如图 19-17 所示，由实战基本姿势开始，转身撤左腿背对对方，重心后移至左腿；右脚蹬地后屈膝提起，右脚贴近左大腿；随即左脚蹬地伸直，右脚自左大腿内侧向后方直线踢出，力达脚跟；然后还原成实战姿势。

练习要求：起腿后大小腿和上体折叠收紧；后踢动作用力蹬伸；转身、提腿、出脚动作连续，一气呵成。

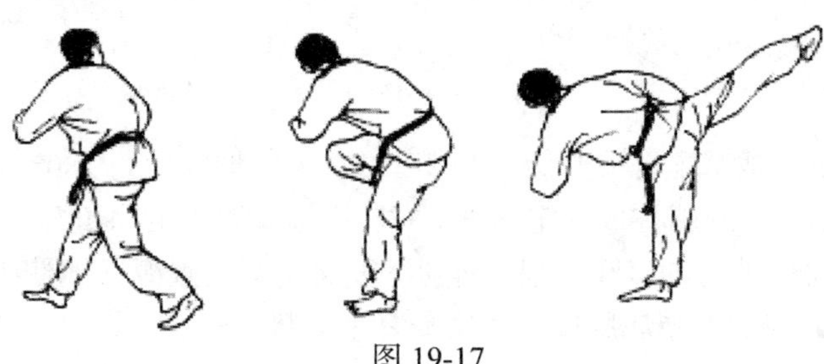

图 19-17

（四）劈腿

如图 19-18 所示，由实战基本姿势开始，右脚蹬地，重心前移至左脚；同时右腿以髋关节为轴屈膝上提，两手握拳置于胸前；然后充分送髋伸直小腿举于体前，随即放松向下以右脚后跟（或脚掌）为力点劈出，一直到地面后还原成实战准备姿势。

图 19-18

练习要求：腿尽量高举，往头后举，送髋重心高起；脚放松前落，落地要控制。起腿快速果断，踝关节放松。

（五）横踢

如图 19-19 所示，由实战基本姿势开始，右脚蹬地，重心前移至左脚，右脚屈膝上提，两拳置于胸前；左脚前脚掌碾地内旋，髋关节左转，左脚内扣；随即左脚掌继续内旋至 180°，右腿膝关节向前抬至水平状态，小腿快速向左前横向踢出；击打目标后迅速放松收回小腿，并还原成基本姿势。

图 19-19

练习要求：膝关节夹紧，提膝走直线；顺髋，使身体与大小腿成直线；击打点在正脚背；踝

关节放松，击打的感觉是“面团”“鞭梢”。

（六）后旋踢

如图 19-20 所示，由实战基本姿势开始，两脚以脚掌为轴均内旋约 180°，身体随之右转约 90°，两拳置于胸前；上体右转，与双腿拧成一定角度。右脚蹬地将蹬地的力量与上体拧转的力量合在一起，使右腿向后上方以髋关节为轴直腿摆起；右腿继续向左后旋摆鞭打，同时上体向右转，带动右腿弧形摆至身体右侧；旋踢后右腿屈膝回收成实战基本姿势。

图 19-20

动作要领：转身、旋转、踢腿要连贯进行，一气呵成；击打点在正前方，呈水平弧形；屈膝起腿旋转速度要快；身体在原地旋转 360°。

（七）跳踢

跳踢指先跳起使身体腾空，然后在空中完成各种踢法的攻击技术。跳踢包括双飞踢、旋风踢、腾空后踢、腾空劈腿、腾空后旋踢、跳步横踢等多种方法，是跆拳道的高难技术动作。

五、跆拳道的基本步型和步法

（一）基本步型

（1）并步：两脚并拢，身体直立，两脚内侧紧贴并拢。

（2）开立步：自然站立，两脚与肩同宽。

（3）准备势：两脚分开与肩同宽，两手握拳置于胸前，拳面相对，拳心向内。

（4）马步、侧马步、弓步、前行步等基本的步型如同武术的基本功步型。

（二）基本步法

（1）前进步：由标准实战姿势开始，两脚成斜马步，两手握拳置于胸前。前进时后脚蹬地向前迈步形成另一侧斜马步。前进时，后脚蹬地，前脚向前滑行称为前滑步，如前脚向前跳跃称为前跃步。

（2）后退步：由标准实战姿势开始，前脚掌用力蹬地，后腿先退后一步，前脚随即后退。若前脚掌蹬地后，后脚沿地向后滑行一步，前脚随即滑行称后滑步。

（3）后撤步：从标准实战姿势开始，以后脚的前脚掌为轴，前脚抬起向后经后脚内侧向后撤一步，形成与原来相反姿势。

（4）侧移步：由标准实战姿势开始，两脚前脚掌同时向左（右）侧蹬地，使身体向右（左）侧移动，离开原来的位置。向左称左移步，向右称右移步。

（5）跳换步：由标准姿势开始，两脚同时蹬跳起，空中转体两脚交换落地成相反准备姿势站立。跳换步腾空不宜太高，略离地即可。

六、防守动作

竞技跆拳道的防守动作主要有步法防守、手法防守、腿法防守、身法防守。下面主要介绍步法防守与手法防守。

（一）步法防守

步法防守在跆拳道防守技术中占主要地位，它是通过改变与对手的距离、角度而达到破坏对手的攻击距离，使之落空或无法发挥最大威力。

（二）手法防守

手法防守就是利用前臂的内侧、外侧进行格挡，用手刀或手掌挡、拍的防守技术。

1. 前臂的格挡

（1）保持基本姿势，左前臂向上、向下、向左、向右的格挡。

（2）保持基本姿势，右前臂向上、向下、向左、向右的格挡。

练习此技术时，可以请同伴用手掌代表各种踢法来练习各种格挡防守动作。格挡时要用寸劲，并轻微借助腰力增加或化解力量，注意不要用前臂的骨骼部分去硬挡，应该带点滑步缓冲以化解部分力量。

2. 手刀、手掌的防守动作

（1）预备式：保持基本姿势，左手刀斜向上 45°，用手刀、前臂外侧格挡，防止头部受到攻击。向下斜切，防止肋部受到攻击。

（2）右手刀、前臂外侧向右斜上 45° 格挡，防止身体上部受到攻击。

（3）向右下切挡，防止身体中部受到攻击。

（4）双手掌并拢，向左转腰，以双手掌、双手臂排挡；向右转腰，以双手臂排挡，防止身体的中部受到攻击。

（5）双手掌掌心向下，顺着身体中线向下拍击，并突然收腰避让，以防对方后踢、推踢攻击。

（6）左手掌沿中线向下、向外以寸劲拍击，右手掌沿中线向下、向外拍击，防对方的直拳攻击。

（7）双手刀或双拳手腕处十字交叉，向下格挡，防对方的后踢。

第三节 跆拳道基本竞赛规则

一、比赛知识

比赛场地：跆拳道的比赛场地长 8 米、宽 8 米，是水平的、无障碍物的正方形场地。场地的

地面应为有弹性的垫子。场地中央长 8 米、宽 8 米的区域为比赛区，其余部分为警戒区。警戒区和比赛区表面用两种不同颜色区分，同色时用 5 厘米宽的白线划分。

（一）世界跆拳道联盟（World Taekwondo Federation，WTF）的比赛

跆拳道的比赛时间：跆拳道的每场比赛分为三局，每局比赛时间为两分钟，局间休息一分钟。

1. 跆拳道比赛中允许使用的技术

使用拳的技术时必须握紧拳，用拳正面的食指或中指部分击打；使用脚的技术时，必须用踝关节以下的脚的前部击打。

这里需要注意，指、掌、肘、膝等技术只适合于平时练习或品势表演中使用。

在比赛中，抓、搂、抱、推等动作也是禁止使用的，如出现，将被判罚警告一次，警告两次将被扣一分。

2. 跆拳道比赛中允许攻击的部位

跆拳道比赛中允许攻击的部位包括髋骨以上至锁骨以下，以及两肋部，可攻击背部。头部两耳向前头颈的前部只允许用脚的技术攻击。

3. 跆拳道比赛中如何得分

使用允许的技术，准确有力的击中有效得分部位，击头得 3 分，旋转踢和后踢得 2 分，其他技术得 1 分。主裁判读秒不加分。一个技术动作的最高得分分值为 3 分。

有效得分部位包括腹部和两肋部以及面部允许被攻击的部位。

如使用允许的技术击中被护具保护的非有效得分部位，击倒对方时按得分计。

4. 跆拳道比赛的获胜方式

（1）击倒胜（KO 胜）。

（2）主裁判终止比赛胜（RSC 胜）。

（3）对方弃权胜（弃权胜）。

（4）对方失去资格胜（失格胜）。

（5）主裁判判罚犯规胜（犯规胜）。

（二）国际跆拳道联盟（International Taekwondo Federation，ITF）的比赛

ITF 跆拳道的对打分为六种对打模式。

（1）预约对打，即三步，两步，一步对打。

（2）半自由对打，即点到为止的对打训练。

（3）自由对打，即按照对打竞技规则进行的全接触对打。

（4）示范对打，即通过由慢到快的动作来示范真实格斗中的技术运用。

（5）预约自由对打，即事先双方约定好运用何种技术进攻防守的自由对打。

（6）脚技对打，即不用双圈，只用脚来互相进攻的对打，和 WTF 的比赛对打一样。

ITF 跆拳道拳法，分为直线拳法和弧线拳法两种，在竞技比赛中只允许使用直线拳法，在职业比赛中拳法是无限制的。

直线拳法：直拳（快打快收的直拳）、挂击（利用拳背有效攻击对方）、铲拳、腾空直线拳法。

弧线拳法：摆拳（大摆拳和小摆拳）、勾拳。

ITF 跆拳道腿法，有前踢、抡踢、下踢、侧踢、挂踢、反抡踢、腾空 180° 腿法、腾空 360° 腿法。

（三）运动员重量级别划分

跆拳道同许多搏击型项目一样，在比赛中为保持公平性，需要划分重量级别。

跆拳道重量级别划分如表 19-1 所示。

表 19-1 跆拳道重量级别划分

级别	男子	女子
Fin（鳍量级）	54 公斤以下	47 公斤以下
Fly（蝇量级）	54～58 公斤	47～51 公斤
Bantam（雏量级）	58～62 公斤	51～55 公斤
Feather（羽量级）	62～67 公斤	55～59 公斤
Light（轻量级）	67～72 公斤	59～63 公斤
Welter（次中量级）	72～78 公斤	63～67 公斤
Middle（中量级）	78～84 公斤	67～72 公斤
Heavy（重量级）	84 公斤以上	72 公斤以上

奥运会比赛重量级别划分如表 19-2 所示。

表 19-2 奥运会比赛重量级别划分

男子	女子
58 公斤以下	49 公斤以下
58～68 公斤	49～57 公斤
68～80 公斤	57～67 公斤
80 公斤以上	67 公斤以上

二、世界跆拳道联盟（国技院）最新段位与年龄标准

时间和年龄限制如下。

（1）所有申请者必须达到最少间隔时间和年龄限制。

（2）从品开始的人在五段之前可以享受更短的时间限制。 一、二、三品的持有者在 15 岁以后，转换为相应的段位持有者（四品持有者，到了 18 岁以后就成为了四段持有者）。

（3）当一、二、三品持有者到了 15 岁以后，如果希望晋升更高的段位，他可以申请参加段位考试。然而三品持有者到了 18 岁以后可以申请四段，但是在 18 岁以前只能申请四品。

白 带 （10 级） —— 必修：基本动作或太极一章。

白黄带 （9 级） —— 必修：太极一章。

黄 带 （8 级） —— 必修：太极二章。

黄绿带 （7 级） —— 必修：太极三章。

绿 带 （6 级） —— 必修：太极四章。

绿蓝带 （5 级） —— 必修：太极五章。

蓝 带 （4 级） —— 必修：太极六章。

蓝红带（3级）—— 必修：太极七章。

红　带（2级）—— 必修：太极八章。

红黑带（1级）—— 必修：太极一至八章。

黑　带（1段/1品）—— 必修：高丽；升级年资：1年；年龄：15岁或以上，以下者为1品。

黑　带（2段/2品）—— 必修：金刚；升级年资：2年；年龄：16岁或以上，以下者为2品。

黑　带（3段/3品）—— 必修：太白；升级年资：3年；年龄：18岁或以上，以下者为3品。

黑　带（4段/4品）—— 必修：平原；升级年资：4年；年龄：21岁或以上，以下者为4品。

黑　带（5段）—— 必修：地跆；升级年资：5年；年龄：25岁或以上。

黑　带（6段）—— 必修：天拳；升级年资：6年；年龄：30岁或以上。

黑　带（7段）—— 必修：汉水；升级年资：7年；年龄：36岁或以上。

黑　带（8段）—— 必修：一如；升级年资：8年；年龄：44岁或以上。

黑　带（9段）—— 由特别组织评核，在跆拳道有重大贡献者 9年；年龄：53岁或以上，如韩国黑带九段李奎珩大师。

三、ITF考核制度标准

（一）黄带考核内容

套路：四面攻击、四面格挡、天地。

腿法：前踢、抡踢、下踢。

特技：腾空上踢。

（二）绿带考核内容

套路：天地、檀君、岛山。

腿法：前踢、抡踢、下踢、侧踢、挂踢、反抡踢。

特技：腾空上踢（2.2米）、腾空抡踢（2.0米）、腾空侧踢飞人（4人）。

威力：侧踢1.5厘米木板。

（三）蓝带考核内容

套路：天地、檀君、岛山、元晓、栗谷。

腿法：前踢、抡踢、下踢、侧踢、挂踢、反抡踢、转身侧踢、转身挂踢、腾空反抡踢、腾空转身侧踢。

特技：腾空上踢（直臂指尖高度20厘米）腾空抡踢（直臂指尖靶心）、腾空侧踢飞人（6人）。

威力：手刀一块砖、侧踢两块砖。

（四）红带考核内容

套路：天地、檀君、岛山、元晓、栗谷、重根、退溪。

腿法：前踢、抡踢、下踢、侧踢、挂踢、反抡踢、转身侧踢、转身挂踢、腾空反抡踢、腾空转身侧踢、360°腾空转身侧踢、360°腾空反抡踢、360°转身下踢。

特技：腾空上踢（直臂指尖高度20厘米）腾空抡踢（直臂指尖靶心）、腾空侧踢飞人（6人）、360° 抡踢单脚落地（高度头顶20厘米）。

威力：手刀一块砖、侧踢两块砖。

（五）黑带考核内容（一段）

技术判证如下。

1. 套路

（1）指定：（两项）花郎–忠武。

（2）选择：（多选一）天地–忠武。

2. 对打

（1）自由对打（3 分钟）。

（2）示范对打（5 分钟）。

（3）预约对打（三、二、一步各 5 个）。

（4）半自由对打（2 分钟）。

（5）预约自由对打（1 对 2，时间为 30 秒）。

（6）脚对打（2 分钟）。

3. 特技

特技方面的技术判证如表 19-3 所示。

表 19-3 特技的技术判证

特技	男子	女子
腾空上踢	220 厘米	200 厘米
腾空反轮踢	200 厘米	—
360°转身侧踢	200 厘米	—
腾空轮踢	210 厘米	190 厘米
腾空飞人	5 人	2 人

4. 威力

黑带考核中威力部分对手和脚的要求如表 19-4 和表 19-5 所示。

表 19-4 威力部分对手的要求（多选一）

手	男子	女子
拳面	4 厘米	—
拳背	4 厘米	—
手刀	4 厘米	2 厘米
内手刀	4 厘米	—
肘	6 厘米	4 厘米

表 19-5 威力部分对脚的要求（多选一）

脚	男子	女子
前踢	4 厘米	—
轮踢	4 厘米	2 厘米
侧踢	6 厘米	4 厘米
反轮踢	4 厘米	—
转身侧踢	6 厘米	—

四、ITF 的型

ITF 的型如表 19-6 所示。

表 19-6 ITF 的型

套路名称	套路名称（读音）	动作数	级别	演武线
天地	Chon-Ji	19	9 级	创造世界，人类历史的开始
檀君	Dan-Gun	21	8 级	公元前 2333 年传说中的古朝鲜国开国始祖的名字
岛山	Do-San	24	7 级	抗日的独立运动家安昌浩的雅号
元晓	Won-Hyo	28	6 级	把佛教传入新罗王朝之高僧的名字
栗谷	Yul-Gok	38	5 级	朝鲜著名儒学家李珥的雅号
重根	Joong-Gun	32	4 级	朝鲜民族英雄安重根。32 个动作表示年龄
退溪	Toi-Gye	37	3 级	朝鲜著名学者及儒学家李滉的雅号
花郎	Hwai-Rang	29	2 级	新罗王朝的青年贵族军团花郎道
忠武	Choong-Moo	30	1 级	粉碎丰臣秀吉侵略军之李舜臣将军的雅号
广开	Kwang-Gae	39	1 段	高句丽王朝的广开土好太王
圃隐	Po-Eun	36	1 段	高丽王朝的忠臣及诗人郑梦周的雅号
阶伯	Ge-Baek	44	1 段	百济王朝著名将军阶伯的名字
义菴	Eui-Am	45	2 段	三一独立运动的代表人物孙秉熙的雅号
忠壮	Choong-Jang	52	2 段	14 世纪抗日英雄金德龄将军的雅号
高堂（主体）	Juche	45	2 段	独立自主的主体哲学
三一	Sam-Il	33	3 段	1919 年 3 月 1 日的独立运动
庚信	Yoo-Sin	68	3 段	统一高句丽、百济及新罗之名将金庚信
崔莹	Choi-Yong	46	3 段	高丽王朝的重臣著名将军崔莹的名字
渊盖	Yon-Gae	49	4 段	高句丽的勇猛将军渊盖苏文的名字
乙支	Ul-Ji	42	4 段	高句丽的著名将军乙支文的名字
文武	Moon-Moo	61	4 段	统一高句丽、百济及新罗之文武王
西山	So-San	72	5 段	组织对抗丰臣秀吉侵略军之高僧崔玄应
世宗	Se-Jong	24	5 段	朝鲜历史上最著名的帝王世宗
统一	Tong-Il	56	6 段	为统一朝鲜而表达的意志

第二十章 休闲体育

本章导读

休闲体育是人们在闲暇时间以增进身心健康、丰富和创造生活情趣、完善自我为目的的身体锻炼活动，能够增进健康、强健体魄，预防疾病与促进康复，提高文化素养与推进精神文明建设，丰富生活内容与加强人际关系。通过学习本章，可了解轮滑、高尔夫、定向越野、台球、保龄球等项目的起源与发展概况、基本技术技法以及重要赛事的竞赛规则。

第一节　轮　　滑

一、轮滑运动的产生与发展

轮滑（roller skating），又称滚轴溜冰、滑旱冰，是穿着带滚轮的特制鞋在坚硬的场地上滑行的运动。今日多数的滚轴溜冰者主要都使用直排轮，因此直排轮也几乎成为了轮滑运动的代名词。

最早于1100年出现的溜冰鞋是把骨头装在长皮靴脚掌上制作成的，在夏天也能进行在冬天才能进行的打猎游戏。苏格兰人Dutchman于1700年创造了第一双溜冰鞋，他希望能在夏天模拟出冬天溜冰的场景，于是把敲钉的线轴长木条附在他的鞋子上，并在这一年在爱丁堡组成了第一个溜冰俱乐部。1819年，M. Peitibled在法国发明专利中记载了第一双单排滑轮，这双鞋的构造是由2～3个轮子组成一直线，但是这个构想却未达到预期的“流行”，以不了了之收场。1823年在伦敦，Robert John设计了一双溜冰鞋，称为“rolito”，将5个轮子成一排放置于鞋的底部，而rolito在当时并没有引起注意。

1863年，美国的Plimpton发现了一条可用来制造溜冰鞋的途径。他提出一个构想，溜冰鞋有四个轮子且轮子是并排的，溜冰鞋可以转弯、前进和向后滑行，这就是最传统的溜冰鞋！1884年，滚珠轴承轮子的发明使得日后的溜冰运动得以蓬勃发展。

1980年，明尼苏达州一对热爱冰球的兄弟，为了在球季之余能够继续练习，便将轮子装在刀底座之内，产生了第一双单排轮滑鞋。这种轮子排列成一条直线的溜冰鞋正式的名称为in-line skate，成为今天单排轮滑的正式名称。

1984年，Rollerblade Inc. 开始研发各种不同用途的轮滑鞋。Rollerblade一直是国际飞轮业界的领导品牌，1994 年把 ABT 简易刹车系统带入市场，就是我们今天看到的单排轮滑。单排轮滑运动，不仅只限于曲棍球运动员，更成为一种风行世界各地的时尚休闲运动。

1995 年，娱乐与体育节目电视网（Entertainment and Sports Programming Network, ESPN）第一届极限运动更把极限单排轮滑运动（aggressive in-line skate）推向了全世界。极限单排轮滑运动起源于美国，极限轮滑鞋也不同于普通单排轮滑鞋，是在单排轮滑鞋上附加了许多配件，使单排轮滑更好玩，更刺激。

2010 年，轮滑运动成为广州亚运会的竞赛项目，共设 9 枚金牌。

二、轮滑运动的项目分类

现代轮滑运动分为极限轮滑、速度轮滑、花样轮滑、休闲轮滑和自由式轮滑五大项。

（一）极限轮滑

极限轮滑也叫特技直排轮。极限轮滑受到现在年轻人的追捧。主要分为街式和专业场地，专业场地分道具赛和半管（U 形池）。

（二）速度轮滑

速度轮滑是以单排、双排轮滑鞋为比赛工具的竞赛项目，分场地跑道比赛和公路比赛两种。世界锦标赛场地跑道正式比赛项目为男子 500 米、1000 米、3000 米、5000 米、10 000 米、20 000 米等项；女子有 500 米、1000 米、3000 米、5000 米、10 000 米等项。公路比赛包括女子 21 千米半程马拉松赛、男子 42 千米马拉松赛。场地跑道像自行车场一样呈盆形。

（三）花样轮滑

花样轮滑分为规定图形滑、自由滑、双人滑和双人舞 4 个项目。比赛在不小于 50 米长、25 米宽的场地上进行。参赛各队每项比赛的参赛人员为 3 人，男女总计 12 人。根据动作的难易程度、舞姿的优美程度打分确定胜方。

（四）休闲轮滑

休闲轮滑以休闲健身为目的，运动员穿着单排轮滑鞋，在各种场地、环境中无拘无束地进行各种滑法的体验，最主要的活动是“刷街”，慢慢滑行，浏览着街景，沐浴着阳光，呼吸着新鲜空气，身心放松。

（五）自由式轮滑

自由式（freestyle）轮滑中最有代表性的就是过桩（salomon）的平地花式。不同于花样轮滑（一般是指双排轮滑），平地花式讲究过桩的足部花式技巧，同时也要有全身性的节奏感，具有非常高的观赏性。

综上所述，轮滑项目主要有双排花样轮滑、单排花样轮滑、速度轮滑（直排）、轮滑球（直排为主）、极限轮滑（街区和 U 池）、轮舞、自由轮滑 FSK（休闲与野街）、平地花式（速度过桩、花式过桩、平地刹停）、速降、跳高（平地、抛台）。在世界各地的轮滑参与者中，有热衷于其中一项的，也有参与其中几项的。虽说都是轮滑，但不同项目给参与者带来的感觉是不同的。

三、轮滑的装备及安全事项

（一）轮滑鞋

1. 鞋身

轮滑鞋的外壳可以防止外来的冲击，具有保护脚部的作用。一般有鞋扣的鞋身较便于穿着；绑鞋带的会较贴脚，但穿脱较麻烦。一般比较好的单排轮滑鞋都采用绑带加一个扣的设计。一般的单排轮滑鞋都有一个内靴，可以缓冲足部和鞋壳之间的摩擦，以保护足部，使皮肤不易擦伤和起水泡。好的鞋身要够坚固，海绵要够厚，密度也要够大。

2. 底架

底架为连接轮子及鞋壳的结构体，底架系统的坚韧性是决定轮滑鞋寿命的一大因素。通常底架的设计都有不同的类型，有的较厚，有的较薄。底架一般装上四个轮子，但也有装置三个轮子的小底架，以及装置五个轮子的速度鞋。铝合金的底架比较好，因为铝合金的底架较坚硬，不容易变形。

3. 轮子

轮子必须是高弹性轮，绝不能是塑料轮。最好选聚酯材料制的，即胶轮，它适合各种场地和状况。胶轮比较软，弹性较好；塑料轮子则是硬的，声音尖锐，容易打滑。有些轮滑鞋会配置六角扳手，用以拧紧轮子。

4. 大小

除了注意鞋子的各部分质量以外，还要注意脚的尺码。就买平时穿的尺码，不能太大，只要不觉得紧、不顶脚，就可以了。一般系好鞋带后小腿和地面垂直时，脚的最前端和鞋内套的距离是半个大拇指（手）的长度就好，太大的鞋不安全。

初学阶段可以买非专业性轮滑鞋。一般说来，初学者练习在路面上做简单滑行、转弯、刹车等基本动作，非专业性的轮滑鞋就能满足这些要求，而且价格比较便宜。但是当水平提高开始学习各种极限动作时，就必须买专业级轮滑鞋了，因为那些高难度动作不是一般的轮滑鞋可以承受的。

（二）极限轮滑鞋的特点

极限轮滑鞋和其他轮滑鞋主要有四大区别。一是轮滑鞋底部的轮。普通的轮子是空心的，轴部可见规则小孔，轮底常是圆形，极限轮滑鞋则相反，轮子实心，轮底是平的，这样可以承受较大的冲击，完成很多高难度的跳跃动作。二是鞋底中部的一个卡槽。这个凹槽是滑杆与铁杆嵌合时用的。三是鞋底的“桥”。极限轮滑鞋的“桥”比较结实且厚。四是鞋的重量。极限轮滑鞋由于很多部位是实心的，又采用十分坚固的材料制成，所以分量都比较重。

（三）护具及安全事项

1. 护具

护具是最容易被忽视的，但它又是很重要的一项装备，包括头盔、护掌、护肘、护腕和护膝。很多人出于怕被认为娇气或者嫌麻烦的心理不愿带护具，但几乎所有长期练习轮滑的人都认为，带护具不仅能保护自己，还能保持良好的练习心态。

2. 安全事项

（1）练习轮滑前，应先做好准备活动，尤其是手腕和下肢各关节及韧带，要充分活动开。

（2）如有可能，应戴一些防护用具，如轮滑专用的护腕、护肘、护膝及头盔等。现在很多体育商店都有这种轮滑的专用护具出售。

（3）练习前要检查轮滑鞋的螺丝等紧固部件，以免滑行中因轮滑鞋出问题而受伤。

（4）初学者应在初学场内或规定范围内练习，或尽可能在人少的地方练习，不要任意滑行。初次学习轮滑时，最好有滑行熟练的同伴或辅导员进行辅导。

（5）禁止做危险或妨碍他人的动作，特别是在人多的公共轮滑场内，如几人拉手滑行、在速滑跑道上逆行或与大家滑行方向相反、乱蹦乱跳、在场内横插乱窜、追逐打闹、突然停止等，这都是既妨碍他人又容易发生危险的事情。如果在公路上滑行，更要注意交通安全，最好要在人少车少的地方练习。

（6）学习轮滑时摔跤是不可避免的，但要学会在摔跤时做自我保护。方法是：当要向前或向侧摔倒时，要主动屈膝下蹲，用双手撑地缓冲，减小摔倒的力量；当要向后摔倒时，也要主动屈膝下蹲，降低重心，尽量让臀部先坐下，并注意保护尾骨处，同时低头团身，避免头部向后仰磕地；摔倒时应尽量避免直臂单手撑地，这样很容易损伤手腕。

（7）患有严重疾病（如有心脏病、高血压等）的人不宜参加激烈的轮滑活动，最多可以慢速滑锻炼一下。此外，饮酒后和过度疲劳的人也不宜参加轮滑活动。

四、普通的轮滑技巧

将两只脚站成 T 字形，或将两脚脚跟并在一起成 V 字形。

（1）起步：从 T 字形站姿起步，让前脚保持前进姿势，后脚向外方推刃，就会有向前前进的力量。

（2）滑行：滑行时为保持较好的平衡，让一脚稍稍提起放在另一脚前方，膝盖弯曲。

（3）身体的摆动：将重心放到左脚，用右脚推刃并伸向外侧伸展、滑行；然后将双脚并行。接下来将重心放到右脚，左脚向外推刃、伸展、滑行，如此左右不断互换。

（4）身体的姿势：身体稍稍半蹲，像是要坐。将双脚向前伸出，弯曲膝盖及脚踝，使重量在整双鞋上放松。

（5）停止：以上述姿势滑行，双脚靠近保持平行，有刹车的那只脚稍稍向前滑行，使两脚距离约有半只脚，提起脚尖直到刹车碰触到地面，然后慢慢将重量移到刹车，增加压力，直到停下来。

五、轮滑基本技术练习

轮滑是一项极易掌握的体育运动，任何人都能很快地学会它。但对于很多人来说，初次接触轮滑时，心理上会产生一种畏惧感——担心摔跤。其实，只要简单地掌握一些轮滑的方法和技巧，就能把这项运动变成乐趣。

初学轮滑者一定要有耐心，请记住以下禁忌：滑行前不做准备活动，不戴护具；滑行后立即喝水。初学时一定要注意培养正确姿势，滑行时腰、膝、踝关节保持弯曲，降低身体重心，身体失去平衡时要向下蹲。以下是高手总结出的口诀：滑需团身，弯曲求稳，重心稍后，欲进先侧，先蹬后落，斜中求正，先倾后蹬，先蹬后落，胯部摆动，三点对齐。

（一）掌握平衡的练习

平衡是掌握轮滑的基础。由于轮滑鞋与地面接触面积小，加之轮滑鞋与地面摩擦后的滚动，所以轮滑者就不易掌握平衡。练习平衡是非常重要的，具体的做法如下。

（1）原地踏步，练习静平衡，熟悉轮滑的性能。

（2）用互助法和扶助法练习平衡，两个人相互扶助或双手扶住身边的其他物体，前后左右移动，练习平衡技术。

（3）借助外力练习平衡，比如可以通过对静止物体的反作用力使自己滑动，或让别人用力推动自己，也可以抓住正在移动的人或其他物体，使自己前进或后退。

（二）移动重心的练习

1. 原地站立与踏步

穿好轮滑鞋，两脚平行站立与肩同宽，两腿微屈，上体稍前倾，两臂自然下垂。身体重心移至左腿，右腿稍抬起、放下。然后身体重心移至右腿，左腿稍抬起、放下。反复进行练习，逐渐加快速度。

2. 单脚支撑平衡

在掌握原地踏步基础上，保持原来姿势，手扶栏杆或同伴，将重心移至一条腿上，另一腿向侧伸出再收回成开始姿势，换脚重复以上动作。

3. 模仿滑行姿势的蹲起练习

速度轮滑的滑跑姿势直接关系到滑行速度的快慢。正确的滑跑姿势是上体前倾接近水平，肩背稍高于臂部，腿部弯曲，上体与地面成15°～20°，大腿和小腿成90°～110°，踝关节成50°～70°，两手互握放于背后或在体侧自然摆动，头部自然抬起，眼向前看5～10米处。

4. “八”字行走练习

两脚成外“八”字站立，保持好站立的姿势，重心移至左脚上，右脚向前迈一小步，重心随之移至右脚上，然后抬左脚向前迈一步，重心随着移至左腿上，然后抬左脚向前迈一步，重心随着移至左腿上，重复上述练习。

5. 交叉步行走

原地站立，先将重心移至左腿上，收右腿，向左腿前外侧迈步成交叉姿势，重心随着移至右腿上，接着收左腿左侧跨一步，成开始姿势，反复练习。

（三）直道滑行

1. 单脚蹬地双脚滑行练习

右脚用内刃蹬地，将重心推送至向前滑行的左腿上，右脚蹬地后迅速与左腿并拢成两脚滑行。接着用左脚蹬地，将重心推送至向前滑行的右腿上，左脚蹬地后迅速与右腿并拢两脚滑行。

2. 单脚蹬地单脚滑行

上体前倾，两臂自然下垂，两脚稍分开，成外“八”字站立，重心移至右腿上，用右脚内刃蹬地，左脚用力向前滑出，随着右腿蹬地动作结束，把重心推送至左腿上，左腿成半蹲支撑惯性滑行，接着向前收右腿，同时左脚蹬地，随左腿蹬地动作结束，把重心推送至成半蹲支撑惯性滑行的右腿上。反复进行。

3. 初步体会直道滑行方法

上体前倾，肩背稍高于臀部，两手互握放于背后或自然摆动，腿部弯曲，上体与地面成15°～

20°，膝关节成 90°～110°，踝关节成 50°～70°。保持这种姿势做单脚蹬地、单脚支撑惯性滑行练习。

4. 直道滑行的摆臂动作

有力的摆臂，顺着身体纵轴前后加速摆动，当两臂向上摆动时，可增加蹬地腿的蹬地力量。同时，两臂摆动越快，身重心心的移动也越快。所以要提高滑动的频率，就必须减小摆臂的幅度，加快摆臂的频率。

（四）弯道滑行

弯道滑行技术和直道滑行技术有明显的区别。弯道滑行技术特点在于练习者用交叉步滑行。由于向心力的作用，上体不仅前倾，而且还要向左倾。

1. 左脚支撑、右脚连续蹬地的滑行

从站立姿势开始，左脚用外刃支蹬地后迅速与左脚并拢，接着右脚再做一次蹬地动作，左脚继续做前外曲线滑行。

2. 在圆弧做不连贯的交叉步滑行

在圆弧上用直线滑行步法，中间插入弯道交叉步。当左脚有稳定的平衡时，右脚向左脚左侧前方迈一小步；只要右脚有短暂的滑行之后，左脚就迅速从右腿后方收回，同时右脚蹬左脚直线滑进。重复上述动作。

（五）停止法

在滑行中，有时需要及时停止滑行，所以在初步掌握滑行基本动作的同时，就要学会停止滑行的方法。常用的停止法有“T”形停止法和双脚急停法。

1. “T”形停止法

在向前滑行中，将重心放在右脚上，右膝弯曲，同时抬起左脚横放在右脚后成“T”形，然后以左脚四轮的侧面摩擦地面，减缓滑行速度，直到停止滑行。

2. 双脚急停法

在向前滑行中，两脚并拢，两脚同时向逆时针方向（或顺时针方向）转体 90°，右脚以内侧轮、左脚以外侧轮压紧地面，同时屈膝后坐，上体前倾，身体向左（右）倾倒，两臂前伸，两脚用力压紧地面，就会停止滑行。

第二节 高 尔 夫

高尔夫，俗称小白球，是一种室外体育运动。高尔夫比赛是个人或团体球员以不同的高尔夫球杆将一颗小球打进果岭的洞内，大部分的比赛有 18 洞。杆数越少的越优胜。英国公开赛、美国公开赛、美国大师赛和美国职业高尔夫球协会锦标赛是高尔夫球界的四大赛事。高尔夫球普遍被视为苏格兰人的发明，今日的高尔夫球 18 洞制度亦由苏格兰制定，当地亦有全球最历史悠久的高球会，被视为苏格兰国粹。

一、场地器材

高尔夫场地器材包括会馆、标准球场、练习场及一些附属设施，球场的主要规格有 9 洞和 18

洞等，需根据场地和球会要求决定。正规 18 洞球场划分为 18 个大小不一、形状各异的场地，每块场地均由发球台（开球台）、球道、果岭和球洞组成。标准球场的总长为 5943～6400 米，宽度不定，球场四周应有界线，关键地段设有界桩。

（1）会馆。会馆也称高尔夫俱乐部，多设于球场的入口处，是为球员提供休息、更衣、餐饮的场所，会馆前设有停车场，并且一般常设置可供球员登高远望的观景点。

（2）发球台。发球台是每个球道击球的开始，一个球道常包括 3 个远近不同的发球区，分别为女发球区（比男发球区接近果岭 20%）、男发球区及比赛发球区（位于开球区后离果岭最远处），有时也将 3 个发球场合并成一个大的发球区。发球区应高于四周地势，以利于雨天排水。

（3）球道。球道是球场中面积最大的部分，是从发球区到果岭所经过的路段，球道两侧是起伏的地形或树丛，使球道和球道相分离，球道为宽阔的草坪，球员一般能够在发球区看到果岭。根据运动员的击球距离，常在落球区和果岭周围有计划地设置沙坑、水塘、小溪等障碍物，用于惩罚运动员不正确的击球，并提高比赛的刺激性和激烈程度。

（4）果岭。果岭是每个球道的核心，是球洞所在地。球被打入球洞后，也就是该球道的结束，进入下一个球道。果岭的面积为 111～2545 平方米，形状有圆形、椭圆形等，高度比四周地势高 30～100 厘米。

（5）练习场。练习场是供初学人员学习打球的地方，可以设在城市中或高尔夫球场附近。

二、高尔夫球杆

一套高尔夫球杆限定不得超过 14 支。整套的组成则视个人的喜好而定。

通常一套球杆包括下列几项。

1. 木杆

木杆主要用于开球，若能用它第一杆就击出很远的球，对以尽可能少的杆数打完一洞无疑迈出了决定性的第一步。当然，第一杆就打出“一杆进洞”（hole in one），那就是开球木杆功劳的极限。

木杆的特点是杆身长，杆头相对而言较轻，这就使得便于挥杆。现代的发球杆（driver）尽管一直都被称为木杆，实际上 70% 以上的发球杆已由金属制造。高球界特别重传统的“保守派”球手有些仍使用柿木木杆，但组装的钢制杆头会影响击球的理想程度。带有鹅形杆颈的杆头的球杆可以给一般选手较大的信心。发球杆通常长 100 厘米。

木杆分成四种，即 1 号木杆（driver），3 号木杆（spoon），4 号木杆（buffy），5 号木杆（cleek）。号码越小，杆身长度越长，重量越轻；反之，号码越大，杆身长度越短，重量越重。木杆如此，铁杆亦然。1 号木杆是长球杆，挥杆时是在草上滑动打过去。

木杆杆头从结构上看，不同的设计就有不同的特性与效能。一般来说，它对于击打距离和结构颇有影响。杆头根面与后方的长度大于前端和杆根的长度，可将球高飞打出，往往可以获得预期的方向性和选择球的理想落点。

2. 铁杆

铁杆实际是不锈钢杆，或锻造制成或铸造制成。优秀的高尔夫球手喜欢选用手工打造的杆面球杆。铸造制成的，在外缘加重的铁杆有较大的甜蜜点（sweet spot）。大多数不锈钢杆身的铁杆有

着不尽相同的杆身弹性。通常铁杆的长度为 95 厘米。

铁杆的特性是易于保持击球的方向性，高尔夫球运动的主旨是用杆击球接近目标，因此能最大限度地确保方向性，使击出的球即使未达到目标至少也接近目标就是首要目的。铁杆击球部位用软铁制造，它的底部比木杆底部要小，也不像木杆那样厚，长度短。由于铁杆重量较重，因此挥杆如割草，挥杆角度更佳，更易将草皮掀起。铁杆共有 9 种，包括从 3 号铁杆到 9 号铁杆的 7 种以及劈起杆（piching wedge）、沙坑杆（sand wedgr）。实际上还有一种多功能特殊铁杆。由于劈起杆和沙坑杆在挥杆时都无须做出大振幅的充分动作，所以这些铁杆的杆身弹性只具有三等重要性。它们的一般长度也更短，约为 90 厘米。

全部 14 支球杆为一套球杆，即四木九铁一推；取其奇数就是半套球杆（half set）。20 世纪 30 年代铁杆盛行时，制造商为了拓展市场销路，纷纷标新立异，推出不同重量的铁杆，加上杆身长度和弹性均有区别。制造商还挖空心思地研制和开发不同球位、不同险恶地势及障碍情况下的特制铁杆。当时有些球手甚至背上 20 支或更多的球杆在球场上奔走。1938 年 1 月 1 日，美国高尔夫协会宣布：一套球杆组合的最大限度是 14 支球杆，不得超过。苏格兰的皇家古代高尔夫俱乐部在一年之后亦响应，确定上场球杆上限为 14 支。

3. 推杆

推杆是用来在果岭上朝球洞方向推击球的专门球杆。推杆与铁杆在规格上有所不同：一般来说，推杆杆身较短，杆面倾角最大不超过 5°。此外，推杆形状与材质千奇百怪，究竟哪一种好，要看球手使用起来是否顺手，更重要的是看效果，即推击成功率高低。

三、高尔夫基本打法

（一）握杆、站姿

（1）左手：把杆子从食指靠掌的第一指节斜着横贯上紧紧地靠着掌缘下端的厚肉垫，大拇指跟食指的“V”形纹要指着右眼。

（2）右手：全用指头去握杆，杆子直着压过靠掌的指节上，一定要握在手掌之外。中指及无名指吃力最重，在练习右手握杆的时候，把右手的大拇指和食指拿开，拇指和食指形成“V”形纹指着下巴。

（3）合：两手握杆的时候，要联结在一起形成一体。右手的小指头在左手指和中指之间的夹缝里；左手的大拇指正好平稳地被藏在右掌拇指下的窝里。

（4）站姿：右脚方方正正地抵着假想中与弹道平行的一条线呈 90°。左脚向外开 1/4，以 5 号铁杆为准，双脚分开与肩同宽，比 5 号铁杆长的就开得宽；比 5 号铁杆短的，双脚就向内拢一些。双臂和关节尽量向身体靠紧，双脚向内指。

（二）打高尔夫的技巧

1. 拓宽挥杆弧线

Tiger Woods 和 Davis Love 都是利用宽击球和大挥杆弧线来远击球的典范。为了达到高尔夫这个水平，在上挥杆时尽量伸展手臂。如果能够保持宽的挥杆弧线，可以不要非常用力挥杆就能击出杆头速度非常快的击球。

2. 减小握杆力度

要想击出远球，不一定要非常用力。事实上，用力过大会起到反作用，而且会导致肌肉紧张，最后导致杆头速度非常慢。放松上躯后，获取额外力量的关键在于适当的握杆力度。比如，握杆力度在 1～10 的范围内达到 7。在真正挥杆过程中保持这个力度，以获得较快的杆头速度，同时保持对球的控制。如果配有杆头速度测试仪，将挥杆进行测量。在使用时，注意紧、松握杆力度时的杆头速度变化。就会发现，身体压力和握杆力度越小，杆头速度会增加越快。

3. 肩部进行大旋转

对许多击球远的高尔夫运动员进行科学测量，可以发现他们的肩部旋转比臀部旋转都要大。这就意味着，大的臀部旋转可能最终减弱形成力量和杆头速度的能力，因为这时的力矩更小。保持下躯稳定（击出），肩部旋转至球后，这样击球动作就会姿势正确。

4. 隐藏肘部

最恰当的身体位置是在上挥杆时将右肘藏于身体右侧（左手球员使用左肘）。这样做能够避免在击球过程中的普遍错误，这个错误会减小击球力量。而且，当右肘保持原有状态时，会延缓击球——这是获得力量和恰当时机出球的一个关键。所以，需要正确隐藏右臂，右臂（右手球员）笔直，且双手都在球后。

5. 保持膝部稳定和弯曲

把双腿看做挥杆的基础。若基础动摇或晃动过猛，就会出现力量泄漏，从而恰当卷球的力量就越小。在上挥杆的最高点时（左手球员使用左膝），保持右膝的稳定，并将重心放在脚内。若膝部和重心偏离脚部，就会出现倾斜，从而导致许多机械问题。为了保持双膝之间的宽度，左膝应该保持静止，不能做过大的横向运动。

四、比赛规则

高尔夫是一项需要集中精神和技术控制能力的户外运动，选手以 14 个高尔夫球棍击球入洞，18 洞为一轮，杆数最少者为胜。选手的得分要点主要是在于完成所有的进程所需的击球次数。与其他项目不同的是，高尔夫的目标是自己挥杆的次数越少，成绩越好。高尔夫与其他球类项目不同，它很少有固定的比赛场地，轨道变化很多。每个球洞的级别取决于它的距离。比赛的标准杆数往往是 72，这也是我们所说的一轮比赛通过 4 天 4 轮的比赛来决出胜者。

比赛的总则如下：

（1）高尔夫球比赛是依照规则从发球区开始经一次击球或连续击球将球打入洞内。

（2）对球施加影响除按时规则行动以外，球员或球童不得有影响球的位置或运动的任何行为。

（3）商议的违反规则：球员不得商议排除任何规则的应用或免除已被判决的处罚。

（一）基本规则

虽然高尔夫有许多规则，然而最基本不外乎下列两点。

（1）参赛者务必在公平的条件下进行比赛。

（2）比赛过程中必须要能客观地处理对自己有利的状况。

至于其他各项规则，都是基于以上两点基本原则所制定的。遵守规则由自己做起，高尔夫规则虽是由高尔夫协会所制定的，但绝大多数仍是委由选手本身执行实际上的管理。当比赛进行时，每位选手皆负有使比赛公平公正之责任，并且基于公平竞争的精神，每一位选手应要求自己成为一

位遵守规则的裁判。

要以击球方式将球打进洞。①所谓打高尔夫球，最基本的原则就是将一颗球自球台连续打击至其进洞为止。简而言之，即是由第一杆开始，接着第二、第三杆，重复地击球，将球打进洞，除此之外便别无他法。若是拿着球移动，或是利用投掷、滚地等方法，都是违反规则的。②待球处于静止状态后，始继续进行比赛，当球被击出后，不论是在何种状态下行进，都应该等到球处于静止状态后才可继续进行比赛，此乃高尔夫不变的法则，绝对不可触摸或挪动球的位置，亦不能为求便于挥杆而改变周遭的环境。

（二）比杆赛与比洞赛

根据形式上的差异，高尔夫的比赛形式有比杆赛及比洞赛两种。无论是职业赛还是业余赛均以比杆赛的形式较为常见。

（1）所谓比杆赛，就是将每一洞的杆数累计起来，待打完一场（18 洞）后，把全部杆数加起来，以总杆数来评定胜负。

（2）比洞赛亦是以杆数为基础，然其不同之处在于比洞赛是以每洞之杆数决定该洞之胜负，每场再以累积之胜负洞数来裁定成绩。

（3）省略进洞之差异。比杆赛规定必须待球被击入球洞后，才可移往下一洞的开球台去开球。而比洞赛是在每一洞就决定胜负，因此只要对方同意就不必坚持球皆需进洞之原则。

（4）罚则之差别。在比杆赛和比洞赛中，选手违反规则所受之处罚也有所不同。一般而言，比杆赛的罚则是罚两杆，而比洞赛的罚则为处罚其该洞输球。

（三）正确的判断和处理

1. 界外

界外（OB）系禁止打球之地区，常以界桩或围篱标示。界外之界限应以界桩（不含支架）或围篱内侧最靠近地面点来决定。如在地上以标线标示界外时，界外线系垂直向上向下延伸，且线之本身即作界外论。

2. 遗失球

下列情况即可认定为“遗失球”。

（1）球员或其同队或他们的球童在开始找球后 5 分钟，仍找不到球；或是虽经找到，但球员无法辨认是否为其所用之球。

（2）球员按规则已用另一球当作比赛球，而未寻找其原球。

（3）球员已自可能为原球所在地，或较原球位靠球洞之点击出代替球，因此该代替球即成为比赛球。

代替球：原球可能在水障碍以外遗失、出界而了以代替之球，称为“代替球”。

3. 水障碍 （包括侧面水障碍）

“水障碍”系指任海、湖、池塘、河川、沟渠、地面排水沟或其他露天水渠（不论其中有无积水），以及其他类似者。

（1）凡在水障碍界限内之陆地或水，地属于水障碍的部分。水障碍之界限系垂直向上延伸，用以标明界限所用的界桩、界标皆算在障碍内。

（2）水障碍（除侧面水障碍外）应以黄色界桩或标线标明界限；侧面水障碍则是以红色界桩或标线了以界定。

（3）水障碍中的球。向水障碍方向打出之球，是否在障碍以内或障碍以外遗失，乃是一项涉及事实的问题。如认为系障碍内遗失者，必须有证据证明球确落入障碍内；如无确定证据时，则应视为遗失球，按规则处理之。

（4）如球落入、触及或遗失在水障碍中（不管球是否位于水中），球员要受一杆之处罚，并依下列方法处理：①尽可能在接近上次击球之原位打此一杆。②在原球最后通过该水障碍边缘之一点与球间之直线，于水障碍后方抛球，至于应离水障碍后方多远处抛球并无限制。③球落入、触及或遗失在侧面水障碍中时，可以选择下列特别措施，在障碍外距原球最后通过之水障碍边缘或距离球洞相等距离之另一边水障碍边缘；于两支球杆长度以内抛球。球应抛下及停留在不得较原球最后通过水障碍之边缘地点更接近球洞处，按规则，所捡起的球不可擦拭。

第三节 定向运动

一、定向运动运动简介

定向运动作为一种新兴的，利用地图和指北针导航的运动，在世界各地正吸引着越来越多人参与并为之狂热。它既是一种户外休闲、娱乐运动，又是一种竞技运动。参加定向运动除需要指北针和地图外，不需要特殊的设备，是一种较为经济的运动项目。

定向运动是指参加者借助地形图和指北针，按规定的顺序独立寻找若干个标绘在地图上的地面检查点，并以最短的时间完成全赛程的运动。现代定向运动通常设在森林、郊外城市公园里，也可在大学校园里进行。1886 年，定向运动起源于北欧的斯堪的纳维业半岛，最初的概念即借助地图和指北针，穿越未知地带。它主要是当地的族群、军队为了适应隐蔽、复杂的地理环境，采取的一种专门的训练手段。

定向运动的起源就是人类自身主动适应自然环境，与自然环境相抗争的结果。越是复杂和更加具有挑战性的自然环境就越能吸引更多的参加者。定向运动不仅可以提高野外判定方向的能力和初学者使用地图的能力，而且还能够培养和锻炼人勇敢顽强的精神，提高人的智力、体力水平，定向运动也充分体现了现代社会对个人素质的要求，即智力与体力的协调发展，更是宣扬了人类超越自我、挑战自我的精神。

在国际定联 2004 年版徒步定向赛事规则中，定向运动的参赛者可以是个人，也可以是由两人以上组成的队。

一条标准的定向路线（course）包括一个起点（start）（用三角表示）、一个终点（finish）（用双圆圈表示）和一系列点标（controls）（用单圆圈表示）。

在实际地形中，一个橘黄色和白色相间的点标旗标志着运动员应该找到的点的位置。为了证实这一到访，运动员必须在到达每一个点标处使用打卡器打卡，且不同的打卡器打出不同的针孔。

点标与点标之间的路线并不指定。相反，运动员应该自己做出选择，这种路线的选择能力以及借助于地图和指北针在森林和公园辨明方向并以最快速度按顺序到达目的地的能力便是定向运动的精髓所在。

定向运动的优点如下：

（1）定向运动是一项非常健康的智慧型体育项目，是智力与体力并重的运动。它不仅能强健

体魄，而且能培养人独立思考、独立解决所遇到困难的能力，以及在体力和智力受到压力下做出迅速反应、果断决定的能力。

（2）定向运动是一项家庭体育项目。周末一家人回归自然，放松身心，自我娱乐，融洽关系，增加乐趣。

（3）定向运动是一项精英人才体育项目。因为它富于挑战，勇于尝试从未被尝试过的方案，并要求全身心的从双腿到大脑以最高时效达到目标。

（4）定向运动是一项非常重要的世界军事体育项目，拥有自己的世界锦标赛。

（5）定向运动是一项自然环境体育项目。因为它教会你如何在大自然中把握自己，爱护自然，遵守郊野公园守则。

（6）定向运动是一项不需任何花费的群众性体育项目。所需的只是一张好的定向地图和一个指北针。服装可穿着定向专业套装，也可只是普通运动服装。

（7）定向运动是一项广交朋友的社交性体育项目。在这里，不论男女老少、种族背景、文化阶层、社会地位，相互交流，共享人生。 因此，定向运动吸引了全世界男女老少，各个阶层、各个年龄段人们的广泛参与。

二、定向运动的技能

一名优秀的定向运动选手需具备以下几个方面的技能：①在野外能够迅速地辨别方向。②能熟练地使用地图和指北针。③善于进行长距离的越野跑。④既果断又细心，能够迅速选择最佳的行进路线。

（一）标定地图

标定地图就是为了使越野图的方位与现地的方向相一致，这是使用越野图的最重要的前提。

1. 概略标定

越野图上的方位是：上北、下南、左西、右东。当我们在现地正确地辨别了方向之后，只要将越野图的上方对向现地的北方，地图即已标定。这种方法简便迅速，是定向运动比赛中最常用的方法。

2. 利用磁北线标定

先使透明式指北针圆盒内的定向箭头“↑”朝向地图上方，并使箭头两侧的平行线与越野图上的磁北线（MN 线）重合（或平行），然后转动地图，使磁针北端对正磁北方向，地图即已标定。

3. 利用直长地物标定

利用直长地物（如道路、土垣、沟渠、高压线等）标定地图，首先应在图上找到这段直长地物，对照两侧地形，使图与现地各地形点的关系位置概略相符，然后转动地图，使图上的直长地物与现地的直长地物方向一致，地图即已标定。

4. 利用明显地形点标定地图

当你位于明显地形点上，并已从图上找到该地形点的位置（即自己所在的站立点）时，可以利用明显地形点标定地图。方法是：先选择一个图上与现地都有的远方明显地形点（目标），然后转动地图,使图上的站立点至目标的连线与现地的站立点至目标的连线相重合,此时地图即已标定。

（二）确定站立点

熟练地掌握在图上确定站立点的各种方法是学习使用地图的关键。对于这些方法，除了要记住它们各自的步骤、要领外，尤其重要的是要学会根据不同情况，对其进行选择使用和结合使用。

1. 直接确定

当自己所处位置是在明显地形点上时，只要从图上找出该地形点，站立点即可确定。这是一种在行进中，特别是奔跑中最常用的方法。但是，采用直接确定法的困难在于：在紧张的进程中，怎样才能很快地发现可供利用的明显地形点？当同一种明显的地形点互相靠近的时候，才能够正确地区别它们，防止“张冠李戴”？

可以称得上是明显地形点的地物主要有：单个的地物；线状地物的拐弯点、交叉点（呈“十”字形）、交汇点（呈“丁”字形）和端点；面状地物的中心或者有特征的边缘。

可以称得上是明显地形点的地貌主要有：山地、鞍部、洼地；特殊的地貌形态，如陡崖、冲沟等；谷地的拐弯、交叉和交汇点；山脊、山背线上的转折点、坡度变换点。

2. 利用位置关系确定

当站立点位于明显地形点附近时，可以采用位置关系法。利用位置关系法确定站立点主要是依据两个要素：一是站立点至明显点的方向，二是站立点至明显点的距离。在地形起伏明显的地方，还可以结合高差情况进行判定。

3. 利用“交会法”确定

当站立点附近无明显地形点时，可以利用“交会法”确定站立，按不同情况，它又可以具体分为90°法、截线法、连线法、后方交会法和磁方位角交会法。这些方法的优点是：不需要判断或测量距离也能确定出较为准确的站立点位置，这对于初学者学习、巩固使用越野图的训练是很有意义的。但是，它们中的一些方法，要么只能在某些特定的条件下才能运用，要么就是步骤烦琐，费时费力，因此在定向越野比赛中一般较少使用。

（1）90°法。当待测点位于线状地形（包括道路、沟渠、山背线、谷底线、坡度变换线等）上时，如果在与运动方向相垂直的方向上能够找出一个明显地形点，那么确定站立点就简单得多：线状地形符号与垂直方向线的交点即为站立点。

（2）截线法。当待测点位于线状地形上，但在其与运动方向相垂直的方向上没有明显地形点时，可以采用此法。其步骤是：①标定地图；②在线状地形的侧方选择一个图上与现地都有的明显地形点；③利用指北针的直长边缘（也可用三棱尺、铅笔等）切于图上明显地形点的定位点上（为便于操作可插一细针），然后转动指北针，使其直长边照准该地形点；④沿指北针的直长边向后画方向钱，该方向线与线状地形符号的交点，就是站立点在图上的位置。

（3）连线法。当待测点位于线状地形上，同时待测的位置恰好是在某两个明显地形点的连线上时，可以利用这种方法确定站立点。

（4）后方交会法、磁方位角交会法。这两种方法只在下述情况下使用，即在待测点上无线状地形可利用，而且地图与现地相应地都有两个以上的明显地形点。后方交会法通常要求地形较开阔，通视良好。其工作步骤如下：在图上找到选定的方位物之后，标定地图；然后按照截线法的步骤分别向各个方位物瞄准并画方向线，图上方向线的交点就是站立点。磁方位角交会法既可以在地形开阔时使用，也可以在丛林中使用。但是，在丛林中需要攀爬到便于向远方观察的树上或其他物体上

进行。其步骤如下：①选择图上和现地都有的两个明显地形点，并用指北针分别测出至该两地形点的磁方位角；②标定地图。将所测磁方位角图解在地图上。图解磁方位角时，要先转动指北针的分度盘，让指标分别对正所测的方位角值，再将指北针的直长边分别切于图上被照准的两个地形点符号并转动指北针；待磁针与定向箭头重合后，分别沿直长边描画方向钱。两方向线的交点，就是站立点在图上的位置。

（三）对照地形

对照地形，就是要通过仔细的观察，使图上和现地的各种地物、地貌一一“对号入座”，即相互对应。对照地形在定向运动比赛中的作用主要有两个：一是在站立点尚未确定时——只有正确地对照地形，才能在图上找出正确的站立点位置；二是在站立点已经确定，需要变换行进方向时——只有通过对照地形，才能在现地找到已选定的最佳行进路线。

对照地形一般应先标定地图，然后根据不同的需要采用不同的对照方法。

（1）在站立点尚未确定前：首先应概略地标定地图，然后迅速地观察一下周围，记清最大或最有特征的地物、地貌的大概方位与距离，并从图上找到它们，此时站立点的位置即可概略地确定。

（2）在站立点已经确定之后：同样首先应概略地标定地图，然后从图上查明自己选定的运动路线上近前方两侧的特征物，同时记清它们的大概方位与距离，并将它们在现地辨别出来，然后再前进。如果因为地形太复杂，如山丘重叠、形状相似等，不易进行对照，可以先采用较精确的方法标定地图，然后用带刻度尺的指北针的长边切站立点和特征物，并沿这条直长边向前瞄准，则特征物一定在此方向线上。如此方法还不能解决问题，应变换对照位置，或者登高观察和对照。在这里需要特别强调的是，无论在什么情况下进行现地对照地形，都必须特别注意观察和对照地形的顺序与步骤问题。

现地对照地形的顺序一般是：先对照大而明显的地形，后对照一般地形；由近及远，由左至右；有点及线，由线及面；逐段分片，有规律地进行对照。在步骤方面，首要的、也是必不可少的是要保持地图方位与现地方位的一致，然后再根据不同需要进行下面的步骤。

（四）基本定向技术

在自然界，有些动物辨别方向是出自本能，如鸽子。有关专家经过测验证明，人类的某些成员也具备这种能力，但是绝大多数都不具备，或者仅仅是潜在地具备。因此，人们要在野外确定方向，主要还是依靠经验和工具。

1. 利用地物特征

（1）房屋。房屋一般门朝南开，在我国北方尤其如此。

（2）庙宇。庙宇通常也南向设门，尤其是庙宇群中的主要殿堂。

（3）树木。树木通常朝南的一侧枝叶茂盛，色泽鲜艳，树皮光滑，朝北一侧的树干上可能生有青苔。

（4）凸出地物。如墙、地埂、石块等，其向北一侧的基部较潮湿，可能长苔藓类植物。

（5）凹入地物。如河流、水塘、坑等其北向一侧的边沿情况与凸出地物相同。

2. 利用太阳与时表判定

上午9时至下午4时之间按下面这句话去做就能较快地辨别出概略的方向：“时数折半对太阳，‘12’指的是北方。”如在上午9时，应以4时30分的位置对向太阳；如在下午2时40分（即14

时 40 分)，则应以 7 时 20 分的位置对向太阳，此时“12”指的方向即北方。为提高判定的准确性，可在“时数折半”的位置上竖一细针或草棍，并使其阴影通过表盘中心。

3. 利用指北针

当指北针的磁针静止后，其 N 端（通常都有标志）所指的方向即为北方。利用指北针辨别方向是十分简便快捷的，但是需要注意：①尽量保持指北针水平。②不要距离铁、磁性物质太近。③不要错将磁针的 S 端当成北方，造成 180° 的方向误判。

（五）怎样选择比赛路线

“既果断又细心，能够迅速选择最佳的行进路线”，这是运动员在比赛中取胜的重要手段。当竞争对手之间实力比较接近的时候，能否掌握这个技能就成了关键问题。由于选择最佳行进路线的能力是建立在掌握其他定向越野技能，尤其是识图、用图能力基础之上的，是体能与技能在比赛中的综合运用，因此可以这样说，选择路线是更高一层意义上的技能或称“尖端”技能。

（1）选择路线的标准。什么是最佳行进路线？简单地说应该是：①省体力；②省时间；③最安全；④便于发挥自己的技能或体能优势。

（2）选择路线的基本问题。当遇到高地、陡坡、围栏之类的障碍时，是翻越还是绕行。当遇到密林、润泽、水塘之类的障碍时，是通过还是绕行。

（3）不同地形对运动速度的影响（概略值）如表 20-1 所示。

表 20-1　不同地形对运动速度的影响

运动	每公里用时/分钟			
	公路	空旷地	疏林	山地或树林
走	9	16	19	25
跑	6	8	10	14

（六）利用地图行进

利用地图行进是定向越野的基本运动方式，它有赖于运动员对前面所述各种专项技能的综合运用。换句话说就是，学习辨别方向，识别越野图以及标定地图，对照地形确定站立点，都是为了能够熟练地利用地图行进。因此，在实践中要根据地形情况、个人特点，选择下述对自己最适合的一两种方法，反复练习，融会贯通，以便在比赛时不降低或少降低运动速度的情况下，始终正确地行进在自己选定的路线上，顺利到达目的地。

（1）记忆法。一般要按行进的顺序，分段地记住路线的方向、距离、经过的地形点、两侧的辅助（参照）物。通过记忆，应该使自己具备这样一种能力：现地的情景能够不断地与记忆的内容“叠影”、印证，即“人在地跑，心在图上移”。

（2）拇指辅行法。先明确自己的站立点和将要运动的路线，到达目标，然后转动地图（身体要随之转动)，使地图与现地的方向一致，并用拇指压于站立点一侧，再开始行进。行进中要根据自己所到达的位置，不断移动拇指，转动地图，保持位置、方向的连贯性与正确性。

（3）借线法。当检查点位于线状地形或其附近时，可以采用此法。行进时，要先明确站立点，而后利用易于辨认的线状地形，如道路、围栏、高压线、山背线、坡度变换线等，作为行进的“引导”，使自己运动时更有信心。由于沿着线状地形前进犹如扶着楼梯的栏杆行走，因此国外称这种方法为“扶手法”（handrail）。

（4）借点法。当检查点附近有高大、明显的地形点时，可用此法。行进前，要先将目标辨认清楚（亦可用其他物体佐证），然后用最快的速度前往检查点。

（5）导线法。当站立点距离检查点较远，途中地形又很复杂时，可以采用此法。行进过程中，要多次利用各个明显地形点，确保前进方向与路线的正确性。但需注意：切勿将相似的地形点用错。

（七）迷失方向时的方法

沿道路行进时：标定地图，对照地形，判明是从哪里开始发生的错误及偏差有多大，然后根据情况另选迂回的道路前进。如果错得不多，可返回原路再行进。

越野行进时：应尽早停止行进，标定地图后选择最适用的方法确定站立点，然后尽量取捷径插到原来的正确路线上去，不得已时再返回原路。

在山林地中行进时：根据错过的基本方向、大概距离，找出最近的那个开始发生偏差的地点，并以此为基础，确定站立点的概略位置。如果错得太远，确定不了站立点，又不能返回原路，就要在图上看一看，迷失地区附近是否有较大型或较突出的明显地形（最好是线状的），如果有，就要果断地放弃原行进方向向它靠拢，并利用它确定站立点。如果没有这个条件，那么就继续按原定方向前进，待途中遇到能够确定站立点的机会后，再迅速取捷径插向目的地。在山林中行进，最忌讳在尚未查明差错程度和正确的行进方向都不清楚的情况下，匆忙而轻易地取“捷径”斜插，这样很可能造成在原地兜圈子。

三、定向越野识图

与其他地图图种相比，国际定向越野使用的地图（以下简称越野图）是一种更为清晰易读、便于在野外行进中使用的专用地图。

（一）比例尺的概念

图上某线段的长度与相应实地水平距离之比即地图比例尺，公式如下：

地图比例尺＝图上长/相应实地水平距离

如某幅图的图上线段长为 1 厘米，相应实地的水平距离为 15000 厘米，则这幅地图是将实地缩小 15000 倍测制的，1 与 15000 之比就是该图比例尺，称 1:15000。

（二）图上距离的量算

1. 用直尺量读

当利用刻有“直线比例尺”的指北针量读时，可根据刻在尺上的数值在图上直接读出相应的实地距离。

当利用“厘米尺”量读时，要先从图上量取所求两点间的长度，然后乘以该图比例尺分母，即得出相应的水平距离（需将结果换算为米或公里）。

实地距离＝图上长 × 比例尺分母

如在 1:15000 越野图上量得某两点间的距离为 3 毫米（0.3 厘米），则实地水平距离为

3 毫米 × 15000=45000 毫米（45 米）

当量算某两点间的弯曲（如公路）距离时可将曲线切分成若干短直线，然后分段量算并相加。

2. 估算法

估算法也叫心算法，这种方法在定向运动比赛中具有实用价值。要掌握它，需要具备下述两方面能力。

（1）能够精确地目估距离，包括图上的距离和现地的距离。在图上，能够辨别 0.5 毫米以上尺寸的差异；在现地，目估距离的误差不超过该距离总长度的 1 / 10，如两点间的实际距离为 100 米，估出的距离应在 90～110 米。

（2）熟知几种图上常用的尺寸单位与相应实地水平距离的对应关系，如在 1:15000 图上，1 毫米相当于实地 15 米；2 毫米相当于实地 30 米，1 厘米相当于实地 150 米……

（三）越野图的注记

越野图的注记主要分为三类：

（1）地名注记。在越野图上，地名的表示并不重要，除非对运动员判定方向与确定站立点非常有用，地名（包括村镇、河流、高地等）一般不表示。

（2）高度注记。高度注记分为等高线注记（注在等高线上）、高程注记（地面高程注记绘有测注点“.”，水面高程注记旁则不绘测注点）和比高注记三种。

（3）图外说明注记。越野图图外说明注记包括比例尺、等高距、图名、图例、出版单位、出版时间、成图方法、用图要求等。有时越野图上还会印有检查卡片、检查点说明表、赞助人广告等。

（四）越野图的符号

识别越野图的符号对正确地使用越野图是十分重要的，而识别符号不能靠机械地记忆，需要了解它们的制定原则，了解符号的图形、色彩和表意之间的逻辑联系，这样才能根据符号联想出每一种地面物体的外形、特点和专门功能。

如同其他地形图一样，越野图也要求完整而详细地表示地貌、水系、建筑物、道路、植被和境界，即所谓“地图的六大要素”。

根据定向越野比赛的特殊需要，国际定联将越野图的符号分成五类。

（1）地貌，用棕色表示。这类符号还包括小丘、小洼地、土崖、冲沟。陡坡、土垣等表示地面详细形态的专用符号。

（2）岩石与心块，用黑色表示。岩石与石块是地貌的特殊形式，它们既可以为读图与确定点位提供有用的参照物，又可以向运动员表明是危险还是可奔跑通行的情况。为使它们明显地区别于其他地貌符号，这一类符号使用了黑色。

（3）水系与淤泥地（沼泽地）。用蓝包表示这类符号包括露天的明水系和水生或沼泽生的植物。

（4）植被，用空白或黄色和绿色普染表示。植被情况的详细分布和全面表示非常重要。植被是按下列基本原则表示的：白色（空白）。一般性起伏地上的树林的密度适度。地面上无阻碍行进的灌木或杂草丛，可以按正常速度奔跑的地区。黄色。空旷的地域，外为空旷地、半空旷地和凌乱的空旷地。绿色。树林中密度较大的地区，按可跑性分为慢跑——使正常跑速降低 20%～50%；难跑——使正常跑边降低 50%～80%；通行困难——使正常跑速降低 80%～100%。上述可跑性的区分均取决于树林的生态，如树种、密度及矮树、草丛、蕨类、荆棘、荨麻等的生长情况。

（5）人工地物，用黑色表示，包括各种道路、房屋、栅栏、境界等地图符号。

（五）符号的图形特点

无论何种地物，它们在现地的平面形状特点都可以被理解为面状的、线状的和点状的，在这一点上我们发现，图上各种符号的图形特点与实地地物的形状特点之间具有惊人的相似之处，并且一一对应。

（1）面状的。这类符号在实地的面积通常较大，包括树林、湖泊、宽河、淤泥地、建筑群等。它们用依比例尺描绘的符号或轮廓符号表示，我们可以在图上直接量算出地物在实地的长度和面积，因此有些教科书称这类符号为“依比例尺表示的符号”。

（2）线状的：这类符号包括小河、公路、铁路、窄林道、石垣等，它们的长度是依比例尺缩绘在图上的，宽度则没有依比例尺表示，因此这类符号又被称为“半依比例尺表示的符号”。

（3）点状的。这类符号在实地的面积或体积通常较小，但它们的外形或功能却具备明显的方位作用，是运动员在行进中的重要参照物，如水坑、石块、塔形建筑物、水井等，用不依比例尺描绘的图案符号或点状符号表示。在图上，点状的符号本身并不指明地物的大小或它所占有的面积，因此不能进行量算。这类符号拥有自己的“定位点”，即地物在现地的精确位置（表 20-2），点状的符号又被称为“不依比例尺表示的符号”。

表 20-2　点状符号

符号举例	定位点
■△×□●▲	在图形的中心 在符号的重心

（六）认识符号需要注意的问题

在越野图上，对于一组属性相近的地物，通常只规定一个基本符号，然后根据这些符号的不同分类，分别使用不同的颜色，在识别符号时不要搞混。

为了显示某些同类地物之间的差别，一般只将它们的基本符号做一些局部的改变或方向调整，在认识这些符号的时候应特别仔细，注意符号本身或其与周围地形之间的细微差别（表 20-3）。

表 20-3　符号与周围地形差别

符号举例	符号名称	符号特点	颜色
	不能通过的陡崖	边缘线粗	黑
	能通过的陡崖	边缘线细	黑
	围栏	单齿线	黑
	高围栏	双齿线	黑
V	岩坑	缺口朝上	黑
	山洞	缺口朝下坡方向	黑

当若干同类符号以某种有规律的排列方式来表示地物时，它们所反映的只是地物的性质和范围，并不代表地物的个数和精确位置。

某些地物，虽然它们的性质相同，但是它们的长度、宽度或直径不同时，图形特点将会改变——“在一定条件下相互转化”（表 20-4）。

表 20-4 现地地物划分

现地地物	转化条件	符号及其名称	图形特点
池塘	图上大于 1 平方毫米	湖泊	面状的
	现地直径小于 5 米	水坑	点状的
河流	现地宽度在 5 米以上	宽河	面状的
	现地宽度 2～5 米	小河	线状的

这就说明，面状地物、线状地物或点状地物，虽然它们的符号在图上的区别是比较明显的，但在现地，除非具有足够的经验，否则就不易看出它们的区别。

（七）越野图上的其他内容

1. 磁北线

磁北线是地图上表示地磁的方向线。它不仅可以用来标定地图的方向，测量目标的方位角，还可以用于概略地判明行进路线的方向和距离。

磁北线在地图上用 0.175 毫米的黑色平行线表示。在 1:15000 的越野图上，要求两相邻磁北线间的距离约相当于实地 500 米；在 1:11000 的图上，要求两磁北线间的距离约相当于实地 250 米。磁北线在图上的长度，要求贯通整个赛区。

2. 比赛路线符号

比赛路线是在定向越野比赛前根据设计临时标绘的内容在较正规的定向越野比赛用图上，比赛路线符号一律用透明紫色（PMS）表示。对于等级高的比赛，国际定联规定必须在赛前将路线符号加印在比赛用图上，其他等级的比赛则可以用红色圆珠笔手工填绘。

（八）读图的一般规则

1. 要完整、正确地理解越野图

越野图不是地面客观存在的机械反映，它是通过制图工作者采用取舍、概括、夸大、移位等制图综合方法完成的。因此，图上物体的数量、形状、大小、精确依量等与实地并非总是完全一致的。例如，在多种地物聚集的地方只表示了对运动有价值的，其他地物通常不表示或仅象征性地选择表示：山背上、河岸边的细小凸凹，图上不可能全部表示，仅表示出了它们的概略形状；公路、铁路等线状地物，其符号的宽度是夸大了的。地图比例尺越小，夸大程度越高，这必然引起线状地物两旁其他符号的移位，因此这些符号的位置就不可能十分精确。

2. 要有选择地了解地图的内容

接图时不能漫无边际什么都看，而应有选择地把注意力集中在与解决如何定向和越野路问题相关的地域和内容上。可以先综合扫视一下图上的比赛地域，而后确定需要重点考察的内容，进而获取需要的信息。

3. 要对各类符号进行综合阅读

不能孤立地看待地物或地貌的某个符号，而应将它们与地貌和其他地形要素联系起来阅读，即不仅要了解它们的性质，还要了解它们之间的方向、距离和高差等空间位置关系，从而明确这些要素对竞赛的综合影响。

4. 要注意读图与记图的关系

读图时，要边理解边记忆，对在竞赛中可能有助于判定方位与确定站立点的各种要素更应如此。有效的读图应转变为这样一种能力：比赛中不必过多而频繁地查看地图就能在自己的意识中清楚地再现从图上得到的信息，并根据自己的记忆快速而准确地确定自己在图上的位置、下一步的运动路线和方向。

5. 要考虑现地的可能变化

虽然越野图的测制十分强调现势性，但由于人工或自然的原因造成地形变化是不可避免的，有时甚至是十分迅速的。因此，读图时必须根据图廓外说明注记中注明的测图时间，考虑图上表现内容落后于现地变化的可能性。一般测图时间距离使用时间越久，图上与现地之间的差异就会越大。

四、定向运动比赛规则

（一）犯规

有下列行为之一者即为犯规，应取消比赛资格：

（1）有意妨碍他人比赛（包括犯有同一性质的其他任何不良言行）者；

（2）蓄意损坏点标、点签和其他比赛设施者；

（3）比赛中搭乘交通工具行进者；

（4）未通过全部检查点，而又伪造点签图案者。

（二）违例

有下列行为之一者被视为违例，应给予警告。裁判人员将根据违例的性质和程度，采取从降低成绩直至取消比赛资格的处罚：

（1）在出发区越位（提前）取图和抢先出发者；

（2）接受别人的帮助，如指路、寻找点标、使用点签者；

（3）为别人提供帮助，如指路、寻找点标、使用点签者；

（4）为从对手的技术中获利，故意在比赛中与对手同路或跟进者；

（5）故意不按比赛规定顺序行进者；

（6）不按规定位置佩戴号码布者；

（7）有其他违反比赛规则行为者。

（三）成绩无效

有下述情况之一者，比赛成绩将被判为无效：

（1）有证据表明在比赛前勘察过路线者；

（2）未通过全部检查点，即检查卡片上点签图案不全者；

（3）点签图案模糊不清，确实无法辨认者；

（4）在检查卡片上不按规定位置使用点签者；

（5）在比赛结束（指终点关闭）前不交回检查卡片者；

（6）超过比赛规定的终点关闭时间（检查点一般也在同一时间撤收）而尚未返回会场者。如确系迷失方向，应向附近任意一条大路或原检查点位置靠拢，等候工作人员的处置；

（7）有意无意地造成国家或他人的重大经济损失和破坏自然风景者。由此带来的一切后果，责任由肇事人承担。

（四）特殊情况的处置办法——仲裁方法参考

在定向运动比赛中，某些特殊的情况是可能出现的，例如：

（1）检查点被无关人员拿走或遭自然破坏；

（2）检查点的位置与图上的位置不符；

（3）比赛中出现个人或团体的成绩完全相等。

对于这类问题，通常应在比赛前的准备阶段由筹备组长领导各委员仔细地研究、确定处置办法，形成文字，由技术委员在制定《比赛规程》时列入。如果这些问题是出现在比赛的过程中，则应由裁判长决定处置办法（参见裁判长职责）。当某个领导小组成员对裁判长的决定有异议时，应经比赛领导小组组长同意，召集全体成员，以举手表决的方式另行选择处置办法，但必须获得3/4以上的多数通过。对于在比赛后提交到领导小组的诉讼，原则上也应按此办法处理。

第四节 台 球

台球源于欧洲，它是一项在国际上广泛流行的高雅室内体育运动，是一种用球杆在台上击球，依靠计算得分确定比赛胜负的室内娱乐体育项目。台球也叫桌球（我国香港、澳门的叫法）、撞球（我国台湾的叫法）。台球运动能增强体魄，利于身心健康，是一种包含物理学、几何学知识的运动，能提高人的心理素质，是一项集智力与健身为一体的高雅运动，而且也是有益于社交的活动之一。

一、台球运动的发展概述

在英国的英格兰维多利亚女王时代，台球活动非常受人们重视，在一些富豪家庭里，不仅有豪华讲究的台球间，而且在进行打球活动时，还有严格的活动礼节，有的规定至今仍在沿用。例如，在打球时，有客人来，必须轻轻开门入室，不得高声谈话和喧叫，以免影响打球人的沉静思考。又如，在打球时，可以要求对方不要正面对着自己或靠近自己站立，不允许有随便挥舞球杆等不文明的举动等。台球是一种高雅的活动，现在台球厅、室，也都有类似的不许高声喧哗和吸烟等明文规定。

1510年台球出现在法国，法国国王路易十四在凡尔赛宫玩的台球是“单个球”（single pool），在桌上放一个用象牙做的拱门（port）和一根象牙立柱叫“王”（king），用勺形棒来打球，把球打进门或碰到上便可得分。

由于法王路易十四的御医建议国王餐后做台球活动，有利于健身，因此台球得到国王喜爱和关心，所以在17世纪，台球在法国逐渐风行起来，这可能就是台球起源于法国的根据。

据说台球活动初始是在户外地面上挖洞，把球用木棒打进洞内的一种玩法，后来才从室外改在室内桌子上活动。

从台球出现至今已有几百年的历史，但它并不是一出现就尽美尽善，而是在长期流传中经过人们的不断改进丰富，现已达到了比较完善的程度。从前人们开始在室内桌子上玩球时，在桌子中心开了一个圆洞，后来又在桌子四角开了四个洞，洞的增加同时也激发了人们的玩球兴趣，直到在桌子开了六个圆洞，才演变成了今天落袋式台球球台的雏形。在球台的发展过程中还有过八角形球桌，在桌每边开洞，共有八个洞，洞增多了，一盘球可以多容纳几个人来参加。

到了19世纪初，台球运动的发展开始走向成熟阶段，在技术提高的同时，设备用具也随之发展，许多大大小小的改进和发明创造不断涌现。21世纪初，各类台球在中国再度兴起，并得到长足的进步，由街头台球向健康、娱乐型运动迅速发展；中国顶尖球手在世界顶级比赛中也取得了良好成绩，世界排名前十二位的球手中，中国占了三席；中国制造的台球产品也走向世界，逐渐成为世界顶级赛事的指定用品；台球的创新发明也不断涌现，其中较好突出的是中式斯诺克台球，将当时较为主流的美式台球、英式台球及花式九球各自的优势特点融为一体，并以“以和为贵”的中国文化为主旨又赋予其更多的娱乐与智慧元素，将台球的八大元素等进行全面的改进；由于其结合了世界各国的文化，并对结构进行创新及在规则中引入博弈理念，精彩路线较多及持续刺激程度较强，很快就迅速发展并风靡。

1948年1月，美国台球协会成立。1860年，美国举行了第一次职业性的台球比赛。“英式比例”和“英式斯诺克”台球运动的最高机构为英国台球联合会，成立于1919年，后改名为英国落袋和斯诺克管理委员会。1940年国际台球运动的最高组织机构——世界台球联盟成立了。

二、台球的分类及简介

台球的种类很多，除了大家熟悉的斯诺克台球以外，还有很多打法都在国内和世界上流行，并且都有各自的世界大赛，在一些综合性的大赛中，台球项目也设立了很多小项。为了使大家能了解台球运动在世界上的发展，这里介绍几种目前世界上流行的台球打法。按不同的分类标准，台球有不同的分类方法，按有无袋口分为落袋台球、开伦台球（carom billiard）；按国度分为法式台球、英式台球、美式台球、中式斯诺克台球。

（一）英式台球

英式台球又包括英式比例台球和斯诺克台球两大类，主要流行于英国和欧洲大陆。英式比例台球又称为三球落袋式台球，属基础类型的台球，是世界上正式台球比赛项目之一。英式比例台球出现较早，要求具有较全面的技术打法，目前，世界许多著名斯诺克台球运动员，比例式台球的基本功都相当扎实。而英式台球的另一个种类斯诺克台球更是为世界流行的主流台球项目之一。英文“斯诺克”为障碍之意，是从英文“snooker”音译而得名的。斯诺克台球不仅自己可以击球入袋得分，也可以有意识地打出让对方无法施展技术的障碍球，从而使对方受阻挨罚。因此，斯诺克台球竞争激烈，趣味无穷，也是世界台球大赛的项目。

（二）美式台球

美式台球又称美式普尔（Pool），是台式台球的一个重要流派，是在法式台球和英式台球之后又形成的一种新风格。它与英式台球和法式台球并驾齐驱，广泛地流行于西半球和亚洲东部。不过美式台球与法式台球和英式台球相比，仍不如它们家喻户晓。有人认为，美式台球仅仅是属于酒吧、街头巷尾的“下里巴人”式的游戏而已。然而这正是美式台球大众化、普及化的可取之处。美式台球中诸如 8 球制台球在我国也有广泛的群众基础。美式台球包括 8 球制台球、9 球制台球、芝加哥台球、普尔台球和保龄台球等种类。

（三）中式斯诺克台球

中式斯诺克台球也称为十孔台球，起源于中国，与其他台球的最主要区别在于台面中间增加四个进球袋及边框，既容易进球，也容易形成斯诺克；同时也拥有了更多精彩的运球路线，充分积极地体现球手之间连续进攻、巧妙防守及高难度解球的高超技艺；拓展了台球的技术性及艺术性。通过针对结构改变的规则改良，中式斯诺克体现的是注重全局及排兵布阵，更具娱乐性、挑战性以及智慧元素，有棋球之说。

（四）法式台球

法式台球起源于法国，也称为开伦台球，后来在日本却非常盛行，有“日本撞击式台球”之称，是国际大赛项目之一。开伦台球所用的球台没有球袋，它是以球杆击球得分的一种台球打法。在我国的一些台球厅里很少能见到这种台球打法。开伦台球打法中最流行的要算四球开伦打法了。

“四球开伦”有四个球，两个红球和两个白球，两个白球为比赛双方各自的主球。旧规则记分方法是：主球撞到两个或两个以上的球后，可以拥有击球权。主球击中一个红球、一个白球得 2 分；主球击中“双红”得 3 分；主球击中“双红”加一个白球得 5 分。这种 2 分制、3 分制、5 分制过去较为常用。但是，新规则全部采用 1 分制，只要碰到三个目标球中的两个，就可以得 1 分，消除了因球的配置所产生的得分差距，计算也比较简单。

比赛的胜负是以谁先获得约定的分值为准。所以，当本方获得击球权时，应尽量争取多得分。因“四球开伦”用的球稍重些，所以球杆比其他类型的球杆粗些。

“四球开伦”开局的摆球方法是：两个白球之间有两个红球，且四个球在同一条直线上。

当球在台面上放好后，双方各向底边击打一空杆，决定击球顺序。球离底边近者获选择权；也可以抽签决定选择权。开球方以带黑点的白球为主球，另一方以全白色的球为主球。规则规定，对方的主球可为本方的目标球。

按照规则，开球第一杆必须先撞击对方白球方为有效，否则，将判作失机，交换击球权。因开局的摆球是主球与白球之间有两个红球，且四个球在同一条直线上。因此开球方一般是撞击台边，打两边球（即撞击两个台边），使主球撞台边后再击中双球。

在“四球开伦”打法中，台边的作用非常大。如果不能采用直线命中法，就要尽量利用一次、两次、三次甚至多次台边反弹以达到触及双球的目的。在击球技巧上与三边卡罗姆台球有许多类似之处。

（五）八球“加贝尔”打法

因为目前在大街小巷，更多的是传统八球的台球配套设置，像斯诺克打法的配套设施相对较少，但是传统八球打法规则相对简单，加上黑球总共 15 个球，一方只需要打进 8 个球就赢得了比赛。所以，在中国内地就兴起了一种用八球的设施，而仿斯诺克的规则的打法，以发明人的名字中其中一个字的分解命名为“加贝尔”打法。

三、台球基本技术与练习方法

（一）击球前的准备姿势

击球前的准备姿势包括前手架杆、后手握杆及身体姿势。

1. 前手架杆

前手架杆有很多种方法，在此只介绍两种最基本的架杆方法。

第一种：首先将做架台的前手五指轻轻分开摆于台盘上，然后食指弯曲，指尖按在中指第二关节的侧部，拇指再轻轻接触食指的指尖，其余三指如同掌中握有一个小球而适度分开。这样球杆就可以架在食指与中指、拇指做成的空当中，空当与球杆所成的角度接近 90°。

第二种：先将手掌紧按在台盘上，然后把拇指以外的其余四指分开，手背弓起，拇指跷起与手指的背峰形成一个夹角，球杆就架在这个夹角里，如图 20-1 所示。

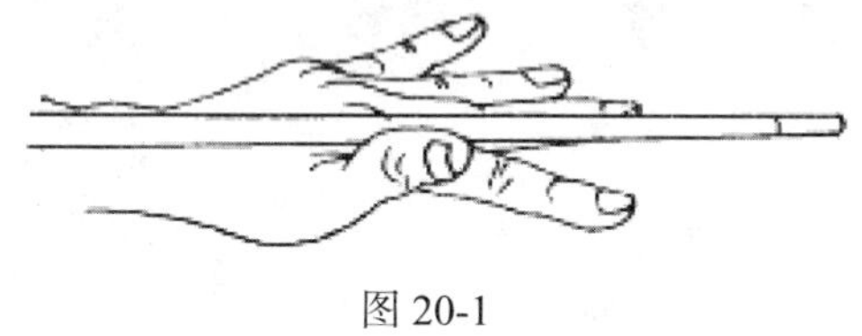

图 20-1

2. 后手握杆

后手握杆技术，关键是找到球杆的重心。先找到杆的重心后，把手从重心点向后移动 3～6 英寸（约 7.6～15 厘米），握住球杆。如果握杆太靠前，动作会受到限制施展不开；如果握得太靠后，肢体过于前伸，姿势不正确而打不好球。握杆的手不能紧握或紧紧抓住球杆，而是近似轻轻拿茶杯把那样，只用拇指和前三个手指拿着。

3. 身体姿势

根据主球的位置，身体与球台的距离相应变化。身体重心在两脚之间，左臂尽量伸直做成台架，右膝略为弯曲，身体可随着击球的动作向前。好的击球姿势，球员的身体是平衡的，动作轻松灵活，球员的面部、球杆和目标球成一条直线，如图 20-2 所示。

图 20-2

（二）击球技术

正确的架杆、握杆和身体姿势是有效击球的前提。比赛的目的是要尽可能多地把球送进球袋，都是通过球杆的运动推动主球，从而决定球滚向何方、停在何处。也就是说，在击球前要考虑到击中目标球后主球的前进路线，为击打其他球创造有利条件。

1. 击打方法及技巧

打台球应先用球杆打主球，然后主球撞击目标球，并产生不同的撞击效果，主球上通常有 9

个撞击点，而击打中心点“A”是学习打台球的一种基本方法（图 20-3）。

2. 直球击法

技术与要求：姿势正确，瞄准击点，协调用力，快速进杆。

动作要领：用杆水平撞击球中心，使球直线滚动。

3. 利用台边反射法

技术与要求：选择击球点，控制击球力量，把握进杆速度，计算反射角度。

动作要领：主球或目标球撞击台边，利用不同反射角改变行球路线后击打目标球（图 20-4）。

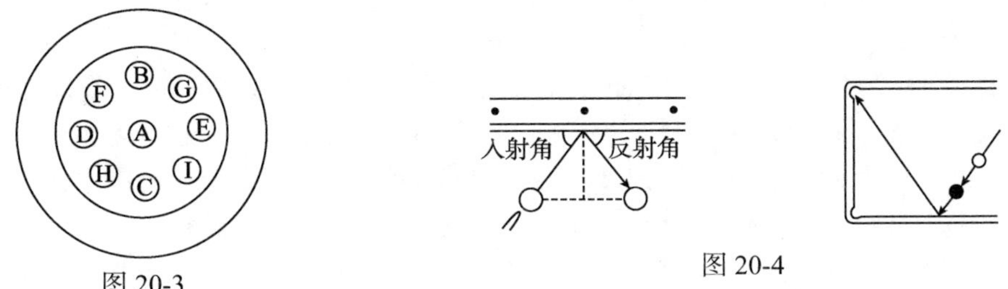

图 20-3

图 20-4

4. 定球击法

技术与要求：瞄准中心，快速进杆，击球有力，做到稳、准、快。

动作要领：用杆头有力撞击主球中心点稍低部位，主球撞击目标球的中心，使主球停下，目标球前进。

5. 冲球击法

技术与要求：目标球是核心，手握杆要放松，击球力度适中，主球随目标球向前滚动。

动作要领：瞄准目标球，用杆头击主球的中上部位，使主球前旋，并跟在目标球的后边。

6. 引球击法

技术与要求：正确准备姿势，保持球杆水平，进杆力度均匀，球杆尾部不翘。

动作要领：用杆头撞击主球的中下部，主球撞击目标球后，主球向回运动，而目标球向前运动。

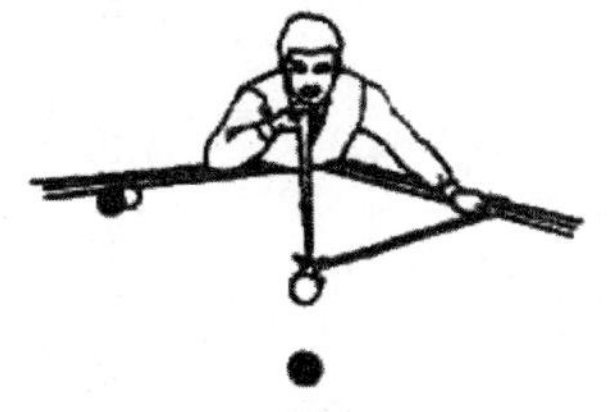

图 20-5

7. 依托杆架击球法

技术与要求：正确准备姿势，判断击球方向，持杆手要平稳，进杆速度须缓慢。

动作要领：身体前倾，左手按住杆架，右手抓住球杆瞄击（图 20-5）。

8. 碰台边击球

技术与要求：击球姿势要正确，身体控制要协调，学会运用力学预判的技巧。

动作要领：主球撞击第一个目标球后经过碰撞橡皮台边，再去撞击第二个目标球，称碰台边击球法。它有一台边球、两台边球和三台边球之分（图 20-6）。

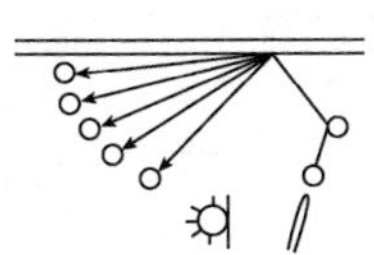

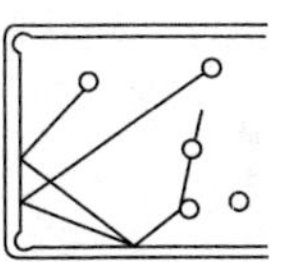

图 20-6

9. 厚球与薄球的击法

技术与要求：判断球位置，精确击球点，协调击发力。

动作要领：当主球撞击目标球的球体在 1/2 以上时，为厚球击法；当主球撞击目标球的球体在 1/2 以下时为薄球击法。

四、台球基本规则简介

（一）美式 16 彩球的规则简介

1. 顺序打法

比赛前，先把 15 个球摆放在三角形区内，其中 1 号球、2 号球、3 号球和 15 号球必须按固定位置放置。其他 11 个球可以自由摆放在三角形内。美式 16 彩球中只有一个白球是主球，不管谁击球都要以它为主球。开球一方把主球放在 1/3 长台边中部连线到球台边的整个范围内任意一点，但为了使开球后有一个有利的球形，还是把主球放在开球起点上撞击 1 号球最好。

16 彩球打法的顺序是要从 1 号球打起，顺着球的号码由低至高地把目标球击入袋内。如果击球一方，不能把该撞击的号码球打进球袋，或主球击目标球时自己掉进球袋，或碰着了不该撞击的号码球，就失去了击球权，转换由对方击球。对方按现有的球位来击球。以上的击球失误不扣分，不停杆，也不罚球。主球落袋，要把它取出来放在长台边中部连线以内（靠向击球跟前）的任意一点。此时轮换到击球的一方，不准许用主球直接撞击 1/2 长中间连线以内的目标球。如果中间连线以外没有该击的目标球，就要利用台边的反弹来撞击该撞的号码球。没击到或击错了，也要失去击球权。所有因犯规而失去击球权时，除了换由对方击球外，对方还有权选择以下两种方法进行击球，作为对犯规者的处罚。

一是主球、目标球选择法。这个方法可以从下列三项中任选一项：①按目前台面状态不做任何移动进行击球；②主球放回开球区内任意一点击球；③主球不动，将该撞击的目标球置于三角形 1 号目标球的位置或球台中央进行击球。这里需要注意的是，如果主球击目标球后，两球同时落入球袋，那么主球则要由对方置于开球区内，目标球按上述第③项方法放置。如果主球把不该打的目标球撞入球袋，在这种情况下对方可以选择主球的位置，而进袋的目标球则必须放在原 1 号球的位置上。如果此位置被其他球所占，就要放在离 1 号球位置最近的纵向点上。

二是主球自由选择法，击球方可以把主球任意放在自己认为最有利的位置去击球，这样就很容易地把该击的球击入袋内得分。

在顺序打法比赛中，由于规定要从低号码目标球打起，所以开球的人肯定要先打 1 号球。如果没把它送入球袋，对方击球时，也要从 1 号球打起。一方失去击球权后，另一方击球时，应击台面上最小号码球。

2. 8 号球打法

这种打法是把 15 个目标球分为大号码组和小号码组两组。1～7 号是小号码组，9～15 号为大号码组。8 号球介于二者之间，是最后才能撞击进袋的球。谁能打到 8 号球并送球入袋，谁就取得了胜利。

3. 呼唤打法

呼唤打法是人数不限的美式台球打法。事实上这种打法与顺序打法差不多，只是人数多，击球不按号码顺序罢了。呼唤打法有两种。一种打法是击球者在击球前要声明撞击哪个球，进哪个袋。

如果把指定的球撞入指定的球袋便得一分；如果撞错球或入错袋，则该进球无效，被撞入的球应拿出来重新放置在球台中央点上。全部打完后，谁得分多谁就是胜方。另一种打法最好是 15 个人参加，由抽签决定谁打哪一个球，等打到剩下最后一个球为止。最后这个球属于谁，谁就是胜利者。

（二）斯诺克台球规则简介

斯诺克台球球台内沿长 350 厘米，宽 175 厘米，高 85 厘米。斯诺克共用球 22 颗，其中 15 颗红球、6 颗彩球，1 颗白球（主球）。数字代表彩球及其分数。红球分值 1 分，排成三角形，放在 6 分和 7 分之间，彩球的颜色及分值如下：2 分球，黄；3 分球，绿；4 分球，咖啡；5 分球，蓝；6 分球，粉；7 分球，黑。

台上半圆形区域为开球区，以彩球 2—4—3 为直径。开球前，双方可以通过抛硬币来决定谁先开球。开球一方，可将白球摆在开球区的任何位置，每次击球后，白球停在什么位置，就必须接着由什么位置打起。打球方必须先打入一颗红球后，才能任选一颗有利的彩球打。彩球打进后，需取出重新摆回其自己的定位点。接着，再打红球，红球打进后再打彩球，如此反复，红球全部入袋后，必须按照从低分值球到高分值的顺序打彩球，依次是黄球、绿球、棕球、蓝球、粉球和黑球。此时打进的彩球，不用再拿出来，直至所有彩球入袋，台面上剩下白球，比赛宣告结束。

从开球到所有球被击打入袋这一个过程称为一局。打球过程中，如果一方未能一杆全收，或者打了一个违规球，则击球权让于另一方。一场比赛可约定打一局、三局、五局、七局决定胜负。世界职业锦标赛决赛则是打三十五局。如果结束时，双方平分，传统决定胜负的方法是：将黑球摆在黑球位上，白球摆在开球区，双方通过抛硬币，决定谁先打，先将黑球打入者为胜方。每局的胜负由双方积分多寡决定，分值高者为胜方。得分有两种途径：一是靠进球得分，二是通过对方失误罚分而得分。每打入一颗红球得 1 分，打入一次黄球得 2 分，绿球 3 分，棕球 4 分，蓝球 5 分，粉球 6 分，黑球得 7 分。因此，双方都会尽最大努力，多将黑球打入袋内。

斯诺克规则规定，未遵守下列规则，属犯规行为，当处罚分。打红球时，如果白球未能撞到任何红球为空杆，要罚 4 分。如果误撞了彩球，则按照该彩球的分数罚分，但是最少罚 4 分，即如果撞到了黑球罚 7 分，撞了黄球罚 4 分。打彩球时，如果未能打到要打的彩球，则按照此彩球的分数罚分。如果误撞了更高分的彩球，按照高分罚分，最少罚 4 分。因此进红球后，打彩球前，如果要打的彩球不能明显看得出来，则必须要声明击打的是哪个球，否则自动罚 7 分；如果误将白球击入袋，最少罚 4 分，或者按照白球进袋前最先碰到的最高分数球罚分。白球入袋后，接着打的一方可将白球摆在开球区的任何位置击球；罚分不从受罚方的分中扣减，而是加入对方的得分中。

下列行为也属违规：①将球打落台桌面；②双脚同时离地击球；③白球跳过中间球击打目标球；④台面上的球被球杆击球端以外任何物品或身体任何部位所碰到；⑤在出杆时，球杆连续击白球两次以上；⑥球杆、白球和目标球同时接触。当白球和目标球距离少于 2.5 厘米时，想不犯规出杆非常困难，所以当白球紧贴目标球时，击球方就只准将白球击开，而不得带动目标球。这种特殊情况下，只要将白球打离目标球，就当作击中目标球。好的球手，经常会利用这种机会做安全球或斯诺克。

1. 自由球

在一方打了失误球台面出现斯诺克后，另一方无法看到整颗红球，则可以任选一彩球当红球打，此彩球便被称为“自由球”。如果这个彩球入袋，就当做红球入袋得 1 分，接着照常规打彩球。但如果台面红球已被打完，另一方无法看到整颗彩球，则另一方可以任选一彩球打，此球即为自由

球，自由球入袋得分按台面上所剩的最低分球计算，进球后其他球按常规顺序击打。

2. 重打球

如果一方打了一个失误球，而使对方处于不利的境地，对方有权要求失误方接着打。这条规则同自由球规则一样，是防止任何一方有意打失误球从中得益。不过，在决策让失误方重打之前，一定要确认台面上每个球都不存在机会，而且要正确考虑失误方打球的水平因素。

3. 无意识救球

在一方打了失误球以后，如果裁判认为这个球应该可以打到，则可以判罚无意识救球。在这种情况下，另一方可以有以下几个选择：①将球恢复失误球前的原状，要求失误方重新打；②要求失误方在现在的位置上接着打；③在现在的位置上自己打；④如果台面上出现斯诺克，自己打自由球。

4. 彩球摆位

当彩球落袋重新摆回台面时，如果这个彩球的原位点被其他球占了，则将这个彩球摆到当时最高分的彩球空位点上。如果所有彩球点都被占，此时应将此彩球摆在自己定位点垂直于底边的直线上，应最靠近自己定位点，且不能够碰到其他球。

5. 僵局

当裁判认为台面已成僵局，裁判会向双方声明，如果几个回合之后，局面仍无明显变化，此局便成为无效局，得重新开始。

第五节　保　龄　球

保龄球（bowling）运动是一种在木板球道上用球滚击木瓶的室内体育运动项目，它具有趣味性、娱乐性、健身性、抗争性、技巧性及普及性等特点。所以，它是深受人们喜爱的“休闲性”体育运动。

一、场地器材

（一）球道

球道由助走用的走道、让球滚动的滚球道和放置球瓶的球瓶区所构成。材质一般为可耐保龄球撞击的漆树或松。球道主要由细长板条（宽约 3 厘米，厚约 15 厘米）39 块合并而成。球道长 19.15 米，宽 1.024～1.066 米，犯规线到 1 号球瓶的距离为 18.26 米。为了保护球道表面，会在上面涂上一层特殊的防护漆。

（二）球瓶

球瓶的材质使用漆木，外层涂上一层塑胶保护漆。基本颜色为白色。高为 38 厘米，最粗的部位为 12 厘米，底部直径 5.02 厘米。重量约 1.4 千克到 1.6 千克不等。一组 10 个球瓶中，最重的和最轻的相差不能超过 113 克。

（三）球

材质限定为非金属材质。现今均是中心以软木塞和合成强化橡胶混合组成，外层用硬质橡胶、塑胶或玻璃纤维包围而成，直径 21.5 厘米，圆周 68.5 厘米。重量依照国际规定最重到 16 磅（每磅为 0.454 千克）。一个人可凭喜好而选择所丢的保龄球的重量，通常为 8～16 磅（表 20-5）。

表 20-5 保龄球重量对照表

磅数	8	9	10	11	12	13	14	15	16
对应公斤数	3.6	4.0	4.5	5.0	5.4	5.9	6.4	6.8	7.4

二、保龄球基本技术技法

（一）球的选用

标准球：直径约为 21.5 厘米，圆周约 68.5 厘米，重量为 3.63～7.4 千克。初学者要从重量轻的练起，一般用相当于身体重量 1%的球。

抓球法：所谓抓球法，就是手指插入指孔以达到控球目的的动作，可分为传统抓球法、半指节抓球法和满指节抓球法。

（1）传统抓球法，指中指及无名指的第 1、第 2 指节插入指空的抓球法。此法因抓球容易，所以对初学者或较弱的女性比较合适（图 20-7）。

图 20-7

（2）半指节抓球法，指中指及无名指插在第 1 指节和第 2 指节之间的抓球注。一般职业球员采用这种抓球法（图 20-8）。

（3）满指节抓球法，指中指及无名指插入指孔，只插入第 1 指节而已，这种抓球法不好控制。并且容易增加手指指端的负担，所以，一般熟练的球员才使用这种抓球法（图 20-9）。

图 20-8

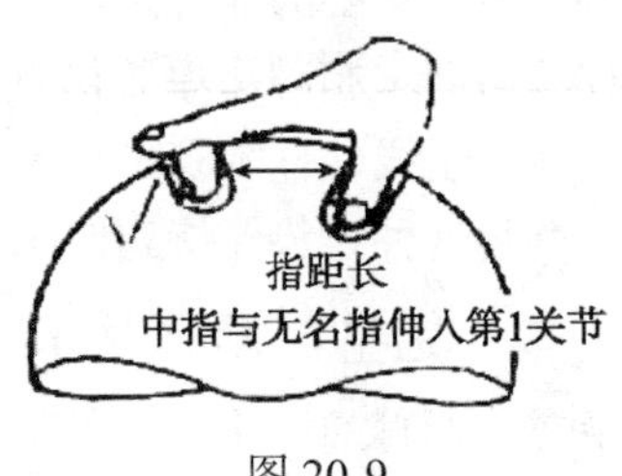

图 20-9

（二）站位和助走

1. 站位

投球前的站位就是助走的起点。一般依据自己的身高、脚步大小及助走的方法来确定。

2. 助走步法

投球前的脚步称为助走或助跑，常用的助走步法有三种，即三步助走法、四步助走法和五步助走法。

（1）三步助走（图 20-10）。

做好预备姿势。第一步，左脚踏出的同时动向；第二步，完成向后摆动动作；第三步，放球动作。

（2）四步助走（图 20-11）。

做好预备姿势。第一步，右脚；第二步，左脚；第三步，右脚；第四步，左脚。

（3）五步助走（图 20-12）。

做好预备姿势。第一步，（左脚）推出动作；第二步，（右脚）推出动作；第三步，（左脚）向下摆动；第四步，（右脚）向后摆动；第五步，（左脚）向后摆动。

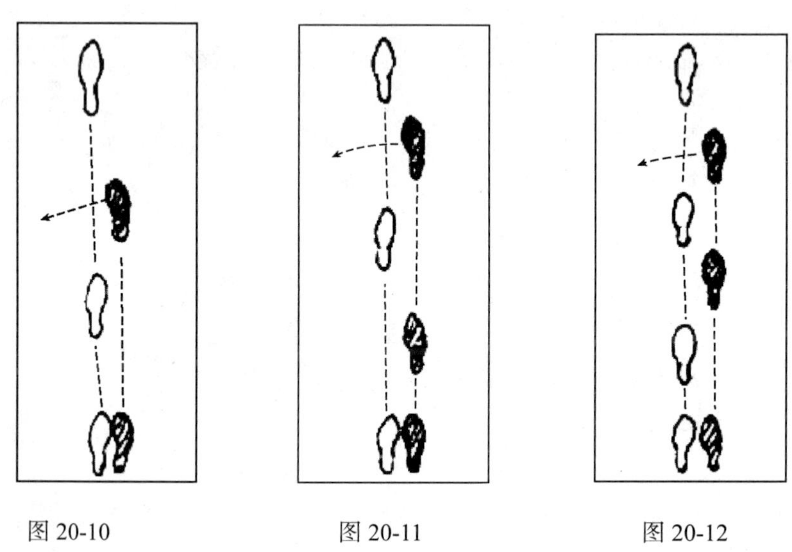

图 20-10　　图 20-11　　图 20-12

（三）摆臂和放球

（1）摆臂：是指利用球的重力与手的摆动使持球手从前下方下摆到身后，再向前回摆，这是发力和放球前必要的准备。

（2）放球：持球手手腕挺直，手臂自然放松不要用力。放球时身体的动作，应使脚尖与膝盖、肩垂直成一条线，身体成屈俯状态，微微前冲；并尽量降低重心，胸要挺起。放球以后，要使手臂高举，并将这种姿势保持到伸向前方的手自然收回为止。

（四）完整的动作技术（投球方法）

为使保龄球有一个平稳的加速度，投球前必须进行助走（助跑）。只有在助走过程中通过摆臂运球，球才能够得到速度。

1. 四步投球法

第一步，推球。先平稳地把身体重心放到左脚，再迈右脚；迈出右脚的同时，球向前下方推出到手臂伸直约与地面成 45°；然后左手离开球向外侧展出。

第二步，垂直下摆，从第一步终止时开始，右手在球的重力作用下下摆，同时迈出左脚。步幅比第一步稍大，左手继续外展，当球下摆至垂直位置时平稳地完成第二步。

第三步，垂直后摆。从第二步终止时开始，握球的右手在球的重力和惯性作用下、由下摆过渡到垂直后摆，同时迈出右脚，左手继续外展。

第四步，球从向前垂直回摆到滑步投球。从第三步终止时开始，球以重力向下回摆，同时迈出左脚。身体微微前冲，重心转移至左脚形成一个弓箭步（图 20-13）。

图 20-13

2. 三步投球法

先把身体重心移到右脚，双手把球朝前下方推出到手臂伸直，左手离球向外侧展出，同时迈出左脚，球下摆至垂直位置，这是第一步。球垂直后摆到与肩齐，左手继续外展，同时迈出右脚为第二步。球下摆并过渡到向前回摆，左手向外侧展开，同时迈出左脚为第三步，即滑步投球（图 20-14）。

图 20-14

3. 五步投球法

左脚开始第一步小小踩出，球往往推出少许；第二步迈右脚，球往前推出，手防保持伸长状态；第三步迈左脚，手臂利用球的重量往下摆动；第四步迈右脚、利用球的加速度后摆至肩高；第五步迈左脚，因摆动原理球会向前回摆，然后顺势出球，手自然上摆（图 20-15）。

图 20-15

（五）球的技术

（1）直线球。直线球即球路为直线而无侧旋的球。直线球只以第二箭头为瞄准点投球，顶部为正旋且直线方向滚动，而且只要瞄错一点点，就会有剩余瓶。投直线球要掌握正确的投球动作：放球时，首先把拇指脱出指孔，接着顺势依次以中指、无名指直线向前扬起。投出球之后，手掌心朝上，顺势做扬手动作（图 20-16）。

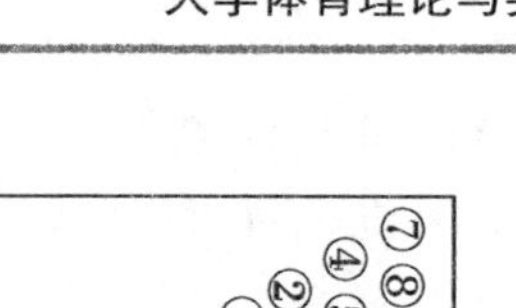

图 20-16

（2）钩球（曲线球）是指开始时球是直线滑行，到瓶区附近时向左变线进入球袋的球路（对投球员而言）。钓球是在向前滚动的方向加上横向的作用力，产生的侧旋易造成球瓶斜倒或横倒的撞击效果。钩球的撞击效果比直线球更大，所以打全中的概率相当大。当入射角达到 6° 时，就可百分之百全中（图 20-17）。

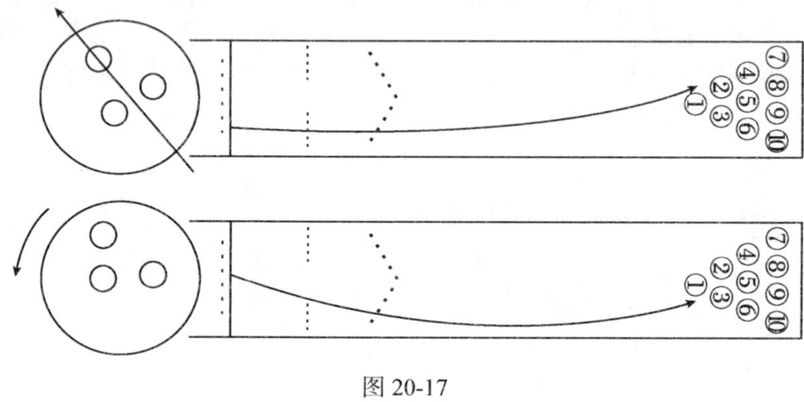

图 20-17

三、保龄球辅助练习方法

（一）滑步投球练习

动作要领：推球—垂直下摆—垂直后摆（同时身体重心移至右脚）—迈出左脚（脚跟不要着地），随后身体重心移到左脚，成弓箭步，右脚自然向左后方伸出，并以脚尖为支点。当持球手回摆到手臂与地面相垂直时，右手将球朝目标投出（图 20-18）。

图 20-18

（二）四步投球练习

动作要领：第一步，持球推球（图 20-19）；第二步，垂直下摆（图 20-20）；第三步，垂直后摆（图 20-21）；第四步，滑步投球（图 20-22）。

图 20-19

图 20-20

图 20-21

图 20-22

四、比赛记分方法

保龄球比赛以局为单位，一局为 10 轮，每轮可按两次球。若第一球击倒全部 10 个瓶，称为“全中”，不再投第二球，该轮得分为 10 分加后面两个球得分：若第一球未全中，第二球将剩余木瓶击倒，称为“补中”，该轮得分为 10 分加下轮第一球得分；若两球仍未击倒全部的瓶，则击倒瓶数为本轮得分；第十轮全中时，应继续投完最后两个球，结束全局；第十轮补中时，应继续投完最后一个球，结束全局。10 轮得分之和为全局总分。若从第一轮第一球至第十轮，连续 12 次全中，则得到“最高局分”300 分。

保龄球比赛，均以 6 局总分决定名次。比赛分为单人赛、双人赛、三人赛、五人赛、全能赛、精英赛等，团体赛常采用五人制。

参 考 文 献

傅兰英，杨晓林. 2009. 大学体育与健康教程. 北京：高等教育出版社
李江红，王翃，郑涛. 2008. 大学体育与健康. 第 2 版. 武汉：武汉理工大学出版社
马宏霞，阳红林，王猛. 2009. 大学体育与健康. 北京：航空工业出版社
谭劲松. 2009. 大学体育选项教学教程. 北京：中国人民大学出版社
田振生，张秉祥. 2008. 大学体育教程. 保定：河北大学出版社
文烨，万江， 邵波. 2013. 大学体育理论与基础. 北京：高等教育出版社
周天跃，范大明，段文义. 2010. 大学体育. 北京：高等教育出版社